商务印书馆（成都）有限责任公司出品

师范学校与中国的现代化

民族国家的形成与社会转型 1897–1937

Teachers' Schools and the Making of
the Modern Chinese Nation-State, 1897-1937

丛小平 著

商务印书馆
The Commercial Press

谨以此书纪念我的父亲丛一平(1917—1998)

并献给母亲黄柏龄

目录

中文版序言

英文版序言

绪论 / 001

第一章 历史的回顾:明清时代的学校、教师及19世纪
后半叶的教育改革 / 024

    明清时期的学校体系与教师 / 025

    19世纪后半叶教育改革中的教师问题 / 034

    明清时期的女学与现代女子教育的转型 / 044

第二章 教育与社会的转型:师范学校的兴起,1897—1911 / 054

    师范学堂与社会转型 / 055

    从母亲到女教师:女子师范学堂与国家建设,1907—1911 / 069

    从旧式文人士大夫到现代教育家:以两广优级师范学堂为例,1904—1910 / 083

第三章 在政治动乱中建设民族国家:民初的师范学校,
1912—1921 / 092

    以教育统一为国家统一之基石 / 094

    以教育独立与教师职业化促成国家建设 / 105

    职业女教师群的出现:1910年代的女子师范 / 122

第四章 寻求"现代性"和"普世性":壬戌学制下的
师范学校,1922—1930 / 136

    1922年的壬戌学制改革与师范学校 / 138

1920 年代教育和教师的问题　　　　　　　　　　　　　　/ 143

　　　女子高等教育的发展与女子中等师范的衰落　　　　　　　/ 150

第五章　现代性与中国农村：乡村师范的兴起，1922—1930　　　/ 156

　　　艰难的近代乡村教育　　　　　　　　　　　　　　　　/ 157

　　　乡村教育运动的兴起　　　　　　　　　　　　　　　　/ 164

　　　改造乡村社会的实验：晓庄乡村师范学校，1927—1930　　　/ 171

　　　　　附录：程本海：《乡村小学教师应有的本领》　　　　/ 194

第六章　国家权力渗入地方社会：乡村建设中的师范学校，
　　　　1930—1937　　　　　　　　　　　　　　　　　　/ 200

　　　重建国家控制的统一师范学校体系　　　　　　　　　　/ 202

　　　国家权力的延伸：规范师范学校与教师　　　　　　　　/ 209

　　　乡村建设运动中的乡村师范：三个案例　　　　　　　　/ 215

　　　内陆地区教育发展的亮点：1930 年代的女子师范　　　　/ 229

第七章　通向乡村革命的桥梁：师范学校与 1930 年代的
　　　　社会政治变革，1930—1937　　　　　　　　　　　　/ 248

　　　对现代教育与共产党乡村革命的重新思考　　　　　　　/ 250

　　　1930 年代地方师范学校与社会流动　　　　　　　　　　/ 255

　　　社会革命的温床：山东、河北的地方师范学校　　　　　/ 265

　　　江西苏区时期的师范学校：1929—1934　　　　　　　　　/ 284

结语　　　　　　　　　　　　　　　　　　　　　　　　　　/ 310

文献资料与书目缩写凡例　　　　　　　　　　　　　　　　　/ 316

引征文献资料与参考书目　　　　　　　　　　　　　　　　　/ 318

中文版序言

本书是在英文版的基础上翻译修改而成,而英文版则是以作者的博士论文为基础写成。从2001年写成博士论文到2007年英文版由英属哥伦比亚大学出版社出版,再到本书的中文版发行,中间经历了许多年头,但是作者对书中的观点坚信不疑,认为它对20世纪的中国历史具有解释能力,并与当下中国社会仍然有着重要的相关性,因此相信有出中文版的价值。

本书名为《师范学校与中国的现代化》,但是"现代化"一词本身是一个非常有问题的概念。英文版书名为"Teachers' Schools and the Making of the Modern Chinese Nation-State",其中"making"带有"化"的意思,但是又有塑造、造成、制造、形成等意思,强调民族国家形成的过程,并带有社会的转型问题。可是,使用"现代化"一词就有了目的论的意味,与本书所要表达的历史过程不甚相符。但若将英文书名直接翻译成《师范学校与近现代中国民族国家的形成与社会转型》,不仅与中文习惯不符,而且太长拗口,所以只有勉为其难地用了这个书名。

关于本书中对"近代"与"现代"的使用,需要做一些说明。英语中的"modern"一词涵盖了中文的"近代"和"现代"两个概念,这就使得翻译时很难准确地用这个单一词汇来说明中文概念中的两个时代。而我所研究的时段也正好是从19世纪末的晚清(近代)到20世纪30年代抗战开始(现代),所以这两个词可能会造成一些概念上的混淆。然而对于时代分期的讨论属于历史学中的重大课题,本书无力涵盖。目前我只能艰难地交互使用这两个词。有时我会将二者并用即"近代(现代)",或在讨论20世纪的现象时,单纯使用"现代"一词,以符合中文读者的习惯。但无论如何使用这两个词都不会影响本书观点的表达,而且,这也正是本书的意图之一,即中国的近代现代,甚至包括所谓的"前近代"或说"传统"时代,都有着强烈的连续性,而师范学校发展的历史和它们的连续性正说明了这一点。需要进一步说明的是,正因为"现代"或"近代"是争议性很大的用词,作者使用这个词并不代表认可它是一种已经定性的概念。实际上,我只是从功能主义(functionalism)的角度使用这两个词汇,取其方便以指认时代而已。

　　相较于英文版,中文版中的一些变化需要说明,一是在过去十几年中,一批研究成果相继出现,我在翻译时尽量将这些新成果包括在内,使得中文版不会显得过时。同时,根据新找到的史料,我又在第三章第二节中增加了一个小专题,讨论教育专业化与教师伦理问题,这是英文版所没有的。二是对英文版中的一些遗漏或省略部分做出增补。当时出英文版时,出版社对书的页数有严格限制,因此不得不对资料引用和讨论分析做一些删节或简化处理,甚至忍痛舍弃某些小的论点,包括像第四章中壬戌学制颁行前关于师范学校存废的讨论都在英文版中被删除。而这次在中文版中则将这些被简化和被删除的部分都恢复添加了进去,使得本书内容更加丰富充实,也体现了作者本来之意图。三是作者在翻译自己的书时自由度更大一些,不必按照英文版逐字逐句地翻译,造成译文生硬。我尽量采用意译的方法,以将意思表达得更清楚,让行文更加流畅为原则。而且,在翻译时,我对英文版本中一些针对英文读者的背景介绍做了简略处理,使其更适合中文读者的习惯。尽管如此,由于作者长期用英文写作,又是从英文版翻译过来,行文中难免出现一些比较拗口的英式化句子,只能请读者谅解。最后,我在结构上做了一个小小的调整。英文版中的第四章本来就比较长,中文版又做了一些增补,就变得更长。为了阅读方便,我将其劈成两章,即中文版的第四章和第五章是英文版的第四章。这样,中文版的第四章比起其他几章稍稍短了一点,但是仍然可以自成一章。其他章节则保持原状,序号依次类推。

我在英文版的序言中感谢了许许多多曾经帮助过我的学者、教授、编辑和工作人员,这种感激之情至今犹存。而在翻译和出中文版的过程中,又得到不少学者和朋友的帮助。例如老同学赵军秀教授和她的学生王本涛为我在北京的研究提供了各种方便。另一老同学王晓欣教授帮我找到所需资料,并复印邮寄给我。好友秦燕教授长期以来尽其所能地支持和帮助我,正是在她的不断敦促下,我才有了将本书翻译成中文的行动。刘九生教授极具耐心地阅读了中文稿的全文,对书稿中每一处不符合国内出版惯例的地方都一一做了标记,并指出了一些打字错误,让书稿变得更加完善。李惠莲同学、汪永平教授都曾帮我在电脑上对这些错误进行了更正。在寻找出版社的过程中,杨念群教授、刘昶教授都对我有过巨大的帮助。严搏非先生独具慧眼,将书稿出版。对以上学者们和朋友们的帮助,我铭感于心并在此表达诚挚的谢意。

本书英文版在 2007 年出版后,获得了"中国留美历史学会 2008 年杰出学术贡献奖"。我衷心感谢学会和历史学家同行们对我的肯定和鼓励,希望这本书的中文版也不负他们所望。

2013 年 7 月 25 日于休斯顿

英文版序言

本书的完成与出版经历了一个长时间思想探索的过程。20世纪70年代,由于当时我的家庭和一所师范大学有着密切的关系,我对师范学校在中国社会中的作用就产生了兴趣。但是直到我在洛杉矶加州大学读博时,这种兴趣与思考才落实为学术研究,所以我将这个学术探索的结果归功于洛杉矶加州大学良好的学术环境。

我首先要感谢的是我的博士导师 Benjamin Elman 教授,他的学术成就与学术思想对本书的观点有着强烈的影响。正是他对中国教育史和思想史的独特视角,常常在讨论中激发出我的灵感,这样就确立了本书的主旨。没有他的指导以及他对我持续的支持与帮助,本书是不可能完成并出版的。

其次,我要衷心地感谢洛杉矶加州大学教育学院的 John Hawkins 教授,他也是我的博士指导教授之一,数年来一直在学术上指导和帮助我。如果没有他慷慨地提供资助,我恐怕难以完成博士学业。我还要感谢 Kathryn Bernhardt、Theodore Huters、Perry Anderson 等几位教授,他们卓越的学术成就,以及他们主持的课堂讨论开拓了我的视野,重塑了我对历史的理解。另外我要特别表达对莱斯大学历史系 Richard J. Smith 教授的感激之情,正是他的鼓励和指导让我度过了写完博士论文后的迷茫,进而找到了将论文发展成为书稿的方向。

在我将博士论文改为书稿的过程中,得到了不少学者和友人的指点与帮助,Joan Judge 教授阅读了书稿的头几章并给出了非常有价值的建议。我也十分感激 Charlette Furth、Ruth Hayhoe、Susan Mann、刘昶、

Dorothy Ko、孟悦、钱南秀、Elizabeth Littell – Lamb、夏晓虹、陈平原、Mary Kay Vaughan、Robert Culp、Christopher Reed、Keith Schoppa、孙怡等教授，他们均读过书稿的某些部分并给予了有启发性的建议。

我非常感谢老同学 Sam Gilbert，他阅读了全部书稿，不仅提出了有益的评论和建议，而且帮助我做了最后的文字润色。Cyndy Brown 曾对大部分书稿进行了文字上的校正，Angie Kirby – Calder 也校正了其中的一章。

在这里我要特别感谢我的休斯顿大学历史系的同事们，特别是 Joseph Pratt 教授，在他担任系主任期间，为我提供了一定的研究经费并免除了部分教学任务，以便我能尽快完成书稿的修改。Sue Kelloge 教授作为现任系主任在我书稿的最后阶段为我提供了便利。Kairn Klieman、Sarah Fishman、Catherine Patterson、Martin Melosi、Roberta Bivins、John Hart、Lupe San Miguel、Kathleen Brosnan 等教授也曾读过书稿的部分章节、概要以及为此而申请研究基金的计划书，并作出了他们的评论和建议，对此书的出版大有助益。值得特别提出的是 Steve Mintz 教授阅读了全书的初稿并提出了非常有建设性的意见。另外，Landon Storrs、Andrew Chesnut、Eric Walter、James Martin、Stone Bailey 等教授都对我有过这样那样的帮助，在此表示衷心感谢。

我要感谢休斯敦大学历史系的工作人员，Lorena Lopez、Gloria Ned、Donna Bulter、Christine Womack、Richard Frazier，他们在办理复印资料、申请研究基金、旅行、课程安排等等的手续中为我提供许多帮助和方便。更值得感谢的是休斯顿大学人文社科学院院长 John Antel 教授，他对我的支持与帮助使得本书的出版成为可能。

对以上所有提到的学者们、教授们、朋友们的帮助，尤其是对他们为我的书稿所贡献的有益评论和建议，我都心存感激。但是需要声明的是，他们对本书的任何错误和疏忽没有责任。

我还要对下列图书馆和档案馆表示衷心感谢，因为他们在我寻找资料和图书的过程中都提供了协助与方便。他们是洛杉矶加州大学研究图书馆、休斯顿大学图书馆，特别是馆际交流部、北京国家图书馆、南京第二历史档案馆、上海市图书馆和档案馆、河北省档案馆、山东省档案馆、陕西省图书馆和档案馆等。

英属哥伦比亚大学出版社的编辑们极具专业素养,在他们的帮助下完成本书的出版让我感到非常荣幸。出版社的高级编辑Emily Andrew相信本书的学术价值,并决定了书稿的出版。她还帮助我申请了蒋经国国际基金会的出版基金。在出版的最后阶段,编辑Holly Keller十分有耐心地帮我做了文字编辑的工作。同时,我还要感谢英属哥伦比亚大学出版社选定的几位匿名评审学者,他们具有建设性的评论对本书的改进有很大的帮助。

在写作过程中,我非常荣幸地获得了斯宾塞基金会(Spencer Foundation)的资助,该基金会慷慨地为我提供了全年的写作机会,使我得以完成初稿。洛杉矶加大的中国研究中心和历史系也都为我在中国做研究以及后来的写作提供了资助。我对休斯顿大学的研究基金也心存感激,因为这些基金不仅让我得以完成最后的档案收集工作,而且资助了本书的出版。蒋经国国际基金会亦提供了部分资助使得本书得以出版,对此我非常感激。

最后,我要表达对家庭的感激,感谢我的母亲,我的妹妹皖平和立新。她们全力以赴,毫无保留地支持我的学术研究,正是她们的理解和支持,并且承担了大部分的家庭责任,我才能有今天这样的成果。父亲生前对我的鼓励与期望,还有他那传奇般的人生,永远都是我精神上和学术上的力量源泉,本书就是对他最好的纪念。

2006年7月25日

绪论

1997年,国内大张旗鼓地庆祝师范学校建立一百周年,报刊电台电视台发起一系列纪念活动,连篇累牍刊登文章报导师范学校走过的世纪历程,演绎其百年兴衰与百年功绩。但是,这些报导与纪念活动往往侧重于师范学校在教育现代化中的作用,忽视了他们作为一种文化机构的社会作用。实际上,中国师范院校的命运与社会转型、政治变革息息相关,第一所师范学校——南洋公学的师范院——建立于戊戌变法的前一年(1897),从那时起到现在,中国经历了多次改良与革命,经历了从农业社会到工业社会的转型,回顾百年沧桑,师范院校在许多历史时刻留下了清晰的印记。

本书并非一部面面俱到的师范学校通史,也不是一部有关师范教育史的教科书。这项研究所涉及的仅仅是从1897年第一所师范学校建立到1937年抗日战争爆发这四十年中师范学校的历史。作者将师范学校看作一种具有社会功能的机构,讨论师范学校的产生和运作如何体现了20世纪前四十年重要的社会历史趋势,以及师范学校在政治与社会变革转型中扮演了什么样的角色。作者试图跨越教育史、政治史和社会史的局限,以师范学校的变迁作为社会变迁的一个侧面,展示一些传统史学家和教育史家所忽略的角度和层面,寻求对中国近代化的历史进程做出新的论述和评价。书中所讨论的师范学校并非单纯的教育机构或是整体性的所谓"师范教育",而是一种在教育和社会功能上具有某种特殊性的机构,其运作和影响延伸到政治以及社会其他领域,同时学校的变迁也反映了政治和社会的变化。师范学校的概念包括了高等师范和中等师范学校,因为在本书所涵盖的四十年中,师范学校是一个整体性的概念。尽管师范学校的最初设置是参照了当时西方国家以及日本的模式,但是,国家建立师范院校的出发点、师范学校的功能、社会对师范学校角色的期待却是因应了中国社会的需要。师范院校在西方学校的模式上,引进了地方的文化传承与资源,体现了"传统"与"现代"的连续性,将一些久远的传统带入现代,又将"中"、"西"文化和教育的理念融为一体,相互渗透、相互包容、相互改造,从而表现出了自身的独特性。

一、19世纪末20世纪初全球化趋势下的中国教育改革

教育的近代转型是一种全球化的趋势。在传统社会,教育往往是通过宗教机构、家族或专业组织进行的,而在现代社会,教育成为国家社会的公共事业。现代教育的兴起和普及以及社会化、专业化是工业时代的关键,因为学校将前现代的人转变成工业社会适用以及能够适应工业社会的人。不仅如此,现代教育对政治和社会的转变也至关重要,因为通过建立现代学校,国家可以将其影响力伸展到地方社会。美国学者厄尼斯特·盖尔纳(Ernest Gellner)指出,现代学校将一种所谓民族的"高级文化"灌输给大众,使得现代经济、政治、社会的沟通整合成为可能。① 尤金·韦伯(Eugen Weber)在其对法国农村现代化的研究中认为,普及教育使得法国农民有了民族国家身份的认同,对都市的官方文化变得熟悉,有利于他们融入现代社会。② 本尼德特·安德森(Benedict Anderson)认为,现代教育对与形成"想象的社区",传播民族主义功不可没,至少在东南亚国家是如此。③ 尽管从全球的角度来讲,

---

① Ernest Gellner, *Nations and Nationalism* (New York: Cornell University Press, 1983), pp. 28—38.

② Eugen Weber, *Peasants into Frenchmen: The Modernization of Rural France*, 1870—1914 (Stanford: Stanford University Press, 1976), pp. 303—338.

③ Benedict Anderson, *Imagined Communities: Reflections on the Origin and Spread of Nationalism* (New York: Verso, 1983), pp. 116—136.

教育的普及是一种大趋势,其作用也有一些共同性,但在具体推进这一过程中,每个国家却经历各异,结果也不尽相同。

同样,从全球范围来说,现代教师既是教育现代化的产物,又推动着教育的普及与现代化。在启蒙时代的法国,教师往往成为共和制的启蒙者和宣传员,新世界的民主制度与美好生活经由他们的中介与调和,传播给社会底层"愚昧的"民众。[4]在法兰西第三共和国,女教师们成为一个特殊的专业群体,挑战着男性统治的领域,以行动推进男女平等的理想。[5]在后发性现代国家,教师也同样扮演着重要的角色。例如,在20世纪初期的俄国和墨西哥,教师们以新思想教育农民,并发动他们参与社会革命。[6]尽管各国教师都同样是工业化时代的产物,但由于各个社会的文化遗产及社会政治环境不同,教师群体的形成、训练的方法,以及他们在各自社会舞台中所发挥的作用却不尽相同。

与西方大多数社会不同,到19世纪末20世纪初,中国仍然拥有全国范围的官学体系,同时还有大量的半官方和私立书院,众多的社学、义学、族塾、村塾、家塾。这种庞大的教育体系有着上千年的历史,训练着一代代的莘莘学子在科场寻求功名。尽管中国前近代的教育体系十分发达,从教人员不少,但并没有专业机构培训教师。在1905年科举废除之前,教师一直是官僚体系的附属物,是科举制度的副产品。尽管如此,教师的责任依然重大,早在唐代(618—907),韩愈(768—824)要求为师应能"传道、授业、解惑"。[7]从词义上看,"师范"一词与师者的关系,可向上追溯千年,最先出现在西汉(前206—24)扬雄的《法言》中,曰"师者,人之模范也"。[8]明代以"儒学教官"专指官学教师和教育

---

[4] Weber, *Peasants into Frenchmen*, p. 303.

[5] Jo Burr Margadant, *Madame le Professeur: Women Educators in the Third Republic* (Princeton: Princeton University Press, 1990), pp. 1—13.

[6] Scott J. Seregny, *Russian Teachers and Peasants Revolution: The Politics of Education in 1905* (Bloomington: Indiana University Press, 1989); Mary Kay Vaughan, *Cultural Politics in Revolution: Teachers, Peasants, and Schools in Mexico, 1930—1940* (Tucson: University of Arizona Press, 1997).

[7] 韩愈:《师说》,吴楚材、吴调侯:《古文观止》,北京:中华书局,1959,页333—335。

[8] 见《辞海》(上海:上海辞书出版社,1979)"师范"条。

官员,从理论上说,他们是一群道德高尚的博学鸿儒,不仅要能"授业",将儒学之"道"代代相传,而且行为举止亦足"为人师表"。⑨到了20世纪初,"师范"一词借由专指现代专业教师训练而重获新的内涵。⑩但正是由于其特定的历史传承,师范教育在现代教育体系中具有特别重要的意义。

19世纪后半期,日本以及西方国家建立了师范学校,为其日益扩大的教育机构培养教师。但随着其教育体系的发展,这些师范学校均被普通学校取代,所谓师资培训也仅仅通过资格认证来控制。然而,从20世纪初建立之始到世纪末,中国的师范学校始终维持了一个庞大的独立体系。⑪中国的师范学校与普通中等和高等教育学校体系平行,却有其独立性。其形式有中师、高师、专门师资培训学校,以及短期速成班、养成所等等。从规模上说,师范教育体系包括从首都到地方省市县各级学校。多数情况下,师范生免付学费,接受政府津贴,毕业之后,学生也必须接受政府委派,从事一定年限的教学。师范学校的课程与普通中等教育和普通高等教育不同,是专为适应小学与中学教育而设计的。在道德上,社会期待师范学校的学生有社会责任感,要能为人师表,而国家则期待教师能成为国家意识形态的传播者。正是社会对师范和师范生们寄托了如此的厚望,因此师范生们在不同时代的政治和社会活动中发挥了重要作用,从而使得20世纪中国历史由于师范学校和师生们的存在显得格外复杂多彩。

---

⑨ 吴智和:《明代的儒学教官》,台北:学生书局,1991,页151—158。
⑩ 尽管"师范"一词曾用以专指教师者已出现在元代(1279—1368)和明代(1368—1644)的史籍中(见吴智和:同上书,页155)但刘禾认为,"师范"一词在19世纪被日本借用,20世纪初又从日本传回中国时,就已经具有了新的含义。本书在此权且采用这种说法。Lydia Liu, *Translingual Practice: Literature, National Culture, and Translated Modernity-China, 1900—1937* (Stanford: Stanford University Press, 1995), p. 327。
⑪ 1949年之后,师范院校依然保持了其在教育体系中的重要地位。但是由于篇幅资料时间等原因,本书重点放在考察20世纪前四十年的师范院校,就只能暂时将1949年以后的部分付之阙如,希望以后有机会再续上。同时也希望此书能为其他学者做1949年以后师范院校的研究做一引玉之举。

二、教育研究中"传统/近(现)代"二元理论视角的问题

中国近现代教育史不论在中国在西方在日本都是学术界的热门领域,但以往的研究视角却不乏可议之处。一些西方的学者往往将中国教育近/现代化的过程描述为一个先进的、动态的西方教育制度取代落后的、停滞的中国教育制度的过程,由此认定西方教育制度传入的时刻才是中国近代教育的开端。例如,在美国学者奈特·贝格斯塔夫(Knight Biggerstaff)对于自强运动中洋务派参照西式学校所办的方言学堂、翻译局、制造局的学校,就认为这些学校就是中国近代教育的起点。[12]而另一学者约翰·克莱佛利(John Cleverley),却宣称19世纪40年代传教士们所办的西式学校才是中国近代教育的开端。[13]这种将西式学校进入中国视为近代教育起点的观点其实暗示了一种理论上的假定,即只有"西方"才是"近代/现代",而且中国的"传统"与西方来的"近代/现代"不可避免地相互冲突,互不相容,一定是西方的制度取代中国的制度才叫近代。基于这种假定,历史研究就忽略了中国社会自身的内在动力和各种力量的相互作用,忽视了即使在西式学校进入中国之前,这些力量就已经持续地在改造着教育制度,并促成中国教育在19世纪和20世纪的转型。基于这种"传统/近(现)代"二分式的理论假定,19到20世纪中国教育转型中的一些现象,如地方社区的毁学暴动,某些家庭不愿送子女去西式学校,以及某些恢复传统实践的教育试验,往往都简单地被视为传统势力对现代化的反动,忽视了现代化外衣下国家的暴力腐败以及地方社区的抵抗与博弈。这种简单化的背后实质是将与西方教育模式不相符合,不能用西式经验规范的中国式教育探索与经验排除在近代教育之外。这种研究视角是以西方教育模式在

---

[12] Knight Biggerstaff, *The Earliest Modern Government Schools in China* (New York, Cornell University Press, 1961). 其书以"最早的官办近代学堂"为书名就指明了这一层意思。

[13] John Cleverley, *The Schooling of China* (Winchester: George Allen & Unwin, 1985), p. 3.

套用中国教育发展的历史,忽视了中国教育发展的独特性,实质上是西方中心主义的体现。

实际上,"传统与近/现代"这种二分法的分析方法受到不少学者的质疑。1970年代,在研究中国知识分子时,史华兹(Benjamin Schwartz)意识到了"传统"与"近/现代"对立模式所造成的问题,指出了这种模式在理解中国知识分子,尤其是"五四"一代人上有很大的局限性。[14] 此后,许多学者在解释西式教育在中国教育发展中的影响时,试图避免这种二元对立的模式,逐渐地寻找中国本地经验对于教育发展道路所做的创新。例如,萨丽·鲍斯威克(Sally Borthwick)在她研究私塾的著作中承认在20世纪,传统式的私塾和近代新式学校并存了相当长的时间,直到50年代私塾才消失。因此她认为"近/现代"与"传统"的二元对立是一种人为的划分,而在实践中,传统与现代是可以并存的。[15] 叶文心(Wenhsin Yeh)在对20世纪初到30年代上海新式大学的研究中指出,这些大学的兴起是传统江南士绅动用人际关系网络积极推动的结果。而且,尽管这些大学大量采纳西式科目,但都显示出一些文化上的延续性,例如将学习儒学经典放在重要位置,寻求传统与现代的和谐。[16] 许美德(Ruth Hayhoe)则从一个更广阔的角度考察了民国时期传统与新式教育的关系,认为新式教育体系中关于教育机构设置依地理分布以及教育资源的平等配置等等考虑,实际上深深地根植于明清时代的体制。[17] 她的另一部著作研究中国大学的发展史,指出近代大学在中国发展的历史表现出一个与西方观念冲突、互动并对

---

[14] Benjamin Schwartz, "The Limits of 'Tradition Versus Modernity' as Categories of Explanation: The Case of the Chinese Intellectuals," *Daedalus: Journal of the American Academy of Arts and Sciences*, Spring 1972, pp. 71—88.

[15] Sally Borthwick, *Education and Social Change in China* (Stanford: Hoover Institution Press, Stanford University, 1983), p. 16.

[16] Wenhsin Yeh, *The Alienated Academy: Culture and Politics in Republican China, 1919—1937* (Cambridge: Harvard University Press, 1990), pp. 92—105.

[17] Ruth Hayhoe, "Cultural Tradition and Educational Modernization: Lessons from the Republican Era," in *Education and Modernization: The Chinese Experience*, edited by Ruth Hayhoe (Toronto: Ontario Institute for Studies in Education, 1992), pp. 47—72.

其改造的复杂过程,其结果是中国大学选择性地接受了西方关于大学的观念,西方社会中关于大学是学术自由的自治团体的观念被转化为类似儒学传统中文人对政治的热忱和对国家的责任这样一种观念。[18]季家珍(Joan Judge)也认为"近/现代"和"传统"并不是一个全面的分析方法,因为在20世纪初清政府所颁布的女子教科书中,为妇女们提供了大量的模范人物,这些模范人物既有传统烈女,也有西方著名的女英雄,很难说他们要传达的是"现代"还是"传统"的观念。[19]因此,胡素珊(Suzanne Pepper)从社会平等的角度,将中国近现代教育的历史看成是一个在正规教育与非正规教育,精英教育与普及教育之间长期冲突的过程,其间始终存在着对精英教育、正规教育的批判。[20] 这种角度也有意消解"近(现)代/传统"二元模式。

近年来地方教育史的研究也力图超越"传统"与"近/现代"分析方式。例如:曹诗弟(Stig Thøgersen)试图从本地人民的眼光出发,来看20世纪教育的变迁与发展。他对山东邹平县的研究显示地方民众对教育持有一种实用主义的态度,其实并不在意学校是旧式还是新式,重要的是一种教育形式和目的是否符合本地人民的需要。[21] 早在1990年,查尔斯·赫佛德(Charles Hayford)在研究晏阳初及其乡村教育时就指出,现代教育家们"并非是外国影响下的被动牺牲品,而是积极主动的改造者,是创造性的发展者"。[22] 海伦·乔瑟(Helen Chauncey)对江苏地方教育机构的研究显示,民初的新式学校实际上"成为地方精英

---

[18] Ruth Hayhoe, *China's Universities, 1895—1995: A Century of Cultural Conflict* (New York: Garland Publishing, 1996), pp. 29—63.

[19] Joan Judge, "Meng Mu Meets the Modern: Female Exemplars in Early - Twentieth - Century Textbooks for Girls and Women," 载《近代中国妇女研究》第八期(台北:"中央研究院"近代史研究所, 2000), pp. 133—177。

[20] Suzanne Pepper, *Radicalism and Education Reform in Twentieth - Century China* (New York: Cambridge University Press, 1996).

[21] Stig Thøgersen, *A County of Culture: Twentieth - Century China Seen from the Village Schools of Zouping, Shandong* (Ann Arbor: University of Michigan Press, 2002).

[22] Charles W. Hayford, *To the People: James Yen and Village China* (New York: Columbia University Press, 1990), p. xii.

去控制当地社会和物质财富的工具"。㉓ 高哲一（Robert Culp）对浙江两个县的比较研究中发现,不论是传统的乡绅或是新式地方精英都很积极地响应国家办学的号召。㉔ 这说明"传统"与"近/现代"的二元对立模式并不能说明近代中国教育发展的历史。

综上所述,大多数学者的确看到了"传统/现代"二元对立模式在分析中国现代教育发展方面的不适性,也承认这种模式显而易见地源于西方中心论。因此,在当代西方学术界,明显的西方中心论已被抛弃。但是,一些"隐性"的西方中心论依然存在,表现为对研究对象的选择、议题的设定以及理论框架的使用上。西方学者对中国近代教育的研究往往集中于普通教育部分,即普通小学、中学、四年制学院或大学,并未涉及师范教育和师范院校在中国教育和社会转型中的角色。㉕师范院校只简单地被认为是普通教育的附属品,与教育体系的其他部分没有区别。㉖ 造成这种情况的原因在于中国的普通教育体系部分与欧美的教育机构有一种类似的对应关系,西方学者很容易将二者进行对比。实际上,这是以西方教育体系作为基本视角框架,有选择地研究中国教育体系中与西方体系相似的部分,而中国的师范院校则因缺乏与西方教育体制的对应性,完全不能进入研究视野。即使有西方学者

㉓ Helen Chauncey, *Schoolhouse Politicians: Locality and State during the Chinese Republic* (Honolulu: University of Hawaii Press, 1992), p. 118.

㉔ Robert Culp, "Elite Association and Local Politics in Republican China: Educational Institutions in Jiashan and Lanqi Counties, Zhejiang, 1911—1937," *Modern China* 20, no. 4 (October 1994), pp. 446—477.

㉕ 在某些研究中都提到了师范学校,但却一笔带过,未给予特别注意。可参见 Paul Bailey, *Reform the People: Changing Attitudes towards Popular Education in Early Twentieth - Century China* (Vancouver: University of British Columbia Press, 1990), pp. 31—48; David Buck, "Educational Modernization in Tsinan, 1899—1937," in *The Chinese City between Two Worlds*, edited by Mark Elvin and G. William Skinner (Stanford: Stanford University Press, 1974), pp. 171—212; Thøgersen, *A County of Culture*, p. 12; Borthwick, *Education and Social Change in China*, pp. 152—153; Keith R. Schoppa, *Chinese Elites and Political Change: Zhejiang Province in the Early Twentieth Century* (Cambridge: Harvard University Press, 1982), p. 70.

㉖ 尽管有个别的研究承认现代教师在文化和政治方面的重要性,尤其是他们作为新观念的传播者,是国家在地方社会的代表。但仍是附带提到这种现象,并无研究。见 Thøgersen, *A County of Culture*, pp. 12, 89。

知道中国师范学校的存在,出于自身观念的局限,也往往假定它们和19世纪欧美的师范学校一样,只是单纯为了完成教师资格培训而设置,是近代教育制度的附属品,在性质上和功能上与其他普通教育机构并无区别,没有独立研究的价值。以上都是"隐性"的西方中心论的表现。本书对师范院校的研究就试图打破这种"隐性"的西方中心论,从中国社会自身的特殊性质与发展过程来看师范学校的作用。

西方学术界对中国师范教育的忽视还表现在只有极少数英语著作涉及中国的师范学校,而这些英文著作均为中国学者撰写,目的在于向英语世界介绍中国的教育状况。例如,庄泽宣于1922年在哥伦比亚大学教育学院完成了他的博士论文,其中有一章讨论中国的师范教育体系。庄氏首先描述了中国教师的概况,教师资格认证体系的确立,以及晚清以来所建立的各式师资培训体系。[27] 另一中国学者,J. P. 周的一篇文章,名为《中国的师范教育》,1923年刊登在中国教育促进会出版的《中国最近教育状况》中。在这篇高度概要性的文章中,周氏以清代官方资料为主要依据,向西方读者介绍晚清时期中国师范教育的设立,以及民国以来师范学校的管理、课程设置、学校和学生的分布等等。[28] 涉及师范学校比较晚近的著作是一本薄薄的小册子,由留美学者陈锡恩著,1960年由美国政府健康教育福利部出版,目的是让美国政府工作人员了解1949年以后中国的师资培训机制。[29] 以上著作都是以向美国教育界或政府介绍中国教育制度为目的,内容浅显,谈不上真正的研究。

日本学术界关于中国师范教育的研究也比较有限。五十岚正一关于晚清师范学校的设立一文发表在1969年,对早期南洋师范院的建立以及壬寅癸卯学制中师范教育的地位做了阐述。但此文以官方制定的

---

[27] Chai-hsuan Chuang, *Tendencies toward a Democratic System of Education in China* (Shanghai: Commercial Press, 1922), pp. 91—131.

[28] J. P. Chou, "Normal School Education in China," *Bulletin on Chinese Education* 2, no. 11 (1923), pp. 1—22.

[29] Theodore H. Chen, *Teacher Training in Communist China* (Washington, D.C.: U.S. Department of Health, Education and Welfare, 1960).

学制章程为主要资料,局限于讨论新教育体制的教学功能和课程设置,即未考虑学制的具体施行和运作,也未讨论在一个急剧变革的时代,师范学校诞生所具有的重大社会意义和其扮演的角色。[30]另一学者小林善文在20世纪80年代注意到了教师群体在社会活动中的积极作用,他的研究提供了20年代城市教师的培训和组织形式,以及他们反对教师资格认证,为争取教职稳定、按时发薪的斗争。[31]但他的研究只涵盖了一小部分都市教师,并未涉及师范学校在社会变迁中的作用。

相比之下,中国学者更为了解师范学校在本国教育中的特殊地位,因此研究师范教育的著作数量不少。有若干专著详细地提供了师范教育发展的历史,主要以体制沿革,课程设置的变化以及政府相关政策的演变为主要内容,对师范学校在教育实践中的实际运作并未详察。[32]而且由于受到西方学者观点的影响,中国学者也仅仅把师范学校看作是一个单纯的教育机构,很少超出学校自身的范围去考察师范学校在政治、文化、社会方面所扮演的角色,以及师范学校在社会转型中的特殊作用。在这些稍显重复的著作中,如果说学者们注意到了师范学校具有一定的社会功能,也仅仅将它们看成是灌输国家意识形态的场所。而且,大多数研究者以国家法令计划为依据,没有考虑这些法令在具体场所是否得到执行,国家法令规章与现实是否有一定差距,这就不能给我们一个关于师范学校历史和作用的清晰图景。

---

[30] 五十嵐正一,《清末教育制度萌芽期における教師養成機關の設定》,载多賀秋五郎编《近代アジア教育史研究》,第一卷(东京:日本学术振兴会,1975),页61—114。

[31] 小林善文,《中國近代教員史研究序說:一九二〇年代の中國における初等教員の組合運動をめぐって》,載《東洋史研究》第44卷,第4期(1986年3月),页128—161。

[32] 余家菊:《师范教育》,上海:中华书局,1926;罗廷光:《师范教育新论》,上海:南京书店,1933;李超英:《中国师范教育论》,上海:商务印书馆,1939;刘问岫:《中国师范教育简史》,北京:人民教育出版社,1985;吴定初:《中国师范教育简史》,成都:四川教育出版社,1990。

三、历史大叙事:"传统"与"近/现代"的互相作用、互相渗透、互相交融

1960年代劳德·鲁道夫(Lloyd Rudolph)和苏珊娜·鲁道夫(Susanne Rudolph)在研究印度种姓制度的现代转化时认为,当近代化浪潮进入一个传统社会,其结果并非近代性压倒传统,取代传统,实际的情况却是二者的互相作用和互相渗透,因为当现代的东西进入到传统中去的时候,它自身也遭到传统的渗透。[33] 那么中国的情况又是如何呢?早在19世纪西方势力进入之前,中国就存在着一个庞大而复杂的学校体系。问题在于,建立现代学校体制是否意味着完全抛弃既有的学校体系,另起炉灶,取而代之?如果既有的教育制度需要完成转型,那么,在转型过程中,哪些方面现代化了,哪些方面仍保持其传统?有没有可能"近/现代"与"传统"相结合渗透,融为新的体系?在这个融合渗透的过程中,地方文化资源如何接纳一种外来的西式机构?传统的教育思想、教师的社会角色是如何影响"现代"的教育机构和"现代"教师的?从政治和社会角度,是否有可能某种社会力量或阶层借用引进外来文化来维持自己的优势或改变自己原有的劣势?

作者认为,近/现代与传统实际上是一对复杂的、处于变化中的概念。[34] 从19世纪末到20世纪初,许多中国知识分子、教育家以及政府官员一直将欧美国家视为西方的代表,现代化的体现,相信只要中国和这些国家一样,有了西方所有的科学技术、政治制度、教育制度、思想方式,甚至社会管理方式、行为准则,中国就能富强。但是这些人没有意识到他们所面对的西方国家实际上并非一个整体,而是多样的、多面

---

[33] Lloyd Rudolph and Susanne Rudolph, *The Modernity of Tradition: Political Development in India* (Chicago: University of Chicago Press, 1967), p. 3.

[34] 在这里,我借用 Sally Borthwick 的说法,对于"传统"和"近代/现代"的用法只是取其使用方便,并不试图对其进行定性。见 Borthwick, *Education and Social Change in China*, p. 16。

的,是一直处于变化之中的。㉟ 许多中国教育家,尤其是那些在欧美国家受过大学教育的,一直相信中国教育的现代化必须引入西方的一整套模式,包括教育理论、课程设置、教学方法,甚至直接使用西方的教科书。在这种心态引导下,他们努力研究介绍法国、德国、英国、美国、日本、苏联等各种西方教育体系,并将其付诸实践。而当他们发现一种西方体系没解决中国的问题,马上就换另一种再做一试。比如,英国模式在洋务运动时期曾居于重要地位,㊱但最终是日本模式在1904年时占了上风。民国初年曾参考过德国模式,后来在1922年改革时又模仿的是美国模式。而1928年又曾一度实行过法国模式,1949年以后又套用苏联模式。因此,所谓的"现代化"在这些人的眼里就是西方化。由于"西方"是一个复杂的、多层面的、多种文化的综合体,因此,这种以西方模式为样本的"现代化"就成为一种没有确定方向的,处于不断试验的,甚至是各种不同"西方"互相否定的过程。

同时,中国知识界和教育家所理解的近代西方思想也是有选择性的,并非其历史文化语境中的观念。而且将某种西方制度脱离其整体机制,在不同的社会环境中运作,其效果与西方也绝不相同。例如在清末,建立西式近代教育体系的过程充分体现了清廷所代表的中央集权与地方自治之间以及中央政府与地方政府之间的博弈,这种博弈反映了清帝国长期以来地方势力的壮大和汉人文化精英分享权力的要求。㊲ 同时,即使对那些笃信西化模式的人群来说,他们也许并未意识

㉟ Benjamin Schwartz 指出晚清的中国知识分子所面对的并不是一个统一的、一致的"西方",而是一个在文化上、政治上、经济上、地理上的多面体。见 Schwartz, *In Search of Wealth and Power: Yen Fu and the West* (Cambridge: The Belknap Press of Harvard University Press, 1964), pp. 1—5。其实不只晚清,从19世纪与西方大规模接触以来,到21世纪的现在,中国所面对的西方一直都是多层面的、处于变化中的复杂的文化政治经济地理现象。

㊱ Delia Davin, "Imperialism and the Diffusion of Liberal Thought: British Influences on Chinese Education," In Ruth Hayhoe and Marianne Bastid, eds., *China's Education and the Industrialized World: Studies in Cultural Transfer*, (New York: M. E. Sharpe, Inc. 1987), pp. 33—56.

㊲ 胡春惠认为民初的地方主义与联省自治与晚清以来地方势力坐大有关。见《民初的地方主义与联省自治》(代序),北京:中国社会科学出版社,2001。

到自身历史和文化背景中的传统因素在选择西方观念时所起的决定作用,例如民初的教育家宣扬德国教育理念与清末以来国家权力式微有关,而建立统一体系延续了清末的民族国家建设的意图。1920年代海归精英移植美式制度,主张教育分散主义,表面上有着强烈的西化倾向,但是他们的政治动机与南方和沿海地区都市文化精英长期以来的地方自治传统紧密相关,他们"反传统"的背景基于其地区性的"传统",于是"近代性"中渗透着传统因素和动机。

另一方面,所谓"传统"常常被许多努力推动"现代化"的人看作是"现代"的对立面,是一种现代化的反动力量。其实,和现代化一样,传统也是一种处于变化中的综合体,显现出一种不断展开的多面性。在不同时代,传统所展示的内容也不尽相同。当1904年癸卯学制确立之时,改革者们面对的就已经不是原来状态的"传统"了。当时的教育制度中已包含了不少"现代"的成分,诸如洋务派所办的西式学堂,传教士们办的各类学校,西式和改良式的书院,一些书院课程中加入西学知识等等,这些都已经存在有年了,甚至在科举中也都添加了有关西学的内容,这已经不是西方进入中国之前的原始"传统"了。同时,"传统"因素也渗透了癸卯学制,如奖励功名制,注入式教学法,强调道德教育,设立读经课程等等。而民国初年,清末建立的现代教育制度被认为不适合共和制的现状遭到改造。到1920年代,中国第一个近代教育制度培养出来的学生都已开始在国内各校任教,可是当平民教育与乡村教育运动兴起时,这些在乡村任教的第一代现代教师都已被指为是传统乡村的一部分,成了乡村社会改革的阻力。1904年时认为"现代"的东西,到了20年代却成为"传统"。

对于不同的群体与个人来说,传统也是"横看成岭侧成峰"。曹诗弟指出,不论是那些新文化运动中的反传统派,或是坚守传统的保守派,尽管二者立场迥异,但却战斗在同一战场。[38] 的确,虽然"西化派/现代化派"与"守旧派/保守派"面对的都是同样的社会现状,但看到的

---

[38] Thøgersen, *A County of Culture*, p. 8.

问题却不尽然相同,解决方案就大相径庭。例如,在 1920 年代初,对于制定壬戌学制的改革者来说,要推翻的"传统"是此前不适的教育制度,主要表现在于学制过分集中统一所造成的教育体制僵化,因此需要更为"现代"的美式教育制度的灵活性来纠正。而另一部分人对西式学制的批评则认为其继承了传统教育制度中的精英主义,强化了注重书本知识的弊病,鼓励了学生读书做官的倾向。由此可见,对于当时教育制度的弊病,正反双方都归咎"传统"因素,但不同的人眼里却看出了不同的传统。另一方面,"激进改革者"如陶行知,"文化保守派"如梁漱溟,在对待传统上又有某些共识。他们所列出的近代学校的问题都是相同的,即保留了传统方面"坏的"东西,却又不约而同地认为,传统中仍有"好的"方面可以继承。尽管对于什么是"传统"的"好"和"坏",二人的认知也许各不相同,但却都认为教育改革的前途在于乡村,地方文化资源和传统实践可以借鉴。实际上,当人们在新的时代环境下引入传统因素时,就已经是在做传统的创新了。传统在实践中出现新的解释,被赋予了现代的意义,传统与现代纠结不清。正是在这种互相诘难,互相作用,互相渗透,不断试验,不断创新中,一些新的观念和模式出现了,在这些新观念新模式中,"现代"被改造,"传统"被更新,其结果是一种杂交的混合体。

作者认为,20 世纪中国的历史应被看成是一个动态的过程,而且这个过程并非是单一和线性的,而是包括了几个同时性的历史进程。近现代学校的发展,更具体地说,师范学校的发展体现出 20 世纪中国社会转型的两个重要进程中:一是全球化进程的本地化;二是国家对地方社会的渗透整合。这是两个相互作用的同步进程。强调现代与传统的二元对立必然将中国近代的历史看成是一个大断层,前者取代后者,克服后者,后者又必定反抗、拒绝前者。而作者则强调在这两个重要进程中的历史连续性,现代性对传统的继承性接受以及传统对现代性的选择性改造。传统在现代中延伸、转型、更新;现代接受传统的渗透、调适、改造,在其过程中,二者难分难解,在特定层面上互相排斥,又在特定情况下互惠互利,形成一种完全崭新的发展过程和社会模式。这种观点就避免了西方视角,教育的现代化就再不是一个西式教育制度取代中国旧的教育体系、现代与传统对立的过程,近代中国历史就不是一个大断层。在这一视角下,传统鲜活的存在仍然有价值,它的许多活动是有意义的,许多方面可以在冲突中渗透转化并获得新生,而不是一个完全要被抛弃的整体。例如,传统社区在近代学制建立过程中的反应,像私塾的存在,"毁学暴动",反对西式学校等等,就不再是对"现代性"的反动,而是在特定的历史条件下,具有某种合理性的活动,这些活动造就了中国现代化过程的独特经验。

"全球化进程的本地化"是说,尽管教育的现代转型是一种全球化趋势,但本土的教育家们通过实践创造出一种新的适合本地的模式,其中包含了外来教育的因素以及本地文化传统和文化资源的诸多方面,进行创造性转化,在此过程中逐渐发展出一种杂交式的中国现代教育制度。

在全球化进程的本地化中,19世纪后期国内外的尖锐矛盾使得统治阶级不得不进行改革,即使意识到日本和西方势力对中国的敌意,改革派的官员们在1904年建立癸卯学制时,依然仿照了日本和西方的模式,这种改革显示了全球化趋势对中国的影响与压力。但改革的内在动力却来自清廷试图以引进新制度的方式,化解科举制度的弊病以及原有教育制度所面对的体制上、人事上和政治上的困境。譬如,癸卯学制中的师范教育体系虽然是借用日本教育制度的某些方面,但其中的重要考虑是让师范成为消减改革冲击力的导引器,目的在于消化官僚体制中的冗员、科举制下过剩的文人,为他们提供出路,也让国家对教育不致失控。另一方面,近代教育体系在建立统一民族国家上的有效功能对清廷强化中央集权,挽救日益失落的中央权力颇有吸引力。于是在教育现代化过程中,新旧的互动以各种形式表现出来,最终目的是使西方教育制度适应本地社会的需要。

对全球化过程来说,现代西式教育制度的建立并未完全取代旧制度的所有方面,它或是将"传统"容纳到新体制中,或是以冲突的方式,继承甚至强化传统的某些方面。在20世纪初,新式学堂大量地接纳了中国的教育传统,包括以考试为中心的教学方式,注入式教学法,坚持读经尊儒等等。造成这种现象的原因是办学之初,许多传统的书院、官学、乡学社学摇身一变,成为新式学堂,大量旧式文人通过短期培训,成为新式教师,期待这些人在如此短暂的时间内将自己的旧知识、旧观念与新知识、新观念、新方法融汇贯通,成为真正的"现代教师"是不可能的。于是,新式师范学校只不过给予了旧式文人一种现代身份,却未能在世界观、知识结构和教学方法上对他们进行彻底改造,这就成为新式教育体制中的一个顽疾。于是,新旧之间的联系千丝万缕,欲理还乱。另一方面,尽管新式学制在全国范围内已经确立,在乡村中,旧式私塾仍受到欢迎,长期存在,而西式学堂在地方上常常引起相当大的不适。因为旧式学校往往需要融入所在社区,而每每新式学堂建立,都有意与周围乡镇社区隔离开来。表面上看,这是一种现代教育机构与传统社区的冲突,但是仔细分析之下,我们看到大部分西式学堂位于沿海地区和城市乡镇,而且自我隔离,没有提供任何传播大众教育的方式,只是将一小部分已经存在的传统知识精英转型为近代都市精英,其结果只能加速知识精英与大众之间的鸿沟,西化式的近代教育实际上成为知识精英集团继续自我复制的工具,"传统"的精英教育因"现代化"而强化。

直到1920年代,一些激进的改革者如晏阳初、陶行知等人发起的平民教育和乡村教育运动才开始正视早期近代教育的缺失。他们批评新式教育的都市化和精英化倾向,引导社会注意城市平民和乡村民众的教育,主张将乡村传统与地方文化资源引入新式教育,以满足乡村教育的需要。陶行知等人所创立的晓庄师范学校为此主张提供了一个试验典范,他们强调西方教育注重实践亲历知识,试图以此纠正新式学校中死记硬背的学习方法和以考试为中心的教学方法。但他们所推崇的实践知识并非西式学校课程中的数理化,而是包括乡村生活生产、地方社会的各种知识、文化习俗,这些都是被当时都市西化的知识分子们所忽视所鄙夷的"传统"。这些激进的教育家们也试图将学校融入所在的村庄,使其成为领导社区和改造社区的中心。在这种学校里,教师们并非只是传授新知识的工具,他们应该成为道德的楷模,成为社区的领袖,扮演着儒学乡绅的角色。实际上,这种试验早已超出了单纯的教育领域,成为一种改造乡村社会运动的试验,为乡村社区的转型提供新的模式。这些试验的意义和影响都颇为深远,在其后南京政府的教育政策中,甚至在1949年以后的一系列教育改革中、文化大革命的教育革命实践中都可闻其音盘绕,可见余续不绝。

与这种全球趋势的本地化过程同步的是另一个重要进程,就是"国家对地方社会的渗透与整合"。这是指在近代民族国家建设的过程中,中央政权为了强化对地方社会的控制,试图利用教育系统,从文化上、意识形态上、政治上将其影响力渗透到地方社会,以建立起国家政权的有效管制。一般来说,近代学校均有帮助国家实行政治上的统一、灌输国民意识、创造民族身份认同的功能。但在中国的环境下,国家向师范学校指定的任务之一就是协助国家政权对地方社会进行控制,将国家权力的触角深入到地方社区,甚至还负责执行某些国家权力和政府的职能。这是中国社会民族国家建设中的一个独特性,忽视了这一点,中国近现代教育史就是片面的,师范院校的特质就被抹杀了,"隐性"的西方中心主义视角由此而体现。

从历史角度来看,国家政权利用教育机构向地方社会渗透并非始于20世纪。从17、18世纪起,中国教育有一个相当大的扩展,中央和各级地方政府都在试图通过鼓励办学来控制地方社会,20世纪初新式学制以及师范学校的建立则延续了这种目的。师范学校由国家办理,国家提供经费,采用由国家批准的统一课程安排和教科书,为全国教育体系提供教师和教务人员,统一的入学和毕业考试确保了相当程度的专业化,由政府安排其在规定年限内的服务,确保了国家对教师的支配。而且民国时期的各种政府都赋予师范学校管理地方教育的职责,试图通过师范学校的渠道将国家的权力延伸至地方。

在民国初年,中央政府不断强调教育是国家统一稳定、达到思想一致的重要基石,师范学校被看成是达到全国统一的工具,当时这种观念为不少人所接受,因此设置全国性师范区就是一种文化上统一安排。国家和社会对统一的渴望还表现在积极推行语言统一上,因为语言统一是国家统一和强盛的必要条件,而师范学校则是实施此一政策的有力渠道。时值军阀混战,政治分裂,许多教育家不放弃他们在师范学校学到的知识和教育方法,坚持教育独立,试图将政治分裂的影响在教育系统降到最低。他们参与地方政府,同时组织教育会,一方面将其力量延伸到国家机构,另一方面又以教育会网络为依托,形成一个全国性教育机构,代行瘫痪的中央政府部门的职责。而且,不论有没有全国性的政权的监督,他们仍然持续地推动着民族国家的建设。统一教育体系的延续避免了中国社会因政治分裂而陷入"失败国家"的境地,为其后国民政府政治上的统一打下了良好的基础。

但是作为一个幅员广阔的国家,地区间发展不平衡是一个长期性问题。统一的教育体制有利于均衡资源,避免地区发展不平衡所引起的社会冲突,但是却限制了发达地区的主动性。因此,1920年代初的教育改革实际上是晚清以来江南和沿海地区地方势力发展的一个体现,是地方自治运动与中央权力长期博弈的一个结果。晚清以来的教育现代化加速了城市与乡村的隔阂与差距,加速了南方发达地区与北方内陆以及边疆地区的差距。因此,在二三十年代,社会团体和教育家改革家以师范学校作为改造乡村社会的工具,试图为落后地区创造出一种新型发展模式,将乡村社会带入现代。而国家政权也试图改造乡村,并借用师范学校的力量整合地方社会,从而强化国家对地方的管治。因此20年代晓庄乡村师范所进行的不仅是一种教育和教学方法的改革试验,而是一种创造经济发展,生活民主的新型社会结构的努力。其后南京政府迅速地领会了晓庄师范教育和社会改造试验的政治价值,将其推广到所有乡村师范,试图借师范学校来渗透地方社会。当这些乡村师范的学生教师被动员去代表国家权力向乡村延伸时,国家政权建设的过程就显示出它"柔性"的一面,因为这些外来文化人的柔性做法一方面可以缓解国家强制性权力所带来的痛苦,一方面又可以化解地方主义的壁垒,从而造福乡里。

为了改造乡村,国民政府努力发展现代教育,通过扩大乡村师范将中等教育延伸到县镇乡村。但在1930年代的社会现实中,现代教育的急促扩展却产生了一个始料未及的社会结果,因为当成千上万的乡村青年进入了新式学校,他们同时也带来了他们所关心的问题和对国家和社会现实的不满。这批人进入现代教育机构就带来了国家政治力量版图的变化和社会发展的重新定向。1930年代政治上的激进主义在地方师范学校广泛传播,让许多师范学校成为共产党吸收新鲜力量的场所。中国共产党在30年代中期的东山再起,在40年代的成功,应该可以从20年代乡村教育试验和30年代的教育扩展中找寻到相当重要的线索。

四、资料与方法

本书的研究是建立在大量有价值的档案资料之上,其中包括地方史、学校记录、个人通信,以及各级教育机构收集的教育信息等等。尽管政府发布的规章法令有助于理解政策制定层面上的考虑以及全国教育的整体走势,但这些政策规定、法律规章常常只是一纸空文,不能完全反映地方学校的实际情况,所以作者更多地依靠其他官方资料来填补政策与现实之间的鸿沟。例如,在阅读卷帙浩繁的政府《教育公报》时,[39]作者避免重蹈前人过分注重法令政策的覆辙,将注意点转移到以前少有学者目光投注的部分,如附件、文牍、报告、调查、学校记录、人员名单等等。这些部分的资料价值在于它们针对的是具体的事件始末、学校变迁、人事变动等等,更能反映出地方教育的真实状况。同时,作者也利用同一时代的其他材料来作为佐证,如当时的杂志,学生和教师的回忆录,地方志的记录,以及其他人物传记资料等等。

本书也建立在前代学者的辛勤劳动之上,对此作者表示由衷的感谢。自1980年代以来,许多有关教育史的资料都已向大众开放,不少学者利用这些资料编辑出版了一系列的教育史资料专集与汇编,其数量与质量均属上乘。[40]尽管这些资料汇编在辑刊过程中体现的是编辑

---

[39] 例如,这些官方的公报包括《学部官报》《教育部公报》《大学院公报》《教育公报》。

[40] 如陈元晖主编的《中国近代教育资料汇编》系列,包括了各个时期教育资料的汇集,李友芝等编的《中国近现代师范教育史资料》四卷本,以及朱有瓛编的四卷《中国近代学制史料》。

者的意图与理念,但其中的资料价值仍相当重要,从而大大地减少了作者搜索资料的过程。本书也翻阅了清末和民国时期一些学者对教育体系的研究,他们的观点反映了当时学界的观点,对此书仍有重要的参考价值。

本书试图从一个较为广阔的视角出发,在整体上把握师范学校,观察其在全国范围内的发展演变。选择这个角度的原因在于师范学校历史的独特性质。第一,尽管近年来学术界的趋势是更为注重从具体地点和个案的角度观察中国社会的发展,使得历史研究可以获得更为具体的细节,但是这种方法在研究师范学校时有其局限性,因为师范学校体系在民国时期几经演变,加之具体学校时废时存,地理位置也几度迁移,固守个别地方师范学校的视角就会在某个时间段出现历史断层,妨碍我们观察师范学校历史的连续性。例如,从大趋势来看,第一批师范学校多集中在沿海和经济发达地区或城市,1920年代这些地区的师范学校多与普通中学合并,而在此后,内陆和乡村地区中,乡村师范则陆续兴起,这种发展轨迹标志着教育的扩大并更进一步向乡村内陆地区发展。要说明师范学校和社会转型的这种趋势,地方研究和个案研究的方法就有其局限。第二,正如曹诗弟所指出,地方社会对教育发展的考虑有时会与国家政策制定者有所不同。地方上常常会更为关注教育是否符合个人的需要,从而使其教育实践或多或少背离国家的教育目标和制度,与全国教育发展趋势有所不同。[41] 这种不同也使得个案研究的方法对于了解整体有其局限性。第三,由于师范学校是中等教育和高等教育机构,总的来说,它们的命运都掌握在中央和省一级政府的手中,因此,不论从其教学方法、课程设置、学制长短、毕业分配,学校人事安排,教师雇佣等等,都受政府主导。因此,师范学校的发展实际上受到国家政策、体制变化较大,受地方社区影响较小。

但是,为了更好地理解师范学校发展的实际情况,本书采用了广阔视角与具体事例相结合,整体论述辅以个案例证的方法,从而在广度的

---

[41] Thøgersen, *A County of Culture*, pp. 5—6, 9.

基础上增加研究的深度。这种个案的研究以一些具体学校为案例,有助于我们理解全国性政策与具体实践之间的关联。在以往的个案研究中,较早的有理查德·奥柏(Richard Orb)讨论直隶教育的文章,戴维·巴克(David Buck)对山东地区的研究,巴斯蒂(Marianne Bastid)对张謇在通州的教育活动的研究,海伦·乔瑟(Helen Chauncey)对江苏教育界的研究,曹诗弟对山东邹平,高哲一对浙江,许美德(Ruth Hayhoe)跨省的比较研究,以及樊德雯(Elizabeth VanderVen)有关辽宁海城教育的专著,都为我们了解地方教育提供了颇有深度的实际例证。[42] 这些研究显示,从20世纪初到30年代,地方教育精英积极地推动本地的教育事业,政府的主要政策规划、制度章程在基层一定程度上得到了落实。但地方精英和地方政府也对国家政策和规定进行调整,以适合自身的利益。总的来说,这些研究证实了全国教育发展的确有某些程度上的一致性,也有地方的灵活变通和修改。基于以上的研究,证以作者收集到的档案资料,本书以广阔视角与具体实例结合的方法就有了坚实的基础。

本书主要讨论师范院校在20世纪中国社会转型中的角色,作者更为注重的是师范院校作为一种教育机构与社会的关系,因此,对职业教师的专业化过程采用了一种功能主义的观点,而且也避免对许多教育概念做出本质主义的定义。对于一些教育专业方面的问题,诸如教学方法、课程设置、学制长短、教科书内容、考试方法等等,着墨不多。同

---

[42] Richard Orb, "Chili Academies and Other Schools in the Late Ch'ing: An Institutional Survey," in *Reform in Nineteenth-Century China*, ed. Paul A. Cohen and John E. Schrecker (Cambridge: East Asian Research Center, Harvard University, distributed by Harvard University Press, 1976), pp. 231—240; David Buck, "Educational Modernization in Tsinan, 1899—1937," in *The Chinese City between Two Worlds*, ed. Mark Elvin and G. William Skinner (Stanford: Stanford University Press, 1974), pp. 171—212; Marianne Bastid, *Educational Reform in Early Twentieth-Century China*, trans. Paul Bailey (Ann Arbor: University of Michigan, 1988), pp. 29—56; Chauncey, *Schoolhouse Politicians*; Thøgersen, *A County of Culture*; Robert Culp, "Elite Association and Local Politics in Republican China," pp. 446—477; Hayhoe, "Cultural Tradition and Educational Modernization," pp. 47—72; Elizabeth VanderVen, *A School in Every Village: Educational Reform in a Northeast China County, 1904—1931* (University of British Columbia University, 2012).

时,本书着眼点是师范学校作为一种教育机构,而对教师作为一个社会群体,他们的职业生涯、社会活动、个人生活等等也未能给予充分的关注,因为这个问题的牵涉面更为广阔,并非本书这样一本有限的专著所能全部包括。

当说到"师范学校",作者指高等师范学校、中等师范学校以及各式各样长期短期的师范讲习所和速成班。这种用法更准确地涵盖了师范学校发展的过程,即虽然在师范教育体系中高等师范十分重要,在师范体系建立的前三十多年中,中等师范一直是师范教育的主导力量,中等师范学校的数量和影响更为突出。在清末,师范学校显示出多样性,短期讲习所和速成班有其重大的历史功绩。即使在民国初年国家政府和社会教育精英试图以高等师范学校实现"提纲挈领",主导中等师范和地方教育的作用,但高等师范学校不但数量上有限,而且存在的时间也有限。另一方面,高等师范学校仍有其影响力,成为师范教育发展中不可忽视的因素。而且,从历史的角度讲,当时的教育界谈到师范教育时,并不把中等师范和高等师范做特别的区分。因此,在本书中则可参照上下文以确定是指中等师范还是高等师范。另外,我在师范学校发展的分期上并未完全以政治变革为界,因为教育体系虽然在外观上的变革与政治变革有时同步,受到政治的影响。但从长期趋势来说,教育体系有其内在的脉络和命题,这些命题往往跨越如辛亥革命、军阀统治、国民革命等等这样的表层政治性变动,保持了自己的延续性。本书试图在这种延续性中发现师范学校变革的内在命题,并以社会的变动作为参考来划分全书的章节。

第一章为20世纪初新学制的建立提供了一个历史背景,主要回顾了明清以来的教育发展的趋势以及晚清时期社会和教育改革的内在动力,强调了清末的教育和社会变革的历史连续性。第二章从1897年第一所师范建立,到1911年清王朝结束,作者对晚清新学制的建立,师范学校的设置以及在晚清社会变革中的作用做出了说明。第三章从师范学校体制变化考虑入手,主要讨论民国初年中央政府对设置师范学校体系的政治考虑,以及师范学校在其后北洋军阀时期的政治和社会角色。这一章结束于1922年,将壬戌学制下的师范体系放在第四章,显示寻求普世化和现代化的1922年壬戌学制对晚清以来的师范学校体制进行了大幅度改造。第五章侧重讨论与壬戌学制同一时期兴起的乡村师范教育,以及陶行知所办的晓庄师范学校的政治与社会意义。第六章并未以1927年的政权变动为开端,而是以1930年的国民政府利用乡村师范进行基层政权建设开始到1937年抗日战争爆发,展示国民政府如何在乡村地区扩建师范,借用其力量来主导乡村建设运动。第七章仍然涵盖同一时期,但主要追踪地方师范学校学生的政治倾向变化,以此来解释现代教育不仅为城市造就中产阶级和专业精英,而且也为乡村社区提供教师,同时更为乡村的革命准备了基层领袖,使得共产党在抗战中重新兴起有了草根基础。虽然本书截止于1937年,因抗日战争爆发打断了中国教育的正常进程,但是,师范学校的发展并未因战争而终止。最后的一章是对抗战时期以及1949年以后师范教育发展的一个简要概述。

本书亦考察了女子师范学校在改变妇女地位过程中的作用。1904年,癸卯学制也同时设置了蒙养院和小学,表明国家将以前由家庭负责的儿童早期教育和初等识字教育纳入公立体制。从女性是孩童最好的老师这一传统观念出发,癸卯学制要求蒙养院和初级小学教师得由女性担任,以利于儿童心理成长。这种规定就为女子进入社会,接受公立教育,成为职业教师敞开了大门。尽管这种状况并非学制规划者的初衷,但女性社会地位的改变却形成不可逆转之势。当受过教育的女性不断在社会上扩大自己活动的空间,国家和社会也被迫一步步对女性开放中等学校的教职和高等教育。在本书所涵盖的四十年中,女子师范成为最能被社会所接受的女子教育方式,因为社会广泛认为教师是最适合女性的职业之一。通过师范学校这个桥梁,女性不但走出家庭,而且一步步将自己的职业范围、才能、影响力扩展到教育以外的领域中去。所以,女子师范作为中国最早的公立教育机构,在20世纪促进女性社会地位提高的过程中,的确功不可没。

第一章

历史的回顾：明清时代的学校、教师及19世纪后半叶的教育改革

19世纪至20世纪之交,中国社会经历了从甲午战败到庚子之变的一系列危机,危局之下朝野精英都在寻求应对之道,全面的教育改革,建立西式学校体系就是在这种形势下开始进行的。但是,这种改革并非完全由外因引起,更重要的改革动力则源于中国社会内部的长期发展。[①]如明清时期教育的扩张,女性识字人数的增加,各式各样学校书院大量涌现,还有19世纪中叶将西式学校介绍进中国,科举考试中加入西学内容,清末的书院科举改革等等。同时,政治社会领域的变化,如地区间的不平衡发展,中央权力与地方社会,满汉官员之间的微妙关系等等,都让当时的社会精英试图寻求新的社会改革方案。政治和教育领域的一系列变革反映了中国社会的深刻变化,当时许多朝野精英都相信,改革中国的社会政治制度必先改革教育体制,选拔优秀人才,以解决种种社会弊端。同时,教育领域一向也是政治博弈的场所,晚清各种不同政治势力的消长都体现在教育改革的战场上。因此,对20世纪初教育转型的考察就不能不放在明清以来教育发展的大趋势中进行,方能说明近代教育转型在历史纵深方面的连续性。

---

① 诚如张灏在其书中所指出。见 Hao Chang, *Liang Ch'i-ch'ao and Intellectual Transition in China, 1890—1907* (Cambridge: Harvard University Press, 1971), pp. 1—5。

明清时期的学校体系与教师

自隋唐时代开科取士以来,在以科举为中心的教育体系中,教师始终是一个边缘性的群体,处于士大夫阶层的末端,直接或间接地附属于官僚集团。17世纪以降,教育的扩展形成了一个从国家首都到各府州县、延及村落、遍及全国的学校体系,而20世纪初的近代教育体系正是在此基础上建立,并带有前近代的许多特征。

1. 明清时代的学校体系

明清时代全国的学校体系由官学以及各式各样的官方、半官方和私立书院,以及民间集体和私有学塾组成,包括族塾、家塾、村塾、义塾(或义学)、社学、卫学等等。明代的官学系统形成一个全国性的网络,位于京城的有国家最高学府,即北京和南京的国子监,其他还有皇室宗学等,而地方上则有府学、州学、县学,依行政区划分布。②明代以前,官学仅限于府一级,明朝建立以后,官学延伸至县一级,这是明代教育发展的一大成就。明代官学并无准确数字,皆因不同时代州府县的区划有所变化。基于明代的行政区划,当代学者估算在14世纪大约有1000到1200所官学学府,而到1573年之后则达到1471所。③

官学的学生是那些已经通过童子试的读书人,称为生员(秀才)。各级官学均有固定的学额,数目与本地方缴纳的钱粮有关,设立学额也有助于朝廷控制地方学府。官学的主要任务是从经济上和学业上帮助生员们准备下一级的科考。④明代早期儒学教官定期讲学,考查学生出勤,布置

---

② [清]张廷玉:《明史》,北京:中华书局,1974,第6卷,页1789—1990,1834,1851—1852;又见杨荣春:《中国封建社会教育史》,广州:广东人民出版社,1985,页364—372。

③ Ma, Tai-loi, "The Local Education Officials of Ming China, 1368—1644," *Oriens Extremes*, No. 22.1 (1975), pp. 11—27;吴智和:《明代的儒学教官》,页19—20。

④ 杨荣春:《中国封建社会教育史》,页361—386;亦见 Ping-ti Ho, *The Ladder of Success in Imperial China: Aspects of Social Mobility, 1368—1911* (New York: Columbia University Press, 1962), pp. 194—196。

作业考评习作,并根据学生的成绩与品行排列名次。但中期以降,地方官学的风气逐步败坏,究其原因,则是教官的道德文章与讲学质量都难以让人满意。⑤清政府基本承袭明代学制,⑥雍正朝之前,各地学官还勉强维持着月讲、季讲的传统,但此后学府却日益沉沦,成为政府的堆积闲官冗员之所。于是官学名存实亡,成为生员们领取膏火之处。⑦

除了官学之外,明清学校的另一重要组成部分就是书院。书院的历史可以追溯到唐代,历经宋元的重要发展,明代的私立书院逐渐将官学中的士子们吸引到自己的门下。其中少数书院以名儒讲学著称,大部分书院的主要目的还是帮助士子们修习时文,以便获取功名。在明代中晚期,一些书院因卷入党争遭到禁毁。⑧清代书院的恢复大约始于雍正朝,朝廷命令各地修复或重建一部分原有书院。清代书院与明代有几点不同。一是清各级政府对书院影响力大增,书院失去其独立性而成为官方学制的补充,因为很多书院都接受当地政府的资助,并且书院的山长院长多为官府委任。⑨于是众多官方和半官方书院渐渐形成一个以省、府、县分布为主,与官学并列的学校网络体系。⑩其二,书院的位置也从以前的远离政治中心的山野林间,迁到靠近府州县治所的城镇,方便政府就近监视。⑪ 其三,随着书院数量增加,以前未曾有过书院的地区甚至乡村社区也开始办书院了。⑫ 由于政治、资金、师资等

---

⑤ 吴智和:《明代的儒学教官》,页166—173。
⑥ 赵尔巽:《选举志》,《清史稿》,卷12,北京:中华书局,1977,页3099—3119。
⑦ [清]梁章钜:《退庵随笔》(节录),录自 YZSJ,页160。
⑧ 杨荣春:《中国封建社会教育史》,页364—372;亦见 Pingti Ho, *The Ladder of Success in Imperial China*, pp. 194—196。
⑨ 《清代书院设置沿革》,YZSJ, pp. 168—169;杨荣春:《中国封建社会教育史》,页462—466;Kung-chuan Hsiao, *Rural China: Imperial Control in the Nineteenth Century* (Seattle: University of Washington Press, 1960), pp. 235—237。
⑩ Tilemann Grimm, "Academies and Urban Systems in Kwangtung," in *The City in Late Imperial China*, ed. G. William Skinner (Stanford: Stanford University Press, 1977), pp. 475—498。
⑪ 陈元晖、王炳照:《中国古代的书院制度》,上海:上海教育出版社,1981,页91—93;亦见 Grimm, "Academies and Urban Systems in Kwangtung," pp. 480—484。
⑫ "清代书院设置沿革";樊克政:《中国书院史》,台北:文津出版社,1995,页227—247;陈谷嘉、邓洪波:《中国书院制度研究》,杭州:浙江教育出版社,1997,页55—103等

等原因,有清一代常有书院频繁开张关闭,因此想要知道书院的准确数字的确不易。但从总的趋势来说,在 18 世纪到 19 世纪后半期这段时间,书院的数量是在不断增加中。[13]相较于官学,书院有不少优点,如课程正规,有师长授课,学生不拘地域,入学不限名额,条件宽松等,因此颇受欢迎。然而,在关键的一点上,书院仍不能取代官学,因为官学不仅控制着学额并颁发功名,还有管理地方教育的责任。私立/半私立的书院与官学的这种区别,直接延续到 20 世纪初的教育改革。

学子们通常是从家塾、村塾、义学、卫学、社学等开始其初等教育,一些乡村书院也承担此种任务。[14]一些学者认为,清代早期一些义学扮演了书院的角色,帮助学子修习时文以便应考,后来渐渐沦为识字学堂,而社学则只教识字。[15]尽管学术界对于明清时代初等教育的机构、名称、性质、作用都有争论,但毋庸置疑的是,这一时期初级教育已经延伸到乡村,有不同性质和名称的学校承担了从识字教育到更高阶段教

---

[13] 根据现有研究,19 世纪大约有 7000 多所私立书院。见陈谷嘉、邓洪波:《中国书院制度研究》,上海:上海教育出版社,1981,页 460;刘伯骥:《广东书院制度沿革》,上海:商务印书馆,1939,页 79。日本学者的研究也提供了有清一代新开书院的数字,证明在乾隆朝有 500 多所新建书院。见大久保英子:《明清时代書院の研究》,東京:国書刊行会,1976,页 123。

[14] 陈谷嘉、邓洪波:《中国书院制度研究》,上海:上海教育出版社,1981,页 11, 460;亦见 Evelyn Sakakida Rawski, *Education and Popular Literacy in Ch'ing China* (Ann Arbor: University of Michigan Press, 1979), pp. 24—53。20 世纪之前,地方上私立学塾名称各不相同,"私塾"通指那些只有一名塾师,受雇于家族、个人或社区的私立学塾。见 Peng Deng, *Private Education in Modern China* (Westport, Connecticut: Praeger Publishers, 1997), pp. 6—7。20 世纪由于国家控制的公立学堂不断增加,其他私立学塾名称均渐消失。廖太初发现到 20 世纪 30 年代在山东四川等地仍有传统的学塾存在,被通称为"私塾"。见 T'ai-ch'u Liao, "Rural Education in Transition: A Study of the Old-fashioned Chinese Schools [Szu Shu] in Shantung and Szechuan," *Yanjing Journal of Social Studies* 4, no. 2 (1949), pp. 29—31。可见"私塾"一词用于通指各种传统式的私立学堂,以区别国家办的西式学堂。

[15] 刘伯骥:《广东书院制度沿革》,页 45—46, 81—82;Angela Leung, "Elementary Education in the Lower Yangtze Region in the Seventeenth and Eighteenth Centuries," in *Education and Society in Late Imperial China, 1600—1900*, Benjamin A. Elman and Alexander Woodside (eds.), (Berkeley: University of California Press, 1994), p. 387。Leung 认为清代的社学衰败不堪,难以承担识字的任务。但 Tilemann Grimm 却证明直到 19 世纪,广东私立书院的学生们常常来自那些在乡村社学中接受过初等教育的学子。见 Grimm, "Academies and Urban Systems," p. 488。这证明社学是否运作成功是依地区而定。

育的功能。⑯

明清时代,国家对于从事初等教育的家塾族塾村塾等私立学塾并不涉入,但却鼓励社学和义学,⑰因此常有皇帝颁发上谕督促地方官员在地方,尤其是边疆村社设立义学或社学,以行教化。施珊珊(Sarah Schneewind)指出尽管朝廷有此意图,但地方官员的办学举措常常会与当地宗教组织发生冲突,使得实际效果难以确定。⑱的确,这些社学、义学的寿命和效率往往取决于地方官员的热忱和当地的经济状况;⑲而且在某些情况下,地方官对社学和义学的损害甚至大于贡献。⑳但无论如何,明清时期社学和义学的出现都代表着国家开始介入初等教育和地方社区。梁其姿(Angela Leung)认为,通过建立这些地方学校,国家试图填补那些为私立学校和官学书院所忽略的教化真空地带。㉑然而,

---

⑯ 参见 Rawski, *Education and Popular Literacy*; Hsiao, *Rural China*; Ho, *Ladder of Success*; Alexander Woodside, "Some Mid-Qing Theorists of Popular Schools: Their Innovations, Inhibitions, and Attitudes toward the Poor," *Modern China* 9, no. 1 (January 1983), pp. 3—35;杨荣春:《中国封建社会教育史》;刘伯骥:《广东书院制度沿革》;吴霓、胡艳:《中国古代私学与近代私立学校研究》,济南:山东教育出版社,1997;苏云峰:《张之洞与湖北教育改革》,台北:《中研院》近代史所,1976。

⑰ 《各地兴办义学、社学情况》,YZSJ,页 314—319。

⑱ 据施珊珊的研究,国家通过教育的手段向地方社会渗透的过程在 16 世纪就已经开始,当时地方官员常常毁掉"淫祠",用以办学。见 Sarah Schneewind, "Competing Institutions: Community Schools and 'Improper Shrines' in Sixteenth-Century China," *Late Imperial China* 20, no. 1 (June 1999), pp. 85—106。

⑲ 刘祥光:《中国近世地方教育的发展:徽州文人、塾师与初级教育》,《"中央研究院"近代史研究所集刊》,第 28 期,台北:1997,页 1—45。另外,Schneewind 认为尽管明代朝廷督促地方官员推广社学,但其成效完全赖于地方官员个人利益和其热忱。见 "Competing Institutions"。William T. Rowe 在研究清代地方官陈宏谋在云南地方的活动时也有同样的结论。见 Rowe, "Education and Empire in Southwest China: Ch'en Hung-mou in Yunnan, 1733—1738," in *Education and Society in Late Imperial China*, pp. 417—457。

⑳ Woodside 承认明清时代识字率的确有所增加,但其内容、性质、目的却常常与农民的日常生活与生活改善无关。而且在许多官员和皇帝的观念中,识字率的增加可能会激发叛乱,因此并不鼓励。他还指出这种识字率的增加并未引导中国走向工业化。Woodside, "Some Mid-Qing Theorists," pp. 3—35;作者同前, "Real and Imagined Continuities in the Chinese Struggle for Literacy," in *Education and Modernization: The Chinese Experience*, ed. Ruth Hayhoe (Toronto: Ontario Institute for Studies in Education, 1992), pp. 23—45。

㉑ Leung 认为在 17—18 世纪,国家对于初等教育机构的影响力渐渐衰退,而初等教育渐渐由民间社区推动。但是她也承认江南的不少义学由国家资助,所以国家在初级教育中的确扮演了积极的角色。见 Leung, "Elementary Education," pp. 386—387。的确(转下页)

这种努力却效果不彰,原因很多,包括地方社会的不稳定,官员的不负责任,而缺乏经费和合格的教师则是失败的关键因素,这种情形在太平天国之乱以后更为显著,并引起某些地方精英的不满。在以后的章节中,我们会看到1904年开始的现代教育体系建立了由国家训练并提供师资的公立学校制度,试图解决这些长久以来存在的问题。

2. 明清时期的教师

在前近代中国的教育体系中,国家并不提供师资训练。明清时期主要从事教育的人士可分为三类:官学的教官,书院的山长、院长和助教,以及家塾族塾村塾社学义学的塾师。这个教师群体的主要成员来自下层官僚,退休士大夫和落第士子,属于官僚体系的附属物和科举制的副产品。尽管这是一个庞大的社会群体,但对他们的训练、选拔、来源、人数以及教育背景和社会背景却鲜有研究。[22]

明代省级学官称为督学道,州学的教官称为教授,府学有学正,县学有教谕。教授、学正和教谕均有二到四名训导做助手,称为学官或教官。[23]清代除了在1684年将督学道改为学政,基本沿袭明代的体制与称谓。[24]省级学官的主要任务是督导地方学务、管理士子并负责地方教化,并无具体教学职责。理论上府、州、县的学官负责本地区教育事务,担任学府之长并应有教学之责,[25]但从明代后期开始,学官的教学活动渐渐减少,至清代中期实际上已经不再从事教学,他们享受的是一份清差,这种位置常常被用来安置那些年长的文人或政府冗员,成为政府安

(接上页)有证明国家试图干预地方义学的设立,不仅限于江南地区,其他地方如边疆和少数民族地区也有类似情形,当地的义学由地方官设立。见《各地兴办义学、社学情况》以及《兴建告示、详文》载 YZSJ, pp. 314—328。

[22] 吴智和与 Tai-loi Ma 对明代儒学教官的研究是个例外。另外刘祥光和 Sarah Schneewind 也提到了一部分地方学塾的教师。

[23] 见吴智和:《明代的儒学教官》,页 19—21;Toi-Loi Ma, "Local Education Officials," pp. 11—27。

[24] 赵尔巽:《清史稿》,页 3099—3119。

[25] 见吴智和:《明代的儒学教官》,页 159—173。

排"闲散之官"和"恤老怜贫"的场所。[26]尽管如此,他们仍有督管地方学务和道德教化之责,并且负责季度或年度科考。这种独特的职责在近代教育制度转型过程中部分地被保留了下来。

明清时期教官的人数无法详考,根据吴智和的估算,有明一代的教官约超过 4 000 人。[27]清代学官的数字在 18—19 世纪有所变化。根据生活在 19 世纪中叶的梁章钜(1775—1849)的说法,当时"府教授一百八十余员,州学正二百一十余员,县教谕、训导共二千六百余员",[28]故共有学官约三千名,还不包括省级学政。但这个数字有些让人生疑,因为清代疆域要比明代大,人口多,似乎学官不应比明代更少。而且 1884 年之后,清朝的疆域重新划分,行政区域有所增加,学官也应增加。当时全国分为二十三个行省,光绪一朝有 185 府,218 州(其中 73 州为省辖州,145 为府辖州),1 314 县。[29]作者根据行政区划推算,按满员学官位置算,每个区划分别有学政、教授、学正和教谕一名,大约有 1 740 位。按体制每位学正、教授配备训导四名,教谕配置二名,共有约 4 246 名。考虑到某些偏远地区小县份未设学官或教官助教不满员,但某些个别地方也可能超员,我们可以估算出 19 世纪中后期清代学官数字约有六千来人。

明清时期官学的衰落与教官的品级低下和选任方式有关。明代规定府级学正品级不得高于"从九品",已是官僚品级的末阶,后来又降到"无品级","杂流",[30]学官遂被排除在正式官僚体制之外。从理论上讲,倘若朝廷想让众学子享受较高的教育质量,学官应当从顶级士人名流中选拔。明代早期朝廷的确有此一想,于是在进士功名之外设立"副榜进士",以供学官之选。但此项政策却未能推行下去,因为凡是考中

---

[26] 梁章钜:《退庵随笔》(节录),见 YZSJ,页 160;亦见吴智和:《明代的儒学教官》,页 32, 48;和 Toi-Loi Ma, "Local Education Officials"。

[27] 见吴智和:《明代的儒学教官》,页 19—20。Toi-Loi Ma 估计有明一代全国官学系统约有 4 200 个教席。见 Toi-Loi Ma, "Local Education Officials," p. 18。

[28] 梁章钜:《退庵随笔》(节录)。

[29] 刘子扬:《清代地方官制考》,北京:紫禁城出版社,1988,页 7。

[30] 张廷玉:《明史》,页 1851—1852;吴智和:《明代的儒学教官》,页 8—14。

进士功名的,哪怕是"副榜",也不愿接受穷酸的教官之任。明廷无奈只能从次一等的监生贡生举人中选拔学官。㉛清代的情况并无太大改观,制度上府州学官的品级可以上升到正七品,学官可以转任地方官。但一个府学正仍不抵一个七品县令,而且这种情况并未真正实行,因为清代中期以降,捐纳之风盛行,许多被安排学官之职,清代儒学教官的资质退化可想而知。㉜

书院系统的教职有山长或院长、助教等,在教学质量上比官学系统的教官的确要高出一筹。刘伯骥对清代广东私立书院的研究指出,教师中多数享有进士或举人功名,少数人为秀才。有些人是退休或丁忧的官员,或为前任的学正、教授、教谕。㉝虽然有研究显示书院教师并非完全以资格选任,也普遍存在着裙带风气和腐败,㉞但总的说来书院毕竟要靠山长的名气来吸引学生。

有明一代,在今天我们称之为初等教育,即以识字通经为主的阶段,师资也可以分为两种。蒙师以教授识字为主,经师则教授经史时文,二者也常常合二为一。㉟初级阶段主要教授男孩识字读书,有时家塾中也会有女孩(女子教育在下一节讨论),而高级阶段则以经史讲解、作文练习为主,帮助学生准备科举考试。廖泰初对20世纪30年代私塾的研究发现,初等教育可能持续十年之久,此间学生必须背诵经书直到默然于胸,然后塾师才会开讲经义。㊱1904年的癸卯学制将初等教育分为两级,且长达九年,不能不说是沿袭了前近代的传统(初级教育不在本书讨论范围之内,但这种相似性足以说明前近代的"传统"在

㉛ 吴智和:《明代的儒学教官》,页12—19;Toi-Loi Ma," Local Education Officials," pp. 16—17。

㉜ 赵尔巽:《清史稿》,页3358—3359,3099—3119。

㉝ 刘伯骥:《广东书院制度沿革》,页217—295;亦见樊克政:《中国书院史》,台北:文津出版社,1995,页171—186;盛朗西:《中国书院制度》,上海:中华书局,1934,页77—129。

㉞ 樊克政:《中国书院史》,台北:文津出版社,1995,页331—332。

㉟ 刘祥光:《中国近世地方教育的发展:徽州文人、塾师与初级教育》,页32。

㊱ T'ai-ch'u Liao," Rural Education in Transition: A Study of the Old-fashioned Chinese Schools [Szu Shu] in Shantung and Szechuan," pp. 29—31。

"现代"学制中的延续)。

明代关于何人执教于族塾村塾义学社学的资料并不多见,只在当时的文学作品中稍有透露。在冯梦龙的短篇小说中,这些乡村塾师们总是透着贫穷寒酸,大部分都是落第秀才,屡考不中,甚至有人只是童生。㉗ 有研究指出,大部分塾师来自本地,他们的待遇与本人的名气、学问、受雇学校的性质,以及雇主的慷慨程度都有很大关系,但总的来说都是地位低下,收入微薄。㉘ 史书上确有记载某些塾师受到东家善待,境遇不错,但这些记载往往都是其人金榜题名之后,早期际遇才被入载史册。而大部分终身不第,老死乡里的塾师们,早已湮没在历史的尘埃中,他们的境况也许只能从清代有关乡村塾师的记载中得知一二。清代乡村塾师们的状况与明代相比并无太大变化,罗友枝(Evelyn Rawski)的研究显示大多数塾师由族学家塾管事或村中族长老从当地秀才童生中遴选,要求道德学问俱佳。直隶的资料显示,某些情况较好的县份有69%的塾师有功名,差的县份则只有23%的塾师有功名,而且在塾师越多的县份有功名者的比例就越低。㉙

清代教师的收入受到很多因素的影响,譬如其社会背景、品德声望、功名学问、与官府的关系等等。在那些有名气的书院,尤其是在受到官府资助的书院里教书收入较高,因为他们有功名有名气,属于上层精英。山长或院长的束脩每年能达到几百甚至上千两银子,还不包括从学生们那里收取的礼金。但是在同一所书院,助教们的收入仅四十两而已。㉚ 府州县学的教官们收入比书院山长们要低,常常不得不依

㉗ 见[明]冯梦龙(1574—1646),《苏知县罗衫再合》《赵春儿重旺曹家庄》,收入《警世通言》,沈阳:春风文艺出版社(重印),1994,页124—153, 467—479。

㉘ 刘祥光:《中国近世地方教育的发展:徽州文人、塾师与初级教育》,页28—35;亦见 Rawski, *Education and Popular Literacy*, pp. 96—97; Stig Thøgersen, *A County of Culture: Twentieth-Century China Seen from the Village Schools of Zouping, Shandong*, pp. 22—24。

㉙ Rawski, *Education and Popular Literacy*, pp. 42—43, 192。

㉚ 刘伯骥:《广东书院制度沿革》,页296—304。据张仲礼估计,执教著名书院比任教普通学堂束脩要高出许多。见 Chung-li Chang, *The Income of the Chinese Gentry* (Seattle: University of Washington Press, 1962), pp. 92—109。

赖学生们的供养。[41] 乡村塾师们的收入就更低了，而且地域差距也很大，通常是以实物抵缴，甚至部分是以在学生家包饭相抵。例如贵州某个村塾的塾师年薪仅十两纹银，其他地方家塾族塾或社学的塾师较高时会达到四十两，这中间蒙师和经师也会有些差别。[42] 前近代中国教师群体收入微薄，内部的差距，尤其位于乡村底层塾师的低收入状况，在近代教育体系转型的过程中延续了下来。（本书将在第四章讨论这一问题）

由明代中叶开始，正途出身并拥有权力的政治官员集团与那些低等功名出身，位于官僚体制末阶，以教官为主的教育集团之间的裂隙逐渐显现。教育集团在官阶上、收入上被贬低，而服务年限却逐渐加长，使其在政治权力圈中被边缘化。因其功名地位低下，不论对国家政治事务还是当地治理均无发言权。一般来说，政治官员们的任期为三年，然后或升迁或转任，而各级学官们的任期一般九年，基本没有进入政治权力圈的可能。[43] 尽管清制为学官们勾画了较为诱人的前景，似乎学官可以转任知县，[44] 但考虑到大量捐纳和候补的官员在等待实缺，一般学官转任知县的机会微乎其微。教育集团中那些在书院教书的退休或丁忧官员以及从未入仕文人，他们与官场和政治权力之间的关系是间接的，因而也被排除在政治圈之外。乡村塾师们地位更加低下，根本就没有可能进入政治权力圈中。

当我们考察近现代教育体系的诞生以及第一批近代专业教师群体出现时，应该考虑到教育集团，包括教育官僚和普通教师，已经被排除在政治权力中心长达几个世纪了。[45] 这种历史现象可以帮助我们理解

---

[41] 吴智和：《明代的儒学教官》，页9—10。

[42] Rawski, *Education and Popular Literacy*, pp. 54—61。

[43] 吴智和：《明代的儒学教官》，页253—254；Ma, "Local Education Officials," pp. 19—24。

[44] 赵尔巽：《清史稿》，卷12，页3099—3119。

[45] Alexander Woodside 也注意到了明清时代政治中心与教育集团分离的现象，但是他将这种现象视为国家在私立教育扩展的情况下，对教育控制力逐渐减弱的一种趋势。见 Woodside, "The Divorce between the Political Center and Educational Creativity in Late Imperial China," 载 *Education and Society in Late Imperial China*, 1600—1900, pp. 458—492。

在近现代教育体系中师范学校独立设置的重要性,因为教育集团在行政官僚体系和政治体制中长期被边缘化的结果就导致了在近代教育转型时教育集团与政治官员集团的正式分离,而独立的师范学校体系为这种分离提供了制度上和机构上的基础与合法性。由此我们可以看到近代中国教育专业化的过程与欧洲近代教育发展历史的轨迹不同。

19世纪后半叶教育改革中的教师问题

19世纪的教育危机并非仅仅来自官学体系或科举内部,而是一种更为广泛的社会危机的体现,如人口的增长,社会动乱,国家财政困难,军事上失利,中央政权对地方势力渐失控制等等。19世纪后半叶,西方教会学校的出现,以一种完全不同的教学风格和课程,为本土教育改革家们将要进行的教育改良提供了一个新的思路和模式。虽然洋务派官员们于1860年代建起了方言馆、译书局、船政学堂等,其中西学是主要课程,但此时西学和西式学堂对中国教育的影响毕竟只限于沿海部分地区和口岸城市。在广大内陆地区教育改革以书院为主,并未涉及政治或整体制度的变革。当更大的危机开始浮现时,朝野精英们开始相信中国需要一个更为广泛的改革。1896年梁启超(1873—1929)提出了一个全面改革的方案,将教育改革看成改良整个社会的重要部分。

1. 晚清(1850—1900)教育之弊

晚清教育的首要问题是识字人口的增长与科举制的局限之间的冲突,尤其是与府州县学中有限学额数量造成读书人以科举考试的方式实现向上流动的路径极其狭窄。1741年中国有约1.43亿人,但到1850年的统计则增加到了4.03亿。[46] 随着教育的扩展,识字人数无论有无功名都有所增加,而官学的学额在太平天国之乱以前则固定

---

[46] Ping-ti Ho, *Studies on the Population of China, 1368—1953* (Cambridge, Mass.: Harvard University Press, 1959), pp. 281—282.

不变。[47] 艾尔曼（Benjamin Elman）的研究指出当时地方政府向朝廷要求增加学额，尽管朝廷的确回应了这种请求，但相对于人口增长的幅度来说，增量仍然实在太小。[48] 根据张仲礼的研究，太平天国之前，全国1 741所官学共有生员20 089人。叛乱刚刚平定之后，学校数目增加到1 810所，但主要是因为行政区的重新划分造成。学额则相应增加到30 113名。相比之下，每年报考生员的人数接近两百万。于是，童子试（岁考）的中考率在太平天国叛乱之前只有1.25%，之后也只有1.5%。[49] 乡试一级的情况也同样糟糕，艾尔曼的研究显示1850年代之前秀才考中举人的比例大约在1.5%—2%，[50]那98%的落第生员们于是就麇集在府州县学里继续领取膏火，等待着三年之后的另一次机会。从1865年到1872年，清廷给南方某些府县增加了学额，奖励其在围剿太平军时的贡献。[51] 但这些增额幅度太小，僧多粥少，而且由于生员学额的增加，意味着更多的秀才参加举人的考试，于是通过乡试变得更为困难。[52] 在此种情况下，国家不得不在贡生、监生头衔之外，增加一些附属头衔，如拔贡、岁贡、附贡、廪贡等等，试图安抚那些屡试不第者。府州县学也被迫容纳那些落第的大多数士子，因此官学中除了领取膏火的正式廪生，还有一些学额之外"非正式"的学生，称为附生、增生，还有广生、拔生、佾生等等头衔，统称为"诸生"。这些学生自费就学，借助府州县学的环境准备下一场考试。这些非正式学生的人数常常会超过正式廪生的人数。例如1836年邹平县的学额是30名，但附生竟达400名。[53] 官学诸生人数的膨胀让清廷用学额制控制地方教育的方式已经名存实亡。

[47] Chung-li Chang, *The Chinese Gentry: Studies on Their Role in Nineteenth-Century Chinese Society* (Seattle: University of Washington Press, 1955), pp. 77—86.
[48] Benjamin A. Elman, *A Cultural History of Civil Examinations in Late Imperial China* (Berkeley: University of California Press, 2000), pp. 125—172.
[49] 同上书, pp. 78—92。
[50] Elman, *Cultural History*, pp. 146—157.
[51] Chang, *Chinese Gentry*, pp. 83—90.
[52] Elman, *Cultural History*, pp. 146—157.
[53] Thøgersen, *A County of Culture*, pp. 34—35.

教育的发展加剧了科举考试的竞争性,因为不论岁考还是乡试,都有98%左右的童生士子名落孙山。那么他们以何为生,养家糊口,等来年再试?除了当师爷、胥吏之外,当然大部分人是去教书。[54] 这些落第的书生们已经难以回到田间耕作,只能以舌耕为业,靠微薄的束脩养活自己和家庭。然而,正是这个不断壮大的塾师群体促成了晚清识字人数的不断增长,反过来却又加剧了科考的竞争性,形成一个怪圈。由于学额的增加,还有以捐纳取得的头衔,享有做官资格的人已经远远超过了清帝国所有的官位,于是大量的冗员和候补闲官们在等待。后面一章我们会看到正是这个被边缘化的群体在教育转型时成为重要力量,填充了现代教育制度中所开辟的新空间。

其次,原来科举制中设计的以学额来平衡地方政治和文化的功能在晚清严重失衡。根据李弘祺(Thomas Hong-chi Lee)对宋代学额制(解额)的研究,学额的设置不仅为促进地方教育发展,也出于中央政府对地缘政治的考虑。它显示政府在制造政治精英时需要考虑地区间政治势力的平衡,使得各个地域的政治势力在朝廷均有代表。朝廷在学额分配上有针对地方发展经济和政治不平衡的考虑,有时利用学额或提携或抑制某地区,以此机制既达到各地区间的竞争,又达到政治上的制衡。[55] 正因学额制有稳定前近代国家制度的重要功能,明清以来都承袭此制,让中央和地方、地方和地方之间达到政治势力的平衡和经济资源的平均。但是清中期以来的各地经济文化发展的不平衡,后期的内乱外患,都让学额制再难以起到把地方优质人才带到中央,沟通中央与地方,平衡地方政治的杠杆作用。艾尔曼的研究指出,江南自明清以来经济文化发达,状元进士人才辈出,在全国范围内一直处于领先地位。但因受学额限制,江南子弟在本籍考试要面对十分激烈的竞争,而北方地区经济落后,文化竞争力较低。于是南方一部分官宦子弟借寓

---

[54] Leung, "Elementary Education," p.393.

[55] Thomas Hong-chi Lee, "The Social Significance of the Quota System in Sung Civil Service Examinations," *Journal of the Institute of Chinese Studies*, the Chinese University of Hong Kong, vol. 13 (1982): pp. 287—317.

京师参加考试,占用北方省份的名额,使得南方籍贯的进士举人在全国士人中的比例大大增加。而清廷则很快堵住了这个漏洞,并限制了各个等级和各地区的学额。清廷在人口大幅增长的情况下并未相应地增加学额,而且由于满人官员垄断了相当一部分职务,进一步压缩了汉人士子晋身朝廷的空间。[56] 在清代,朝廷顾忌江南文化的优势,往往用调整学额的方式来促进其他地区抗衡江南。根据毕汉思（Hans Bielenstein）的研究,到18世纪,清廷学额开始向西南和西北边陲地区的省份倾斜,导致这些省份的进士数目有所增加,南方发达省份的进士数量则相应地有所减少。值得注意的是,边陲地区在举人和进士人数上增加较快,而南方发达省份的生员人数增加更多。[57] 这说明江南文人在地方上有绝对优势,但由于学额制的限制,这种优势却难以达到主导全国的层面上。清廷对落后地区的投入,明显地有以北方边陲省份的力量来抵消南方地区由于经济文化发达给清廷带来的政治压力。

经济和文化上的优势必然要求政治上更多的权力,而学额制对南方发达省份的限制更为明显。艾尔曼根据人口的增加与学额之间比例变化发现,在江南地区,进士人数相对人口比例减少了63%,浙江减少了58%,福建减少了73%。而边陲地区省份如贵州、广西、辽宁却显示出教育逐渐扩展,进士人数与人口比例增加。艾尔曼指出,南人在官员中占有比例过高一直是明代朝廷的内忧,清代试图通过改变学额制进行调整,但仍不能改变这个大趋势,南方发达地区的教育文化优势在帝国整体版图中显得特别突出。[58] 在18世纪清王朝处于鼎盛时期,清廷有较强的实力,又发动了文字狱,江南士人对于清廷的这种控制无力反抗,不得不另寻出路。艾尔曼在《从理学到朴学》中就描述了不少江南士子在考取秀才之后,多次考试不中,遂放弃功名之途,转而依靠江南的财富和文化资源从事学术研究,还有的学者则寻找官府幕宾、富家西

---

[56] Elman, *Cultural History*, pp. 256—257;艾尔曼:《从理学到朴学:中华帝国晚期思想与社会变化面面观》,赵刚译,南京:江苏人民出版社,1997,页92—93。

[57] Hans Bielenstein, "The Regional Provenance of Chin-shih during Ch'ing," *Bulletin of the Museum of Far Eastern Antiquities* (Stockholm), 64(1992): pp. 5—178.

[58] Elman, *Cultural History*, pp. 256—258.

席、书院教师等职业。正是清廷在学额方面的限制和政治上的控制,使得江南士人转向非政治化的学术研究和其他文化职业。[59]开辟新战场,创造官方势力之外的文化场域,与中央政治势力抗衡,并且试图以其声望,开创并主导士林规则与学术标准。当清王朝势力开始衰落,尤其是平定了太平天国之后,朝廷元气大伤,而江南地方在经济上有了更多的自主权,这种长期积蓄的不满和力量开始展现。[60]在政府众多冗官冗员的状况下,单独扩展学额只会造成更多的人等待官位,而且也会被朝廷利用。因此要打破学额的限制就必须对科举制进行大改造。乘着学习西方的大趋势,以南方沿海地区士人为主的士绅官员群体开始批评科举制,指责科举制不能选拔人才。而这种批评指责的背后相当的成分是对学额制的不满,因为学额限制了南方发达地区文化教育的发展,使其优秀人才难有出路,他们在朝廷的代言人不能反映其地方的实力。[61]于是在晚清的局势下,清廷政治权力流失,地方势力坐大,政治天平开始倾斜,废科举建学堂的呼声甚高,让以学额制平衡各地政治势力,平衡中央与地方关系的体制再难维持下去。这种地方势力不仅在清末制宪运动中得到有力展现,而且通过教育改革扩大了政治影响。因此在20世纪前三十年中,不论是在清末建立新学制中,还是在其后二十多年的教育体制改革中,全国舆论都唯南方教育界和知识界的马首是瞻。可以说,通过新式教育制度的建立,南方知识界文化界才得以摆脱明清以来学额制和科举制的束缚,将自己长达几个世纪的经济文化优势向全国进一步扩散。

官学体制的败坏是晚清教育体制的第三个问题,而且涉及政治体制与社会稳定。吴智和对明代官学的研究有助我们理解官学在整个国

---

[59] 艾尔曼:《从理学到朴学》,页92—98。

[60] 在讨论民初的地方主义时,胡春惠回顾了晚清以来地方势力的发展,说明民初的情况是晚清趋势的继续。见胡春惠:《民初的地方主义与联省自治》,页1—30。

[61] 这种情况和美国当今社会的"平权法案"有些类似。"平权法案"考虑的是种族间的平衡,而清帝国的学额制则试图平衡地区间的差别。"平权法案"实施了三十多年,由于顶尖名校入学名额有限,且必须留出一定名额给少数族裔,因此不得不舍弃一些比少数族裔学生分数条件更好的白人学生。近年来有数起因此而引起的诉讼案件,社会上也有人开始提议要废除此项法案。

家政治制度和儒学体系中的地位和作用,官学是王化之治在地方的象征,承担着传播皇家教谕,安定地方社会的功能,它们有着传承文化,教化乡里,移风易俗的重任。官学所在是当地的文化中心,地方人才荟萃其中,不仅用于公藏图书,也祭祀先贤先圣,而且还是举行乡饮酒礼、教习乐舞、表彰孝子节妇的场所,总而言之,是本地区文化和精神道德的中心。因此官学不仅是教育机构,而且对本地社区礼仪风尚,民俗道德都负有相当责任。地方的学官和学子理应成为人们的道德楷模,而且学官的职责正在于确保学府的正常功能以利德化王治。[62] 19 世纪中叶以后,官学学府已经沦为当地考试的注册机构、膏火的发放所,冗员闲官的安置所。当学府内充斥着不学无术的教官和满腹牢骚的诸生,教官不教,学生不学,官学的道德形象和政治作用就荡然无存了,因此威胁着国家德化王治的根本。

晚清教育的第四个问题是下层民众的教育目标与国家以科举为中心培养人才的教育目标之间的冲突和背离。明清以来广泛存在的家塾族塾社学义学及乡村书院的确造成识字率增加。[63] 但是正如伍德赛德(Alexander Woodside)所言,大众识字率的增加是一柄双刃剑:既有助于强化乡间安全,也会促成反叛意识,因为如果狭窄的科举之门不能提供读书人足够机会向上流动,就会造成社会的动乱。[64] 正是洪秀全这样屡试不第的秀才领导了农民造反,让太平天国这样大规模的叛乱持续了十数年。因此平定太平天国之乱以后,同治中兴的一个重要举措就是通过恢复官学和科考以重建地方社会秩序。[65] 朝廷以整饬教育体制达成选拔人才,维持地方社会安定,是 19 世纪后半叶教育改革成为

---

[62] 吴智和:《明代的儒学教官》,页 81—93。

[63] 罗友枝估计清代的男性识字率大约在 30%—45%。见 Rawski, *Education and Popular Literacy*, p. 140。根据她对识字率的定义以及明清以来国家和地方在教育方面的努力。目前学术界尚无人挑战她的这一结论。

[64] Alexander Woodside, "Real and Imagined Continuities in the Chinese Struggle for Literacy," in Ruth Hayhoe (ed.), *Education and Modernization: The Chinese Experience*, pp. 33—35。

[65] Mary Clabaugh Wright, *The Last Stand of Chinese Conservatism: The T'ung-Chih Restoration, 1862—1874* (Stanford: Stanford University Press, 1975), pp. 129—131。

社会改革先声的一个重要考量。

另一方面,一些地方文人士绅和政府官员试图为普通民众教育寻找意义和出路,他们认为社学和义学并不一定是以为国家选拔人才为目标,而是教导民众安分守己。⑯ 1826 年襄阳知府周凯颁布《襄阳府属义学章程》时指出:

> 盖贫民子弟不能望其个个成就,读至十四五岁即要学习农家事务,若能读此三种书籍,⑰心中即知孝、弟、忠、信、礼、义、廉、耻为人治家之道,终身受用不尽,虽不能为入学之秀士,亦为安分之良民。⑱

同时某些士绅在为当地贫穷家庭孩童所办之义学时,阐明其教育宗旨如下:

> 义塾之设,专为贫户童蒙,若遍读经书,非但力有不能,实亦迫不及待。宜将明白浅显之书,先为训读,并属塾师随口讲解,……所以然者,以此塾只为贫寒子弟略知为人道理而设,故所定章程,为遑谋及举业,如有颖异之资,应即另行提出,格外栽培。⑲

义学等初级教育的目的比"教化"更广,因为除少数资质优良的学生外,还要面对广大学童,因此,学塾在教授之时应有区分:

> 教徒又宜相体裁衣,在其为功名计者,固宜多读经书。或有三年五年,即要经管家务,及学习店业者,则宜每日多限字课,临帖钞书之外,或教之信札,或教之帖式,或托之算法及杂字簿。惟谨守家规与娴习礼貌,则士农工商无二理也。⑳

---

⑯ 这一宗旨在其他义学章程中也有阐述,见《义学章程》,YZSJ,页 335—355。梁其姿也证实社学及各种地方学校的目的是道德教化(见 Leung, "Elementary Education in the Lower Yangtze Region," pp. 383—384, 396—400)。
⑰ 即《小儿语》《小学诗札》《圣谕广训》,由襄阳府颁印。
⑱ [清]周凯:《义学章程十条》,YZSJ,页 337。
⑲ [清]余治:《一得录·粤东启蒙义塾规条》(节录),YZSJ,页 353。
⑳ [清]余治:《一得录·蒙训条例》(节录),YZSJ,页 361。

如此一来,初级教育已经不再仅仅是"广教化,举人才",也不一定教"举业"课程,而是让部分学生拥有一定识字能力和谋生技能,以便他们能够"仰事俯育",[71]"为人治家",将民众教化为"安分之良民"。我们可以看到,初等教育的这种"分流",即为不同社会阶层子弟提供不同需求的教育,实际上为现代教育体系所继承,20世纪初建立的近代教育体系中,实业—职业教育部分的设置的确有承认这一长期存在现象的用意。

晚清教育的第五个问题是分散化的私立教育逐渐销蚀国家权力在地方社区的影响,并且造成下层士子离心。伍德赛德认为从清中叶开始国家逐渐从官立/公立教育中退出,并鼓励初等教育的私有化,这种趋势引起了知识界的普遍反对。[72] 1840年之前,国家曾经试图以广办社学义学的方式来加强对地方的控制,可是这种努力却因为缺乏经费和教师而效果不彰,只能容许地方初级教育落入私人和家族手中。而大家族可以集中资源办学,聘请优秀塾师,购买辅导教材,资助族内贫寒子弟。一些基于地方志的研究也显示,由于科场的激烈竞争,大家族会采用优化策略,集中调配资源,投资在那些最有希望的年轻人身上,这些青年士子在科场的成功确保了整个家族的社会地位。另外家族中那些才智平平、科场无望的青年,在完成识字教育后,族中长老则引导他们去学一些实用的技能,如钱财经营、田间耕种,以及家庭小本生意。[73] 伍德赛德认为,这种趋势会导致权力和财富持续地集中在一些大家族手中,而那些小户寒门的子弟缺乏资源,不得不孤军奋战,使其科举之路异常艰辛。因而增加他们对教育私有化的不满,于是要求国家恢复1840年以前那种官府资助初级教育、广建义学的传统,为寒门子弟提供机会,以抗衡大家族势力。这种要求形成了一种政治诉求,成

---

[71] 吴霓、胡艳:《中国古代私学》,页72。

[72] Woodside, "The Divorce between the Political Center and Educational Creativity in Late Imperial China."

[73] 见吴霓、胡艳:《中国古代私学》,页71—77;亦见 Rawski, *Education and Popular Literacy*, pp. 30—31。

为20世纪初改革人士推动建立全国公立教育体系的强大动力。[74]

2. 先期教育改革试点

在1902年新政实施之前,清廷在教育方面就已经开始了一些有限的改革,首先改革科举考试的内容,加入了一些西学知识,要求一些老式书院改变教学方式,还建立了一批新书院。早在1880年代之前,呼吁改革的人士先有冯桂芬(1809—1874),后有薛福成(1838—1894)和郑观应(1842—1922),主张借西方之"器"以改革时弊。直到1895中国在甲午之战中败给日本,于是更多的士人和官员开始重视这些主张,而教育上全面的改革则是在1901年之后。[75]

19世纪后半叶教育改革的重点在书院,同治一朝(1862—1874)有366所新建书院,其后34年间又有671所书院建成。[76] 1895年之前,西学在中国大部分文人士子中影响有限,而他们思考改革的动力主要来源于传统的思想体系。因此在书院的改革中,仅有少数书院,如格致书院是以西学为主,中学为辅。[77] 大部分书院的改革旨在扭转以科举为中心的课程和教学,将重新探索经学之义,以求为当下社会改革寻求良策为教育目标,如上海的龙门书院,陕西的味经书院,四川的尊经书院,江苏的南菁书院。还有一些书院如上海的正蒙书院,浙江的崇实书院,在课程中引入了一部分西学的内容,试图从旧式书院渐渐向新式学堂转变。新式改良书院产生了一批士人,他们在力求创新的环境中接受了扎实的经学训练,为下一阶段更为剧烈改革做好了准备。[78] 1895

---

[74] Woodside, "The Divorce between the Political Center and Educational Creativity in Late Imperial China."

[75] Elman, *Cultural History of Civil Examinations*, pp. 585—594; 亦见 Wolfgang Franke, *The Reform and Abolition of the Traditional Chinese Examination System* (East Asian Research Center, Cambridge, Mass.: Harvard University, 1963), pp. 30—32。

[76] 白新良:《中国古代书院发展史》,天津:天津人民出版社,1995,页236—240。

[77] 《格致书院招收生徒启》(1879),YYSJ,页744。

[78] Barry Keenan, *Imperial China's Last Classical Academies: Social Change in the Lower Yangzi, 1864—1911* (Berkeley: Institute of East Asian Studies, University of California, Berkeley, 1994), pp. 3—4.

年之后,伴随高涨的民族主义情绪,更多近代的书院在富裕发达的江南地区开张,其课程中有了西学内容,而在中国的其他部分尤其是内陆广大地区,大的改变则是1900年之后的事了。

19世纪后半叶教育方面的另一个变化就是洋务派所办的西式专业学堂,如位于北京的京师同文馆(1862),上海的广方言馆(1863),广州同文馆(1864),福建船政学堂(1866),以及其他学校。这些学校尽管数目很小,却产生了一批政府办洋务所需的工程师、翻译和军事人才。[79] 1890年代,一些倾向改革的地方大员亦起而效法,在福建、浙江、广东、湖北等地建起了一些西式学堂,为其办洋务之用。[80] 尽管有人可以说洋务派办的这些学校并未达到强国的目的,但是却为下一阶段在全国范围内建立西式学校体系训练了一批能够教授数学、物理、化学、地理、外语的师资,成为中国近代教育转型中不可缺少的一环。

然而,在1890年代这一波改良浪潮中,官学并未受到冲击,也未被包括进任何改良计划,因为就其体制来说,欲改官学,必先改造整个教育体系。

3. 梁启超与戊戌变法中的教育改革方案

1896年10月,甲午战败后一年,梁启超在《时务报》上发表了其变法宣言《变法通议》,提出了中国社会改良三种前景:第一,朝廷在全国范围内以学校彻底取代科举制,只有如此才能保证改良的成功,此为上策。中策,朝廷扩大科举试题的范围,加入经世策论题目和西学知识,这是一个折衷之法,只能保证改良取得有限成功。第三,朝廷改革考试内容,加入时论和经世题目,这实属下策,改革成果甚微。[81] 变法宣言中梁启超关于师范学校的规划很有可能来自日本学制。他认为师范教育为"民众教育之基础",考虑到师资不足的状况,他建议每个县级以

---

[79] Knight Biggerstaff, *The Earliest Modern Government Schools in China*, 见全书。

[80] 见苏云峰:《张之洞与湖北教育改革》,台北:"中央研究院"近代史所,1976;以及周汉光:《张之洞与广雅书院》,台北:中国文化大学出版社,1983。

[81] 梁启超:《变法通议·学校总论》,载《饮冰室合集》,上海:中华书局,1932,页19—29。

上的行政单位都建一所师范学校,为当地小学培养教师,高级师范学校可以培训中学和大学教师。如此一来,那些大量的文人士子和朝廷冗员就可以得到安置。㉂ 然而,梁启超的改革计划并未涉及如何处理官学。

戊戌变法中的其他人士如康有为(1858—1927)、李端芬(1833—1907)、盛宣怀(1844—1916)都回避了官学体系的问题。在给光绪皇帝的上疏中,康有为提到以西式学堂取代书院,改"淫祠"为学堂的主张,未涉及官学。㉃ 戊戌改良派对官学的问题视而不见,只想以全国范围内书院改学校的办法施行改造旧有教育体制。如此考虑也许因为官学存废会连带到科举的存废,也牵涉到国家对整个教育体制指导方式的改变,一定会与守旧人士发生更大的冲突,让改良更加不易。因为任何改革牵扯到官员的选任方式并切断国家灌输意识形态的渠道都会遭到守旧派的反对。尽管官学体系已经完全失去了教育功能,但是他们在政治体制中不可取代的地位以及管理地方学务的功能使改革者必须寻求更全面的改革方案。

明清时期的女学与现代女子教育的转型

尽管18—19世纪教育发展针对的是男性,但也确实惠及一部分女性,主要是在经济文化发达的地区。由于母亲在儿童早期教育中不可取代的作用,晚清科场竞争激烈的境况鼓励士绅家庭投资女子教育。到19世纪末,中国主张改革的士大夫开始借鉴教会学校,推动女学的转型,但这种转型的动力来自传统女学中"母教"的观念。

1. 内闱中的女学:范围、内容及目的

对明清以来女学的最新研究显示,当时社会已经有相当数量的女

㉂ 梁启超:《变法通议·学校总论》,载《饮冰室合集》,上海:中华书局,1932,页34—37。

㉃ 康有为:《请饬各省改书院淫祠为学堂折》,WSJ,页52—55。

子能够接受教育。高彦颐(Dorothy Ko)指出,像"女子无才便是德"这样说法的出现证明了当时女子接受教育有扩大的趋势,引起一些保守人士对这一现象的恐惧和不满,试图以此说法相抗。[84] 实际上,从 17 世纪开始,江南士绅家庭的女子们从事文学创作的现象并不少见,一些女作家在上层文人圈中颇具才名。在人文荟萃的都市环境中,具有高度文学素养的名妓与才子们诗文唱和,演绎出几多风流雅事。[85] 统计女子识字的人数确实不易,罗友枝利用各种资料估算出 19 世纪女子识字率在 2%—10%,在某些富裕发达地区也有可能达到 25%。[86] 可见,在 19 世纪中叶外国传教士来华建立女校之前,中国就已经有相当数量士绅和富裕家庭的女子受惠于明清以来的教育发展。和全国总人数相比,女子识字人数仍然相当有限,但却奠定了下一阶段女子教育转型的基础。[87]

曼素恩(Susan Mann)将清代以来女子教育的内容分为文字教育和非文字教育,二者均严格限于家庭之内,属于家内事务,国家政府并不干涉。[88] 这些女子文字教育的课程内容不断扩展,不仅包括道德训教,也有经史典籍。在士大夫家庭中,女孩的早期教育实际上与其兄弟们并无二致。[89] 高彦颐的研究显示 18 世纪某些女子不仅才华出众,靠卖

---

[84] Dorothy Ko, "Pursuing Talent and Virtue: Education and Women's Culture in Seventeenth - and Eighteenth - Century China," *Late Imperial China* 13, no. 1 (June 1992), pp. 9—19.

[85] 同上,亦见 Ko, *Teachers of the Inner Chambers: Women and Culture in Seventeenth - Century China* (Stanford: Stanford University Press, 1994); 还有 Susan Mann, "Learned Women in the Eighteenth Century," in *Engendering China: Women, Culture, and the State*, ed. Christina Gilmartin et al. (Cambridge: Harvard University Press, 1994), pp. 27—46; 作者同前, "'Fuxue'(Women's Learning) by Zhang Xuecheng (1738—1801): China's First History of Women's Culture," *Late Imperial China* 13, no. 1 (June 1992), pp. 40—62。

[86] Rawski, *Education and Popular Literacy in Ch'ing China*, pp. 6—7, 140.

[87] Rawshki 指出,中国人口的识字率与同期的一些欧洲国家,如英国相比已经不相上下,甚至高于法国和俄国,与德川时期的日本也基本相同,女子识字率也不算低(同上书,pp. 146—154)。所以明清时代的中国并不能算女子教育落后的国家。

[88] 至今对明清女子教育的研究仍限于江南士大夫家庭。我们对于北方地区和下层士人家庭女子教育的状况仍然一无所知。

[89] Susan Mann, "The Education of Daughters in the Mid-Ch'ing Period," in *Education and Society in Late Imperial China, 1600—1900*, pp. 20—27.

文教书为生,已不是个案。如画家和作家黄媛介辗转江南各个城市,出售诗文字画以挣取家用。不少江南士绅家的女子都受过教育,一旦家道中落,她们就成为"闺塾师",在富人家中教女眷读书识字。[90] 闺塾师的出现说明女子不仅突破了教育内容上的限制,甚至突破了传统的社会角色,因为在儿童初等教育的领域中,社会对女子突破家内角色表现了相当程度的容忍。17—18世纪的这种变化为女子教育在19世纪末20世纪初的转型奠定了基础。

　　曼素恩认为除了文字教育,社会所有阶层的女子都得接受非文字教育,非文字教育包括了道德训教和家务技能培训。[91] 女孩子从一出生就被许多象征符号和仪式所包围,例如缠足、七夕乞巧、祭祀嫘祖、准备嫁妆等等。这些符号和仪式不断告诫她们未来要承担的各种责任和义务,即操持家务、相夫教子、生儿育女、做贤妻良母。[92] 根据曼素恩的说法,我们可以看出明清女学是由三部分组成,即道德教育、文字教育、家务技能培训。了解这种女子教育的传统非常重要,因为这三部分正是清末民初现代女子教育的三个重要方面。

　　更值得注意的是明清女学的目的,这对于我们理解晚清女学向近代转变很有帮助。从明代后期开始,男性文人在女子接受教育上态度有所转变,一些人着手教其妻妾、女儿、儿媳及其女性亲属读书识字,并赞助周围女子的文学活动。[93] 出现这种转变不仅与理学的发展有关,更是出于当时社会的需要。因为识文断字的女子往往对夫家更为有利,能够相夫教子,保持家庭和谐。而且通过与士大夫家庭女子联姻,可以保持或改善家庭社会地位。艾尔曼认为,士绅家庭女子教育对江

---

[90] Ko, *Teachers of the Inner Chamber*, pp. 115—142.

[91] Susan Mann, "The Education of Daughters in the Mid‑Ch'ing Period," pp. 20—27.

[92] Mann, *Precious Records: Women in China's Long Eighteenth Century* (Stanford: Stanford University Press, 1997), pp. 152, 170—171. 亦见其"The Education of Daughters," pp. 20—27。

[93] Susan Mann, "Learned Women in the Eighteenth Century," pp. 27—46; 亦见其"'Fuxue'," pp. 40—62。

南地区士大夫的家学传承亦有重要贡献。⑭但推动女子教育的主要动力是士大夫阶层意识到了"母教"的重要性。面对愈演愈烈的科举考试竞争,为了保持家族不致败落,士大夫家庭不得不从强化儿童教育着手,而且越早越好。⑮母亲在儿童早期教育中扮演着重要的角色,于是重视女子教育便有了十分现实而又重要的目的,即母亲的教育水平与教养决定孩子的未来,孩子的未来决定家族的兴衰。同时,母亲也承担着教育女孩的职责,从识字作文、端正品行到女红家务,无一不赖母亲指导。⑯清代学者陈宏谋十分强调女性人格对儿童成长的影响,指出:"有贤女然后有贤妇,有贤妇然后有贤母,有贤母然后有贤子孙。"⑰为儿子选择一个受过教育的妻子,为孙子选择一个有教养的母亲成为许多士绅家庭的重要考量。于是,在婚姻市场上,识文断字的闺秀比文盲女子更有竞争力。为了能将女儿嫁个好人家,士绅家庭不得不让女孩子多少受点教育。因此,重视"母教"的观念在清代得到了广泛的接受,正是这种观念成为清末女学转型的枢纽。

2. 19世纪后期女子教育中的新因素:传教士所办女学与女子出洋留学

19世纪中叶,西方传教士将西方教育方式带入中国,包括建立女子学校、送女子出洋留学。这些无疑给中国女子教育带来了一些新的因素,但这并不代表近代女子教育的主流。因为这一时期传教士所办女校不仅学生人数少,而且都在沿海一带,对本土女学走向影响很小。

---

⑭ Benjamin Elman, *Classicism, Politics, and Kinship: The Ch'ang-chou School of New Text Confucianism in Late Imperial China*, Berkeley, California: University of California Press, 1990.

⑮ 刘祥光指出,重视儿童教育实际上从宋代就开始了,但仍强调以学校教育为主。见《中国近世地方教育的发展:徽州文人、塾师与初级教育:1100—1800》,页1—45;亦见周愚文:《宋代儿童的生活与教育》,台北:师大书苑,1996,页97—182。明清则将儿童受教育的起点延伸至更早。

⑯ Mann, "The Education of Daughters," pp. 19—49.

⑰ [清]陈宏谋:《五种遗规·教女遗规》(序言),上海:经纬书局,1935。

最早的女子学校于 1844 年在宁波开办,[98]但直到 1877 年 38 所基督教女子学校才有 524 名学生。[99] 到 1896 年,传教士所办女子学校数有 308 所,学生数 6 798 人。[100] 资料显示 1895 年之前传教士资助送出国留学的女子人数也极少,并未对中国女学发生任何影响。[101]

教会女校发展缓慢的原因与传教士在中国的传教目的与方式有关。19 世纪后半叶,西方传教士的事业在中国遭遇种种困难,与中国社会有很大隔膜。雪莉·盖瑞特(Shirley Garrett)的研究表明,传教士们不成功的原因在于他们不能与士绅阶层建立良好关系,因为他们的传教方式是由下而上,从拯救穷人开始,以吸引信徒。盖瑞特引用 1877 年在上海召开的中国基督教传教士大会(the General Conference of the Protestant Missionaries of China)的资料指出,传教士们认为,他们的失败在于对士绅阶层毫无影响,而后者常常对他们充满敌意。大会中,一些传教士已开始意识到这正是他们发展教会事业的致命之处,但也承认一时并无解决之道。盖瑞特认为,事情不仅如此,传教士往往在政治、意识形态、文化思想方面攻击士绅阶层,而后者当然要进行反击。不过,在 1877 年的大会上,有几位传教士呼吁改变传教策略,以教授科学知识的方法与上层社会建立联系,但这一建议并未受到重视。在 1880 年代,也只有极少数传教士开始进行这样的实验。但也正是在此一时期,他们开始明白了在中国最好的传教方法不是吸引穷人,而是从上层开始,自上而下,方能有效地拓展他们的影响。盖瑞特认为,策略

---

[98] 顾长声:《传教士与近代中国》,上海:上海人民出版社,1981,页 225—234。

[99] Ida Belle Lewis, *The Education of Girls in China*, New York: Teachers' College, Columbia University, 1919, p. 24.

[100] Lewis, *Education of Girls in China*, p. 24. Lewis 并未将天主教所办女学校算进去。根据 Frank J. Rawlinsen 的报告,中国境内的传教士所办学校(不论男女)中,74% 都开办于 1900 年之后。见 Frank J. Rawlinsen, "Change and Progress in the Christian Movement in China during the Last Two Decades [1900—1920]," in Milton T. Stauffer (ed.), *The Christian Occupation of China: A General Survey of the Christian Forces in China* (Shanghai: China Continuation Committee, 1924), p. 37.

[101] 褚季能:《甲午战前四位女留学生》,YYSJ,页 369—375;亦见梁启超:《记江西康女士》,《饮冰室合集·文集一》,页 119—120。

真正变化则发生在1890年代。[102]

需要指出的是,无论在学生来源、办学动机、目的以及课程内容,1890年代以前传教士所办女子学校以及资助女孩留洋都与明清以来士大夫家庭所持女学传统大相径庭。首先,在学生来源上,传教士在办学过程中遭遇士大夫抵抗,很难收到士绅家庭的闺秀。为了吸引学生,教会常常免费招生,甚至付给学生父母一定的费用,以补偿学生上学所耽误的家务。这一时期,教会学校的学生都来自贫穷家庭。[103] 1890年,传教士改变传教策略,教会办女学的方针也随之改变,开始面向士绅家庭。[104]

教会女校从招收穷女孩转向中上层家庭闺秀从何时开始?顾长声认为这一转变发生在1875年到1899年,[105]时间跨度未免太大,而且标志不清。笔者认为这个转变发生在1890年左右,重要标志就是开始收学费,因为只有上层阶级和富裕家庭才会为女孩子的教育支付学费。例如当年宁波的第一所教会女校从1890年前后开始收膳食费和学费。[106] 圣玛丽亚女书院建于1881年,当时不仅免费还发放津贴,到1890年学校只有32个学生,而在1900年之后却开始收学费了。[107] 上海著名的中西女塾建于1892年,专为招收上层家庭的女子。据说"这是第一所定期向父母收取膳食费和学费的寄宿学校"。[108] 美国卫理公

---

[102] Shirley Garrett, *Social Reformers in Urban China: the Chinese Y. M. C. A.*, 1895—1926, Cambridge: Harvard University Press, 1970, pp. 1—44.

[103] 褚季能:《女学先声》,原载《东方杂志》,第31卷第7期,页23—27,转引自 ZJXS,第4卷,页262—268;孙石月:《中国近代女子留学史》,北京:中国和平出版社,1995,页42—43。

[104] Shirley Garrett, *Social Reformers in Urban China: The Chinese Y. M. C. A.*, 1895—1926, pp. 1—44.

[105] 顾长声:《传教士与近代中国》,页225—234。

[106] 褚季能:《女学先声》。

[107]《圣玛丽亚女书院校史》,ZJXS,第4卷,页306—309。

[108] Walter N. Lacy, *A Hundred Years of China Methodism* (New York: Abingdon - Cokesbury Press, 1948), p. 149. 这里所说的"定期"意义重大,因为根据卫理公会的报告,在1880年代后期大部分学校试图达到自给自足,因此鼓励学生的父母多少为其女儿的教育贡献一点,交付学生的在校部分费用,这些"贡献"包括衣服、书籍、零花钱等等。学校甚至鼓励学生参与学校工作,出售手工艺品来支付自己的在校花销。据此,我可以想到1890年前后,即使有的学校收取学费,恐怕大多数也属于"不定期"。下一章我们可以看到这些早期的学生与后来士绅或上层富裕家庭的学生属于两个完全不同的社会阶层。

会 1859 年在福州建立了一所女校,早年间学校常常只有一个学生,到 1888 年学校才有了 30 个学生,直到 1894 年所有学生都是免费的。1894 年大约 1/3 的学生是童养媳,但是到 1909 年,这一类学生只剩下大约 1/80。[109] 这种变化显示了学校从 1890 年到 1900 年十年间的两种变化:即学生人数增加以及来自下层家庭学生人数减少。这样教会女校在逐渐减少从穷人中招生并收取学费的趋势中,转型成为为士绅和富裕家庭闺秀提供教育的场所。这与 1890 年代士大夫家庭中传统女学的转型几乎是同时发生的。

尽管开始面向士绅上层社会,教会女校转型的初期在招生上仍十分艰难,直到 1900 以后才有所改善。例如中西女塾第一年只有 7 名学生,[110] 到 1900 年,有 3 个学生毕业。[111] 圣玛丽亚女书院也有同样的尴尬,1900 年学校只有一个毕业生。[112] 可见从 1890 年到 1900 年十年间,教会女校入学率极其有限,哪怕是在上海这种士绅群集之地。教会女校的真正发展是在 1900 年之后,但如下面所述,这时也正是中国士绅所办女学蓬勃发展之际。

从内容和目的上看,19 世纪后半叶的教会女校和女子留洋都与晚清以来传统女学强调女性家内角色和教育儿童的传统大不相同。由于传教士办教育的目的是为了培养传教助手,教会女校的课程内容强调宗教教义、世界历史和浅显的自然科学常识。[113] 学习英语和圣经是主课,而中文则不受重视。[114] 传统女学中被视为培养贤妻良母的家务技能则不包括在正式课程之内,只是课外活动。[115] 同样,那些受教会资助留学海外的女留学生也被安排学习医学。学医与中国社会对女性的期

---

[109] 李淑仁:《记福州毓英女子学校》,ZJXS,第 4 卷,页 271—274。
[110] Lacy, *A Hundred Years of China Methodism*, p. 158.
[111] 《〈中华基督教会年鉴〉记上海中西女塾》,ZJXS,第 4 卷,页 296—297。
[112] 《圣玛丽亚女书院校史》。
[113] 褚季能:《女学先声》;孙石月:《中国近代女子留学史》,页 42。
[114] 《镇江女塾功课简表》,ZJXS,第 4 卷,页 342—343。又见《上海中西女塾章程》,ZJXS,第 4 卷,页 299—302。
[115] 《镇江女塾功课简表》,ZJXS,第 4 卷,页 342—343。又见《上海中西女塾章程》,ZJXS,第 4 卷,页 299—302;亦见《薛正记上海中西女塾的课程》,ZJXS,第 4 卷,页 303—305。

待完全不同,但却非常符合传教的目的。在其对女留学生的研究中,叶维丽(Weili Ye)指出,早期那些具有高级学历的归国女留学生,"往往视自己的从医经历是在为教会服务,而非从事一种具有现代意义上自我实现的职业"[116]。她们回到中国以后都在教会医院服务,[117]大多数人终身未婚,与妻母角色无缘,有悖于当时中国社会绝大多数女性的经历与观念。[118] 不仅如此,教会资助的女留学生也不同于后来清朝地方政府官派女子出洋留学,这些女留学生被安排学习师范,显示政府加强女子教育的目的是为了儿童和家庭(见本书第二章)。

尽管与中国传统女学存在着重大分歧,教会女校的建立仍有两方面的意义,其一,传教士所办女校为士大夫精英将传统女学由家内私学转为社会公共事业提供了实践依据。其二,尽管教会女校与士大夫所办的女学在动机与课程内容上并不相同,但却为士大夫所办女校在改良教学方式和课程上提供了一个借鉴模式。[119] 可以说,两种女学的变化与转型,尽管原因动机不同,却都发生在 1890 年到 1900 年之间。

3. 女学的现代转型:1895—1900

虽然郑观应被认为是中国近代第一位提出普及女子教育的人,但他的思想却未超出"贤女贤妻良母"的传统意识。[120] 1896 年梁启超发表著名的《变法通议》,对女学的转变有重大影响。在其《论女学》一篇中,他将女子教育问题与民族存亡联系起来,指出:中国有两万万妇女

---

[116] Weili Ye, "'Nü Liuxuesheng': The Story of American‑Educated Chinese Women, 1880—1920s," *Modern China* 20, no. 3 (July 1994), pp. 315—346.

[117] 褚季能:《甲午战前四位女留学生》;亦见梁启超:《记江西康女士》,《饮冰室合集·文集一》,页 119—120。

[118] 褚季能:《甲午战前四位女留学生》。在四位早期女留学生中,只有一位有过一段婚姻。

[119] 褚季能:《女学先声》。在下面一章我们可以看到早期士大夫的女校在课程和目的上仍然非常传统。

[120] Paul Bailey, "Active Citizen or Efficient Housewife? The Debate over Women's Education in Early‑Twentieth‑Century China," in *Education, Culture, and Identity in Twentieth‑Century China*, ed. Glen Peterson, Ruth Hayhoe, and Yongling Lu (Ann Arbor: University of Michigan Press, 2001), p. 321.

不能受教育,但许多人并未意识到问题的严重。他警告说:"……天下积弱之本,则必自妇人不学始。"因为女子愚昧,造成家庭不稳,成为男人的负担。另一方面,女子又天性善于教养儿童,应成为可用之资:"孩提之童,母亲于父,其性情嗜好,惟妇人能因势利导之。以故母教善者,其子之成立也易……苟为人母者,通于学本,达于教法,则孩童10岁以前,于一切学问之浅理,与夫立志立身之道,皆可以粗有所知矣。"梁启超强调了维持社会稳定的两个基本原则,即"正人心,广人才"。"而二者之本,必自蒙养始。蒙养之本,必自母教始,母教之本,必自妇学始。故妇学实天下存亡强弱之大原也。"最后,他强调胎教对儿童身心健康的重要,女性积极锻炼身体有助于胎教。[120] 1897年,一批新潮士大夫筹备经正女学时,梁启超为其撰写了启事,进一步阐发了其民族主义的女学观。他宣称,女学可从四个方面造福社会,即"上可相夫,下可教子,近可宜家,远可善种。"他叹息道,女子不学,犹如游民土番,"聚二万万之游民土番(即文盲女子——引者注),国几何而不弊也?!"因此,建立经正女学正是国家富强、启迪民智的重要开端。[122]

梁氏的女学观一方面承袭了明清以来女学的主导思想,即培养贤妻良母的传统;但又表现出与传统女学的不同思路。首先,梁提到"两万万"妇女,这就将教育的对象从以往的精英阶级妇女转向全体妇女。第二,他将女学的重要性与国家命运相连,认为妇女与男人对国家兴亡有同等的责任。第三,他提出在家庭之外建立女子学校,将女子教育视为社会公共事业,而且女子的课程应与男子相同。第四,女子应进行体育锻炼,改善妇女健康,使其有健壮的身体,生出健壮的婴儿。梁将女子教育与国家民族兴亡联系,打破了女学仅限于家内事务的观点,注入了现代民族国家的意义,为女学的近代转化创造出理论依据。但是他将国家之弱归咎于女性,未免重复了历史上"女人祸水"的陈词滥调。

启事发表的第二年(1898),经正女学正式成立,学堂的创建人和捐助人都是文人士大夫。学堂招收8至15岁,有基本读写能力的年轻

---

[120] 梁启超:《变法通议·论女学》,《饮冰室文集一》,页37—44。
[122] 梁启超:《倡设女学堂启》,《饮冰室文集·文集二》,页19—20。

女子,实为士绅家庭女子所开。学校的第一批学生就是这些创办人的妻妾媳女及女性亲属,证明学校延续了江南士绅女学的传统。[123] 学校章程中规定:"立学之意,义主平等,虽不必严分流品,然此堂之设,为风气之先,为他日师范所自出,故必择良家闺秀,始足仪型海内,凡奴婢娼妓一切不收。"而且学堂规定学生一律住校,并禁止学生的仆妇随侍,[124] 可见学生的身份非同一般。经正女学学生的来源与明清家庭女学在受教者群体上并无区别,均为大家闺秀,而与1890年以前教会女学的生源截然不同。在后面的一章,我们还可以看到这种以上层士绅家庭妇女闺秀为主的女学成为20世纪早期近代女子教育的主流,与前近代女学有着连续性。传教士所办女学虽然为中国教育带来了新的因素,但终究是以梁启超等为首的新潮士大夫推动了女子教育向近代转型,形成了近代女学的主流,而传教士所办女学只是在向中国女子教育的主流靠拢中才得以发展。

---

[123]《四次筹备会议纪要》,WSJ,页192—201。
[124]《女学堂章程》,WSJ,页188—192。

第二章
教育与社会的转型：师范学校的兴起，1897—1911

　　戊戌变法的失败也导致改良派锐意推行的一系列教育改革计划受挫，但是这种倒退并未持续很久：庚子事变以后，清廷终于愿意进行全面改革，并于1902年开始推行新政。1902年清廷颁布了"钦定学堂章程"，制定"壬寅学制"。由于多种原因，此章程从未付诸实践。一年多以后的1904年，修订版的学制再次颁行，称为"癸卯学制"。此学制的颁行标志着近代以西方教育体制为基础蓝本的新式学制在中国开始建立。第二年(1905)，中国历史上延续一千多年的科举制被废除，代之以新式学堂体系。

　　当科举的帷幕戛然落下，千千万万士子童生们的人生目标顿时消失，新式学校的建立威胁着相当一部分塾师的生计。晚清时每年的童子试在全国产生大约两三万的生员，每三年的乡试会试产生数千名举人进士，这还不算每年近二百万的考生，以及更多的人在刻苦读书识字，练习八股，为考取功名做准备。除此之外，全国有六千多名教官，还有那些靠捐纳买到功名官衔的人。而新式学堂横空出世以及废除科举完全切断了历史，切断了这些人的生存意义以及生活出路。

　　本章考察清末大约1900年前后至辛亥革命这十余年中师范学校的兴起对社会转型和新式教育体制的形成所带来的影响。师范学校取代了原来的官学，为旧式文人提供了新的社会身份，同时迅速发展的新教育机构成为那些被官僚体制边缘化的闲官冗员们开辟了新的战场，让他们成为教育管理人员,在官办的学堂中重掌实权。新的师范学校体系将长久以来教育界与政治官员集团的分裂加以实体化、制度化,将教师和教育管理人员转变成为一种专业化的、合法化的独立社会群体。同时为了培养现代国民,癸卯学制计划建立起从幼稚园到大学院的完整体系,将以前属于私人家内范围的儿童识字教育也划归公立机构,这不仅是现代国家试图控制初级教育的需要,也延续了19世纪中晚期清政府未能完成的任务。然而,国家将儿童初级教育纳入正式教育体系却带来了意想不到的结果,即必须建立公立女子师范学校和女子小学以提供教师。女子教育由此完成转型,从士绅家庭为维持社会地位的生存策略转变成国家为达到民族强盛的重大战略,于是女性在社会公共领域的角色遂合法化。

师范学堂与社会转型

中国第一所师范学校是南洋公学的师范院,1897年由盛宣怀建于上海,是戊戌变法的成果之一,也是仿照日本师范学校而建的一个实验项目。但南洋公学由盛宣怀组织的团体投资所办,并非公立学校,影响有限,在经历了变法失败和庚子事变之后,于1903年关闭。1902年,官办的京师大学堂师范馆成立,开始了训练现代教师的任务。在1897年到1903年之间,各地零星有几所师范学校,其影响仅限于本地。[1]直到癸卯学制颁布后,师范学校才开始在全国范围内大规模建立。根据学部不完全统计,新式学校从1902年的222所到1907年的16 895所。[2][3] 1907年全国共有541所师范学校,相比74所专门学堂,137所

---

[1] 如张謇于1902年所办通州师范,1903年的直隶师范,以及同年的两江师范。见李友芝:《中外师范教育辞典》,北京:中国广播电视大学出版社,1994,页315,317,318。

[2] 学部总务司:"各省学堂历年增减比较表",《第一次教育统计图表(1907)》,台北:文海出版社,1987年重印,页27—28。此表并未包括京师地区各种学校的数字。

[3] 学部总务司:"各省师范学堂学生统计表",《第一次教育统计图表(1907)》,台北:文海出版社,1987年重印,页23—24。此表中师范学堂包括各种类型的师范学校,有优级、初级师范学堂以及各种短期速成班和训练所。

实业学堂,398所普通中学堂,④师范学校成为新式教育体系内中等教育以上增长最快的部门。

1. 癸卯学制中的师范教育体制

癸卯学制表面上西化的形式似乎造成一种历史的断裂,但仔细分析之下,无论在制度设计或是在实践层面上,新学制都与明清时代的教育体制有着强烈的连续性。癸卯学制的设计者似乎并无建立新制度必以彻底推翻旧制度为前提的想法,在设计新学制时,心中定存有如何与既有制度衔接的考虑。癸卯学制的确沿袭了戊戌变法以来的改书院为学堂的思路,主张中等普通学堂以省府州县行政区划为基础兴建。由于缺乏资金兴办新学堂,大多数地方官为了政绩,于是将正在运作中的官方半官方书院系统转化成普通教育体系的基础,⑤根据书院原有的名气分等,将以前省属的官方或半官方书院改为高等学堂,府州所属书院改为普通中等学堂,而县属书院则改为高等小学堂。⑥ 这些普通学堂在资金来源上继承了原书院的方式,即接受官府部分资助,其他部分则来自学生缴纳的学费膳食服装和课本费。⑦ 同时,已有的社学、义学、族塾、家塾、村学等教授读书识字的学校则被编入初等小学堂部分。⑧ 在这一转型中,许多旧式学塾未纳入官府的计划,依然维持其传统的课程。⑨ 癸卯学制设计了与普通中等教育和高等教育平行的师范教育部分,⑩这样,通过建立新学制

---

④ 学部总务司:"各省专门学堂学生统计表","各省实业学堂学生统计表","各省普通学堂学生统计表",《第一次教育统计图表(1907)》,台北:文海出版社,1987年重印,页19—20, 21—22, 25—26。

⑤ Grimm 指出19世纪广东就已经形成了一个以行政区划为基础的书院体系,每所书院的学术声誉和教学质量与其所在的行政等级有关。在行政等级和学术声望上都低一等级的书院往往将自己的好学生送到高一等级的书院。见 Tilemann Gramm, "Academies and Urban Systems in Kwantung", pp. 475—498. 这种书院等级就成为新式学校转型成为与自己行政等级和学术声望相符的新式学堂。

⑥ 陈谷嘉、邓洪波:《中国书院制度研究》,页462—463。

⑦ 学部:"中学堂章程","高等学堂章程",XZYB,页317—339。

⑧ 癸卯学制中,小学教育共九年,分为两个阶段,初等小学五年,高等小学四年。

⑨ 这一时期仍有相当数量的私塾仍然运作,未被改编。将私塾改小学的运动在民国时期持续地进行着,直到1950年代私塾才正式绝迹。

⑩ 学部:"初等小学堂章程","初级师范学堂章程","奏定任用教员章程",XZYB,页291—306, 398—414, 428—430。

和师范学堂,清政府第一次实现了由国家提供教师,以实现对地方初等教育进行持续稳定的介入和控制的目标。

癸卯学制有一个独立设置的师范学校系统,初级师范学堂与普通中等教育大致相同,而优级师范则相当于高等专门学堂。⑪ 但在早期,大部分师范学堂是初级师范。师范学堂与普通中等学堂以及高等学堂的不同之处不仅在于培养目标和课程训练不同,还包括其他各个方面。师范学堂在地方政府的完全掌控之下,学堂的规章制度、教师雇佣、招收学生、校长选派都由政府制定,学校的全部经费也是由政府支付。师范学生学费全部免费,还包食宿,甚至提供课本和制服。普通中等学堂对学生的地域来源并无规定,但师范生必须来自本级师范学校行政区划所涵盖的地区。在教育目标上,中等学堂的学生毕业后或考大学,或进入政府机构,或经商,并无固定目标,而师范毕业生则专为小学中学培养师资,因此这两类学校在课程上也有很大区别。中等学堂的毕业生面临一个有风险的就业市场,而师范毕业生则接受政府的分配到小学校任教。优级师范学堂相当于高等专门学堂,但同样在经费来源,学生地域来源规定,以及教书服务年限上由政府决定。优级师范学堂的课程是针对中等学堂制定的,毕业后由政府委派成为中学教师。⑫

在建立学制时,清管学大臣以西式学制和日本学制为参考。很明显,癸卯学制与日本模式有不少相似之处,以致一些学者在比较日本学制和癸卯学制时,过分强调了二者的相似性,认为中国"抄袭了日本学制的方方面面,从学校体系,教学目的和内容,以及教学方法"。⑬ 也有学者不同这种意见,认为癸卯学制与日本明治学制有相当不同,而是中国研究了包括日本学制在内的各种不同体制,对日式学制进行了改造,

---

⑪ 癸卯学制中的划分与我们现行的初、中、高等教育等级并不完全相同。初等教育分为两个阶段,共九年,普通中等教育五年,之上有三年高等学堂,介于中等教育与大学之间,是为分科专门教育做预备,再上才是大学,通儒院则相当于研究生院。

⑫ 学部:《初级师范学堂章程》,《优级师范学堂章程》,XZYB,页 398—414,414—415。

⑬ Hiroshi Abe, "Borrowing from Japan: China's First Modern Educational System," in *China's Education and the Industrialized World*, ed. Ruth Hayhoe and Marianne Bastid, New York: M. E. Sharpe, 1987, pp. 57—80.

以适合中国社会的实际状况。学制中改造的部分包括师范学校与日制不同,学生就学年限比日制要长,读经课程成为所有学校的必修课,还有对教师训练以及各种道德行为方面的要求等等。[14] 其实,癸卯学制中在师范部分最为重要的调适是对中国原来官学特点的继承,尤其是经费来源,招生中对学生的身份、年龄和地域来源的规定,强制性学额制,以及学生免学费的政策,毕业生的功名、分配和服务年限的要求等等。鲍斯威克注意到,在壬寅学制的方案中师范学校地位很低,只是中等教育一个可有可无的附属品。[15] 而癸卯学制则在中等和高等教育的层级上都设置师范部分,并于普通教育之外形成独立的师范体系。这种改变也许出自一种广泛的共识,即对于师资的大量需求,而壬寅学制却不能满足这一要求。[16] 不仅如此,我认为这种修改还包含一个重要考虑,即如何将旧的官学系统纳入新式学制之内,让其发挥作用。

1901 年到 1904 年,官学的命运十分难测,废科举之议正在改革派中不断蔓延。其实在 1902 年,改革成为共识,对清廷来说,废除科举并不算是难事,但难的是如何处理附属于官学和科举体制下数百万士子教官以及读书人,在官学废止后如何对其原有功能进行替代。因为这牵涉到三个方面的因素:首先,废除官学和科举意味着全国府州县学中六千多学官失业,数万名领取膏火的生员以及自费的诸生顿失其所,更不用说那些每年数以百万计的童生顿失所学,失去人生目标和晋身之途。1906 年在学堂已办、科举已废之后,浙江金华府的士绅们上书请求扩办师范学堂,为旧士人提供出路。他们描述了金华士子塾师在科举废除之后的情况:"金华八县……舌耕寒士新旧交替,生计为难,人心惶惑,士气愤张,其情形可悯,其势焰可畏。"士绅们觉得新学堂没有吸纳足够的旧士子,要求增办师范,认为以金华的情形,合格考生有三万,因此"非有千余师范学

---

[14] 钱曼倩、金林祥:《中国近代学制比较研究》,广州:广东教育出版社,1996,页 93—123, 100—101, 117—121。

[15] Borthwick, *Education and Social Change in China*, p. 119.

[16] 张之洞、张百熙、荣庆:《奏定学务纲要》,XZYB,页 488—508。

额为之消纳不足以泯旧学之怨怼而期新学之普及"[17]。由此可见,建立新制首先要考虑如何处理旧制下广大生员士子的出路和情绪。但是壬寅学制小心翼翼地绕开了官学与科举的难题,把重点放在化书院为学堂的计划上,与康有为的思路一致,仍不能解决这一问题。

其次,如果在新学制下,政府不为学生提供资助,学校取代科举,新式学堂的毕业生不再受政府控制安排,自谋出路,国家与新式学校毕业生之间的联系不复存在。且不说这种改革会引起普遍的人心惶惶和社会动荡,还会导致政府选人用人的渠道被切断。试想如果未来的官员也从这种学校毕业生中选拔,而政府却不能控制其课程与思想倾向,这对政府的确是一种潜在的威胁。

其三,官学的另一个职责是管理地方教育,而壬寅学制对此并未涉及。倘若新式学堂的功能只限于教学,在清末地方政治体制和整体教育体制未健全之前,管理地方教育的职责仍需官学打理,也让废科举成为空谈。因此,在没有解决新式学堂与政府以及官学的关系之前,新式学制尚难推行。

以张之洞(1837—1909)为首的管学大臣们对于维系了上千年的科举选人制度不能不慎,因此拟定了一个较为温和的渐进方案。[18] 实际上,1903年张之洞会同袁世凯上"奏请递减科举折",就考虑到科举"一旦废之,士子必多觖望",就提出"酌量变通,分科递减"的想法。[19] 1904年张之洞等人再度上疏,对以新学堂逐渐取代科举和官学的计划做出更为细致的规划,估计大约需要三个会试的时间约十年完成转型。届时科举逐渐退出,而新学堂所培训的毕业生则可以填补其空。张氏列出详细的计划,在每一级减少学额,同时建立起新的学校考试制度,

---

[17]《金华府属八邑绅士为拟改试院为学堂事公上浙抚禀》,《教育杂志》(天津直隶学务处办),第18期(1906年),页11b—12b。

[18] 新政期间有三位管学大臣:张百熙、张之洞、荣庆。根据关晓红的研究,张百熙最初提出的壬寅学制较为激进,引起很大争议。后有荣庆、张之洞加入,最终折中妥协,以张之洞的想法为主,推出了癸卯学制,方成定制。中间冲突曲折关节,可见其《晚清学部研究》,广州:广东教育出版社,2000,页41—65。

[19] 袁世凯、张之洞:"奏请递减科举折"(1903年3月),XZYB,页523—526。

并建议将各省学政转变成相应的教育管理和考试官员来推动这一转型工程。张氏还勾画了对那些在科举中未能考中进士的安排机制,让他们可以转任当地新学校的教师。那些有初级功名,年岁在 30 以上者可以在速成师范学校毕业,50 岁以上者需要通过政府的特殊考试后,安排政府辅助之职。那些终身举业而不中又年满 60 者可安排较低的教学职务。那些有功名而又年龄偏大者可以成为教师或考试官。[20] 很清楚,张之洞将建立新学制与科举制的废除联系在一起的改革方案,为那些终生以科举为业的一代读书人着想。事实上,废科举这个口一开,攻击科举的人更为卖力,于是这个较为温和的方案随后被更为激进的方案推翻。虽然如此,这个方案中所考虑的旧制与新制的衔接在癸卯学制中仍有所保留,即建立与普通学堂平行的师范学校来完成这个转变,使师范学堂成为改革的缓冲器,完成旧文人的转型。由于师范学校由国家掌握,被视为整个学制的基石,掌握师范学堂可以让国家以其意志塑造新的学校体制并掌控教师人才。癸卯学制颁行后,学部敦促各省实行,由于缺少教师,建立师范学堂遂成为当务之急。[21] 管学大臣张百熙、张之洞、荣庆在《奏定学务纲要》中表示绝不能让学堂失控:"此后京外官绅兴办各种学堂,无论官设公设私设,俱应按照现定各项学堂章程课目切实奉行,不得私改课程,自为风气。"[22] 国家必须设立章法,师范学堂使国家能够掌握师资培训,如同以官学控制科举教育。同时,新政施行之后,为应改革之需,各省区学务处纷纷成立,接管了原来官学管理教育之职,官学的使命已经完成,于是科举之废,遂成定局。

在建立师范学堂体系的实际操作过程中,各地均采取了富有弹性的做法,以便达成社会和教育的平稳转型。在早期,地方政府可以便宜行事,采取恰当措施,以使学堂适合地方社会。癸卯学制要求各府州县都建立初级师范学堂,但又补充开始阶段可以先在省会办一所。一旦

---

[20] 张之洞等:"管学大臣等奏请试办递减科举注重学堂折",DFZZ,第 1 期(1904 年 1 月),页 7—10。

[21] 学部:《通行各省推广师范生名额电》,XBGB,第 1 期(1906 年),页 6b。

[22] 张之洞、张百熙、荣庆:《奏定学务纲要》。

优级师范学堂有足够的毕业生到省后,初级师范即可在县级办学。㉓ 优级师范学堂的章程允许建立包括初级和优级的两级师范学堂。㉔ 从 1904 年到 1910 年,全国 23 省可能有 19 所优级师范或项目。㉕ 由于章程允许地方在实施中采取灵活的措施,许多以前没有师范学堂的省和地区都建立了某种形式的师范教育机构。估算初级师范学堂也很困难,因为资料中的分类并非基于学校数,而是以"科"划分。所以目前资料看到的在 1909 年全国共有 92 所完全科, 112 所简易科,㉖其中完全科与简易科可能重叠,所以学校数并不是二者的总和。比起全国县的总数,仍不能达到每县一所,但是如果包括的那些短期培训项目,如传习所或讲习所,1908 年全国共有 303 所。这样比起其他中等和高等学堂来说,办师范学堂不能不说是一个成功的例子。㉗

师范学堂章程要求地方政府保障师范学堂的办学资金,学务机构不得不时时催促地方政府照解经费,以用于从校址到学费的各项支出。㉘ 地方官常常想到节省之法,就是将原来的贡院—试院或官办书院的旧址给与新兴的师范学堂。例如,四川通省师范学堂和两广优级师范学堂都在原贡院中建立,而江苏师范学堂和两湖师范学堂则是原来官办书院的旧址。㉙ 光绪三十一年十月(1905),浙江金华府的一批士绅恳请浙江巡抚考虑"将试院改为师范学堂,将州县应解办考经费改为师范学堂经费",以解决经费和地点问题。㉚

㉓ 学部:"初级师范学堂章程",XZYB,页 398—414。
㉔ 学部:"优级师范学堂章程",XZYB,页 414—428。
㉕ 学部总务司:"宣统元年教育统计表",选载 SJSJ,页 623—625。此表排列以"科"计算,列出了一些学校里不同类型的师范科目(如"完全科"和"简易科"虽然单列,但又可能是在同一所学校),某些学校可能有不止一科,故我在计算时,以区域分类,假定一个地区有一所师范。
㉖ 学部总务司:"宣统元年教育统计表",选载 SJSJ,页 623—625。
㉗ 学部总务司:"宣统元年教育统计表",选载 SJSJ,页 620—625。边疆地区如青海、新疆、蒙古此时仍未开办师范学堂。
㉘ 学部:《初级师范学堂章程》及《本司通饬各属如数照解保定师范学堂经费甚少请速筹办俾免失措札》,SJSJ,页 644。
㉙ 罗振玉:《江苏师范学堂记》,SJSJ,页 645;"四川总督锡良奏改设通省师范学堂",SJSJ,页 677;张之洞:"札学务处改修两湖师范学堂",SJSJ,页 680;两广优级师范学堂:《两广优级师范学堂一览·学堂章程》,本校印,1910,上海档案馆藏,全宗号 Q0－12,案卷号 1086。
㉚ "金华府属八邑绅士为拟改试院为学堂事公上浙抚禀"。

师范学堂对考生的资格和地域来源有一定要求,在早期师范招生中,那些曾名列官学的诸生有优先入学权。按规定,省府县的师范学校"招收省内贡生、廪生、增生、附生、监生等",招生的范围与以前官学覆盖地区一致,均以行政区划为准。[31] 保定初级师范学堂章程中规定只招收那些已有功名的人,[32]其他师范学堂也规定有功名者优先,例如四川通省师范学堂、浙江两级师范学堂、两广优级师范学堂等均有此项政策。[33] 两广优级师范学堂的数据显示,在1904年第一期的教育管理员速成班,百分之百的学生有功名或官衔,1907年以前,70%以上速成科和简易科的学生有功名和官衔(见本书第85页表2.3)。

科举废后,学额制亦不再起作用,按说新式学堂应为所有适龄儿童和士子广开大门。但是学堂章程仍然规定师范学堂的学额是基于行政区划与人口分布,以及本地学龄儿童的数目而定。由于没有人口普查的准确数字,各省只能例行按照每省初级师范300名、各州县150名、区域性优级师范240名的数字大致设定。[34] 整体来说,在初期,南方和沿海地区常常在县一级即设立师范,但北方地区的省份有时难以实现设立一所师范。师范的设立和学生数目有时又可根据实际情况加以调整,如直隶在清末一直在处于行政区域和教育上的特殊地位,直隶师范学堂作为一个省级师范学堂却可以设定学额800名,于是每县都可以派送一定名额的人选,大县和中等县有8个名额,小县有4个名额。[35] 另外因北洋大臣在晚清管辖北方地区的特殊地位,建于1906年的北洋优级师范学堂也享有每年160个名额,其中60名是分给北方那些尚未建立师范学堂的省份。[36] 报考优级师范学堂的学生必须有当地政府的

---

[31] 学部:"初级师范学堂章程";XZYB,页411。

[32] 袁世凯:"直隶总督袁世凯奏办直隶师范学堂暨小学堂折·附章程",SJSJ,页628—637;《保定初级师范学堂庶务长王泽澄该堂情形秉》,SJSJ,页738—742。

[33] "四川通省师范学堂的诞生",SJSJ,页659—661,677—680;郑晓沧:"浙江两级师范和第一师范校史志要",SJSJ,页696—712;《两广优级师范学堂章程》。

[34] 学部:"初级师范学堂章程",XZYB;"优级师范学堂章程",XZYB。

[35] 袁世凯:"直隶总督袁世凯奏办直隶师范学堂暨小学堂折·附章程",SJSJ,页628—637。

[36] 袁世凯:"奏为设立北洋师范学堂以广教育折",SJSJ,页659—661;"北洋师范学堂试办章程",SJSJ,页661—663。

举荐,方可参加入学考试。㊲ 1906 年,江苏一批士绅上书学部,提到各地的竞争学额之风,"此风起于湘闽,流及于苏皖而江南统辖三省,故江宁省城所立水陆师实业高等三江师范个学堂畛域既分,竞争尤烈。而安徽芜湖学堂竟有驱逐苏籍旅学之事,相率效尤,恐未有艾"㊳。废除科举的一个重要目的就是取消学额对南方文化优势的限制,但是,清政府仍然试图对师范学校实行学额控制,但是这种控制已经失去了政治意义。由于中央权力财力衰弱,办学主要靠地方政府,这就涉及了资源分配的问题,于是造成各地排斥非本籍学子的现象。另外,某些师范学堂为地方政府保留一定的保送名额,不必考试。㊴ 这也是新式学堂下仍然沿用旧制一个重要方面。

癸卯学制还颁定了奖励制度,给新学堂的毕业生颁发科举制的功名。大学院毕业生授予进士,按规定可委以中央政府各部门的职务。高等专门学堂毕业生授予举人头衔,可委以府州一级政府的职务。中等职业学堂、普通中学和初级师范学堂的毕业生分别授予拔贡、优贡和岁贡的头衔。值得注意的是,中等职业学堂和普通中学堂的毕业生并不能获得任何政府职务,章程规定"听其自营生业"。而初级师范学堂毕业生则被授予"教授"、"教谕"和"训导"之称,类似科举制下府州县官学教官的头衔,可在公立学堂任教。㊵ 由于形势急剧变化,清廷并未真正实行这个奖励制度,但是从这个制度中我们可以看出当时改革者对学制改革的思路和他们对师范学堂的定位,即师范学堂在新学制中的地位非常类似科举制下的官学体系,从招生到毕业以及学衔授予和职位分派都与官学类似,受到政府控制。

癸卯学制对师范毕业生从事教学服务的年限也做出了规定。初级师范学堂的官费生服务 3 至 6 年,视该生就学长短而定。在新学制建

㊲ 学部:"优级师范学堂章程",XZYB。
㊳ "江苏绅士为明定各省学额及撤销举人进士等名目事上学部公呈",《教育杂志》(天津直隶学务处办),第 21 期(1906 年 12 月),页 10b—13a。
㊴ 如保定初级师范学堂、四川通省师范学堂和北洋师范学堂均是如此,见各学堂章程。
㊵ 学部:"奏定各学堂奖励章程",XZYB,页 514—523。

立初期,由于普通中学尚未完全建立和配套,师范学堂常常是本地惟一的中等教育机构。师范学堂虽然招收的官费生有固定学额,但是章程也允许接受那些不符合官费生条件,或学额之外的考生,并收取一定的费用。他们的地位颇似官学制下的"附生"或"增生",这些自费生则只需服务2—3年。㊶ 各省官府可以委派师范生到其他州县教书,但以学校所在地的州县学校为主。㊷ 优级师范学堂毕业生的服务年限是6年,其中前2年需接受官府委派在本省内学校教书。未能完成服务者须由官府追回该生上学期间一切花费。㊸ 两广优级师范学堂的记录显示,大多数毕业生的确从事了教育管理或教学工作(见下面章节)。

1904年,师范学校取代了科举制下的官学体系,为诸生和教官们提供了一条出路。通过颁布章程,控制生源和培训,政府仍然可以主导教育体系。教育体系仍然是国家实现对地方进行控制的渠道,这就不难理解为什么民国初年政府依然要将指导地方教育、管理地方教务的责任赋予师范学校(见本书第三章)。

2. 各类师范学校

按新学制的规定,普通中等学堂和高等专门学堂都有严格修业年限和升级制度,学生从低年级升到高年级。相比之下,晚清的师范学堂在这方面没有普通中高等学堂那样严格,在修业年限和学生年级上都颇为灵活。由于地方官在办学中缺少经费和合格人员,许多地方开办将优级和初级师范合办,成为两级师范学堂。同时,开办两级师范学堂也保障了未来优级师范学堂的生源。1905年保定优级师范学堂从本校1280名初级部毕业生中选拔了96名学生进入优级师范部,其他毕业生则送往中学和小学教学。㊹其他学校的资料也证明选拔本校优秀毕业生进入优级部成为惯例。

㊶ 学部:《初级师范学堂章程》,XZYB。

㊷ 同上。

㊸ 同上。

㊹ 直隶学务处:《本处呈师范学堂考选优级分理科文科教授请立案禀》(1905),SJSJ,页643—644。

在优级师范一级,到1911年,全国范围内名称见诸记载的有14所,除京师一所外,其余是办在外省的两级师范和优级师范。[45](见表2.1)在优级师范学堂,学生们按学业长短为不同的"科",即六年制的完全科,两年制的选科,一年制的专门科或专修科。此外还有一年制的预科。根据癸卯学制规定,优级师范的完整学制包括一年的预科、一年的公共科,三年的分类科,以及一年加习科,共计六年。[46]可以想象,如果按部就班,在学制颁布后五六年内都难有学生完成学业。但是办学者往往灵活运用规则,大多数优级师范学堂仅有选科、专修科和预科。如建于1904年的江苏优级师范学堂仅有两年制的选科和一年制的预科。[47]保定优级师范学堂的学制有三种,从半年到三年。[48]尽管北洋师范学堂名义上有一个完全科,但实际上只是一个选科而已,训练来自各省的教师。[49]浙江优级师范学堂也宣称有完全科,但实际只有三年制的选科。[50]到1907年,所有优级师范共有527名完全科毕业生,2 603名二到三年的选科毕业生,894名一年制科毕业生。[51]在各校灵活政策下,选科和一年制毕业生大大超过完全科毕业生,为急需的中等学堂提供了教师。

表2.1　1911年之前的优级或两级师范学堂 *

	学校名称	设立时间	地点	内容及程度	沿革
1	京师大学堂优级师范科	1904	北京	全国师范最高学府,招收来自各地的学生	1902年由京师大学堂师范馆改名,1908年更名为京师优级师范学堂

---

[45] 根据1909年的资料,全国共有19所优级师范,但作者目前只找到了14所的名称。
[46] 学部:《优级师范学堂章程》,XZYB。
[47]《江苏师范学堂现行章程》,SJSJ,页647。
[48] 袁世凯:《直隶总督袁世凯奏办直隶师范学堂暨小学堂折·附章程》,SJSJ,页629。
[49] 袁世凯:《奏为设立北洋师范学堂以广教育折》,SJSJ,页660—661。
[50] 郑晓沧:《浙江两级师范和第一师范校史志要》,SJSJ,页700—701。
[51] 学部总务司:《第一次教育统计图表,1907》,页23—24。
* 见李友芝编:《中外师范教育辞典》,北京:中国广播电视出版社,1994,页314—384,以及SJSJ,页628—733。

（续表）

	学校名称	设立时间	地点	内容及程度	沿革
2	直隶师范学堂	1902	保定	于1902年设立，初为两级师范学堂，1905年改为优级师范	1905年改名为保定优级师范学堂
3	江苏师范学堂	1904	苏州	为两级师范学堂	
4	北洋师范学堂	1906	天津	优级师范学堂，亦招收部分北方省份学生	1911年与保定优级师范学堂合并
5	山东优级师范学堂	1910	济南		原为一所建于1903年的省级师范学堂
6	山西两级师范学堂	1906	太原		原为一所建于1905年的省级师范学堂
7	河南优级师范学堂	1907	开封	优级师范	由建于1905年的河南省级师范升级而来
8	四川通省师范学堂	1905	成都	两级师范学堂	1910年升为优级师范学堂
9	两湖总师范学堂	1906	武汉	两级师范学堂	
10	浙江两级师范学堂	1907	杭州		1910年后降为初级师范学堂
11	两江师范学堂	1905	南京	两级师范学堂，招收江苏江西安徽三省学生	由1903年建立的三江师范学堂而来
12	湖南优级师范学堂	1908	长沙		
13	福建优级师范学堂	1907	福州		
14	两广优级师范学堂	1906	广州		

从 1904 年到 1909 年,这些优级师范学堂本来是为训练中学教师而办,却一直在提供小学教师的训练课程。例如,江苏师范学堂有一年的速成科,㊷北洋师范有培养小学教师的简易科,为期一年。㊸ 四川通省师范学堂除了优级师范部外,还有初级部和简易部,初级部招收年轻学生,简易部招收年长学生。到 1908 年,60 名学生毕业于优级师范学堂,而 109 名毕业于初级部,173 名毕业于简易部。㊹

初级师范学堂也同样采取了灵活的政策。按规定初级师范学堂应有四年制的完全科和一年制的简易科。㊺癸卯学制的确鼓励地方政府建立简易科,但却并未规定简易科的具体实施办法。大多数学校的简易科在一年到两年之间。1907 年全国共有 64 所初级师范学堂,6 390 名在校生,179 个简易科,15 833 名学生。㊻ 很明显,简易科远多于初级师范学堂,除了优级师范学堂所办简易科外,其他简易科大多数应该是独立的传习所或短期训练班。除了优级师范和初级师范学堂外,癸卯学制还鼓励那些暂时不能办正式师范学堂的地方办传习所或讲习所。优级师范学堂办讲习所却另有目的,江苏两级师范学堂设立讲习所,为小学教师提供短期训练,㊼两广优级师范学堂也曾有单级教授练习所。㊽ 这些简易讲习所专门招收那些旧式塾师们,训练他们熟悉一些新的科目和教学方法,了解一些新的教育理论,还有一些特别科目如体育、图画或音乐,训练时间六个月到一年。1907 年这种短期速成传习所的数量达到 276 所,有 9 844 名学生,超过了所有师范学堂的总和。㊾在 1904 年新学制颁布后的五年中,这种短期训练项目成为师范学堂的主要形式,经过六个月到一年的训练,那些原来在乡村书院、社学、义学

㊷ 《苏抚端方护抚效增奏陈苏省学堂办理情形折》,SJSJ,页 644—645。
㊸ 袁世凯:《奏为设立北洋师范学堂以广教育折》,SJSJ,页 660。
㊹ 《四川通省师范学堂的诞生》,SJSJ,页 678。
㊺ 学部:《初级师范学堂章程》,XZYB。
㊻ 学部总务司:《第一次教育统计图表,1907》,页 22—24。统计师范学堂的准确数字的确不易,因为一部分简易科属于正式的师范学堂。
㊼ 罗振玉:《江苏师范学记》,SJSJ,页 645。
㊽ 《两广优级师范学堂一览》。
㊾ 学部总务司:《第一次教育统计图表,1907》,页 22—24。

和其他各种私塾教书的先生们,不仅得到合格证得以在新式小学教书,而且还获得了新的社会身份——现代教师。

3. 富有弹性的课程

按癸卯学制规定,师范学堂的课程虽然与普通中等学堂以及高等学堂类似,但却有很大的灵活性。师范生更多地学习教育方面的课程,而大大地简略了普通知识性方面的课程。在开始进入专业之前,师范生通常要修一年的基础课,包括道德教育、读经、文学、外文、逻辑、数学和体育。但普通高等学堂并不要求学生上这种基础课。除了专业课以外,师范学堂还要求学生修教育理论、教学方法以及心理学课程,这些在一般高等学堂的课程中也是没有的。[60]

初级师范学堂的课程设置是为了培训初等教育的师资,基本课程与普通中等学堂相仿,包括德育、读经、文学、历史、地理、数学、格致、物理、化学和体育。但是,初级师范的重点在德育和读经,其他课程则相应简化并减少了课时。另外初等师范设置了教育学方面的课程如中外教育史、心理学、教育法令和教育管理等等,其中这些教育学的课程与最重要的读经课课时相同,都长达九个课时。[61] 由于小学课程中没有外语,师范学堂也无此课程。[62] 因此与普通中学堂相比,师范生基本不通外语。可是师范学堂提供的另外一些课程是普通中学堂没有的,如书法、绘画、手工、工农商业基础知识,这些都是小学课程的内容。另一个特别的课程是"习官话",以便将来师范生们可以将满口方言的儿童培养成能说官话的国民。[63] 由于这些课程都与小学教育息息相关,初级师范学堂课程的深度达不到普通中等学堂的程度,一般舆论认为,师范学生的质量普遍不如普通中学生。这个问题成为民国前十几年里辩论师范学校命运的重要议题,也成为1920年代初教育改革中一部分人

---

[60] 学部:《优级师范学堂章程》,XZYB。

[61] 同上。

[62] 张之洞等:《管学大臣议复严选师范变通新进士入堂肄业片》,DFZZ,第 1 期 (1904 年 1 月),页 11—12。

[63] 学部:《初级师范学堂章程》,XZYB。

攻击师范教育水平低,否认师范学校有独立存在必要的重要依据(见本书第四章)。在这个问题上,明清以来教师选任的困境又重新浮现。

除此之外,各地学堂还根据地方情况和学生需要,添加或省略一些课程。其实办学者在就学年限和课程上的灵活性的确有其合理之处,因为无论六年学制还是四年制,都是为迎合西式体系而定。癸卯学制所规定的课程看上去也非常整齐,是为一个严谨有序的教育体系,但是却没有考虑到此时大多数入学者都曾浸润在科举制下,甚至在官学中学习多年,已有相当高的阅读和写作能力。另一方面,新学制又急需教师,如果等待所有学生按部就班在规定年限学完所有课程,不仅是时间、资源和人力的浪费,亦无助于新建的教育体系。因此,地方师范学校常常侧重开设那些以前学生没有学过,而地方中小学又急需的课程,设立专修科和短期培训课程,像是数学和自然科学课程,如体育音乐等,而省略如文言写作、中国历史等,[64]这正是师范体制的灵活性和教育实践中的调适。因此在1907年,优级师范学堂一级有12个选修科,只有2个有完全科。在初级师范学堂一级,共有179个简易科,60个完全科。这个比例维持到1908年,选修科和特别科增加到28个,完全科只有5个。同时,初级师范中完全科有所增加,达到81个,简易科降到110个,但讲习所的数字却增加到303所。[65]正是这种灵活机动的政策和众多的简易科讲习所将旧式科举制下的文人士子转化为现代教师。

从母亲到女教师:女子师范学堂与国家建设,1907—1911

戊戌变法的失败也使女子教育的转型受到挫折。1904年制定的癸卯学制是男子学制,女子教育在官立教育[66]体制之内并无地位。但

---

[64]《两广优级师范学堂一览:体操专修科毕业生》。

[65] 学部总务司:《光绪三十四年(1908)各省师范学堂学生统计表》,ZJXS,第2卷下,页466—467。

[66] 清末学校有三种办学方式,一是"官办",就是各级政府办学,类似现在所说的"公立"学校。另一种在当时也称为"公立/设",实际上是社会团体所办,类似现今(转下页)

是从 1902 年到 1907 年,在国家体制之外,私立和民办女子学堂却遍地开花。女子学堂和女学生走上社会,对既有的道德、社会秩序和民众观感有相当大的冲击。[67]在一些革新派士人和官员的推动下,1907 年清廷终于颁布了《女子师范学堂暨小学堂章程》,从而确立了女子教育在公立教育体系中的地位。

1. 十字路口的女子教育:1900—1906

癸卯学制意在建立一个男性教育体系,将女子教育完全排除在官办教育体系外,认为女子在家庭之外上学有伤风化:"所谓教者,教以为女为妇为母之道也。……少年女子断不宜令其结队入学,游行街市,且不宜多读西书,误学外国习俗,致开自行择配之渐,长蔑视父母夫婿之风。"另一方面,清廷也承认女子教育的重要性,指出,"使全国女子无学,则母教必不能善,幼儿身体断不能强,气质习染断不能美"。但《奏定学堂章程》中规定女子教育只可在家庭内进行:"故女子只可于家庭教之,或受母教,或受保姆之教。"另一方面,政府却试图通过控制教科书的出版与内容来控制家庭女子教育,掌握编印、发行女子读本的权力。这些读本内容是将古今中外妇德训教以及出色女子的言行编辑成书,沿袭《列女传》的形式,[68]并将一些初级小学课本作为识字教材,附以图片,"每家散给一本",目的是强调妇道,"令其能识应用之文字,通解家庭应用之书算物理,及妇职应尽之道,女工应为之事,足以持家教子"[69]。

(接上页)的"民办"。第三种是"私立",为个人或家族办学。故张之洞等人在《奏定学务纲要》中提到三种办学方式"官设、公设、私设"。

[67] 陈平原用清末北京的画报讲述了女学生的出现在视觉上和道德上对人们的冲击。见 Chen Pingyuan,"Make Gaze/Female Students: Late Qing Education for Women as Portrayed in Beijing Pictorials, 1902—1908" in *Different Worlds of Discourse: Transformations of Gender and Genre in Late Qing and Early Republican China*, Nanxiu Qian, Grace Fong, and Richard Smith (eds), Leiden: Brill Academic Publishing, 2008) pp. 315—348。夏晓虹的研究也显示当时人们对女学生在公共场合出现引所起的道德冲突表现出极大的困扰和忧虑。见《晚清女性与近代中国》,北京:北京大学出版社,2004,页 38—66。

[68] Joan Judge, "Meng Mu Meets the Modern: Female Exemplars in Early-Twentieth-Century Textbooks for Girls and Women," 载《近代中国妇女史研究》,第 8 卷(台北:"中央研究院"近代史所,2000), pp. 133—177。

[69] 学部:《奏定蒙养院及家庭教育法章程》,XZYB,页 393—398。

但是,癸卯学制为男童设计了蒙养院,规定由受过新式教育的女教师和保姆教养。这种规定从两方面值得注意:第一,它体现出国家对以前由家庭决定、在家内进行的儿童学前教育进行渗透和控制的意图。第二,它承认母亲和女性在儿童早期教育中的重要作用。这种意图不仅呼应了晚清以来对国家应提供初级教育手段的诉求,并且更进一步向儿童早期教育延伸,以响应民族国家建设(state-building)的改革呼声,以学校培养新国民。而这种企图却产生了一种附带的结果,即儿童早期教育需要女子来承担,为此必须办女子学校。尽管当时幼稚园寥寥无几,入学儿童屈指可数,但是这种观念不仅回应了明清女学的传统,又适应了挽救民族危亡、建立近代民族国家的现实目的。于是地方官员士绅广泛支持开办女子学堂,私立女校不断涌现,甚至官民争相送女子出洋留学,学习师范。

这一时期的女子教育在理念上和实践上都展现出多样性,从西方的男女教育平等到日本女子教育培养"贤母良妇"的观念都有市场。[70]但总的来说,此时女子教育的主要推动力是民族主义与传统的"母教"观念的混合物。1902年《女报》上发表董寿的一篇文章,回应梁启超关于国家命运系于女子教育的观点,敦促政府建立全国性的女子学校。[71]还有的女学的倡导者将女子的责任放在其母亲身份上,认为女子是为"国民之母",女子的愚昧与柔弱是不能造就合格的国民的主要原因,因此应教育母亲,使其能养育出新国民,灌输新的国民精神,以到达改造社会的目的。[72]另一篇发表在《东方杂志》上的文章积极推崇日本的贤母良妇观念,建议女子教育中应重德育,训练她们忠实于家庭责任。文章认为,妇女只有完成其家庭责任,才能被认为是完成其对国家的责任。即使妇女在受教育后,其主要而且最

---

[70] Paul Bailey, "Active Citizen or Efficient Housewife? The Debate over Women's Education in Early-Twentieth-Century China," in Glen Peterson, Ruth Hayhoe, and Yongling Lu (eds.), *Education, Culture, and Identity in Twentieth-Century China* (Ann Arbor: University of Michigan Press, 2001), pp. 318—347.

[71] 董寿:《兴女学议》(1902),ZJXS,第2卷下,页570—572。

[72] 亚特:《论铸造国民母》(1904),ZJXS,第2卷下,页573—577。

重要的责任依然是家庭。[73] 在1902年清政府宣布实行新政后,以上种种观点占大多数。

不难看出,此一时期,女子教育的思潮颇受日本影响,尤其是贤妻良母观念。"贤母良妇"一词是从日本进口来的似无疑义,这是当时日本近代化中所制定的女子教育的宗旨,为明治时期的国家意识形态。但是这个观念实际上根源于中国前近代的女学,如前面一章引陈宏谋关于母教的论述。季家珍(Joan Judge)试图区分日本民族主义推动下的"贤妻良母主义"与20世纪初中国激进立宪派的"贤妻良母主义"的区别,指出在民族主义推动下,激进的中国女权运动开始创造出女性主体意识,主张女性亦可用自己的才能为民族国家服务,她认为这是激进的中国女权主义与日本女学思想不同之处,因为日本的"贤妻良母主义"注重女性身体锻炼,培养女性道德,强化女性家内角色,主张以一种间接的方式参与国家建设。而20世纪初激进立宪派的"贤妻良母主义"则强调女子与男子一样,可以在智力上为国家服务,力主女性直接参与教育事业与国家政治,参与民族国家建设。[74] 实际上,关于女子直接为国家尽责的观念并不仅限于激进的女权分子,在国家政权建设中,各地政府官员都积极办起女子师范学堂,认可她们在公立学校中教书,一些革新派人士也积极鼓励参与公共领域中的女子办学和教书。她们对国家建设的参与是一种直接的贡献,这不仅是中国女权活动分子的激进主张,而且是20世纪初中国革新派的共识。

但也有少数激进女学倡导者号召女子参与革命,认为当时的女学训练女子成为"贤母良妻",使受教育的女子不过是"男子的高雅奴隶,异族的双料奴隶"而已。他们号召女子"撇脱贤母良妻的依赖性,靠自己一个人去做那惊天动地的事业,把身儿跳入政治世界中,轰轰烈烈,光复旧主权,建设新政府"。他们认为,女子无学的根源在于异族的独

---

[73]《论女学宜注重德育》,原载 DFZZ,第3年(1906),第6期,页118—212,引自 ZJXS,第2卷下,页584—587。

[74] 见 Joan Judge, "Talent, Virtue, and the Nation: Chinese Nationalism and Female Subjectivities in the Early Twentieth Century," 载 The American Historical Review, Vol. 106, no. 2 (June 2001), pp. 756—803。

裁统治,呼吁女子与男子肩并肩,投身革命运动。⑦ 因此,女子教育应灌输革命思想。持此种观点者虽为少数,却对社会有极大冲击力。

从1902年到1906年,私立女子学校如雨后春笋般建立起来。当1902年清政府开始实行"新政"时,私立女子学校就在江南一带、直隶京师地区纷纷建立,其他省份如湖南、四川、广西、江西、山东,甚至贵州云南也都不甘落后。⑦ 这些女子学校的办学者都声称为了加强"母教"以实行对民族国家的责任。为了说明清末不同的女学实践,下面列举了几个当时有名的女校,其办校宗旨与实践显示它们代表不同的女学思潮。

务本女塾于1902年在上海设立,属于中国较早的几所女校之一。它承袭了梁启超在戊戌变法时期的女学思想,属于温和改良派。此塾是一所由家塾改成的中等学校,起初只招收有基本读写能力的女子,后来扩大到初等教育。因其创办人信奉"女子教育是教育之始基"的理念而设立师范科。⑦ 学校宣称其办学目的在于改进家庭,教授基本知识,培训女子教育孩童之能力,因此大多数学生在完成初等教育后,都升入师范科。⑦ 初级小学课程主要为训练读写能力,教授算术、德育以及唱歌、体育、绘画、缝纫和手工。历史、地理、科学、生理、理化为小学高年级课程。⑦ 学校重视德育、科学知识、特别是家务技能的训练,承袭明清女子教育传统的三大组成部分,只是文字教育部分加入了一些西方知识,但强调女子作为母亲和教育者的角色。

北京豫教女学堂由一批满汉士大夫于1904年设立,与务本女塾不同,代表着女子教育中略为保守的观点。此校明确宣称其办学目的为训练"贤母良妇",侧重女子的家庭角色。课程内容除了教授读写和一

---

⑦ 苏英:《苏苏女校开学演说》(1904),ZJXS,第2卷下,页582;亚卢:《哀女界》(1904),ZJXS,第2卷下,页577—581。
⑦ 见《各省教育汇志》,DFZZ,第1年(1904),第1,3,5,6,11期,第2年(1905),第9期。
⑦ 吴馨:《务本女塾史略》,ZJXS,第2卷下,页589—590。
⑦ 《务本女学校第二次改良规则》,ZJXS,第2卷下,页590—591 。
⑦ 《务本女塾增设初等、高等女子小学规则设置大意》,ZJXS,第2卷下,页594—596。

些浅易的西方知识外,重点放在训练女子缝纫、手工以及其他家务技能。⑧

较为激进的女学思潮的代表是众所周知的爱国女学,由革命党人设立,将女子教育与实现革命的任务联系起来。蔡元培的著名讲话被多次引用,即"以暗杀于女子更为相宜,于爱国女学,种下暗杀的种子"。因此,爱国女学则承担着培训激进革命者的任务。⑧ 在授课内容上,除了正常的课程,如识字、自然科学、体育和家事以外,学校还给高年级学生教授反满革命理论、无政府主义观念以及炸弹制作的知识和技能。

当然,也有一些教育家强调教授女子谋生技能,使其能够于社会上自立。这种类型的学校包括上海、福建的蚕业学校,上海、扬州、杭州、北京的手工业学校和护士学校。⑧ 但这些学校数量不多,并非当时女子教育的主流。

1902年推行新政后,改良思潮成为风气,更多的士绅文人加入办学潮流,接受新思想,使得女学迅速发展。此一阶段的女子教育有一些共同特征,这些共同特征都与前近代女学有着重要的联系。首先大部分学校均是以教授识字的初级教育为主。⑧ 中等学校数量较少的原因与生源有关,如北洋女子师范于1906年成立时,合格生源不足,不得不赴上海一带引进学生。⑧ 其次,其课程中显示出很强的传统连续性,即强调德育、识字与家务技能训练三方面内容,绝大多数女子学堂中,德育与读经为课程的重要部分,如上面所提到的务本、豫教、爱国等校,而家务技能构成课程的另一重要部分,包括烹饪、缝纫、编织、手工、家事

---

⑧ 《北京豫教女学堂章程》,ZJXS,第2卷下,页694。
⑧ 俞子夷:《记爱国女学与光复会》,ZJXS,第2卷下,页627—631;蔡元培:《蔡元培全集》,北京:中华书局,1984,卷7,页196。
⑧ 见《各地女学的兴起》,ZJXS,第2卷下,页633—648。
⑧ 李又宁、张玉法:《近代中国女权运动史料,1842—1911》,台北:传记文学出版社,1975,下册,页1038—1071。
⑧ Sarah McElroy, "Forging A New Role for Women: Zhili First Women's Normal School and the Growth of Women's Education in China, 1901—1902," in *Education, Culture, and Identity in Twentieth - Century China*, pp. 348—374.

等。再次,绝大多数学生来自士大夫精英家庭。爱国女学如此,[85]务本女学更不用说,学生都是创校者们的女眷,校规要求学生举止要表现"大家风范",[86]豫教女学的学生则是由办学的满汉士大夫的妻妾姐妹女侄们组成。[87] 1904年,山东某知县办了一所女学,只收地方士绅家庭女子,因此学校鲜为人知。[88] 当然,新学堂表现出一些"近代"特征,如邀请外籍教师授课,课程中加入了科学知识。但是新的科学知识讲解十分简单浅易,其学习重点放在如何将科学知识使用在家庭生活中,因此,生理卫生十分受重视,以便学生将来能"科学地"养育孩子。课程中的新内容还包括,如体育、游戏、唱歌,这部分内容符合民族主义和国家建设的目的,因为体育课的目的在于训练健康的母亲,游戏与唱歌则为教养幼儿不可缺少的部分。

此一时期,清中央政府对女学的暧昧态度使得地方政府官员对女学的去存态度摇摆不定。有地方官员关注女学,兴办女子学堂,将重点放在培养师资上。如湖北巡抚端方考虑到蒙养院和家庭教育的需要,于1904年在武汉建立保姆养成所。[89] 山东一县令王伯安也设立了女子学校,教年幼女童识字。[90] 1905年,湖南官派20名女子去日本学习师范科,奉天和其他几个省份也相继送女子去日本学习师范。[91] 而开办私立女子学堂反过来又刺激了女学的发展,因为不断增长的女子学堂需要更多的女教师,迫使地方官员介入、处理,甚至参与女子教育。1906年,当北洋女子师范学堂在天津举行开学典礼时,尽管学堂并非正式官办,但许多地方官员均参加典礼,为此校增加不少官方色彩。[92] 在同一年,奉天学务处也开办了女子师范学堂,招收20—30岁女子入

---

[85] 蒋维乔:《记上海爱国女学》,ZJXS,第2卷下,页611。
[86] 吴若安:《回忆上海务本女塾》,ZJXS,第2卷下,页608。
[87] 《顺天时报记豫教女学堂学生情况》,ZJXS,第2卷下,页703—706。
[88] 李又宁、张玉法:《近代中国女权运动史料,1842—1911》,下册,页1050—1051。
[89] 《湖北裁撤女学》,ZJXS,第2卷下,页653。
[90] 《各省学堂汇志》,DFZZ,第1年第3期(1904),页71。
[91] 孙石月:《中国近代女子留学史》,页66—69。
[92] 《北洋女子师范学堂开校记盛》,ZJXS,第2卷下,页689—690。

学,以养成师资。㊉地方政府与官员参与办女子学堂对女学的发展方向有决定性作用,因为政府的参与,使得原来私立的、多样发展的女学逐渐转向,成为官办的、以师范为主的女子学堂。另一方面,一些地方政府也对女学发展颇有顾虑,尤其是面对地方保守势力的压力。例如1904 年湖南第一女子学堂的关闭与湖南地方保守士绅王先谦有直接关系。王看中一新寡的年轻女子,欲纳为妾,女子不从,遂入第一女子学堂学习。王对学堂早已看不惯,遂示意他人上书,要求关闭。㊋湖北巡抚端方所设立之女学堂,在保守势力攻击下,被湖广总督张之洞以国家学制并无女子学堂的理由关闭。㊌还有的学校给地方政府大出难题,如江苏的粹化女学延揽男教师,省学务处不得不出面干涉。㊍有时地方政府对办学申请百般刁难,女子学堂不得不修改名称和规则以缓和压力,求得获准开办。㊎

综上所述,尽管清政府试图将女学限制在家内,但女学的发展已完全超出清廷的控制,而且其分散性与办学方针目的、指导思想的多样性使中央地方官吏有失控之感,加之地方官绅出于对本地教育发展的考量,在对待女学的态度上表现不一也给中央政府造成压力。于是,清政府不得不改变态度,将女学的发展纳入国家发展的统一轨道,为国家建设培养女性师资。

2. 从母亲到国民教师:女子师范和国家建设,1907—1911

到 1906 年,建立女子学堂对民族国家建设的必要性已成为有改革意识的士大夫们的共识,地方士绅和官员也越来越多地参与女子学堂的设立。1907 年清政府进行第一次教育统计时,据报有四百多所女子

㊉《各省教育汇志》,DFZZ,第 3 年(1906),第 6 期。
㊋《湖南女学废闭原因》,ZJXS,第 2 卷下,页 652—653。
㊌《湖北裁撤女学》,ZJXS,第 2 卷下,页 653。
㊍《江苏学务处批女学不能延男教习》(1906),ZJXS,第 2 卷下,页 653—654。
㊎《两广学务处批女学堂绅董禀请给地拨款由》,DFZZ,第 2 年第 2 期(1905),页 41—42。

学堂。⑱从 1898 年在上海办经正女学到 1907 年,仅仅十年间,中国士大夫所办女学堂比传教士在近半个世纪所办学堂还多,这不能不说近代女学的发展有其本土根源。考虑到 1907 年刚刚颁布女子学堂章程,这四百多所学校可能大多数开办于章程颁布之前。和男子学堂相比,尽管数目不大,但其足以影响朝野视听,对保守派形成冲击,使癸卯学制中关于女子教育只能在家内进行的规定形同具文。清廷不得不考虑设立女子学堂的必要,女子教育的道德和理论基础,对社会的冲击力,培养目的,课程,教科书,以及入校学习对女子思想、行为、家庭、社会的长远影响。

1906 年,工部主事刘拯上书,恳请清廷规范女子学堂。上书中首先承认女子学堂的必要性,指出,若"摈二万万女子于学界之外,将来幼稚园及家庭教育无人承担,即各学堂之基础无由建立,是筑室而自毁其址也"。他又指出,若清廷不加规范,女子学堂的迅速发展会带来许多坏影响,他说,"中国女学,今始萌芽,弊端已见。放纵不检为女界之玷者,各报所记已屡见不一见矣"。建议政府在批准教科书、选定教师方面应注重道德,并严格实行男女有别的政策。⑲

学部在制定女子学堂章程时也表达了相同的忧虑,学务大臣承认,许多士绅官员和商人都参与开办女子学堂:"……若不预定章程,则实事求是者既苦于无所率循,而徒骛虚名者不免转滋流弊。"因此,当务之急应制定章程。⑳而且 1905 年后,一部分留学生从日本回国,成为女子教育的主力。她们积极兴办女学,将女权主义和激进民族主义引入女子教育,使女学的扩展对清政府形成威胁,秋瑾的活动就是最突出的例子。面对激进派的女学主张,政府必须立法,规范女子教育,以限制女学向激进方向发展。

推动清政府参与办女学的另一因素是社会上对女子教师的需求。清政府面对的问题是,在规定建立蒙养院和要求家庭进行女子教育后

---

⑱《光绪三十三年(1907)全国女子学堂统计表》,ZJXS,第 2 卷下,页 649—650。
⑲ 刘拯:《学务要端折》,ZJXS,第 2 卷下,页 587—588。
⑳《学部奏详议女子师范学堂章程折(附章程)》,SJSJ,页 573—574。

如何提供教师。由于许多一般家庭的妇女仍不识字,对儿童进行家庭教育也要雇佣家庭教师。同时,即使家内有识字的妇女,其多受儒学教育,不足以培养"新式国民",灌输新思想,因此也应由新式学堂毕业之女子承担家庭教育之责。由于社会舆论和道德上的考虑,1907 年前,晚清各地政府对私立女子学堂延请男教习有严格规定,基本上禁止男教习任教女学堂。[101] 其结果就是要求国家承担训练并提供女教师之责。1906 年,官办女子师范学堂已是势在必行,而且也有了可行性,因为到 1906 年,一些早期女子学堂,如务本、湖南周南、吴江县女子师范等,已有一批女学生完成初级教育,要求继续升学,一部分公私立学校也增设师范科以满足学生升学要求。[102] 因此,1906 年湖北巡抚端方也上书要求制定女学章程,指出建立女子师范"为第一要务"。[103]

1907 年,学部终于颁布了《奏定女学堂章程》,正式承认女子学堂为国家教育体系的一部分,包括小学堂与女子师范。在癸卯学制中,男子教育从蒙养院、小学、中学、高等学堂、大学到通儒院,形成学前教育、初等、中等、高等教育的完整体系。从横向来说,不仅有普通中等学校,还有职业学校、师范学校、高等专科、大学预科。但在女子教育体系中,并无普通中学、职业学校、高等专科、优级师范或女子高等学堂。初等师范成为女子学制中的最高等级,对女性来说,也是国家惟一的中等教育机构。章程规定,女子师范的目的在于为女子小学以及蒙养院培养教师和保姆,应当在每一府、县均设立一所。在经费和管理上与男子师范相同,由政府出资,属于官办,免学费并发放一定津贴。尽管章程也允许私立女子师范,但必须经政府许可,并受政府监管。女子师范学校的毕业生也与男校一样,必须由政府指派教职,完成一定年限的服务。

---

[101]《江苏学务处批女学不能延男教习》,1906,ZJXS,第 2 卷下,页 653—654。延请男教习必须符合一些规定,如男教习年过五十。但这项规定亦受到保守的舆论批评,见《常州女学之阻力》、《评苏学务处与宁学务处之批示》,1906,ZJXS,第 2 卷下,页 654—657。

[102] 见周剑凡:《周南女子师范学校经营状况》,SJSJ, pp. 976—977;《湖南女学之调查》,载李又宁、张玉法:《近代中国女权运动史料,1842—1911》,第 2 卷,页 1038;《各省教育汇志》,DFZZ,第 3 年第 5 期(1906),页 95—101。

[103] 端方:《议定女学章程》,载李又宁、张玉法:《近代中国女权运动史料,1842—1911》,下册,页 1117。

若毕业生不完成所规定的服务,政府向其追回学费与津贴。[104]

　　从 1907 年开始,各地政府积极推广女子教育,开办女子小学与师范,而师范又成为发展女学的当务之急,地方官员寻求捷径,在开办官立女子师范的同时,还将以前的私立女子学校或女子师范改为官办。江苏粹敏女学办于 1905 年,是一所私立学校,但 1908 年当端方为江苏巡抚时,将其改为官办师范。[105] 1911 年江苏学政也同样将另一所私立女学改为官办女子师范。[106] 从 1907 到 1911,地方政府也相继办了一些女子师范,如京师女子师范(1908),武昌女子师范(1909),江苏女子师范(1911),湖南女子师范(1911),河南女子师范(1911)等等。[107]

　　1907 年女子学堂章程从四个方面强调女子教育。第一,女子师范学堂规定学生接受传统的观念,指出:"凡为女为妇为母之道,征诸经典史册、先儒著述,历历可据。今教女子师范生,首宜注重于此,……其一切放纵自由之僻说(如不谨男女之辨,及自行择配,或为政治上之集会演说等事)务须严切屏除,以维风化(至于女子之对父母夫婿,总以服从为主)。"第二,推广女子教育以期养成贤母,实行母教,以利国家富强,故女学以强国为目的:"家国关系至为密切,故家政修明,国风自然昌盛。而修明家政,首在女子普受教育,知守礼法。……女子教育为国民教育之根基。"第三,学生应学习各种家务技能,以裕其家,以尽其职。第四,学生应进行体育锻炼,学习个人卫生知识以增强健康,以便耐劳持家。严格禁止缠足。[108] 由此可见,其女学教育宗旨是培养能使"家政修明,国风昌盛"的"贤女贤妻贤母"。

　　清政府在女学上严格执行男女有别的方针,试图限制女子参与社会和政治活动,防止道德、行为上的出格,在学校管理上比男子师范更

---

[104] 学部:《奏定女学堂章程》,XZYB,页 574—594。

[105] 《粹敏女学师范生卒业》,李又宁、张玉法:《近代中国女权运动史料,1842—1911》,下册,页 1189。

[106] 《女师范化私为官》,李又宁、张玉法:《近代中国女权运动史料,1842—1911》,下册,页 1231。

[107] 李又宁、张玉法:《近代中国女权运动史料,1842—1911》,下册,页 1179,1208,1231,1236,1237。

[108] 学部:《奏定女学堂章程》。

加严格。章程规定:男女小学堂严格分开,女子学堂教习、学监必须为女性。万不得已时,学堂可雇佣50岁以上男子为管理人员,但其办公室必须与女子学堂分开,保持距离。⑩ 女子师范师生必须住校,遵守严谨校规。学生外出时,必须由其父兄陪伴。学校女教师和学生不能与亲属以外的人相见,会客必须得到许可,在学校客厅见面。甚至对女教师与女学生的穿着打扮都做了规定,"学堂教员及学生,当一律布素(天青或蓝色长布褂最宜),不御纨绮,不近脂粉,尤不宜规抚西装……"。⑪这些加诸女性师生的规定,试图抵制激进思潮渗入女子学堂,限制女性的社会活动。

女子师范与男子师范不仅在道德要求与行为规范的控制上不同,而且在修业年限与课程内容上也有差别。女子师范修业四年,比男子师范少一年;女子师范没有男子师范的高等课程,因为女子师范生的出路只是教小学低年级和蒙养院,因此在课程上也比男子师范简化许多。下表显示男女师范课程的不同。(见表2.2)

表 2.2 女子初级师范课程与男子初级师范课程比较(1907)*

课程	每周学时								
	第一年		第二年		第三年		第四年		第五年
	女	男	女	男	女	男	女	男	男
德育	2	1	2	1	2	1	2	1	1
教育学	3	4	3	6	3	8	15	14	15
读经		9		9		9		9	9
中国语言文学	4	3	4	2	4	2		1	2
历史	2	3	2	3	2	3		1	1
地理	2	2	2	2	2	2		2	1
数学	4	3	4	3	3	3	2	3	3

---

⑩ 学部:《奏定女学堂章程》。
⑪ 学部:《奏定女学堂章程》;又见《学部奏遵拟女学服色章程》(1910年1月10日),ZJXS,第2卷下,页675—676。
* 见《初级师范学堂章程》,亦见《奏议女子师范学堂章程》(附规程),SJSJ,页575—581。

(续表)

课程	每周学时								
	第一年		第二年		第三年		第四年		第五年
	女	男	女	男	女	男	女	男	男
理化		2		2		2		1	
博物		2		2		2			
格致	2		2		2		2		
习字		3		2		1		1	1
绘画	2	2	2	2	2	2	1	1	
家事	2		2		2		2		
缝纫	4		4		4		3		
手工	4		4		4		3		
音乐	1		1		2		2		
体育	2	2	2	2	2	2	2	2	2
总学时	34	36	34	36	34	36	34	36	36

这种课程设计的不同体现了女子师范的目的仅仅是为了儿童早期和初级教育服务。课程设计表达的观念是,女师范生只适合教一些"低级"的、"柔性"的课程,如初级识字、音乐、手工、常识、家务技能等边缘性课程,男生则准备教授更"高级"的或更"男性化"的主要课程,如数学、科学、经史、文学、书法。即使女性学习一些自然科学知识,也是更为简略浅易的"格致",而不是如男生一样的"理化"和"博物",且只有男生课程的一半学时。而且男生的教育学课程则为其提供上进的基础,使其在学校管理和教育理论上能够有所发展,而女生则完全不具备此种可能。分析此课程表为清政府的女子教育方针及其理论基础做出了一个很好的注释,即承认女性在儿童早期教育中的作用,训练女教师为培训新式"国民"服务,限制女性通过教育发展自身,建立女子师范以引导女性成为国家建设、训练"国民"的人才资源。这种男女有别的思想贯穿了整个清末民初的教育体系,直到五四时期才有所突破。

1904年的《奏定学堂章程》宣称:"(男子)蒙养教育……为国民教育之第一基址",而三年后的1907年,《奏定女学堂章程》则宣称:"女子教育为国民教育之根基"。到1910年则更宣布"女学为教育之根本"。⑪ 这种对教育"根基—基址—根本"看法的转变反映了在民族国家建设过程中,国家权力延伸到传统的家庭领域,干预家庭中母亲对儿童的教育,并进一步导致了国家对女子教育的干预。国家通过建立女子师范学堂,将女子教育纳入了民族国家建设工程,将以往分散的、多元的、私立的女子教育归入统一的国家教育体系。在此过程中,受到民族主义思潮的推动,士大夫精英与国家二者均接过传统女学中以母教繁荣家族的观念,引导女性从母亲的身份(家庭的、私人的、分散的)向国民教师的身份(社会的、公共的、集中的)转变,以达到国家繁荣昌盛的目的。"女子教育为国民教育之根基"口号的提出和官立女子师范的建立,正是这一转变的具体体现。通过颁布女子学堂章程,清政府授权地方政府控制女子教育,强调女子师范生以"女德"为重,发扬"贞静、顺良、慈淑、端俭诸美德",试图减少来自保守阵营对女学发展引起道德"堕落"的批评。另一方面,1907年的章程也保护各地女子学堂不受"劣绅"的攻击:"开办之后,倘有劣绅地棍造谣诬蔑、借端生事者,地方官有保护之责。"又说,"如该学堂办理有未合者,地方官应随时纠正",⑫置女子学堂于地方政府控制之下,防范女子教育的"未合者",将其控制在"母教强国"范围之内。同时,章程也限制了女学的多样发展,将女子教育限制在仅仅为培养国民而提供教师,防止女子教育为激进革命派所用。通过建立女子师范学堂,明清时代的女学从士大夫的家庭生存策略,转变为国家民族强盛的战略。

同时,官立女子师范学堂的建立也打开了女子走向社会之门,使女子在社会上的地位合法化。章程对女学堂的认可使得女子可以在家庭以外受教育。政府以发展教育,使国家富强的理由,允许女子在各种女校教书,为女子提供了走向社会的机会。尽管晚清的女子教育仍局限于少数精英阶层的女子,但是,随着国立初等教育和女子学堂的发展,更多女子受惠于公立教育体系,尤其是女子师范学堂。在1910年代,当第一批女学生从1907年章程公布以后的女子小学堂毕业,女子

---

⑪ 《学部奏遵拟女学服色章程》。
⑫ 学部:《奏定女学堂章程》。

师范学堂就成为她们接受中等教育,寻求职业,走向社会,赢得自立的主要途径(见本书第三章)。这种转变意义深远,影响了其后一代又一代的女性。

从旧式文人士大夫到现代教育家:以两广优级师范学堂为例,1904—1910

两广优级师范学堂建立于 1904 年,最初以两广速成师范馆命名,具有临时培训班性质。学堂建立于广东贡院的旧址之上,在某种程度上暗示了师范学堂与科举之间的承继关系。学堂的第一批学生是六个月的速成班,并且还包括了短期培训的管理员训练所。其后一些科目部门相继建立,为新的教育体系培养教师。1905 年科举废除,学校地位确立之后,学堂正式采用两广优级师范学堂之名。[113] 研究两广优级师范学堂的例子,可以帮助我们理解,师范学堂是怎样一种将旧式文人士大夫转变为现代教师的重要机构。

1. 开辟权力的新战场:教育管理

由于学额增加和捐纳,晚清的冗员闲官已成为朝廷的沉疴。在中下层官吏中,候补时间加长,大多要靠贿赂和关系才能补上实缺。而建立新学制提供了一些教育管理职位,一些候补或仅有虚衔的人因此获得了补缺的机会。由于师范学校是官府主持兴办,由官府投资的,与官府联系密切,有利可图,于是经过短期训练,这些候补和虚衔的官吏遂成为教育管理人员。

两广优级师范学堂由两广学务处办理,两广总督岑椿宣任命王舟瑶为校长,并提议学校从速成师范馆更名为正式学堂。[114] 根据资料看,学堂大多数管理人员都有官衔,但却加有"候补"、"补用",或只是某种"职衔"、"同(某种职)衔"、"拣选"等,表示这些官员多为虚衔。学堂

---

[113] 见《两广优级师范学堂一览》。
[114] 同上。

早期雇用的 47 名教职员中(不包括日本教师),28 人有虚衔,4 名正式有职务,13 人仅有功名。其余两名中一人毕业于日本学堂,另一名毕业于京师大学堂师范馆。⑮ 这种组合表明拥有虚衔的旧官吏在向新制度转型,表现了新旧之间的某种衔接与过渡。

拥有虚衔的官员转向教育管理领域并非两广师范学堂的独特现象。例如,两湖师范学堂的 12 名管理人员中(不包括日籍教员),8 人拥有虚衔,其中有校长、教务长、会计长、医官等,另外 4 人有各种功名。在 45 名教员中,16 人有各种功名,24 人则既有功名,又有虚衔。其中有一部分人曾就学于新式学堂或在日本留学。⑯ 同样的例子还有位于浙江的两江优级师范学堂。1905 年浙江巡抚张增敭提议在原贡院的旧址上建立师范学堂,并指派候补知府陆桂星"董理建造"。⑰ 学堂其他 7 位管理员均为虚衔官员。⑱ 在这些省份,那些原来被边缘化的虚衔冗员闲官现在发现在迅速发展的教育领域中,他们可以拥有实权。

在这种身份转变中,师范学堂为这些人提供了最便捷的途径。表 2.3 出于《两广优级师范学堂一览》,所列那些管理员速成班的学员都有功名或头衔,大多数是前官学学府的廪生或附生。资料证明他们后来大多数成为各级教育官员或教师。在 64 名已知的毕业生中,37 人从事教育事业。⑲ 倘若在科举制下,这群毕业生中举的机会极其微弱,获得官职的机会更小。在新学制下,他们在师范学堂训练 6 个月之后,便堂而皇之地获得学堂管理人员的职位。而且,在改革的潮流之中,他们是"新"制度下的"人才",有着比科举制下的旧式文人更优越的地位,更多的机会。

---

⑮ 见《两广优级师范学堂一览》。
⑯ 《两湖师范学堂职员调查表》,SJSJ,页 685—693。
⑰ 《浙抚张增敭奏办全浙师范学堂折》,SJSJ,页 694—695。
⑱ 《两江师范教职员履历表及日籍教员履历表》(1909),SJSJ,页 720—721。
⑲ 在 145 名毕业生中,3 名已故,71 名未提供去向,7 名在本校继续升学或出洋留学。见《两广优级师范学堂一览:学堂管理员练习所毕业生》。

表 2.3　两广优级师范学堂学生功名/职衔表：1904—1910 *

科目 功名/职衔	练习所 1904	速成科 1904	简易科 1906	简易科 1907	体操专修科 1907	优级选科 1909	优级专修科 1910	总计
举人	8					1		9
监生	13	11	6	11	10	16		67
贡生	2	2	9	4	1	5		23
拔贡	3		2	2				7
副贡	6	1						7
附贡	3	2	3	2		1		11
廪贡			3	1				4
廪生	40	3	32	23		2		100
增生	16	2	9	7		1	1	36
附生	49	22	103	127	6	26	9	342
俏生			1	2	2	2	1	8
拔生				1				1
训导	2			2				4
五品职衔	1							1
巡检	2							2
县丞	1							1
州同		1			1			2
经历				1				1
从九				1				1
武举					1			1
世袭骑都尉					1			1
五品军功					1			1
无功名/职衔	0	16	55	260	87	148	116	682
学生总数	146	60	223	444	110	203 *	127	1313
有功名/职衔者	146	44	168	184	23	54	11	630
有功名/职衔者百分比	100%	73.3%	75.3%	41.4%	20.9%	26.6%	8.7%	48%

* 表 2.3、表 2.4 及表 2.5 都来自《两广优级师范学堂一览》(1910)。原资料注明有 203 名学生，但名单上只有 202 名。

2. 训练"老生寒儒"

清末的教育改革不可避免地改变了许多旧式文人士大夫的仕途和生活方式。在科举制下,无论私立或官办的书院,或是官学学府,对就学年龄并无规定,尤其官学相当于一种资格注册机构,发放资助,并无实际授课,故入泮者老少皆有,不足为奇,更无升级毕业之说,学子甚至可以老死其生员身份。但新学制下的学堂制度是仿照西方学制建立的,普通中小学都有年龄限制,小学 7 岁入学,中学生不得超过 25 岁,而且升级毕业制度也让许多人不能永远守在学校。这些规定就阻断了许多旧式学生的就学之路,将他们排除在学堂之外,迫使许多旧式文人不得不通过师范学堂获得新的身份。

表 2.4　两广优级师范学堂学生年龄分布:1904—1910

科目 学生年龄	练习所 1904	速成科 1904	简易科 1906	简易科 1907	体操科 1907	优级选科 1909	优级专修科 1910	总计
20 以下	2	7	23	25	33	1	13	104
21—25	20	29	101	227	58	86	70	591
26—30	51	20	92	154	19	108	43	487
31—35	32	2	3	34		7		78
36—40	25	2	1	4				32
41—45	11		1					12
46—50	4							4
51—55			1					1
合计	145	60	223[1]	444	110	203[2]	126	1313

表注:
(1)(2)原始记录中少 1 名学生。

表 2.5　1910 年以后学生年龄分布

科目 年龄	分类科				公共科	单级教授练习所	总计
	国文外国语科	历史地理科	数理化科	博物科			
20 以下	1		2		10	10	23
21—25	15	18	36	30	36	49	184
26—30	4	37	17	24	13	62	157

(续表)

科目 年龄	分类科				公共科	单级教授练习所	总计
	国文外国语科	历史地理科	数理化科	博物科			
31—35						24	24
36—40						19	19
41—45						4	4
46—50						1	1
51—55						1	1
70 以上						1	1
合计	20	55	55	54	59	171	414

两广优级师范学堂的资料显示（见表2.4和2.5），学校接受了不少相对年长的学生。尤其在管理员训练班中，大多数学生的年龄在26至40岁之间，正是属于被新学制排除的那部分人。在速成班，学生年龄从21岁到30岁不等。在单级教授练习所，年龄差距就更大，有20岁左右的青年，更有71岁的老翁。[120] 癸卯学制中规定优级师范和初级师范学生的年龄均不得高于25岁，低于18岁。年龄在25至30岁之间可入简易科。从1910年以后，两广优级师范学堂的学生平均年龄在降低，年长文人若在学制初立的头几年中没有入学，那么在以后的数年中则有可能入本地讲习所或师范学习。有研究显示，1918年之前的某些地区如山东邹平县和常山县的师范学校，仍有学生年龄超过70岁者。[121] 正是由于师范学堂的宽松灵活政策，这些人才得以入学。一名曾任教于浙江两级师范学堂的教师回忆说，学校当时在年龄上放得较宽，初级师范学生18至40岁都可入学。[122] 癸卯学制也的确认可地方学校的灵活性，例如，鼓励学校允许那些"乡间老生寒儒"旁听，速成班就是为那些30至50岁之间的旧塾师们开办的。[123]

这种灵活政策确有一些效果，能够把既有的旧式文人塾师迅速转

[120] 《两广优级师范学堂一览:本校现在学生姓名表》。
[121] Thøgersen, *A County of Culture*, p. 65.
[122] 郑晓沧:《浙江两级师范和第一师范校史志要》，SJSJ，页711。
[123] 学部:《奏定学堂章程》。

化为新式学制的可用之才。1907 年全国共有师范学堂 276 所,在校生 9 844 名。1908 年有 303 所学校,在校生 10 558 人。[124] 1909 年 187 所师范学堂,在校生 7 670 名。1910 年学校数字和在校生均有所减少,学生年龄也渐趋年轻。[125] 一种可能的解释是各地的讲习所纷纷办起,而师范学堂完成了其阶段性历史使命,逐渐走向正规,招收正常的学生。

值得一提的是,师范学校学生平均年龄大于普通中等学校一定有其社会和政治效应。试想,一群曾在科举制下独立生存的个体文人,进入师范学堂时都已是成人,不论在学识和社会观念上都相对成熟。这群人聚集在现代学校中,接受各种新的知识和学说,思想观念互相激荡,对社会改革不仅有自己的看法,而且参与其中。清末学堂学生积极参与各种活动和社团,发起学潮,投书杂志报刊表达意见。有些研究显示,新式学校的学生与清末社会运动有相当重要的关系。[126] 应该说,这种情况的确与这一时期学生的年龄有某种关系,显示出这个转型时代学校和学生的特征。

3. 打造现代职业教师群体

20 世纪前十年师范学堂的兴起不仅是教育改革的结果,而且成为文人士大夫转型的重要渠道之一。女学也从家内转移到公共领域,前近代女性为孩童教育而学习的目的在转型中与国家建设的目的一致,遂成为国家可用的教师。教育体制迅速地完成了两个目标:即建立新式学堂并打造近代专业教师群体。海伦·乔瑟在对江苏地方教育的研究中注意到当地精英社会地位的转变与其是否参与新式教育有相当重要的关系,而且新式学校的毕业生逐渐取代了旧式科举制下产生的士绅精英。[127] 在 20 世纪前十几年中,有旧式功名者与新式学校学历者常常并存于同一体系或机构内。而下一章,我们会看到到了 1910 年代中

---

[124] 学部总务司:《光绪三十四年份第二次教育统计图表》,SJSJ,页 620—621。
[125] 学部总务司:《宣统元年份第三次教育统计图表》,SJSJ,页 624—625。
[126] 见桑兵:《晚清学堂学生与社会变迁》,上海:学林出版社,1995。
[127] Chauncey, *Schoolhouse Politicians*, pp. 88—89.

后期,这种现象开始发生变化。省一级和县一级的教育界人士在填写履历时,不再申报自己的前清功名,而仅仅只填写新式学堂的学历。只有那些没有新式学堂学历者才会申明旧有功名(见本书第三章)。

我们尚无资料可以提供20世纪前十年教育改革中师范学堂毕业生的准确人数,但是汇总某些资料可以做出一些估算,只能提供一些印象(见表2.6)。

表2.6 1907—1909年间在校学生大致人数*

年份	优级师范			初级师范		传习所/讲习所	合计
	完全科(三年)	选科(二年)	专修科(二年)	完全科(三年)	简易科(一至两年)	六个月到一年	
1907	527	2 603	894	6 640	15 833	10 028	36 608
1908	1 103	3 243	1 678	7 347	9 332	10 838	33 626
1909	1 580	3 233	691	8 441	7 195	7 986	29 126
合计	3 210	9 079	3 263	22 428	32 360	28 852	99 360
估计毕业生人数[1]	1 086	4 224	1 733	8 675	22 897	28 852	67 467

表注:

(1)由于每年统计的数字都是在校生,而我们并无每年的毕业生人数,所以我只能估算出3年中毕业的人数。估算的方法是假定1907年入校者有可能在1908和1909年被重复计算,1908年的某些部分会被1909年重复计算。因此,在三年制的完全科中,2/3的学生在1907年数字之内的,会在1909年毕业。1/3在1908年数字之内的学生会在1909年毕业。在两年制的科目中,1907年的数字中应在1909年已经毕业,1/2在1908年数字中的应在1909年毕业。

这仅仅是在此三年中毕业生人数的估算,不包括在1907年以前毕业的师范生。从1907年到1909年,师范传习所毕业生至少达到28852

---

* 见学部总务司:《光绪三十三年第一次教育统计图表》(1907);学部总务司:《光绪三十四年份第二次教育统计图表》(1908);《宣统元年份第三次教育统计图表》(1909),SJSJ,页615—627。

人。根据上表的估计,到 1909 年,至少有 31 569 名初级师范毕业生,约有 6 万人毕业于各种师范学堂,从事小学教育。同期大约有 7 千名优级师范学堂毕业生可供中等学堂聘用。在 1907 年全国大约有 1 955 所高小,29 199 所初小,2 451 所完全小学(包括高小初小)。[128] 这些毕业生从数量上说实在不敷使用,因此很有可能在文化发达地区和城镇的小学中学,在高等小学和中学,经过师范培训的师资会多于落后地区、乡村和初级小学。根据 1907 年小学教师的调查,高小教师中有师范学校学历的教师占到 34.2%,初小中占到 39.8%,均超过教师总数 1/3。[129] 不过,这个数字是否可靠要更多的其他相关资料来证实,因为在 1907 年,大多数新式高小和初小集中在沿海一带的城镇和内陆的大城市,这种师范学历比例高而且集中在某种程度上是可以理解的。

师范学堂在 1909 年有所改进,师范学堂本身的教师中,43% 毕业于师范学堂,24% 没有现代学历,其余 32% 的教师中有海外留学或其他现代教育机构的学历,另外是一部分外籍教师。[130] 从 1904 年到 1911 年的高小到师范学堂,这些现代教师逐渐取代了那些旧式文人士大夫,进行着中国 20 世纪最重要的教育与社会转型。

当然,这并不是说,师范学堂是旧式文人完成社会身份转型的惟一途径。晚清文人士大夫身份转型的渠道不少,依其既有的功名与官场的联系、家庭背景、经济状况、学术声望,甚至包括年龄和身体状况而有所不同。有的人原本在地方颇具声望,就通过参与宪政运动转变成政治家;有的与官场联系广泛,通过参与洋务活动中的商业产业经营,让自己成为工商业经理人才;有的人思想新潮,文笔优美,又有人脉关系,所以通过办杂志刊物成为现代报刊杂志编辑主笔;有的人有深厚的家庭背景,财力雄厚,可以留学海外,学成归国后在高等学堂任教;有的人年纪尚轻,可以升入普通中学,沿着现代教育体系路径发展;有的人身

---

[128] 学部总务司:《第一次教育统计图表》,页 25—26. 因为没有 1909 年的数据,在此只能用 1907 年的。这个数字不包括京师学校的人数。

[129] 学部总务司:《第一次教育统计图表》,页 50—51。

[130] 学部总务司:《宣统元年份第三次教育统计图表》,SJSJ,页 624—625。

壮血热,加入新式军事学堂,成为现代军事精英。但多数师范生要么只有初级或中级功名,在地方声望不够而不能参与政治事务;要么与官场没有联系,无缘工商业;要么思想不够新潮,不能办杂志;要么家庭背景平平,经济窘迫不足以支付其留学海外费用;要么年龄偏大不能入普通中等学堂;要么身体羸弱,也不能投考军事学堂。[130] 师范学堂的确是为一些下层文人士子提供了一条转型之路,其中很多人原来就是塾师,并无其他谋生手段,因此师范学校对他们来说,就成为极其重要的出路。当然,也有一部分年纪更长的文人并未参与这种社会身份转型,在民国初年,这部分人的转型就成为其他一些机构的任务。这个社会转型和旧式文人的身份完全改变经历一个较长的历史时间才完成,而且1910年以后这个过程仍在继续。

---

[130] 许多文人士大夫在清末的制宪运动中将自己成功地转型为现代政治活动家,还有的人帮办洋务,成为企业管理人员等。见周锡瑞:《改良与革命:辛亥革命在两湖》,杨慎之译,北京:中华书局,1982,页 77—125;Mary Rankin, *Elite Activism and Political Transformation in China, Zhejiang Province, 1865—1911*, Ann Arbor: The University of Michigan Press, 1979。

第三章

在政治动乱中建设民族国家：民初的师范学校，1912—1921

辛亥革命推翻了清朝统治，结束了千年帝制。民国的建立同时也启动了新一波的教育体制改革，以适应新的政治体制。从1912年到1913年，"壬子癸丑"学制章程颁布，此学制延续到1922年，被"壬戌学制"取代。建立全国师范学校网络被开明的教育家视为维持全国统一的基础。当袁世凯倒台之后，北洋政府竞相争斗控制中央权力，而实际权力却掌握在各省军阀手中，因此从清末开始的民族国家建设（nation-state building）遭遇重大挫折。

研究民国教育史的学者往往对民初和北洋政府时期的教育评价不高，对民国初十年间教育的研究，或只是对教育制度和政策的复述，或在史书中一带而过，转而将重点放在1922年的学制改革。学者们即使对这一时期的教育理念教育发展有所讨论，也常常从五四新文化运动的视角，以批判儒学在教育中的回潮为叙述主线。[①] 然而教育近代化的意义是否只存在于学制的改变、教科书的借用以及学习内容的变化，或是以反传统反儒学为价值判断的标准？其实从这一时期教育进行的具体情况、教育与国家的关系、与教育专家的关系、中央与地方的关系中，在体制的连续与断裂中，我们可以清楚地看到现代教育的变革与中国社会现代性的许多基本问题之间都有着重要的关联。

清末建立现代教育体系的重要目的就是协助国家民族的建设，但

---

① 李华兴：《民国教育史》，上海：上海教育出版社，1997，页98—128。熊明安：《中华民国教育史》，重庆：重庆出版社1990，页23—49。

是政治上的革命中断了这个进程,也打破了清廷通过现代化强化中央集权,改变清晚期以来地方势力尾大不掉状况的算盘。民国建立之后的一段时间,中国社会状况极其复杂多变,先是袁世凯政府试图改变清末中央权力软弱的状况,以集权方式实现国家建设和权力统一。② 因此,反映在"壬子癸丑"学制上就是教育的集中统一。袁世凯倒台之后,北洋中央政权对地方军阀势力并无权威,各省自治团体纷纷成立,新文化运动冲击着旧政治体制的意识形态基础,西方的无政府主义、自由主义、社会主义、共产主义等等思想的传播又在不断挑战当时的各种体制和权威。一般来说,在中央政权统一和国家相对稳定情况下,有中央政府政策的推动和监管,教育体系成为国家建设和民族认同的助力,就像在晚清和后来的南京政府时期。问题在于,在北洋时期,国家政权掌握在一个毫无权威的中央政府手中,民族国家建设的过程是否继续,或是国家就此四分五裂?在中央政府权威瓦解的情况下,各地学校的课程和运作管理是否仍然体现着对国家的认同和统一的意识?如果回答是肯定的,那么这种认同和意识如何体现?如果回答是否定的,即国家建设和民族统一的过程由于军阀统治被迫中止,为什么在1920年代末中国又重归统一而没有沦为现代政治理论家眼中的"失败国家"(failed state)③?如果统一民族国家建设的过程在北洋政府时期的确存在,那么,在这样一个军阀统治、地方分权、政治动荡的时代,什么样的力量和机构来推动国家建设,维持民族国家统一的基础?公立教育体系是否作为民族国家建设的机构维持着这种统一和国家认同?

本章讲述在民国初年(1912—1916)和北洋政府统治期间(1916—1921)师范学校的状况,试图理解师范学校在这一时期国家建设中所扮演的角色。尽管民国初年袁世凯政府试图实行集权,依靠统一教育达

---

② Ernest Young, *The Presidency of Yuan Shih-k' ai: Liberalism and Dictatorship in Early Republican China*(Ann Arbor: University of Michigan Press, 1977), pp. 2—4, 6—19, 83—98.

③ 关于"失败国家"的理论,请参阅:Robert Rotberg, "The Failure and Collapse of Nation‑States: Breakdown, Prevention, and Repair," 载 *When States Fail: Causes and Consequences*, ed. by Robert Rotberg (Princeton: Princeton University Press, 2004), pp. 1—49.

成国家统一,但随后的军阀分治和冲突带来了政治上的分裂与混乱。1916年以后中央政权已经无力推行统一的国家建设政策,因此并无一个有权威的中央政权从上面监督教育领域的运作,但是各省区和各县的教育人员却形成了一个分散的全国性网络来替代已经瘫痪的中央教育部门的职责和功能,他们以学校和地方教育会为依托,以其专业化的职责和对国家责任的认同在底层维持正常教学秩序,进行灌输国民意识的基本教育,并努力促成女子教育的发展。

以教育统一为国家统一之基石

1912年到1913年,新的国民政府教育部着手建立新学制,第一个电报就是命令全国的"学堂"统统改称为"学校",贯彻革命精神,从名称上就将新旧教育分得泾渭分明。④ 同时,教育部试图从教育制度中抹去所有"皇清"时代的痕迹,前清官方教科书被禁,与皇家体制、满清朝廷有关的名词称谓一律禁止,取消读经课程,废止授予功名制等等。⑤ 新国家的教育宗旨是培养新国民,清除满清皇朝贻害。

1. 为国家统一重建师范学校体系

1913年民国伊始,教育部就颁行了一个庞大的学务考察计划,决定要巡视全国23省中的22省。视学们普遍认为前清的教育质量太差,原因是体制分散,缺乏一致性。当然,这种体制分散和缺乏一致性是由于清末朝廷力量渐弱,地方势力上升的结果,而且教育被认为是属于地方自治的范围,与清末地方立宪运动相结合。而这种教育分散的局面是与教育资源分布不均为前提,发展不平衡为结果。当时中央政府颇具雄心,想要改变地方强势、教育分散的局面。因此当时的教育总长认为统一的教育则为全国统一的基础,故宣称:

---

④ 教育部:《电各省颁发普通教育暂行办法》,XZYB,页596—597。
⑤ 同上。中间袁世凯曾短期恢复读经课程。

窃维国家天职,不出对内对外两途。非有优良之教育,不足以言外竞;非有统一之教育,不足以弭内乱。近来国家多故,对内急于对外,故定教育行政之方针,尤应以力图统一为第一义。教育统一,然后国民思想,趋于一致;国民思想趋于一致,则内乱无自发生。……无统一之教育,则无统一之思想;国民无统一之思想,则不能构成完全统一之国家。⑥

教育部认为,统一教育的方法就是重新规划师范学校,建立起两级师范体系,并赋予其管理协调地方教育的职责。前清的优级师范改为高等师范,并定为国立。⑦ 同时初级师范改为中等师范,定为省立。⑧ 在前清政府建立师范学堂体系之时,直接隶属于国家的就只有京师大学堂师范院,后更名为京师优级师范学堂。而其他13所优级(或两级)师范学堂都是那些文化和经济较为发达地区的地方大员们推动建立的,实际上属于省级或地区级(如两江、两湖、两广、北洋等)师范学堂(见表2.1)。初级师范学堂以及一些短期师范讲习所则由省或县根据财力而办。大学的状况亦如此,清末有3所官办大学,即京师大学堂,北洋大学,山西大学。除京师大学堂外,其他两所也都为省属。同时各省还设有各式各样的高等学堂和预科,作为高等教育的初级部分,这些都是地方所办学校。这种状况反映的正是清末的政治形势,即教育更多地靠有实权、掌握经济权力的地方政府推动,而中央政府的权威逐渐走向衰弱,对教育新政实际上有心无力。正因如此,近代教育的发展延续了长期以来的趋势,表现出极大的不平衡,其结果是南方地区发达而西南西北等边陲地区落后。

民国初年袁世凯政府试图加强中央权力,决定收回教育权,改变分散办学的情况,由中央统一规划,并通过高等师范来统摄全国的教育,以

---

⑥ 《教育总长具呈大总统拟暂设高等师范六校为统一教育办法》,SJSJ,页798—799。这份文件于1914年3月16日发布。严修1914年2月20日被任命为教育总长,但并未立即赴任,由蔡儒楷署之,故文件应是由代教育总长蔡儒楷发布的。见《教育总长姓名及任职时间1912—1922》,DYCZJNJ,戊编,页205—206。

⑦ 《教育总长具呈大总统拟暂设高等师范六校为统一教育办法》。

⑧ 教育部:《教育部公布师范学校令》,XZYB,页660—661。

此达到国家统一。1914 年在同一呈送大总统的计划中,教育部认为:

> 高等师范学校,为师范学校教员所自出,又为教育根本之根本。……惟有将高等师范学校定为国立,由中央直辖,无论为校若干,悉以国家之精神为精神,以国家之主义为主义,以收统一之效。……故速设国立高等师范学校,以统一教育,实为国家根本至计。⑨

为了集中教育,国民政府教育部废除了高等学堂,以削弱地方势力。但教育部却无财力再办其他大学,只能将资源全数投入高等师范学校(而在这一时期,民间力量开始办大学。见本书第四章)。

从 1914 年开始,教育部计划将前清的 14 所优级或两级师范学堂减少到 6 所,分布在北京、武昌、南京、沈阳、广州、成都,为省立中等师范提供师资。然而当时百废待举,经费缺乏,只有京师和武昌两所高等师范尚能运转。⑩ 在 1915 年时,前清的几所高等师范,如河南、山东、湖南、江西仍然存在,位于南京、成都、广州的几所在教育部规划内的高师也开始运作。⑪ 沈阳高等师范原来只是一所拥有几个科目的地方初级师范,因为教育部要贯彻将高等师范均匀分布以统摄地方教育的宗旨,于 1918 年将其升级。为了适应教育部的计划,前清时期的一些优级师范或被关闭或被降级为中等师范。⑫ 教育部还计划在西安建立一所高等师范,为教育落后的西北地区提供师资训练,但是财政困难和政局动荡都让这个计划停留在纸面上。⑬ 直到抗战开始后,北平师范大学迁

---

⑨ 教育部:《教育部公布师范学校令》,XZYB,页 660—661。
⑩ 同上。
⑪ 李友芝:《中外师范教育辞典》,页 320—321。又见教育部:《直辖高等师范一览表》和《各省高等师范学校一览表,民国四年度》,JYGB,第 3 年(1916),第 8 期,专件栏,页 12—15。
⑫ 李友芝:《中外师范教育辞典》,页 316—319,例如山东、福建、湖南、河南、浙江的省级师范被关闭了。江西优级师范被降级为省立中等师范,湖南省优级师范被关闭。见丁致聘编:《中国近七十年来教育纪事》,(民国丛书系列之二,卷 45),上海:上海书店,1933,页 66。
⑬ 教育部:《全国教育计划书》,原载《教育杂志》第 11 卷,第 3 号(1919 年 5 月),收录于 SJSJ,页 813—814。

至陕西,西北地区才开始有了高等师范。⑭ 尽管教育部统一全国的计划进展不如人意,但毕竟还取得一定成果。1918年全国高等师范校长聚集北京,讨论高等师范的全国分布,如何招考学生,各省如何分配名额等议题,的确显示了一个泱泱大国教育统一的局面。⑮

表 3.1.1　民国初年高等教育机构数目*

	1912	1913	1914	1915	1916	1917
公立	2	3	3	3	3	
私立	2	2	4	7	7	
高等师范(1)				10		7

表注:

(1)高等师范的校数,见《直辖高等师范一览表》,SJSJ,页881;以及《民国六年全国高等师范学校一览表》,第二历史档案馆,全宗号1057,卷号68。

在将高等师范国家化的同时,教育部着手整理各省的其他师范学校,迫使他们转成省立中等师范。⑯县一级不设师范,若有需要,必须由省督和教育部特批。《师范学校令》允许设立私立师范,一些教会师范学校在此时成立。⑰但私立师范数量很小,因其财政来源困难,实在难以和免费的国立省立师范竞争。在大多数省份,以前坐落在省会或府治城市的,属于府道县一级的中等师范现在成了省立师范,并被编了

---

⑭ 北平师范大学的一部从陕西再迁至甘肃兰州,抗战后回迁,留下的部分为今日西北师范大学之前身。此是后话。

⑮ 教育部:《全国高等师范学校校长会议议决案·高等师范学校如何招考学生,各省选送名额如何分配案》,SJSJ,页835—837。此前在1916年,教育部亦召集了全国师范学校校长会议,当时的提议重点仍在如何整顿师范,增加师范学区等事宜,并未像1918年那样讨论全国统筹的计划。见《全国师范学校会议议决案,民国四年》,SJSJ,页819—835。

　* 《大学教育》,DYCZJNJ,丙编,页12—19。

⑯ 教育部:《教育部公布师范学校令》。

⑰ 教育部:《教育部公布师范学校令》。根据中华基督教教育调查会的资料,在1920—1921年共有16所教会师范学校。见《中华基督教教育事业》,上海:商务印书馆,1922,页20—23。

号。原来师范学校以所在地命名的,现在则被称为省立第几师范,⑱以此抹去地方色彩,显示出一个从中央到地方,以层级式结构分布的大一统局面。1912年到1917年之间,师范学校数目在减少(见表3.1.2)。

表 3.1.2　师范学校数目和学生数 1912—1917 *

	校数	学生数
1912	253	28 605
1913	314	34 826
1914	231	26 679
1915	211	27 975
1916	195	24 959
1917	148	23 382

造成这种减少的主要原因是学校整理合并,经费减少。许多前清县一级的讲习所和初级师范被并入省级师范或作为省级师范的附属,而那些有质量问题的则被关闭。⑲ 但是教育部对各省增办省立师范的计划非常支持,如1917年福建浙江两省在师范分布上的重新规划。⑳ 另外,对于全国师范分布不均匀的现象也加以调整。西北边疆的省份如新疆1916年办起了中等师范,有57名学生,成为全省的最高学府。㉑ 1920年中国西部偏远的青海省建立了第一所中等师范学校——宁海蒙番师范学校作为本省的最高学府,招收了100多名学生。㉒

民国初年教育部关于师范教育的计划与前清时代完全不同,表现出

---

⑱ 教育部:《民国六年全国师范学校一览表》,南京第二历史档案馆,全宗号1057,案卷号68。

＊ DYCZJNJ,丙编,页311。1917年的数据来自教育部:《民国六年全国师范学校一览表》。但是庄泽宣记载1918年教育部发布的1917年师范学校数为194所。见 Chaihsuan Chuang, *Democratic Tendencies of Chinese Education System*, pp. 104—106。以当时的北洋政府的状况,记载数据有出入在所难免,但共同点是学校数目减少。

⑲ 教育部:《咨京兆尹各省巡按使各都统直隶增设师范二部应酌量情形仿照办理文》,SJSJ,页800—801。

⑳ 丁致聘编:《中国近七十年来教育纪事》,页66—67。

㉑ 新疆省:《报告:新疆全省教育进行计划书》,JYGB,第四年第8期(1917),报告栏,页1—10。

㉒ 丁致聘编:《中国近七十年来教育纪事》,页90。

中央政府高度集权的企图。在前清时期,经济文化发达的江南地区常常设有不少县立师范学校,故江南和直隶地区因其经济文化和政治上的优越地位在办学上有很大灵活性,在近代教育中一直领先。民国政府为了统一教育,将高等师范管辖权完全收归中央政府,中等师范学校归省政府,县政府对师范学校没有任何影响。高等师范校长由教育部任命,省立中等师范校长则由省督任命。[23] 这个计划的确有削弱地方权力的意图,试图以师范学校为基础,使全国近代教育形成一个均衡统一的体系。

为了进一步强化中央权力,教育部有一个在全国建立师范区制的规划。1915年颁布的《教育纲要》中确定将全国大部分地区分为六个大师范区,以6所师范学校为中心,各省中等师范以府道区划为师范学区。[24] 1916年初教育部制定了一个更为详细的计划,将全国分为八个大师范区:(1)直隶区以北京高师为中心,包括京兆、察哈尔、热河、山西、山东、河南;(2)东三省区以沈阳高师为中心,包括东三省和东蒙古;(3)湖北区以武昌高师为中心,涵盖两湖、江西;(4)四川区以成都高师为中心,包括四川及部分藏区;(5)广东区以广州高师为中心,包括两广福建贵州;(6)江苏区以南京高师为中心,包括江苏、浙江、安徽;(7)蒙古区含有蒙古、西藏、青海;(8)新疆区则包括新疆和伊犁。[25] 在这个宏大计划中,当时真正落实的只有六个师范区,西北地区以及蒙藏疆都没有高师配合,属于纸上谈兵而已。根据这个计划,每所师范学校从所负责的地区招收学生,为其培训师资。高等师范学校同时亦负责本地区的教育发展,高师的校长应定期巡视当地的中小学校,指导地方学校改进教育质量。[26] 同样,省立中等师范学校对地方也有责任。教育部要求各省在省内划定几个师范区,每个师范区必须有一所师范

---

[23] 教育部:《教育部公布师范学校规程,1912》,XZYB,页676—690。
[24] 《教育纲要》,JYZZ,第7卷第10号(1915年10月),页15—20。
[25] 《学事一束:教育区域之划定》,JYZZ,第8卷第2号(1916年2月),页11—12;云六:《现行师范学制的流弊及其改革法》,SJSJ,页856—861。
[26] 《第五届全国教育会联合会大会决议案·高等师范校长或主任教员视察附近省区状况办法案》,(1916年10月),SJSJ,p.837;亦见刘问岫:《中国师范教育简史》,北京:人民教育出版社,1984,页41。

学校。中师校长也必须定期巡视本师范区,指导教育政策落实,负责协调各中小学的事物,并宣讲国家统一的政策。[27] 1916年袁世凯倒台之后,教育部既无经费,也无能力落实全国师范区的规划,在其后的北洋政府统治期间,地方政府也不合作。此计划为的是由教育统一辅助政治统一,但现在随着中央权力的瓦解而被搁置。

尽管如此,这个计划却在省一级部分地得到实现。从1914年到1918年,大部分省划定了省内的师范区,并着手为每一区建立地方师范。这一规划和运作过程被送到教育部备案。[28] 资料显示,1917年江西省在筹备师范区时打算增建一所师范学校,但省内利益各方为办学地点争执不休,教育部人员介入之后才最终决定了师范区的位置和学校的地点。[29] 1921年河南教育厅决定增加几所师范学校,主要是为了和本省师范区配合一致。[30] 1925年江苏第八师范区的小学教师们召开了第三届年会,讨论如何推动乡村教育。与会者对负责本师范区教育事务的省立第八师范学校提出许多要求,包括添设农村分校及商科,以及师资和其他多项问题向八师请愿。而且还提出以师范区为范围组织童子军等等。[31] 现有的资料证明了在20世纪20年代初中央政权瘫痪时,这些师范区依然在部分地区运作。1922年实行"壬戌学制"的改革,强调分散性和地方自主,各地兴起师范改中学之风潮,师范学校失去独立

---

[27]《全国师范学校校长会议议决案·关于整顿全国师范教育之意见书》,SJSJ,页819—821。

[28]《咨四川巡按使开办暨改组中学师范等校应准备案文》,JYGB,第2册(1914年),公牍栏,页27—29;《山西教育厅呈复送山西示范学区表》,JYGB,第5年第3期(1918年2月),公牍栏,页109—110;《安徽省长咨送师范学区所属县分一览表请查照文》,JYGB,第5年第4期(1918年3月),公牍栏,页64;《陕西教育厅呈送第一二师范学区所属县分表请鉴核文》,以及江西、吉林、河南、浙江、黑龙江、直隶等省的报告,均见JYGB,第5年第4期(1918年3月),公牍栏,页93—100;广西、江苏师范区划分见JYGB,第5年第5期(1918年4月),公牍栏,页31—32,48—49。

[29]《记事:教育部整理赣省教育之咨文》,JYZZ,第9年第10号(1917年10月),页73—74。

[30]《河南教育厅整顿河南教育计划书》,JYGB,第8年第8期(1921年),报告栏,页6—10。

[31]《教育界消息:江苏八师区小学教育研究会纪要》,JYZZ,第17卷,第2期(1925),页15—16。

性,成为普通中学的附庸,师范学区制因此不废而废。直到1931年国民政府建立以后教育部颁布《师范学校规程》时,才又重申了这一制度(见本书第六章)。由于这一时期政治动荡,师范区制施行时间短,在地方的具体运作的资料较为缺乏,故具体情况并不十分清楚,但我们却可以从这个计划中看出国家统一教育、教育支持政治统一的思路。

在民初和北洋政府期间,要实现教育统一就必须克服地区间经济文化的不平等、资源不均和发展不平衡的因素。明清以来江南和南部沿海地区的经济文化发达使其在教育上一直处于领先地位,而清中期以来国家在地方的退却和教育私有化对江南发达地区更为有利,使得中西部以及边疆地区在经济、政治和教育上都大大落后。因此许美德认为,民国初期教育部的确努力想让教育资源分配在地域上达到均衡,并有一系列政策和措施,而且这种考虑与晚清国家对教育资源的配置统筹有极大的连续性。[32] 笔者认为,当时教育部花费极大气力分置高师并统筹中师,重要原因就是想要以师范区的机制达到统一和均衡,即通过管理整顿师范达到区域性平衡和质量上的控制,而各地师范学校对地方教育的责任会将这种平衡传达到地方中小学,以此减少教育质量和资源上的差异。但是,全国统一学制的负担在于,承诺由统一达成均衡就会造成一种想象与期待,力求全国平等一致,一旦出现现实上的不平等与不均衡就会招来社会上更多的批评。其次,强制性统一和资源统筹会造成对发达地区的束缚,限制发达地区的创造性和自主性,从而导致发达地区的极大不满,认为有劫富济贫之嫌,故后来遭1922年学制的强烈反弹。第三,统一性制度须有一个强大的中央权力去监督执行,并且中央权力必须掌握可分配的资源来帮助落后地区,而这种条件在民初都不具备。但另一方面,过分强调分散主义又会造成贫富的分化,强化地区间的差异,会使中央政府受制于某个地区,造成落后地区不满和分离倾向,甚至进一步造成国家分裂。这是民国初年中国教育所面对的历史性难题。值得注意的是,这个制度的设计是为了强化

---

[32] Ruth Hayhoe, "Cultural Tradition and Educational Modernization: Lessons from the Republican Era," in *Education and Modernization: The Chinese Experience*, pp. 47—72.

中央权力,统一全国的教育和政治,但是由于中央权力衰弱,并未达到设计的目的,反而强化了地方教育的力量。另一方面,在各省分治的情况下,教育虽没有中央政府监管但仍能维持全国基本一致,除了各省教育会的作用和地方教育精英的管理,也有这种统一的教育体制的约束。这大概就是历史的吊诡之处。

2. 师范学校与语言统一

现代民族国家建设的一项重要任务就是统一语言,师范学校自然成为语言统一的工具与渠道。虽然中国有统一的书写文字,但各地方言众多,而且书写文字与方言之间的差异巨大。[33] 晚清以来,语言改革家们就一直寻求一种全国通用的语言成为教化民众的工具。在清末国家建设中,方言纷杂隔阂被视为现代化的障碍,因为如果学校教育使用方言,教师和学生就很难跨越地域限制,实现"想象中"的统一"民族国家"。[34] 其实教育中语言隔阂的现象在明清时代就已经出现,当时政治官僚必须回避本省职位,但教官则除本府外可在省内任教,一个重要原因就是语言。[35] 所以晚清师范学校初建时,就有"习官话"的课程(见本书第二章),在新式学校中开设"官话"课也成为清廷国家建设的重要措施。[36]

方言隔阂对教育发展的阻碍也为民国时期教育家所重视。1913年,教育部的一位巡视员视察福建时发现,大多数师范学校位于省城,而且用福州话教学。由于福州话适用范围仅限于省城和附近地区,其他方言区的学生上课有困难,不愿来福州上学。而且,福州师范的毕业

---

[33] 尽管自古以来在中原地区一直存在着一种通用语言,称为"官话",但是现代人往往认为"官话"就是官方语言。清末学者已经指出,这实际是一种误解,"官话"实际是一种"普通话",是普通民众进行交流的共同语言。黎锦熙:《国语运动史纲》,民国系列丛书二,卷52,上海:商务印书馆,1934,上海书店1990年重印,上册,页1—117。

[34] 关于"想象中"的民族国家理论,请见 Benedict Anderson, *Imagined Communities*。

[35] 见吴智和:《明代的儒学教官》,页34。

[36] 《记事:中小各学堂一律添课官话》,JYZZ,第2年第12期(1905年12月),页100。

生也难以到其他方言区去任教。㊲ 1918 年全国高师校长开会时也指出同样的问题,即广州高师很难从邻近省份招到学生,因为所有课程都用粤语教学。与会者认为正是方言的隔阂,阻碍了学生在全国范围内的流动,造成教育资源不均衡,因此提出普及国语,以便招生能够"破除省区界限,采取普遍主义"㊳。因此会议上还提出各高师设立国语讲习科,以师范区为单位分送学生学习。㊴

自民国建立,教育部举行教育会议,试图就统一语言达成一致。㊵ 与会者认为第一步应先统一语音,于是教育部设立了读音统一会。但由于政治动荡,读音会除了发明了注音字母外,并无更大贡献,但这足以让教育部有着手之处。教育部马上颁布了标准"国音"和字母表,读音会还建议教育部建立学校教授注音字母。㊶ 于是 1915 年北京建立注音字母讲习所。㊷ 国语运动的兴起得益于两个因素,一是新文化运动领导者倡导白话运动,㊸带动国语运动迅速发展,国语研究会成立,倡议以国家权力达到文言统一。㊹ 二是全国教育会在 1917 年提出教育部应要求所有师范学校必须大力宣传并推行国语。㊺

1917 年教部建立国语统一筹备会,㊻1919 年,筹备会订出计划,建议所有师范学校建立国语训练课程。㊼ 同一年,全国教育会第五届会议也促请教育部采取五项措施以推进国语。第一项就是在所有师范学

㊲《视察第七区学务总报告》,JYGB,第 6 册(1914 年),报告栏,页 8—26。
㊳《训令第二百三十三号:附高等师范学校校长会议议决教育部咨询案第一项》,JYGB,第 5 年(1918 年 8 月),第 10 期,命令栏,页 4—5。
㊴《训令第二百五十二号:附高等师范附设国语讲习科选送学员区域表》,JYGB,第 5 年(1918 年 8 月),第 11 期,命令栏,页 1—3。
㊵ 我一:《临时教育会议日记》(1912 年 7 月),XZYB,页 638—650。
㊶ 黎锦熙:《国语运动史纲》,下册,页 50—52。
㊷《教育部国语教育进行概况》,JYGB,第 9 年(1922),第 6 期及第 7 期,报告栏,页 13—19,1—6。
㊸ 胡适:《国语运动的历史》,JXJJT,页 387—389;黎锦熙:《国语运动史纲》,上册,页 70—72。
㊹ 黎锦熙:《国语运动史纲》,上册,页 66—67。
㊺ 教育部:《训令第二百三十五号:附高等师范学校附设国语讲习科议决案》,JYGB,第 5 年(1918)第 10 期,命令栏,页 7—8。
㊻ 黎锦熙:《国语运动史纲》,上册,页 71—72。
㊼《拟请教育部推行国语教育办法五条》,JXJJT,页 386—387。

校增加国语课程,并且对教务人员和学校教师进行国语训练,将国文课改为国语课,各省建立国语统一筹备会的分会等等。从 1918 年开始,教育部接受高师校长会议的建议,命令所有六所高师建立国语科,准备教师为大规模在中学和中等师范推广国语做准备,[48]北京和南京高师立即遵令。[49] 全国教育会和国语统一筹备会有一个庞大计划,即在全国中等师范全面开展国语课程。但是,这个计划在各地执行状况差别很大,缺少合格教师成为主要问题。当成都高师报告说找不到合格人选教授国语,教育部只得回文允许他们延期,等到学员在北京受训完毕掌握注音字母后再开国语科。[50] 经过师范学校的努力,注音字母逐渐为县级学校接受。1919 年南京高师宣布开办江苏六县小学教师短训班,进行国语训练。[51] 教育部亦命令各师范学校派员进京接受国语培训,各省师范应以培训科目为准,迅速开设国语科,小学教师也应参加暑期国语训练班。[52]

1920 年国语运动取得重大成果,教育部宣布各省区国民学校一二年级自本年秋季起先改国文为语体文,[53]国语因此从注音进一步发展到语体文教学。为了全面贯彻这一政策,教育部又发文全国师范学校和高师设立白话、注音、国语发音、国语史、国语语法以及国语教学法课程,并要求各校减少国文课程钟点,以便加授国语课程。[54] 于是许多师范学校开始执行决定,甚至早在此之前,一些地方学校就在课程中加入了国语课。如 1918 年福建省立第二师范的课程有国文、国语、国语语

---

[48] 《教育部国语教育进行概况》。

[49] 教育部:《训令第二百三十五号:附高等师范学校附设国语讲习科议决案》。

[50] 教育部:《指令成都高等师范学校:京师现设有字母传习所该校可速派员学习文》,JYGB,第 5 年(1918 年 11 月)第 14 期,公牍栏,页 21—22。

[51] 教育部:《指令第三百五十七号:令南京高等师范学校呈一件送江苏六十县国语讲习科简章及计划书请示由》,JYGB,第 6 年(1919 年 5 月)第 5 期,命令栏,页 19—21;亦见《教育界消息》,《中华教育界》,第 8 卷第 2 期(1919),页 4。

[52] 《各师范学校应办国语讲习所以裕师资文》,JYGB,第 7 年(1920)第 8 期,公牍栏,页 2—3。

[53] 《咨各省区国民学校一二年级自本年秋季起先改国文为语体文以为国语教育之预备文》,JYGB,第 7 年(1920)第 2 期,公牍栏,页 12。

[54] 《咨各省区兹定本年下学期起凡师范学校及高等师范学校均应酌减国文授课钟点加授国语请查照办理文》,JYGB,第 8 年(1921)第 4 期,公牍栏,页 17。

音练习和国语会话课程。(55) 湖北第二师范国文课分为三部分,文言文、语体文和国语。(56)

一些地方教育会也积极从事推广国语运动,1918 年江苏教育会与南京高师合作设立国语短训班,(57)并召集 80 名县级教育巡视员进行为期四周的语言培训。(58) 浙江教育厅亦要求 60 县教师参加南京高师的语言培训。(59) 1922 年,安徽和吉林省在教育厅指导下建立了国语统一筹备会,计划培训国语教师,并要求增加师范学校国语授课时间。吉林省教育厅官员还建议应要求学校教师通过国语资格考试,成为小学教师资格考试的一部分,县教育巡视员应在考核学校时考察学校是否使用国语。(60) 在 1924 年,教部要求所有申请小学教师资格者须进行国语测试。(61)

以教育独立与教师职业化促成国家建设

当各省精英目睹中央政权瘫痪,他们更加主动地参与地方活动。1916 年以后,各省都在进行自治运动,目前研究教育自治均侧重其经费独立和教育会的活动,实际上,强调专业自主也是当时教育独立的一个部分。地方的教育精英组织省县教育会,以发展本地教育为主,并与当地专业化的教育行政人员联手以确立教育专业的权威。

---

(55)《咨福建省长该省第二师范学校课程表应准备案文》,JYGB,第 5 年(1918)第 8 期,公牍栏,页 5—8。

(56)《湖北省立第二师范学校本科四年级第一学期教授用书起止表》,JYGB,第 8 年(1921)第 7 期,记载栏,页 28—33。

(57)《设立国语补习会及注音字母传习所》,JXJJT,页 289—290。

(58) 丁致聘编:《中国近七十年来教育纪事》,页 90。

(59)《教育界消息:举办假期国语讲习会》,《中华教育界》,第 8 卷第 2 期(1919),页 4。

(60)《咨各省区抄发安徽省筹备国语统一会推广国语办法草案用备参考文》,JYGB,第 9 年(1922)第 1 期,公牍栏,页 1—3,《指令第二百七十二号:令吉林教育厅呈一件拟具促进国语教育办法请鉴核由》,JYGB,第 10 年(1923)第 2 期,命令栏,页 26—27。

(61) 丁致聘编:《中国近七十年来教育纪事》,页 100。

1. 教育与政治分离：全国教育会与各省教育会

北洋政府时期的教育部非常弱势，从 1916 年到 1922 年，大约 18 位教育总长或代总长如走马灯一般，仅 1922 年一年内总长就换了 7 位。[62] 这一时期整体教育政策的制定和一致性根本无从谈起。无论中央或地方的军阀，大多数并不关心教育的发展。叶嘉炽（Ka-che Yip）的研究显示，北洋政府视知识分子为威胁，不愿意为教育投资。从 1919 到 1920 年教育投入仅占国家预算的百分之一。因此叶嘉炽认为这一时期中国教育整体上处于停滞状态。[63] 但是下面我们看到，叶氏的结论只是部分正确，而对当时教育发展的状况仍有待于对地方教育做更细致的考查。

数据显示 1911 年以后，中学的校数从 1912 年的 373 所增长到 1915 年的 444 所。但 1916 年就回落到 350 所。直到 1925 年，中学校数才增长到 687 所（见表 3.2.1）。仅从中学校数来看，北洋政府时期的教育的确处于基本停滞状态。但另一方面，同时期的初等教育却发展很快。小学校数从 1912 年的 86 318 所，在校生 2 793 633 人，到 1915 年 128 525 所，在校生 4 140 066 人。1916 年似乎有一个小回落（校数 120103 所，在校生 3 843 455），但到 1922 年，小学校数增至 177 751 所，在校生达 6 601 802 人，校数比 1912 年增长一倍，学生数增加将近一倍半（见表 3.2.2）。这个数字显示，尽管中等教育确有停滞，但小学教育却稳步发展。同时，高等教育也发展迅速。1916 年，全国仅有 10 所公私立高校（高师在内），但到 1925 年，全国已有 21 所国立高校，9 所省立大学，10 所注册的私立大学。[64] 一些现今知名大学即开办于此时，如北京女子师范院（1919），东南大学（南京大学的前身，1921），同济大学（1917），以及清华大学的大学部（1925）。

---

[62] 《重要教育行政人员一览》，DYCZJNJ，戊编，页 205—206。

[63] Ka-che Yip, "Warlordism and Educational Finances, 1916—1927" in *Perspectives on a Changing China*, eds. Joshua Fogel and William Rowe, (Colorado: Westview Press, 1979), pp. 183—195.

[64] DYCZJNJ，丙编，页 16。

表 3.2.1　中学校数：1912—1925 *

年份	公立 男	公立 女	私立 男	私立 女	总计
1912	315	4	44	10	373
1913	353	7	42	4	406
1914	384	4	57	7	452
1915	382	3	53	6	444
1916	295	4	47	4	350
1925	404		282		687

表 3.2.2　小学校数和学生数：1912—1922 **

年份	校数	学生数
1912	86 318	2 793 633
1913	107 287	3 485 807
1914	121 080	3 921 727
1915	128 525	4 140 066
1916	120 103	3 843 455
1922	177 751	6 601 802

　　政治动荡对教育发展的确有负面影响，但是另一些因素却减轻了这些阻碍。在戴维·巴克（David Buck）对山东的研究中描绘了教育部与地方教育会的一系列合作，包括地方教育会为制定教育政策提供专家意见等等。同时，从地方教育会的角度，教育部的政策只有对地方有利时才会被执行。⑥其他研究者也看到相同情形，白保罗（Paul J.

---

　　* DYCZJNJ，丙编，页193。尽管北洋政府时期的统计数字不完整也不准确，甚至互相矛盾，但是仍然能看出一些基本趋势。

　　** DYCZJNJ，丙编，页423。

　　⑥ David Buck,"Educational Modernization in Tsinan, 1899—1937,"in The Chinese City Between Two Worlds, ed. Mark Elvin and G. William Skinner,（Stanford：Stanford University Press,1974）,pp. 192—198.

Bailey)发现地方教育的发展并不完全依赖中央和省政府的资助,府县政府常常会比省政府在教育上投入更多的钱。⑥ 这就解释了为什么中等教育停滞而小学教育扩大,因为中等学校常常依赖省政府的经费,而初等教育则受府县政府的资助。曹诗弟对邹平县的研究、高哲一对浙江两县的研究都证明,地方政府与当地新旧精英合作,于是初等教育在北洋政府时期发展迅速。⑥

随着研究的深入,更多学者发现北洋时期地方教育的发展与当地教育会的活动有很大关系,而中央政府自顾不暇恰恰为这些地方教育会的活动提供了机会和空间。⑧ 多数地方教育会在清末立宪运动时期建立,并积极参与自治运动。民国初立,这些教育会有一段时间暂停活动。在各省精英与袁世凯集权努力的斗争中,地方势力渐占上风,于是教育会又恢复活动,1915 年全国教育会联合会(以下简称联合会)在天津成立,代表来自 24 个省、区和京师的地方教育会。⑨ 在此后的几年中,联合会不断与北洋中央政府争权,要求"恢复地方自治以固教育根本",试图将教育权夺回地方。⑩ 到 1920 年前后,联合会形成了一个从全国到省、县层级式网络体系,作为中央、省、县教育行政机构的替代系统进行运作。正是这些专业的教育家主导了这一时期的教育发展。从1915 年开始,联合会每年都举行全国会议,讨论教育政策和改革计划,而教育部则只扮演一个橡皮图章的角色,任何联合会通过的决议送到教育部,都得到批准施行。例如在 1918 年的会议上,与会者号召推进

---

⑥ Pau J. Bailey, *Reform the People*, pp. 157—158.

⑥ Thøgersen, *A County of Culture*, pp. 57—90; Robert Culp, "Elite Association and Local Politics in Republican China: Educational Institutions in Jiashan and Lanqi Counties, Zhejiang, 1911—1937".

⑧ Keith Schoppa, *Chinese Elites and Political Change: Zhejiang Province in the Early Twentieth Century*(Cambridge, Mass.: Harvard University Press, 1982), p. 38; Chauncey, *Schoolhouse Politicians*, pp. 64—71; Thøgersen, *A County of Culture*, pp. 40—43; Hayhoe, Cultural Tradition and Educational Modernization, pp. 47—72; Culp, Elite Association and Local Politics in Republican China, pp. 446—477; Curran, Educational Reform and the Paradigm of State‐Society Conflict in Republican China, pp. 26—63.

⑨《各省教育总会联合会纪要》,JXJJT,页 184;《全国教育会联合会第一次开会记略》,JXJJT,页 200—205。

⑩《全国教育会联合会第六次会议开会记略》,JXJJT,页 227—234。

女子教育,教育部马上颁布行政命令,并附上联合会的决议案作为具体实施方法。⑪ 联合会在全国语言统一中明显地也扮演主导角色。在用哪一种方言作为标准音的争论中,教育部完全没有能力拍板,于是当1920年各省代表在联合会年会上决定北京方言为标准音后,教育部马上认可批准,随后组织人力编辑出版常用北京音标准辞典。⑫ 这一时期教育部的大量文献显示当时政策形成过程是,由各省教育会提出建议,议案一旦在联合会会议上通过,就被送往教育部批准,然后作为教育部正式文件发往各地教育行政机构执行,而教育部本身并无权力否定联合会的决议。

联合会对全国教育政策的主导在1922年达到了顶峰。从1921年开始,以美国教育制度为蓝本的新学制改革方案已经在联合会第七届年会上拟定。第二年联合会开会之前,教育部提出了另一套方案,试图取代联合会的方案。但是联合会坚持原方案,代表们愤怒地与教育部官员争辩,表示决不让步。胡适津津乐道地记载了浙江教育会代表许倬云痛骂教育部官员的过程,最后教育部官员不得不收回自己的计划,采用联合会的方案,⑬这显示以教育部为代表的中央权力在改革中已经没有了主导权。1922年联合会版的新学制公布以后,教育部甚至没有对如何施行下发指导文件,就将学制作为教育法规下发。⑭ 很清楚,一个非国家政权的组织在代替教育部行使职责,而它的合法性基础就是各地教育会的支持。地方教育会内专业化的教师与专业化的教育行政人员相互重叠(见下面),从而保障了全国教育会的政策方针在地方以行政机构得到落实。

2. 教育独立:行政体系与专业化

随着教育会权力的增长,那些职业教育家们越来越不能忍受教育

---

⑪ 《训令第二百五十八号并附全国教育会联合会拟请推广女子教育案》,JYGB,第5年(1918),第11期,命令栏,页3—4。
⑫ 《全国教育会联合会第六次会议纪要》,JXJJT,页227—234;亦见丁致聘编:《中国近七十年来教育纪事》,页86,89。
⑬ 《第七届全国教育会联合会记略》,XZYB,页848—864;胡适:《记第八届全国教育会联合会讨论的经过》,XZYB,页985—989。
⑭ 《学校系统改革案》,JYGB,第9年(1922)第10期,法规栏,页1—4。

经费被军阀政府挪用做军费。在此之前1917年,联合会就要求各北洋和各省政府增加教育经费。⑦ 1920年第六次教育会联合会的议案之一就是教育经费独立。⑦ 1921年由北京几所高校的教职工们发起罢课,要求归还被挪用的教育经费。⑦ 各省教育会也组织了许多次的抗议游行,要求教育经费独立。但这些努力收效甚微。⑦ 当然缺乏经费而要求经费独立不仅限于师范学校,而涉及所有教育机构。而以教育专业化为基础的独立诉求正是以这种状况为背景而出现。1916年初,朱元善发表文章,大声疾呼教育独立。他提出,"教育之命运,毕竟存诸教育之自身,即凡从事教育事业者,果能保其完全独立之地位,发挥独立自由之精神,不著一毫惰气,不受何种束缚,举其教育实效,表示于社会国家,富国强兵,于焉攸赖。如是则教育之运命,将何虑其不增长者"。在回顾当时的教育状况之后,他痛心疾首地说,教育独立是东西各国通例,但中国的情况是教育行政不独立,导致使用经费时处处掣肘;教育思想不独立,未能在教育上有创见;教育家不独立,致使教育徒有其表而不得精神,教出许多机械人物。⑦ 朱所主张的这种独立诉求强调靠教育自身的力量,靠专业化维持教育的独立地位,呼吁以教育界的人士的力量来促成教育的发展,将教育从政治权威和政治束缚中解放出来。

这种呼吁的确有其社会反响,反映出当时教育界寻求专业化独立的共识,并从制度层面上实现这种独立。从1915年开始教育部着手筹备各地重建教育厅的计划,到1920年前后的教育独立运动都在呈现了这一趋势。早在1914年直隶教育会会长张佐汉就联合多省教育会会长副会长上书大总统袁世凯,请求设置独立教育官厅。张佐汉在上书中说到在民国官制下,每省长官为巡按使,下设政务厅,而教育科附属于巡按使衙门,职卑权弱,甚至还不如清代有提学使独领学务。民国教

---

⑦ 《全国教育会联合会议决案·地方教育经费规划案》,JYGB,第4年(1917)第7期,专件栏,页1—2。
⑦ 《全国教育会联合会第六次会议纪要》。
⑦ 见Yip,"Warlordism and Education Finance," p. 183。
⑦ Pepper, *Radicalism and Education Reform in Twentieth-Century China*, pp. 72—75。
⑦ 朱元善:《教育独立》,JYZZ,第8期第1号(1916年1月),页1—4。

育不振,校风不良,与此有关,因此要求设置独立机关,督办学务。⑧
1915、1916两年联合会都提出议决案,要求尽快设立教育厅。在联合
会的支持下,教育部开始重组各省和各县的教育行政机关。1917年教
育部颁布教育厅暂行条例和组织大纲,1918年公布省视学规程。根据
教育部规划,省一级设教育厅,为教育行政部门,直接对教育部负责。
理论上说,省教育厅长不受省政府管辖,只在教育事务与本省事务有关
时才与省督交涉。⑧ 绝大部分省教育厅长直接由教育部任命教育界有
名望的人士担任,其中不少是本省教育会会长。⑫ 教育部会同联合会
一起,想以此将教育行政权置于教育专家之手,不再受地方军阀政府支
配影响,将教育事务与政治权力斗争分开。可想而知,省督军未必欢迎
这项改革,常常有拒绝接受教育厅厅长赴任的事例。但在某些任命上,
由于教育部受到省教育会的支持,仍然坚持自己的人选。⑧ 在县一级,
民国以来教育部整顿教育行政的措施并不顺利,1912年曾下令撤销前
清劝学所,以县公署第三科代之,但未能通行,于是在第二年又决定保
留劝学所。⑭ 1916年教育部重新颁布《劝学所章程》,试图整理县级教
育行政,许多地方原有的劝学所保留下来。⑮ 直到1922年在联合会年
会决议之后,得到联合会的推动与支持,教育部才开始在全国范围内,
将县级教育行政机关改为教育局。⑯

---

⑧ 《记事:各省省教育会联合会呈请设置教育独立官厅》,JYZZ,第6卷第4号(1914年7月),页33—34;《大总统令各省行政公署内设教育司》,JXJJT,页122。

⑧ 教育部:《公布教育厅暂行条例》,《教育部核准教育厅署组织大纲》,以及《教育部核准教育厅组织大纲》,《教育部规定教育厅长职权》,《教育部公布省视学规程》,JXJJT,页132—135。

⑫ 丁致聘编:《中国近七十年来教育纪事》,页70。例如前江苏省教育会会长黄炎培,被任命为直隶教育厅厅长,其他省厅长都有相似背景,如蒋维乔(任江苏、浙江)、马叙伦(任浙江)、许寿棠(奉天、江西)、沈恩孚(湖南)、符鼎升(江苏、广东)等等,多为地方教育会首领。见《各省教育厅长姓名及任职时间》,JXJJT,页138—140;关于以上教育厅厅长的教育会背景,见《历届会议议决案》,JXJJT,页200—235。

⑧ 《记事:教育部复黔督军之电文》,JYZZ,第9卷第11号(1917年11月),页81—83。

⑭ 《南京临时政府裁撤各县劝学所》,《教育部通咨各省一律暂留劝学所》,JXJJT,页141。

⑮ 《劝学所规程》,JYGB,第2年第11期(1916年1月),法规栏,页1—2。

⑯ 《1922年全国学制会议决议改劝学所为教育局》,JXJJT,页161—162;亦见DYC-ZJNJ,甲编,页38—41。

此时的教育行政独立运动的基础是教育专业化,因为受过师范教育的专业教师或教务人员组成的教育会在制定和执行教育政策上渐渐地取得主导权,[87]并且在地方教育会和地方教育行政机构中取代了那些旧式乡绅。以往的研究对于地方教育行政人员的专业背景以及他们对教育发展的影响知之不多,对于他们在这一时期的位置和作用也不清楚。我们需要对这一群体有所了解,对他们的教育背景和在教育界的经历研究可以让我们理解教育专业化和独立的基础何在。同时也可以回答为何在没有中央权力监督的情况下,他们可以维持地方教育的运转,努力与全国同步,利用全国教育会网络,使之成为维系国家统一的力量。

1920年前后,晚清以来师范学校训练教师和教学行政人员的效果已经显露,教育部有关教育人员的资料记载在这一时期的《教育公报》中。为了重建地方教育行政机构,从1917—1923年,作为整理教育的工程,教育部要求各省县报告教育行政人员的情况,以做备案。在各地逐年向教育部呈报教育厅和劝学所或教育局的工作人员材料,目前可见到有1 700多人的信息。在给教育部的报告中,每人除姓名、职务之外,还附带了简历,其中信息包括籍贯、教育背景、工作经历以及曾担任职务。[88] 在县一级的职务有劝学所所长各县一名,视学(或视学员)若干;省级职务有各省教育厅各科科长各一名和每科科员多名,省视学若干,还有检定小学教员委员会主席副主席和委员多名。在这1700多名的教育行政人员中,超过50%毕业于国内外各式师范学校,另外约20%毕业于各类新式学校,从大学、高等学堂、专门学堂到小学。这就意味着,清末新学制培养出来的新式精英已经占到教育行政系统的

---

[87] 戴维·巴克也注意到了民国初年的教育专业化的趋势。见 Buck, "Educational Modernization in Tsinan," pp. 192—198。戴维·巴克认为凡是参与教育活动的地方人士都属于专业教育家。但是,我认为那些在师范学校和新式学校接受过专业训练并从事教学或教育管理者才应被视为专业教育家。

[88] 这些"教育行政人员"常常以"办理教育行政核准备案人员一览表"或省政府/教育厅单独报告等形式,分散地分布在从1917年到1923年《教育公报》中的《公牍》栏或《记载》栏,以1918年到1920年最为集中,几乎每一期都有不同省份的报告表。兹不一一列举。

70%多,其中绝大部分人是师范学校毕业。这一时期还有10%左右的教育行政人员没有新式学历,仍将其旧功名填写在履历表内(见表3.3)。可见师范学校毕业生和新式学历者在逐步取代那些有传统功名的旧士绅。当然也有可能有的人旧功名和新学历兼而有之,但他们已经不再需要旧式功名显示自己的地位,新学历在教育界谋事更为有利。他们已经完全认同自己的新式专业化身份,而且以此专业身份在社会上进行活动。尽管这一时期我们仍然看到教育行政人员与政治官僚体制藕断丝连的情形,但这种联系已经单纯地出自于经济层面上的考虑(见下一节)。

3. "国家对决社会"或是二者在地方教育领域中重合?[89]

近年来关于地方精英的研究不少,可以为我们理解地方的教育和社会提供必要线索。但是大多数研究集中在乡村精英如何建立地方小学,对省县一级中等教育领域中地方精英的活动似乎并没有清晰的图景。在村一级的范围之内,地方精英可以利用他们的社会和文化网络,强化并扩展他们参与教育的活动,由此对国家的权力通过办学渗透地方社会的意图或抵抗或合作。[90] 然而,县级教育精英与国家机器的关系似乎从未有人注意过。在"国家对决社会"(state vs. society)和"公共空间"(public sphere)的理论框架下,这些教育精英和教育会组织常常被视为处于国家之外的空间,属于独立社会领域中的个人或组织,

---

[89] 关于划分"国家/社会"(state/society)的理论请参见哈伯马斯(Jurgen Habermas): *The structural Transformation of the Public Sphere*: *An Inquiry into a Category of Bourgeois Society* (translated by Thomas Burger, with the assistance of Frederick Lawrence), Cambridge, Mass.: MIT Press, 1991。1990年代以来,不少中外学者试图将哈伯马斯的理论引入中国社会和历史研究,探讨中国社会的现代性,寻找中国社会的"公共空间"和"市民社会"。但是我们必须小心对待这种理论借用,因为它对中国社会历史的适用性仍是一个值得探讨的问题。

[90] 杜赞奇(Prasenjit Duara)对中国乡村社会的研究为我们提供了一个非常有用的思路,从地方社会村内各种社会势力的互动,或村与村之间的往来关系,由此来考察他们对国家权力渗透的反应。见 Prasenjit Duara, *Culture, Power, and the State*: *Rural North China*, 1900—1942, Stanford University Press, 1988, pp.1—41。

他们的活动形成一种与国家权力或是对抗或是互动的关系。[91] 另一方面，所谓的"国家"常常被视为是一种中央权力，而地方行政机构是中央权力的延伸，由官僚机构，如省政府和县政府所代表。在教育领域，代表国家权力的是省教育厅、县劝学所或教育局。但实际的问题是，这些"国家"机构的面目并不清楚。高田幸男对清末地方社会的研究显示，清末教育行政机构的形成很大程度上依赖地方士绅，并与教育会在人事上相通。[92] 海伦·乔瑟也注意到在民国时期，某些县教育会的精英曾经是前清教育机构的学官。[93] 在清末由于现代教育体系尚未展现其结果，旧式地方士绅在教育会与教育行政中的重合完全可以理解，但高田幸男和乔瑟都未指明在民国时期，新式教育精英开始主导地方教育，并强调教育独立时，教育会与教育行政机构之间这种人事联系是否还存在。曹诗第在对邹平县的研究中似乎意识到，民国时期国家权力与地方精英在教育领域的关系"比简单的国家对决社会的模式要复杂得多"，[94]但他却没有进一步展示和论证这种复杂性。如果我们忽视教育精英与国家机构之间的这种复杂联系，把教育会看成是独立运作的社会团体，地方教育行政机构就是国家权力在地方的体现，那么"国家对决社会"的理论框架似乎是适用的。而且在目前作者所见到的材料中，不论在省一级还是在县一级，都显示了不能用这种理论模式解释的复杂性。

实际上，地方教育行政机关与本地教育会在人事上的"旋转门"在民国时期一直存在，两者在人事方面有相当部分互相重叠，可以说，地方教育官僚和地方教育精英属于同一个群体。1912 年教育部颁布教

---

[91] 见 Chaucey, *Schoolhouse Politicians*, pp. 64—71; Culp, "Elite Association and Local Politics in Republican China," pp. 446—477; Curran, "Educational Reform and the Paradigm of State-Society Conflict in Republican China," pp. 26—63. 肖邦齐在对浙江教育精英的研究中注意到，在北洋政府时期，县级教育行政人员似乎在地方教育会的活动中角色吃重，但是并未给出具体论证。见 Schoppa, *Chinese Elites and Political Change*, p. 38。

[92] 高田幸男著、甘慧杰译：《清末地方社会教育行政机构的形成：苏、浙、皖三省各厅、州、县教育行政机构的状况》，《史林》，1996 年第 3 期，页 115—120。

[93] Chauncey, *Schoolhouse Politicians*, p. 86.

[94] Thøgersen, *A County of Culture*, p. 72.

育会章程,规定那些实际从事教育事业,于教育上富有经验者或专门学识者可以成为省教育会成员。[95] 这个会员资格范围比较宽泛,适应了清末民初地方自治运动中旧式精英在教育领域中异常活跃的状况。1919年,教育部重新修订教育会章程,规定只有那些正在从事教学的教师或教育行政人员,或具有若干年教学和学校管理经验者方可为教育会成员。[96] 根据这个原则,所有学校教师和教务人员以及教育行政人员都属于合格教育会成员。这种资格规定一方面从专业上收窄了会员资格的门槛,强调了教育事业的专业性,另一方面允许教育行政人员成为会员,将从事学校教育者和地方教育行政人员纳入同一组织,为这种"旋转门"提供了方便。从各省县呈送教育部的各省县教育行政人员履历上来看,都未提供是否为教育会成员的信息,但某些教育行政人员在履历中提到曾经是当地教育会会长或副会长。从履历上看,大部分教育行政官僚都有教学经历,或是教师,或是校长教务长,均符合教育会员资格,因此完全可以假设他们当时都是当地教育会会员。由于均是普通会员,因此并未在履历中填写,只有在教育会中担任职务者才会在简历中列出。下面信手拈来的例子可以说明这种关系。河南省教育厅视学李豫杰毕业于前清京师优级师范学堂。曾在高小、中学和一个实业学校教了几年书之后,成为正阳县劝学所视学,1918年成为省视学。[97] 他的大部分同事以及其他省县的同级官员经历也基本相同。另一个例子是范子瞻,毕业于师范学校,1920年为江苏省砀山县劝学所视学,曾在中学教过书、当过小学校长和实业教师养成所所长,还当过县教育会会长。[98] 这种经历在范子瞻的同事中也很平常。在送往教育部报备的1 700名教育行政人员中,超过90%的人或在中小学教过书,或当过校长或教务主任,7%的人曾是当地教育会的会长或副会长。

---

[95] 教育部:《公布教育会规程》,JXJJT,页252—253。
[96] 教育部:《修订教育会规程》JXJJT,页253—255。
[97] 《河南教育厅呈送厅署职员履历表请备案文》,JYGB,第5年(1918)第3期,公牍栏,页106—108。
[98] 《办理教育行政核准备案人员一览表》,JYGB,第7年(1920)第7期,记载栏,页4—9。

同样的资料也显示,这些人有着相似的经历,他们大部分毕业于师范或其他新式学校(见表3.3),先在学校教书,或当过校长、教务长,并参与当地教育会的活动,少数人有当过教育会长或副会长的经历,然后进入劝学所,从此在教育行政官僚的阶梯上攀爬,境遇好的可以在省教育厅谋到一个职务。

这一时期教育界一方面试图以教育专业化来实现独立,但另一方面在地方人事上却与教育行政官僚体系难解难分,因此官学不分形成中国教育界的一个独特现象。这其中有着历史原因,也有现实因素,尽管教育集团与政治集团的分离已经存在,但是教育行政人员仍是国家官僚体制的一部分,他们属于教育官僚成员,与政治官僚有着重大区别,这方面有着历史的连续性。另一方面,教员转任教育行政也与政府官员薪俸优渥有关。在1916年《教育杂志》中刊登两则消息,都是有关教员兼任官吏,官员兼任校长教员事宜。其中一则承认,"各学校教员中兼充官吏者,实居多数"。究其原因,教育部认为,学校教员薪俸较薄。有人建议教育部一方面限制教员兼职,另一方面则授教员以官职,取其薪俸丰厚之意,则教员自然安心。⑨ 另一则则说,由于官吏兼职教员,往往上课不到,耽误学生。报道指出,这种情况出于各方利益:"校长利用兼任之官吏,以敷衍人情。在学生亦欢迎官吏之教员,以为毕业后终南捷径。"报道者究其原因,不外教师薪俸微薄。对此,教育部似乎也无解决办法,只能一方面行令禁止,一方面又广开例外。⑩ 总而言之,报道者都承认教员兼任官吏的一个重要原因是经济因素。教员薪俸微薄是一个长久问题,⑪从经济因素中我们可以看出"旋转门"的动力。然而正是这种复杂关系,这些人可以在教师、教育会活动家、学校

---

⑨《纪事:教员授官之建议》,JYZZ,第8期第1号(1916年1月),页3。

⑩《纪事:官吏兼充校长教员办法之议复》,JYZZ,第8期第1号(1916年1月),页4—5。

⑪ 到20年代这一问题在教员内部产生分化,大学教师待遇较为优越,而小学教师则仍然薪水微薄(亦见第五章)。在1950年后至今,此问题仍未能很好解决。现在又重新浮上台面,包括将大学教师在内的薪水等级与行政官员级别挂钩,如《教师法》中规定某级教师工资不得低于某一行政级别,因此让教师身份仍不能享有完全独立之尊严,更使今日教育界官本位现象泛滥。此一议题一再地浮现让我们看到了历史的连续性。

教务人员、地方教育行政人员的角色中不断转换。但是重要的是,他们的教学行为、行政职务、社会活动都与教育有关,属于同一群体。这就解释了地方教育在政治动荡中仍然持续发展,正是这一批人,处于全国教育会网络之中,同时又在地方教育行政部门,又有教学经历,与学校有密切关系。全国教育会联合会的决议案经过教育部批准后,转发到同一批人手中,由他们具体执行。甚至到了1930年代国家试图实行改造乡村的计划时,均有以教育精英管理地方社会的打算。

这种教育界与国家地方教育行政重重交织,难分难解的重要意义在于:第一,在现代民族国家建设中,国家权力在地方并未出现像欧洲那样"国家对决社会"的清晰分野,造成一个以个人或社会团体形成"公共空间"来抗衡国家权力的情形。反而是代表国家权力的地方职能部门被当地精英渗透利用,并与这些精英所组成的社会团体合作,或为地方利益服务,或进行资源分享以维持个人或团体在地方上的影响力。这种现象从20世纪90年代以来依然存在,活跃于中国社会的民间组织成为学术界一个有争议的话题:究竟这些民间组织是一种"市民社会"(civil society)的表现,抑或是"国家组合主义"(state corporatist)的现象?[102] 对民间组织性质的持续争议只能说明既有理论不能涵盖历史和现实的事实。因此对于北洋政府时期地方民间组织的活跃以及它们与国家的关系需要在理论上的更新与创新,才能使理论容纳更多的现象事实,实现理论的有效性。第二,正是由于民国初年这种全国性教育会网络和地方教育行政体系的结合,国家与社会之间的边际划分并不清晰。因此即使在中央政权瘫痪的情况下,这些地方民间组织网络与行政体系重合,从而维持了全国教育的统一,维系了国家在文化上的统一,使得中国在军阀混战中,避免了落入"失败国家"的境地。这种自行统一,自行运作的教育体系为1927年国民政府成立,政治重归统一奠定了基础。20年代末30年代初南京政府教育部重新规划教育,推行一系列新的教育方针和改革,竟未遭遇地方抵抗,此前二十年中教

---

[102] Jonathan Unger:《中国的社会团体、公民社会和国家组合主义:有争议的领域》,《开放时代》,2009年第11期:http://www.opentimes.cn/to/200911/133.htm。

育体系中以专业化为基础的自我统一功不可没。

4. 教育专业化与"国家责任":凝聚教师职业伦理

如果上述教育人士的专业化只有其教育背景和教育会组织的基础而没有一种精神上的凝聚,这种联系应该是松散的,不能完全说明这些教师们和教育行政人员的专业化动力来自何方,以及他们何以能在没有中央政权监督下,仍然继续从事民族认同的教育工作。随着科举制的废除,教育在学习内容上和目的上以及形式上都有所转变,从学习儒学经典到西方科学知识和社会科学知识,在目的上从为国家提供有用之才,变为国民教育,因此教育群体必须重新探索自己的职业目的和社会定位。这一时期教师职业意识受到强烈的民族主义影响。教师的职责从前近代的"传道授业解惑",转变到为国家和社会造就新国民的重大责任。

1913年,江苏教育会刊行的《教育研究》发表王朝阳的文章,讨论师范教育之精神和师范生的抱负。文中认为:"学校之精神在教师,振刷教师之精神在师范。"师范生是未来的教师,因此其精神境界尤为重要,应使其知道教育事业的神圣,教育关乎国家社会,师范生要有献身国家社会的抱负和责任。师范生不仅要有健全的精神世界,还应该有健康的体魄,未来方可教育活泼的儿童。师范生必须有持续修养的精神,在专业方面有所精进,不断更新自己的学识和教学经验。王朝阳认为"以上数端,均为教师必要之气质,师范教育之精神"[103]。

这种对师范教育的特质,主要是教师职业道德的讨论从地方刊物发展到全国性刊物。从1913年到1916年,《教育杂志》刊登多篇文章,对这些问题进行了讨论。1913年贾丰臻首先发表《小学教师修养谈》,认为教育是一种高尚的精神事业,因此,教师应具备的基本素质包括应对国家社会和儿童的强烈责任心。[104] 顾旭侯在《教师论》基本赞成贾丰

---

[103] 王朝阳:《师范教育之精神》,《教育研究》,第1期(1913年5月),页1—4。
[104] 贾丰臻:《小学教师修养谈》,JYZZ,卷5,第9号(1913年12月),页15—20;卷5,第12号(1914年3月),页21—24。

臻的说法,认为教师的天职是"铸造未来之国民,造就国家之人才",因此教师应当重视自己的位置,自知责任重大。[105] 钱竞指出,由于教师承担着引导儿童成为国民之行为规范,养护国民成长之体魄,陶冶国民所需之道德及技能,所以教师有"绝大之责任"。[106] 锡盒认为,近代社会的转型,"实在于转移社会之教育家。故在今日教育家负国家极大之责任"。[107]

在意识到这种重大责任之时,教师还应该具有相应的品格和资质去承担此重任。因此在讨论中,不少对教师应该具有什么样的品性修养提出见解。首先是道德修养。教师要有德性,方能赢得学生尊重,要具备良好人格,以感化学生。贾丰臻认为,"教育以陶冶生徒之德行为主眼,故教师无不行道德者之理。道德者,教师之生命也"。贾在解释道德时,介绍了日本教育中"爱情"原则,即教师出于对学生的爱,是师德中很重要的部分。因此他主张,师德应有温和之德行,对学生应温和与威重并用,还要有忍耐之心,才能对学生启发善导。[108] 顾旭侯则认为教师应有安贫乐道的美德。教师职业并非富裕生涯,全仗教师对自己事业的热爱而安于清贫。倘若为教师而希冀华美之生涯,就会"堕其品位,坏其见识,丧其德义,尚奚望其尽力於教育事业哉?"[109] 锡盒认为,正因教师责任重大,所以,教师"须以极纯挚之热心,极强固之毅力,不辞困难,不避艰险,以稽社会日有进步,而达国社全盛之域而后已耳"。[110] 张觉初认为,教师应"以良心自持,以俯仰无作为安",并要"亲爱学生,郑重授业"并保持身份以赢得学生尊敬。[111] 这是作为教师的理想资质。其次,教师应有健康的体魄。教师要具有健康的身体以引导儿童游戏

---

[105] 顾旭侯:《教师论》,JYZZ,卷6,第5号(1914年8月),页103—106。
[106] 钱竞:《初小教员俸给问题》,JYZZ,卷6,第11号(1914年12月),页21—22。
[107] 锡盒:《教育家对于国家社会之责任》,JYZZ,卷7,第9号(1915年9月),页169—177。
[108] 贾丰臻:《小学教师修养谈》,JYZZ,卷5,第9号(1913年12月),页15—20。
[109] 顾旭侯:《教师论》,JYZZ,卷6,第5号(1914年8月),页103—106。
[110] 锡盒:《教育家对于国家社会之责任》,JYZZ,卷7,第9号(1915年9月),页169—177。
[111] 张觉初:《敬告小学教师》,JYZZ,第7卷,第11号(1915年11月),页209—215。

运动并完成自己的教育职责。[112] 钱竞也认为,由于小学教师责任重大,要经常保持良好心理状态,工作辛苦,"心思才力运用于内,五官四肢因应于外,常人处此已属难能,而谓虚怯病弱之身能之乎?是故当知精神萎靡器官衰弱者均不得厝初等教师之选也"。[113] 第三是应具有知识和技能。教师要掌握国家、社会、自然等各方面知识和技能。[114] 为教师者必须研究学术广求知识,不断追求学识进步。[115] 而教师也必须懂得教育原理和心理,懂得运用教授之方法,并非任何"口舌便利"者都能从事之。[116] "教员虽贵有高等之知识,尤贵乎能输其学识于受课诸生。"[117] 对国家和社会的责任、对教育事业的热忱、高尚的道德感成为教育者的基本伦理。这显示了此一时期教育理论家试图重塑"师道"、"师德"的努力,新的师德即使保留了相当儒学师道的成分,但在某些方面已经试图超越儒学"师道尊严"、"道德文章"、"为人师表"的规范,引入"爱"、"健康"、"方法"以及追求"学识进步"的内容。当然,在这个转型过程中,原有的"师道"权威和"为人师表"仍然是师道的一个重要成分。

这种对教师伦理的认同也表现在教师个人的表述上。1914 年《教育杂志》开辟了一个"绍介"新专栏,专门为教师个人和某些需要教师的学校搭建沟通渠道。教师可以在这个专栏里介绍自己的学历和经历,表达求职意向。有的人只简单留下姓名和联络地址,也有的人则借此机会抒发胸臆,表达自己对于教育的见解与心得。从 1914—1915 年,前后共有 70 多名教师投书介绍自己的求学教书经历。投书人数不多,而且不知何种原因,1915 年以后停止刊登。虽然如此,从这些人的经历和陈述上,我们还是可以管窥当时作为个人的教师以及他们的经历和想法。其中最值得注意的是大多数人都有师范教育背景,正在从事教育事业,对教育怀有热忱,并且积极从事当地教育会的活动。江苏

---

[112] 贾丰臻:《小学教师修养谈》,JYZZ,卷 5,第 9 号(1913 年 12 月),页 15—20。
[113] 钱竞:《初小教员俸给问题》,JYZZ,卷 6,第 11 号(1914 年 12 月),页 21—22。
[114] 贾丰臻:《小学教师修养谈》,JYZZ,卷 5,第 9 号(1913 年 12 月),页 15—20。
[115] 张觉初:《敬告小学教师》,JYZZ,第 7 卷,第 11 号(1915 年 11 月),页 209—215。
[116] 钱竞:《初小教员俸给问题》,JYZZ,卷 6,第 11 号(1914 年 12 月),页 21—22。
[117] 庄启:《造成良教员之法》,JYZZ,第 8 卷,第 9 号(1916 年 9 月),页 142—146。

松江教师张宗蔚和淮阴教师丁启贤都表示教育为自己的天职,决不会因任何原因而放弃。[118] 一则启示这样描述河南鲁山教师杨仪山:"素以教育为天职,深以教授为乐事。……舍教育无以立国,不从事教育无以尽国民之责任。"[119]其中也有女教师谈到,因其父教诲说,"欲振救国家,非灌输新智识于国民脑筋中,实图普及教育不可,……并谓女子亦国民中一分子",故而她入女子学校就读,毕业后开始从事教育工作。[120] 同时一些人还介绍自己的教育经验和方法,宣扬教育理念。江苏教师黄摘咨宣称自己的方法是,"教授则主张启发式之诱引,不徒用注入式之讲解,管理则注重平日之训练,不仅恃临时之约束"[121]。湖南湘乡教师杜鸣谦主张"教授国文,纯以实用为主,教授修身,注重作法,凡关于家庭社会之应对进退及种种仪节,无不以身作则,以实践为旨归"[122]。浙江温岭教师陶弘毅则讲述自己倾家办学的经历和对教育的热忱,"凡有关于教育诸书,几无不苦心搜阅"[123]。有的教师也承认,自己初任教师,经验不足,不免种种困难,但仍坚持悉心研究,方有心得。[124] 这种交流为教师们创造了一种共同群体的想象,有助于自身身份的认同。

这些文章和启事在谈论教师的职责时都将重点放在了教师对国家、社会和民族的责任上,还有他们自己对教育方法理论的探索,表现出对教师职业的高度认同。的确,当国民革命推翻皇权统治,儒学的制度基础已被摧毁。[125] 对于传统的教师群体来说,在他们以前信奉的"传道授业解惑"的原则中,"授业解惑"尚可维持,但"传道"之"道"在制度层面上已经不复存在,与所授之业也已经分离,而传授知识之业仍对

---

[118]《张宗蔚启》,JYZZ,第 6 卷,第 2 号(1914),绍介栏,页 2;《丁启贤启》,JYZZ,第 7 卷第 4 号(1915),绍介栏,页 6。

[119]《谭霖代启》,JYZZ,第 7 卷,第 6 号(1915),绍介栏,页 7。

[120]《吴学薇启》,JYZZ,第 7 卷,第 10 号(1915),绍介栏,页 11。

[121]《黄摘咨启》,JYZZ,第 7 卷,第 10 号(1915),绍介栏,页 7—8。

[122]《杜鸣谦启》,JYZZ,第 6 卷,第 6 号(1914),绍介栏,页 12。

[123]《陶弘毅启》,JYZZ,第 6 卷,第 4 号(1914),绍介栏,页 5。

[124]《张鹄声启》,JYZZ,第 6 卷,第 6 号(1914),绍介栏,页 9。

[125] Mark Elvin, "The Collapse of Scriptural Confucianism," *Papers on Far Eastern History*, 14 (March 1990), pp. 45—77.

他们个人和国家有着重大意义,这个意义需要重新定义。当国家成为凝聚民族之象征,教师对新国民的塑造,开创民族的未来负有重责。民族主义形成的"民族国家的想象"凝聚着他们的责任感和职业意义,正是从"传道"的责任转移到"以国家之精神为精神"来培养训练新国民,开辟民族的未来,于是新的教师群体找到了其职业的意义,这也成为他们在地方教育机构和学校尽职尽责的主要精神指导和职业凝聚力。

职业女教师群的出现:1910年代的女子师范

民国政府建立时宣布了教育上男女平权,[128]但是,当代学者们认为民初十几年中女子教育的进步幅度并不让人乐观。[127] 但作者认为,尽管民国初年女子教育的倡导者们缺少如同清末改革者那样的创新,女子教育的成果与喧嚣的革命运动以及政治斗争和文化反叛运动相比不甚突出,但是职业教育家们的确在努力地在推动女子教育向前发展,并取得不小的成功。

1. 民初社会对于女子教育的观念

1914年教育部颁布女子教育的宗旨,宣称以"良妻贤母主义"为宗旨。[129] 在民初的政治环境下,袁世凯政府的意识形态仍以文化保守主义为基点,而新文化运动则对传统文化进行攻击。在文化战场上,"良妻贤母主义"似乎处于两个极端之间,既承认女子的家庭角色,又坚持女子教育的必要性和为国家服务的目的,于是成为当时的主流观念。樊德雯对1910年代奉天海城县的研究显示乡村教育精英们在向县当

---

[128] 教育部:《普通教育暂行办法》(1912年1月),XZYB,页596—597。

[127] Sally Borthwick, "Changing Concepts of the Role of Women from the Late Qing to the May Fourth Period," in *Ideal and Reality: Social and Political Change in Modern China, 1860—1949*, ed. David Pong and Edmund S. K. Fung, (New York: University Press of America, 1985), pp. 81—87. Paul Bailey, "Active Citizen or Efficient Housewife?" 2001, p. 327.

[129] 教育部:《整理教育方案,1914》,XZYB,页733—747。

局申请经费兴办女子小学时也使用了这些词汇,说明在当时"良妻贤母主义"观念已经扩散到了东北偏僻的村庄。[129]

这一时期推动女子教育活动的力量与清末稍有不同。清末推动兴办女学潮流者以男性改革派士绅为主,一些勇于出头的女子常常反遭社会舆论的摧残。[130]而在民初,由于"良妻贤母主义"观念带有强烈的民族主义色彩得到广泛传播,吸引了更多的妇女参与兴学活动。1915年出刊的《妇女杂志》第1期广邀妇女投书,在头几年中,杂志刊登了不少女子的文章,一致认为女子教育将会使国家强大。在一篇文章中,黑龙江省立女子教养院院长刘鏧认为,"欧美列强纵横於世界,非徒船坚炮利也,实由贤母良妻淑女之教主持於内,为国民之后盾也"[131]。同时期的女子教育家也以简洁的语言表达了这一观念,即"国之强弱系于国民,而国民之良否系于母教。欲端母教,舍兴女学末由"[132]。江苏第二女子师范学生丁凤珠也投书《妇女杂志》,认为无论何时,"女学盛者国必昌,女学衰者国必替",普兴女学可以"隆母教、宏师资、振国教、整家政"[133]。这些言论毫不新颖,并未超过清末改良派的女学观念,但却显示了"良妻贤母主义"观念传播之广,深入人心。

民初杂志的广泛讨论女子教育的同时,教育家们也对女子教育的实用性,尤其是女子教育的课程提出质疑。[134]民国头几年,教育部基于男女平权的理想,并未另设女子教育的课程,故许多讨论集中在男女教育的不同目的和需要上。1915年《妇女杂志》发表了一篇文章,作者引述了批评女子学校教的是"屠龙之技"的说法:

女学之兴,十余年於自兹矣。而说者曰此屠龙之技也。

---

[129] Elizabeth VanderVen, "Educational Reform and Village Society in Twentieth-Century Northeast China: Haicheng, 1905—1931"(博士论文,University of California, Los Angeles, 2003), pp. 248—254, 274—277。

[130] 夏晓虹:《晚清女性与近代中国》,北京大学出版社,2004,页223—256,257—285。

[131] 刘鏧,《发刊辞·二》,《妇女杂志》,第1卷第1号(1915年1月),页2—4。

[132] 张朱翰芬:《推广女子初等小学私议》,《妇女杂志》,第1卷第6号(1915年6月),页4—5。

[133] 丁凤珠:《振兴女学之功效》,《妇女杂志》,第1卷第7号(1915年7月),页4—6。

[134] Bailey, "Active Citizen or Efficient Housewife?" pp. 329—331。

身不充译人之职,而诵习西文,躬不列测量之班,而研精三角。手工则注重玩具,(如造花结线等),而不能亲制其鞋……;不应文官考验,何课艺以史论为宗……;非关对策明廷,何书法以真楷相尚……;口能道拿翁轶事(拿破仑事,女生无不知者),而询以厥祖之名字,则瞠目不知……;口熟闻海外名区,而叩以附郭之山川,则拆舌不下……。[133]

作者瞻卢本人则持中道之论,认为"屠龙之技"一说,虽为讥讽之言,但当下女学却不乏可议之处。他认为办学者宗旨虽为高尚,但却脱离了大多数人对于女子教育的期待,与社会实际需求脱节,让女学成为女子新的装饰品。[134] 这种说法抓住了女子教育当时的困境。根据民国教育宗旨规定,女学生应修习和男学生一样的课程,包括数学、国文、外语、物理、化学、外国地理和历史、政治等等,但是在当时的条件下这些知识却无用武之地。

于是一些论者呼吁女子教育应以实用为主,学一些家事课程。很多女校意识到女学生家庭都希望学校能教学生一些有用的"女性课程"。于是教育部做出妥协,安排一些特别课程,如家事、缝纫、园艺,同时削减一些被认为对女性"不重要"的课程,如三角、英语等的课时。[135] 1919年,江苏视学田世谦发表了他巡视江苏省立第二女子师范的报告。此校位于苏州,当时颇有名气。学校取消了所有英语课程,以便学生有更多学时用在国文和家事课上。学校颇以学生拥有家事技能为荣,在教室墙壁上展示了学生们的女红练习。田视学也对此大加赞扬,认为学生最重要的技能无过于女红。[136] 南京女子师范开设了一门烹饪

---

[133] 瞻卢:《对于主持女学者之卮言》,《妇女杂志》,第 1 卷第 6 号(1915 年 6 月),页 1—3。

[134] 同上。

[135] 教育部:《教育部公布中学校令实施规则》,XZYB,页 669—676,亦见陈启天:《近代中国教育史》,台北:中华书局,1969,页 252—255。

[136] 田世谦:《考察江苏中等教育报告》,JYGB,第 6 年(1919)第 3 期,报告栏,页 19—20。

课,为方便学生操作,还将各种食物中的化学元素列表悬挂墙上。[139] 所以如果学生学到任何化学知识,都与营养和烹饪有关。

培养模范国民对国家来说是一个理想的目标,但是教育家不得不面对现实,回答社会上关于女子接受教育以后可以做什么的问题。关于何种职业适合女子的问题,1912年,一位从美国印第安那大学师范部学成归来的女留学生高桂乔在给当时教育总长蔡元培的信中表示了自己的看法。她高度赞扬了女子师范学校的设立,认为这是一种非常适合女子释放其"旺盛精力"的渠道。同时她又指出倘若渠道不当,女子教育会导致某种危险,并举例当时喧嚣一时的唐群英在国会外砸窗示威,要求女子选举权的事件。[140]

> 盖中国之不振,固不自今日始,而追溯原因,首以不教育女子为最。国之有勇敢强壮国民,须赖有贤母。是故吾国不欲富强则已,苟欲富强则女子所未展示之能力亟宜宣泄而利用之。吾国女子为国之重累为数何止千万,然其中未始无忠愤义勇而求□用于国者,或手段过于激烈,于是离弃家庭奔走呼号於外,甚至大闹官署毁坏门窗。其行踪虽不无可议,其心则甚可谅也。然则将如之何?曰亦惟有兴学以教之而已。盖男女虽平等,然各有能有所不能。世固有事专宜於男而不宜於女者,亦有专宜於女而不宜於男者。然则女子虽无选举与被选举之权,仍不失为平等。□既不欲其兴闻政事,则家庭之三大事曰室家曰慈爱曰学问,不可无专设学校以教之。

解决办法就是办女子师范,于是高氏向蔡元培请求在上海办学:

> 现在上海求学女子甚多,倘大部(指蔡元培——引者注)能在上海立一师范学校,则嘉惠女界不浅。迨其学成以后,或出而任教习传播文明,或在家庭整理辅助夫婿,教养子女,皆

---

[139] 后雕:《江苏教育之特色》,《中华教育界》,第5卷第6期(1916),页1—8。
[140] 此事件见 Borthwick, Changing Concepts of the Role of Women from the Late Qing to the May Fourth Period, pp. 63—91。

足维持风纪进国於富强。[141]

高氏代表了相对较保守的观点,认为女子参与政治并不合适,而最好是当女教师。在师范学校学习以后,这些女子可进可退,社会家庭均能顾及。

这一观点为当时为社会普遍认同,认为女子担任小学教师比男子更为胜任。1915 年刘蕴再次在《妇女杂志》上表达看法,认为教育虽有共同之处,但也男女之别:"教育范围至大,海陆军兵事教育,男子之事也,农工商实业专门教育,男子女子所共也,师范教育,女子优于男子者也。"并建议全国初等小学教员全部以女性担任。[142] 在同一年,《妇女杂志》刊登白云的文章,认为女子职业可分为两种,即"高尚"和"一般"。适合女子性情的高尚职业有教师、保姆、医士、新闻记者、看护妇、翻译、作家、画家等,但其中很多都不对女子开放。女子作为教师最为有益社会,因为女子思想精密,性情温和,最为适任小学教师。女子的"一般"职业,即为女工技能,如缝纫、浣濯、育蚕、刺绣、烹饪、织布等等,均为社会人生之所需。[143] 同样,1917 年曾任省视学的教育家侯鸿鉴在《中华教育界》上发文,认为女子应学习自立的技能,课程应反映她们的实际生活。因此,侯鸿鉴建议课程中应有家政、育儿、师范、医药知识、看护、缝纫、蚕桑实用等。因为教育界公论认为教育小学儿童是更为适合女子的职业,应办更多的女子师范学校,有助于整体上改进中国的教育。[144] 从清末开始,女子教育的方针和方向一直摇摆于实用与理想之间,在课程上实行男女有别还是男女相同。这种状况在 20 年代再次浮现(见下一章)。男女平等的理想固然美好,但倘若女子师范毕业生难以找到工作,经济上不能独立,

---

[141] Gao Guiqiao, "Letter to Mr. Tsai Yuan-pei, Minister of the Board of Education, June 1912." 原信为英语写成,中文为当时的译件。中国第二历史档案馆藏,全宗号1057,案卷号584。

[142] 刘蕴:《义务教育责任在妇女议》,《妇女杂志》,第 1 卷第 6 号(1915 年 6 月),页 5—7。

[143] 白云:《女子职业谈》,《妇女杂志》,第 1 卷第 9 号(1915 年 9 月),页 6—8。

[144] 侯鸿鉴:《论女子职业教育之实际》,《中华教育界》,第 6 卷第 3 期(1917 年 3 月),页 1—5。

女男平等就成为空谈。同样,将现实的不平等固化,则平等永难实现。理想与现实之间的完美尺度要求智慧,而且永远变动不拘。

2. 女子教育的发展:
从北京女子师范学校到北京高等女子师范学校

女子教育在清末被认为是"蒙学之始基"、"教育之根本",现在则被定位为"国民教育之胚胎",这种定位都与培养"新国民"有关。[145] 民国初年延续了清末的趋势,建立了更多的女子学校,女子教育进入了稳步发展阶段。而北京女子高等师范学校的成立,更标志着公立女子教育从中等阶段到高等阶段的成长和延伸。清末广开女子小学堂为民初女子师范的发展提供了生源和成长的基础,民国的许多女子师范都是由小学"戴帽"而来。湖南平江县启明女子学校的成长过程很能说明这一时期女子教育的发展模式。启明女子学校设立于清末,是一所初等小学,四年后学校扩大,从初等小学成长为高等小学。第一届学生毕业后,学校又为一些想要继续求学的学生开办了中等师范科。当师范科发展到四个班,学校开始考虑办简易师范学校。1916年学校向教育部递交申请,要求成为完全师范学校。[146] 河南女子师范的发展经历了与启明学校类似的过程。汝南县女子师范学校前身是1911年所办的女子小学,1918年升级为一年制的简易师范,1929年则发展为一所三年制的正式师范。[147]

整体上来说,女子师范学校比普通女子中学发展更快。在清末大约有二十来所女子师范学校,[148]到1917年,共有45所公私立女子师范,有4712名在校生。[149] 女子师范的迅速发展得益于社会对女子教育和职

---

[145]《学事一束:审定官校费用》,JYZZ,第5卷第10号(1914年10月),页87。
[146] 教育部:《咨湖南省长平江私立启明女校呈拟变更学年开始以续办师范本科事属特别准照办文》,JYGB,第3年(1916)第12期,公牍栏,页32—33。
[147] 河南省教育厅:《河南地方教育视察报告(1934)》,河南教育厅印,第1卷。
[148] 黄新宪:《中国近现代女子教育》,福州:福建教育出版社,1992,页43。
[149] 教育部:《民国六年全国师范学校一览表》,南京第二历史档案馆,全宗号1057,案卷号68。另一份资料显示,1917年共有61所女子师范。见Chuang, *Tendencies toward A Democratic system of Education in China*, p. 105。

业的普遍认同。1919年全国共有400所公私立中学,其中仅有10所为女子中学。[59] 到1923年,由于壬戌学制的推动,女子中学才有所增加,达到了25所,而同时女子师范也增加到了67所。[60] 女子师范仍然成为女子接受中等教育的主要渠道,为小学毕业后意欲深造的女子提供出路。

此时中等女子师范向高等师范发展已势不可挡,体现为北京女子师范的升格。此校建于1908年,最初名为京师女子师范学堂,学部任命前北洋女子师范的监督(校长)傅增湘为总理(校长)。第一年有145名学生入学,来自北京、湖北、江苏、天津。学校同时设有一所女子小学,以供学生实习之用。到1911年,有106名学生从学校毕业。除辛亥革命短暂中断外,民国后学校改名为北京女子师范学校继续开办。1915年学校扩大校园并建立了用于学生实习的幼稚园。到1917年学校每年招收40—70名学生,1916年学校收录94名新生。但1917年由于经费原因,则回落到24名。[62]

学校的课程有了很大的扩展,1908年开办时学校仅有两年制的简易科四个班,1910年则增加了有43个学生的完全科。1911年,完全科改称为本科,成为一个四年制、培养小学教师和幼稚园保姆(即老师)的科目,并有47名学生毕业。另有简易科106人毕业。辛亥革命后几年,一个两年制大学程度的家事技艺专修科成立,并有了预科以及保姆讲习科。1917年,学校移至新校址,建起新校舍。同时又加了新的三年制大学程度的教育国文专修科。此时学校已经不再单纯是一所中等师范,而有了大学部的科目和课程。为了让学生们能有机会教授中学课程,1917年一个附属女子中学成立。[63] 1918年图画、手工科和及博物

---

[59] 教育部:《咨各省区应设法筹办女子中学文》,JYGB,第6年(1919)第7期,公牍栏,页21。

[60] Chindon Yiu Tang, "Women's Education in China," *Bulletins on Chinese Education* (Shanghai: The Commercial Press, 1925), vol. II, bulletin 9, pp. 15—19.

[62] 如果无特别注释,本节关于北京女子师范的资料均来自方还:《北京女子师范学校一览》,[1918],北京女子师范学校印。方还从1917—1919年任北京女子师范校长。

[63] 教育部:《批女子师范学校:女子高等师范未设以前暂准该校附设专修科》,JYGB,第2册(1914),公牍栏,页57—58。

专修科成立,为升格为高等师范做好准备。[154]

北京女子师范从中等师范升格为高等师范的过程中,全国教育会联合会成为最大的推动因素。尽管在 1910 年代,国内已有几所大学招收女生,但都属教会学校。[155] 中国自己没有公立女子大学,显示国家力量在女子高等教育方面的缺席。因此在 1916 年和 1917 年的年会上,联合会不断提出应当建一所国立女子大学并促请教育部尽快办理。[156] 1919 年前后,设立女子大学的时机到来。在新文化运动的推动下,中国第一所公立女子高等师范开张。1919 年 6 月,教育部发下指令,命原北京女子师范学校升格为北京女子高等师范学校,从秋季起开始招生。[157] 经过十年的发展,到 1929 年,北京女子高等师范拥有文科国文部、理化博物部、家事预科、保姆讲习所。1920 年已发展为有预科、本科、专修科、选科、研究科、讲习科、补修科等较为完善科系的大学。本科文科分为国文、外国语、史地三部,本科理科分为数理、理化、矿化、生物四部。本科还有实学科,设家事部。专修科当时有图画专业并准备增设手工、音乐体操科。此外保姆讲习科为补充小学教师特别科目缺乏所设。[158]

北京女子高等师范建立之后,其他学校也有一系列行动跟进。1920 年夏天,中国最高学府北京大学接受了 9 名女生入学,虽然只是旁听生,却造成重大社会反响。[159] 同年,南京高师和其他几所大学也开始招收女生,翻开了中国女子教育的新篇章。[160] 与北京大学招收女生的轰动新闻相比,北京女子高等师范的建立似乎没有引起多少社会关

---

[154] 教育部:《教育部指令第 522 号》,(1919 年 4 月 18 日),SJSJ,页 1035—1036。
[155] 早期教会大学有广州的岭南大学(1905),北京的协和女子大学(1909),福州的华南大学(1914)和南京的金陵大学(1915)。见陈东原:《中国妇女生活史》,上海:商务印书馆,1937(1998 重印),页 388。
[156] 《全国教育会联合会会议决案:请设女子高等师范学校案》,JYGB,第 4 年(1917)第 7 期,专件栏,页 3。
[157] 教育部:《教育部指令第 239 号》,SJSJ,页 1036—1044。
[158] 孙继绪:《北京女子高等师范》,SJSJ,页 1028—1035。亦见 Yen-chu Sun, "Chinese National Higher Education for Women in the Context of Social Reform, 1919—1929: A Case Study"(博士论文:New York University, 1985), pp. 78—117。
[159] 见孟国芳:《孟国芳记邓春兰入北大的经过》,ZJXS,第 3 册下,页 82—87。
[160] 李华兴:《民国教育史》,页 723—726。

注。但实际上,在中国公立女子高等教育方面,她们才真正是开风气之先者。她们被忽视的原因很有可能与当时五四新文化运动中北大的地位和立场有关,招收女生是北大的一种反传统实践行动,更是一种激进姿态。而北京女高师是从中师逐渐成长起来的,女子教育渐进发展的过程却往往被人忽略。

3. 课程设置:培训家庭主妇还是造就职业教师?

民国时期女子教育一个重要变化就是开始重新设置所谓"女性"课程,如家事、园艺、缝纫等等。一些教育家认为这正是朝着"一个更为全面的教育观"迈进,而另一些则认为这完全是守旧势力的复辟。[60] 究竟这些新增的"家事"课程对于提高女性的社会地位是否有积极作用,抑或是一种倒退,引导女性重新回归家庭,让她们以新知识相夫教子?学者们对此提出怀疑。[61] 实际上,从北京女子师范毕业生的动向来看,学习这些所谓"家事技能"课程对女子在寻找职业,在公共领域中服务起着积极作用。

北京女子师范的学生,无论什么专业,手工、家事园艺和缝纫课都是基础课,但是课时比较少。在预科阶段,每周 4 小时缝纫课,而国文 10 小时、数学 5 小时、英语 3 小时。在完全科,前两年手工 2 小时、缝纫 4 小时,家事园艺则 3 小时,到三四年级就没有家事课程了。相比之下,国文、教育学、数学、科学、物理、化学、英语都要求每周 3—6 小时。家事园艺等科目虽然课时比较少,但却是将来学生找工作时最有用的部分。

女子师范的学生学习这些功课并非为了成为高级家庭主妇,而是成为初级小学和幼稚园教师,这种教学目标也清楚地写在"家事技艺科"的宗旨中。家事园艺的部分课程内容包括"衣食住"、"侍病"、"育儿"、"经理家产"、"家计簿记"等,非常"家务化",但是因为这些是中小学课程的一部分,女子师范的课程中必须具备。当 1907 年女子学堂

---

[60] Thøgersen, *A County of Culture*, p. 58; Bailey, "Active Citizen," pp. 327—330.
[61] McElroy, "Forging a New Role for Women," pp. 359—361.

初立,目的在于培养女师范生成为初小和幼稚园的教师。当时的女教师只能在初等小学教一些"柔性"课程(见第二章),学校的主课都是由男老师教授。但是在1910年代,女子中等师范普遍都开有国文、数学、博物等课程,小学的一些主课也可以由女教师来承担,但中学仍是男老师一统天下。而在1920年前后,由于女子中学和女子中师都设置了家事课程,于是女教师可以进入以男教师为主的中学教授这些"辅课"。1920年以后教育界兴起男女同校,女教师更有机会进入一般中学教书,而她们打开中学教师职务缺口的地方正是这些所谓"女性"课程(见本书第四章)。看来蒋维乔说得对,学习"家事"课程正好提供了女性一个新的职业机会。⑯³ 正是由于这些课程,女教师的领域和范围不断扩大,等级不断升高。

那么这些新的职业机会在哪里?我们只能根据女学生的就业数据来了解。根据北京女子师范学校的不完全统计,1911年的33名毕业生,8人成为教师或小学校长。1914年毕业于简易科的32名学生,23人成为小学教师或女子师范的教师。1917年完全科毕业的32名学生,21名当了小学老师。这个比例相当高。两所江苏省立女子师范的资料也显示,他们大部分学生找到教师工作。从1914年到1921年,江苏第一女子师范没有准确数字,但据说大部分毕业生都从事教育工作。第二师范有4%—10%的学生上了大学,73%当了老师,还有20%无业居家。⑯⁴ 看来女子师范学校毕业生大体有2/3从事教育,考虑到民初的社会风气和社会开放程度,应该说这是一个相当大的成就。而且在民初妇女的工作机会极少,又面对社会和家庭的压力。女子走向社会,从事职业的选择面也非常狭窄,一些人毕业后则选择了回家嫁人,生儿育女,但正是那2/3的毕业生对20世纪妇女的职业成就做出了重大贡献。在后面章节会看到,从此时到1930年代,的确有相当部分的女性教师,在师范学习后成为职业教师。从1910年代开始女子师范持续地

---

⑯³ 蒋维乔:《论女学校之家事实习》,JYZZ,第9卷第6号(1917年6月),页105—111。

⑯⁴ Tang, "Women's Education in China," p. 18, *in Bulletins on Chinese Education.*

推动女性成为职业教师,在女子教育的发展中有着相当重要的连续性。

女子教育的这种发展趋势与清中晚期以来的传统女学有一致性。正因为晚清以来社会对于上层女子受教育,以女性为教师来教导年幼儿童方面有高度的接受意愿,同时又表现了社会对上层妇女的开放趋势,在这一点上,现代女子教育在中国本土找到了契合点,因此女子教育的发展才有了社会学和历史的意义。

表3.3 各省县部分教育行政人员教育背景(1917—1923) *

	省区	留学生[1]	大学和高等学堂[2]	各种师范学校	中学	实业学堂[3]	小学	仅有功名者	不明	其他[4]	总计
1	江西	5	10	45	7	2	1	17	7	2	96
2	黑龙江	1	3	7				1		1	13
3	江苏	19	13	39	5	2		5	4	1	88
4	直隶	11	4	18				2			36
5	吉林	5	9	14	3	2		1			34
6	安徽	1	8	30	2	6		19			66
7	湖南			23					1		29
8	浙江	10	17	63	9	11		37	4	3	154
9	福建			7	4			5		1	17
10	新疆			11	3	3	2	16	41	2	78
11	奉天	1	4	27	2				2		36
12	山西	1	4	3							8
13	绥远			2				2			5
14	湖北	1	2	6	3	1		3		1	17
15	陕西	1	4	12	1	2		6	1		28
16	甘肃			3	1			2			6
17	京师/兆			3							3

* 教育行政人员职务包括,在县一级的劝学所所长和视学(或视学员),省级职务有各省教育厅各科科长和科员,省视学,还有检定小学教员委员会主席副主席和委员。资料见 JYGB,1917 年到 1923 年公牍栏或记载栏。

（续表）

	省区	留学生[1]	大学和高等学堂[2]	各种师范学校	中学	实业学堂[3]	小学	仅有功名者	不明	其他[4]	总计
18	河南			19	3	1		2			26
19	察哈尔			1				1			2
20	山东	2		5							7
	总计	58	79	338	46	31	4	120	60	11	747
	百分比（%）	7.7	10.5	45.2	6.1	4.1	0.5	16.0	8.0	1.4	100

表注：
（1）大多数留学生毕业于日本的师范学校。
（2）包括综合性大学和高等专门学堂，如法政、医学、工业、预科。
（3）实业学堂属于中等教育，包括政法、农业、商业、语言、警察。
（4）这部分人包括那些有书院学历、同文馆出身、技术学校、译学馆以及医官和军官出身。

表 3.4.1 中等师范学校校数和学生数 1915[*]

	省区	校数 男	校数 女	学生数 男	学生数 女	毕业生数 男	毕业生数 女
1	北京	1	1	236	224	13	10
2	直隶	4	2	909	284	339	46
3	奉天	14	3	2 095	438	43	27
4	吉林	4	1	522	292	30	
5	黑龙江	2	1	310	100	51	39
6	山东	4	3	897	364	347	56
7	山西	4	2	857	255	27	16
8	河南	5	1	516	96	212	
9	陕西	2		432	46		
10	甘肃	1	1	128	20	120	

[*] 《直辖师范学校一览表》和《全国师范学校一览表》，SJSJ，页 879—880。此表可能与表 3.1.2 有出入。

(续表)

	省区	校数 男	校数 女	学生数 男	学生数 女	毕业生数 男	毕业生数 女
11	江苏	12	4	2 264	386	206	29
12	浙江	6	4	1 010	311	179	
13	安徽	5	2	474	209	53	
14	江西	4	1	583	90	25	10
15	湖北	3	1	747	113	407	
16	湖南	4	6	1 429	736	251	
17	四川	8	1	988	40	168	
18	福建	2	1	227	140	260	10
19	广东	7	2	516	69	126	11
20	广西	2		331		36	
21	云南	7	1	1 401	127	234	48
22	贵州	1		245		56	
23	京兆	1	1	80	13		
24	热河	1		47			
	总计	104	40	17 244	4 353	3 183	302
		141		21 597		3 485	

表 3.4.2　中等师范学校校数和学生数,1917[*]

	省区	校数 男	校数 女	学生数 男	学生数 女	毕业生数 男	毕业生数 女
1	北京	1	2	234	287	34	73
2	京兆	1		90		32	
3	直隶	4	2	918	196	534	73
4	奉天	14	5	1 699	539	226	84

---

[*] 教育部:《民国六年全国师范学校一览表》,第二历史档案管藏,全宗号1057,卷号68。

（续表）

	省区	校数		学生数		毕业生数	
		男	女	男	女	男	女
5	吉林	3	1	499	251	83	
6	黑龙江	3	1	390	100	51	40
7	山东	4	3	1 078	436	414	57
8	山西	4	2	777	182	63	33
9	河南	4	1	538	66	298	23
10	陕西	2	1	434	52	30	
11	甘肃	1	1	296	20	120	
12	江苏	9	2	2 097	460	341	29
13	浙江	6	6	1 139	391	290	26
14	安徽	5	2	935	128	41	
15	江西	5	1	1 020	90		10
16	湖北	3	1	693	131	16	
17	湖南	5	8	1 561	1 003	457	41
18	四川	8		1 084		168	
19	新疆	1		57			
20	福建	2	2	436	144	263	36
21	广东	6	3	518	99	155	50
22	广西	3		425		36	
23	云南	7	1	1 422	137	86	109
24	贵州	1		232		63	
25	热河	1		98			
总计		103	45	18 670	4 712	3 801	684
		148		23 382		4 485	

第四章

寻求"现代性"和"普世性":壬戌学制下的师范学校,1922—1930

1920 年前后,民国以来建立的近代教育体制受到广泛的批评,批评者来自社会各个方面,包括受过欧美教育的学者、教育专家、地方教育精英以及激进改革派等等。[1]他们对教育存在的问题见解各不相同,但是批评中比较有共识的一点就是既有学制过分集中统一,体现的是袁世凯集权专制复辟帝制的思想,而且学校远离乡村,脱离了广大民众的需要。于是所有进步知识分子、反帝制主义者、自由主义者、地方自治主义者、新文化运动学者,以及民粹主义者们都在反袁反专制反北洋军阀的旗帜下联合起来,要求对既有学制进行改革。

本章关注 20 年代初一群在欧美大学里受过教育的知识分子所主导的教育界新一轮的学制改革以及这种改革下师范学校的命运。改革的成果体现在 1922 年的壬戌学制上,其目的就是要改变既有学制的集中划一,强调地方的灵活性,将教育自主权重新归于地方。但是这个改革却导致了教育更加的都市化和精英化,加大了城市与乡村,发达地区与落后地区的教育鸿沟。而且,尽管壬戌学制的筹划者们制定了促进女子教育的计划,将女子师范学院升格为大学。但是,在中等教育中,壬戌学制为了向美国学制看齐,将重点放在扩大普通(男女)中学以及男女同校,而非建立中等师范。这一政策的结果造成了普遍的师资缺乏,尤其是初级教育师资不足,让乡村地区受害尤深。

---

[1] Suzanne Pepper, *Radicalism and Education Reform in Twentieth-Century China*, pp. 88—109.

秦伯理(Barry Keenan)指出,民国初年到 20 年代,面对袁世凯的复辟帝制和北洋军阀政府的胡作非为,一部分从欧美大学留学回国的知识分子深感焦虑。他们承认中国民主制度的建立需要现代教育的支撑,可是中国政治不稳定造成教育的落后,而教育的落后又使民主政治难以成立,于是政治与教育成为一个互相遏制的怪圈。受到杜威"渐进主义"(Progressivism)和"威尔逊主义"(Wilsonian Doctrine)理念的影响,这批知识分子决定从教育入手,促进教育的民主化改革,1922 年的壬戌学制就是在此基础上形成。[②]作为美国学者,秦伯理过分强调了杜威理论和自由主义(liberalism)的影响,却忽视了从晚清以来持续存在的地方自治潮流以及地方精英在教育领域的优势。同时秦伯理还忽视了这些曾经留学国外、主持制定壬戌学制的学者知识分子和教育专家大多数来自经济文化比较发达的南方和都市地区。他们偏好教育制度上的分散主义,强调地方的灵活自主,这与他们长期以来在地方上的经营以及本地区教育事业领先全国的地位是分不开的。但另一方面,他们对晚清以来朝廷通过集权对南方地区经济文化政治造成的限制与伤害记忆犹新,对民国以来的中央政府和军阀上层政治深恶痛绝,试图以美式的民主教育思想来改造中国的教育体制,以便最终达到改革政治制度的目的。南方地区精英的领先地位造就了这个群体在全国范围内文化上的主导优势。他们从政治上的考量出发,追随"世界潮流",寻求更为"现代"的教育模式,试图以美式教育制度来解决教育上的"落后"和"集中化"。他们一味地批评既有教育制度的统一性,却忽视了其中平衡教育资源、照顾落后地区的意图。既有教育制度的集中统一化的确有体制僵化的问题,但是对于他们来说,这不仅是教育上的问题,更是中央对地方的一种政治上的束缚,这就是为什么当时的教育改革一直与实现地方自治的诉求难分难解。实际上,他们更多地代表南方和都市发达地区的利益。由于北洋政府挪用教育经费,无力控制政治局面,使得他们的诉求赢得了更多的社会反响。这种诉求以政治民主为前导,以

---

② Barry Keenan, *The Dewey Experiment in China: Educational Reform and Political Power in the Early Republic* (Cambridge: Harvard University Press, 1977), pp. 35, 55—79.

教育分散主义为手段，具体的体现就是削弱师范学校的体系和功能，以达到教育制度"与世界潮流一致"，"与国际接轨"，即美式化。

1922年的壬戌学制改革与师范学校

美国的"渐进主义"运动的确对1922年壬戌学制的形成有重大影响。从1919年5月到1921年7月，杜威访问了中国，并在北大和南京高师等校做了多场讲演，推广自己的教育理念。他的讲演立即被汇集成册出版，一时间教育界人人都以谈论"教育即生活"，"学校即社会"，"从做中学"，"儿童中心"为时尚。③ 1921年，哥伦比亚大学教育学院的保罗·门罗（Paul Monroe）教授也访问了中国。他受邀参加了1922年的第七届全国教育会联合会的年会，并与壬戌学制的制定者们进行了讨论。④ 学制中一大变化就是其"6—3—3"制，即小学六年，初中三年，高中三年。而大学就更加美式化，基本上全盘照抄美制。⑤ 钱曼倩、金林祥认为1922年的改革并非照搬美国学制，而是参照多种学制的集合。⑥ 壬戌学制也许不乏小改小修，但其基本形式和主导思想，甚至包括学校的组织形式，教科书的选择、课程设置以及教学方法都是以美国教育体系为榜样。争论壬戌学制是否为抄袭美国也许已经不重要，重要的是改革后面那群人借用美式教育制度的目的，是用美式的分散主义教育来达到政治上的地方自治，反对从晚清以来的中央集权式政治。一方面是军阀统治搞坏了共和制的名声，教育和文化精英对中央政治已经完全失望。另一方面，民主体制中强调地方自决的精神对于这批从晚清以来就希望地方自保，并在立宪运动中尝到地方自治好处的精英们有强烈的吸引力。因此从分散教育权入手以达到分散政治权力正是这种改革背后的动机。对于地方自治与中央集权在政治上的优劣价

---

③ 钱曼倩、金林祥：《中国近代学制比较研究》，广州：广东教育出版社，1996，页227—228。
④ 《第七届全国教育会联合会记略》，XZYB，页853—854。
⑤ 《学制系统草案》，XZYB，页860—864。
⑥ 钱曼倩、金林祥：《中国近代学制比较研究》，页230—277。

值评价不是本书的任务,但是作者试图在改革中寻找出历史的连续性动力,并指出这种意图的历史存在如何影响了教育的改革。因此师范学校体系的改革并非是单纯的教育问题,而是有着特定政治目的,在一种特定的政治背景下进行的。

1. 壬戌学制中师范学校地位的变化

受壬戌学制影响最大的就是师范教育部分,由于师范学制代表着统一学制,的确有支持政治上集权和国家大一统的意味,因此消解师范体系就成为分散式教育体系运作的重点。对于师范学校地位、功能和存废的讨论在1919年后成为一个重要话题。当时的学者都有借用世界强势话语,为自己的主张取得合法性的策略,即借用"普世话语"以获得势能。浙江籍教育家经亨颐就质疑师范学校存在的必要性,其理由之一就是不符合"世界大势",因为"欧战告终,思潮革新,万难遏制",所以应当有决心改掉师范学校体系。尽管逻辑牵强,但背后借助国际话语获得权威性的思路不难理解。他主张应该彻底废除高师,认为普通的大学中学就足以培养教师。即使一时半刻不能关闭师范学校,也应该重整体系并设法提高教师的质量。[7]经亨颐的看法立刻得到不少支持的声音。如果我们理解民国初年高师和中师设置的目的以及在全国教育体系中的地位和作用,就不难嗅出经氏言论所想要传达的教育分散主义的意味。

1919年10月,第五届教育会联合会召开,浙江教育会提出议案,要求改革师范学校体系的问题,其基本论点与经亨颐此前的文章如出一辙。因为当时经亨颐是浙江教育会的代表,很可能此提案就出自经氏本人之手。虽然议案没有通过,但却作为附件交与教育界学者专家们讨论。[8]此次会议之后,教育家云六则在《教育杂志》上发表长篇文章,认为现行师范学制并无必要,因为中师和高师的课程设置与普通中

---

[7] 经亨颐:《改革师范教育的意见》,《教育潮》,第1卷第4期(1919年4月),页53—63。

[8] 《第五届全国教育会联合大会决议案,附件:改革师范教育案》,原载JYZZ,第11卷第11—12期(1919),引自SJSJ,页838—847。

学和一般大学相似,而学生质量却普遍偏低,师范学校完全属于"叠床架屋"。他说,教师只是一种职业,师范学校只不过是职业学校之一种,如果其"成绩不甚佳妙,大可废止"⑨。循此思路,师范学校的免学费政策也遭受批判。质问者提出,为什么只有未来教师享有免学费政策?因为在壬戌学制中,师范教育只是职业教育的一种,与工商农科职业教育并无不同,而那些职业教育并无免费之说。所有职业教育都是为贫寒子弟提供的,如果师范可以免费,那么所有职业教育都应免费。⑩这种想法立刻得到回应,许多师范学校因此取消了免学费政策。

在新学制下,中等师范学校虽然名目上依然存在,但是却规定在初中阶段只开设普通中学课程,将师范科设在高中,作为职业教育科目之一,师范学校也可开设其他职业教育科目如工农商科等。同时,普通中学在高中部也可以开设师范科和其他职业教育科目。⑪这样做表面上的理由是将师范教育升级到高中程度,可以提高未来教师的教育程度,改进教师质量。而且,高中师范科可以从所有普通初中招生,似乎能够扩大师范科的生源。但是在这种体制下,师范学校与普通中学在课程内容和教育目的方式上已经没有了区别。在高等教育系统中,高师升格为四年制大学,其课程内容和系科设置也有所扩展,向综合性大学的方向看齐。同时,新学制也允许普通综合性大学开办教育学院以培养中学师资。⑫这种设计的目的声称是为了改进高师的教育水平,加强中学教师的质量。同样地,师范大学因此也变得与普通综合性大学毫无区别,这就为下一步取消师范学校创造了前提。

2. 壬戌学制下的师范

这种体系立即招来批评,因为有些人担心师范体系作为教育体系

---

⑨ 云六:《现行师范学制的流弊及其改革法》,原载 JYZZ,第 12 卷第 9 期(1920),引自 SJSJ,页 856—861。

⑩ 《教育界消息:中华职业社本届年会之提案》,JYZZ,第 17 卷第 7 期(1925 年 7 月),页 10—11。

⑪ 教育部:《学校系统改革令第 23 号,1922 年 11 月 1 日》,ZJSJZ,第 2 册,页 264—268。

⑫ 同上。

的核心受到损害,从而损害整体教育的发展。陶行知参加了师范学校存废的讨论。他承认现存的师范学校的确能力不足,培养不出足够的合格师资。但是,抹煞师范学校与普通学校之间的区别更是方向性错误。他特别强调师范的改革要适合中国的实际情况,而中国的情况是人口众多以及乡村教育与城市教育之间的巨大差距,师范学校设在城里,学习内容与农村生活毫不相干,这才是师范学校问题的关键。因此,改革不是要削弱师范体系,而是要扩大,中国需要的是"大师范学校",并且在学习内容和方法上进行改革。[13] 1922 年,《教育杂志》出版了一期号外,集中讨论师范学校问题,其中发表了常乃德的长篇文章,批评取消师范学校的论点。常首先列出所谓师范与中学应该合并论点中常见的八条理由,例如师范学校程度太低,经济上不合算,青年不愿读师范,师范学校太专门,且与中高等教育课程有重复,体系抄自日本,应扩大中学大学教育以增加师资来源等等,然后一一批驳这些理由。他认为,教育是一种非常专门的职业,教师不仅需要掌握知识本身和传授知识的技能,而且还需要对学生人格进行锻炼与熏陶。其他职业影响只限于本领域,而教师职业的影响却遍及全社会全人生,这是教师职业与其他职业不同之处,因此,师范学校绝对有理由独立存在。现有师范学校的确在课程和学科设置上有不合理之处,有必要改进,但不是取消师范体系。[14]关于师范学校存废问题在教育界持续发酵,1924 年王祖懋投书《教育汇刊》,批评新学制将师范并入中学的计划,认为这种改变并不能改善师资质量。他还反对当时一些师范学校取消免学费政策,指出教师职业相对政府官员来说,本身就属于收入较低,政治影响也小,而且需要特别培训,如果取消了免学费的政策,教师职业将会面临后继无人的局面。[15]

---

[13] 陶行知:《师范教育之新趋势》,原载《时事新报》,1921 年 10 月 22 日,引自 SJSJ,页 861—864。

[14] 常乃德:《师范教育改造问题》,JYZZ,第 14 卷号外(1922)"师范教育",页 1—30。

[15] 王懋祖:《师范教育三大问题》,《教育汇刊》(南京国立东南大学教育研究会出刊),第 2 卷第 1 期(1924),页 1—9。

这些人的担心并非杞人忧天,1922 年的学制改革的确对师范教育体系产生了一些负面后果,造成师范学校的衰退。各地教育行政机构相继展开"中(学)师(范)合并"规划。⑯一部分中等师范学校或与中学合并,或改为普通中学,只在高中阶段设立师范科。"中师合并"的运动在江浙一带推行最为有力,浙江几所省立师范都改为省立中学,接着广东、湖北、福建、江苏、安徽、江西等省区跟风而进。⑰在 1922 年,全国共有 385 所中等师范,43 846 名在校生,合计经费 4 633 919 元。到 1928 年,中师减少到 236 所,在校生降到 29 470 名,经费也缩减到 3 468 072 元。⑱考虑到通货膨胀,经费减少的程度比数字表现出来的影响更大。同时,许多省份还取消了师范生免学费的政策,师范生的待遇与一般中学生一样要交学费。⑲

1922 年以后,高等师范几乎灭顶。从 1921 年到 1930 年之间,绝大多数高师相继重组改革,成为综合性大学。其中,从哥伦比亚大学教师学院获得博士学位的归国留学生郭秉文在 1921 年首先主导了南京高师改为东南大学。1922 年之后,沈阳高师改为东北大学,武汉高师改为武汉大学,广东高师改为广东大学,成都高师 1927 年先改为成都师范大学,1931 年改为成都大学,再与其他学校合并改为四川大学。为了符合大学的要求,大部分高师重组升格的大学都增加了新的科系,原来师资培训的任务就归于新建的教育系或教育学院。⑳到 1931 年前后,原有的 7 所高师只剩下两所:北平师范大学和北平大学女子师范院。到 1931 年,这两所高师也进行了合并。㉑

---

⑯《浙省施行新学制之准备》,《安徽省之学制改革》,《新教育》,第 6 卷第 1 期,页 120—121,114—116。
⑰ 张钟元:《中国师范教育的总检讨》,JYZZ,第 25 卷第 7 期 (1935),页 45—84。
⑱ DYCZJNJ,丙编,页 311。
⑲ 罗廷光:《师范教育新论》,页 40。
⑳ 刘问岫:《中国师范教育简史》,页 55。
㉑《北京师范大学校史》,北京:北京师范大学出版社,1982,页 84。

1920年代教育和教师的问题

　　1922年的学制改革的主力正是那些从哥伦比亚大学毕业的归国留学生,[22]他们拟就的壬戌学制中心思想是其自治传统与美式民主的混合物,以分散式的学制为形式,强调"个性发展","多留各地方伸缩余地"。根据"个性发展"的原则,改革者鼓励各地中学设置多种选修课,这样学生可以根据自己的兴趣爱好选择课程,进行研究,不必拘泥于课程大纲的规定,从而达到学生个性的自由发展。[23]但是全国范围内经济文化发展的不平衡使得这种规定只适合极少数城市青年学生,因为"多留各地方伸缩余地"给予经济和文化发达地区和城市的学校更多的选择。在小学阶段,这些地方的学生都可以完成全部六年教育,而在全国大多数地方,尤其是乡村,完成四年的初小阶段都很困难,如何再继续上中学?发达地区和都市的中学可以吸引高质量的教师教授不同科目,因此开设选修课的机会不少。但是在落后地区和乡村中学,基本课程都难以保证,何谈选修课?这一改革绝对强化了南方沿海等发达地区的优势,给予他们更多的自主权,却并未对经济文化不发达地区和乡村教育的落后状况给予足够的照顾,也没有具体应对措施。如果壬戌学制的制定者们所追求的民主制度只应对了发达地区和都市政治的需求,那么将广大的中国农村和数以亿计的农民置于何处?这种民主教育制度后面隐藏的实际是极大的不民主和不平等。因此,20年代中后期乡村教育的兴起不能不说是对1922年学制所造成的失误的一种弥补或反应(见本书第五章)。

---

　　[22] 只要看一看全国教育会联合会各届年会出席人员名单并按图索骥,尤其是第六、七届年会,就不难得出此种结论。那些在1915年前后曾留学哥伦比亚大学的归国留学生群主导了会议。倘若对这一群体的地理和教育背景做一个细致研究,或可说明他们和晚清以来地方自治传统的关系。他们以美式学制为样板,建立分散式教育体系,以实现对全国舆论的指导和对地方利益的控制。
　　[23] 教育部:《学校系统改革令第23号,1992年11月1日》。

1. 对壬戌学制的批评

胡素珊注意到,1922 年之后,各个阵营包括左翼学者、保守派以及教育管理人员都参与了对新学制的批评,他们批评的意见与后来 1931 年国联教育代表团考察之后得出的结果几乎如出一辙。[24]的确,壬戌学制中的问题是显而易见的。到 30 年代,许多人不得不承认这一改革完全是一大失败。这是一种什么样的失败?失败原因是什么?是因为民主的教育体制不得不屈从一个不民主的军阀政府,就像当时一些人所辩解的那样,[25]还是应改归咎那些执行教育改革的人机械地照搬外国模式? 1931 年,一群由欧洲教育专家组成的国联教育代表团来到中国,考察中国的教育状况,认为当时的教育体制并不适合中国的社会的状况,是错误地照搬外国模式造成的结果。[26]当然,这些欧洲教育家们只是就事论事,并不知道这种照搬背后的政治意图以及利益博弈。

这些专家们注意到了这种教育制度有明显的社会阶层印记。来自富裕家庭的孩子从小学到中学都能够接受较好的教育,而且大大地受益于正规的国立学校体系。教育专家们也高度评价了学制中的职业教育部分,认为这样可以使一部分出身贫寒家庭的孩子选择职业教育,为他们提供了出路。[27]但是,胡素珊批评说,欧洲的教育家们并没有意识到,其实他们所称赞的职业教育只会带来更大的社会阶级分化:即富裕家庭的孩子上中学,然后升大学,找到更好的工作,出人头地,而出身贫寒家庭的孩子则只能上职业学校,成为社会的打工者。[28]

---

[24] Pepper, *Radicalism and Education Reform*, pp. 86—109。

[25] Keenan, *Dewey Experiment in China*, pp. 111—25; Pepper, *Radicalism and Education Reform*, pp. 90—110。

[26] Carl. H. Becker et al., *The Reorganization of Education in China*, (Report of the League of Nations' Mission of Educational Experts, Paris: League of Nations' Institute of Intellectual Co-operation, 1932), pp. 19—29。秦伯理认为,当时的教育专家们的确指出了教育体制问题之所在,但是他们的批评并未理解壬戌学制设计者们的苦衷,是为了通过教育的分散主义来实现民主政治。见 Keenan, *Dewey Experiment in China*, pp. 55—79。

[27] Becker et al., *Reorganization of Education*, pp. 65—67, 98—138。

[28] Pepper, *Radicalism and Educational Reform*, p. 41。

另外,职业教育即使在具体施行中也颇为失败。在 30 年代,教育家孟宪承也承认,"新学制的起草人,充满对于中等职业教育的热望,认为改制的精彩,就在中等教育一阶段,却没有料到偏偏在这一阶段上,新制触着了绝大的事实的暗礁"。因为这个失败由众多原因造成,如许多高中并不具备职业训练设施;主办高中者对职业教育没有兴趣;高中人数有限,分科未必经济;以中国当时的教育经费状况,各高中办职业教育难以办到。不少高中没有能力办农、工科,只能办师范班,结果只导致了中师合并,职业教育的目的落空。㉙孟宪承也承认,这种局面造成了师范学校入学人数减少,专业训练衰弱,以致合格师资缺乏。于是才有 20 年代末"师范独立"的呼声再起。㉚

欧洲专家们还批评了教育体制对大学生们的职业引导,因为他们了解到,大学生们大多选择文学、法律、政治专业,学习工程和自然科学的学生人数很少。大多数学生都期待毕业后进入政府当官,当教师只是无奈之举。中学生们的情况也一样,多数选择预科课程,准备考大学,很少人对职业教育和师范教育感兴趣。㉛所以当时的一些教育家也批评说学校培养出一批"合格的公民,却缺乏生存技能"。㉜1925 年江苏的一个调查显示,大量的中学毕业生难以找到合适的工作,省政府不得不成立特别委员会来帮助他们。㉝当时的《学生杂志》和《教育杂志》上充满了中学毕业生们找不到工作的无奈呐喊和悲愤呼声,以及教育家们对教育体制的批评和反思。㉞萧凌对 20 年代和 30 年代《学生杂

㉙ 孟宪承:《师范教育的新展望》,《师范教育学术讲座讲演集》(浙江省立杭州师范学校编辑发行),1932 年 6 月,页 1—9。

㉚ 同上。

㉛ Becker et al., *Reorganization of Education*, pp. 58—61, 98—117, 139—189.

㉜ 夏承枫:《改制后中等教育政策商榷》,JYZZ,第 17 卷第 7 期(1925),页 1—5。

㉝ 盛朗西:《十年来江苏中等学校毕业生出路统计》,JYZZ,第 17 卷第 4 期(1925),页 1—36;第 5 期页 1—30。见《教育界消息:江苏毕业生就业指导委员会之成立》,JYZZ,第 18 卷第 10 期(1926),页 4—5。

㉞ 杨人楩:《从智识阶级的剩余来分析现代中国教育》,JYZZ,第 22 卷第 1 号(1930),页 133—143。

志》的研究显示,当时的学生们普遍存在着毕业即失业的焦虑。[35]这种焦虑造成许多学潮;让政府官员们极为头痛。[36]所以,壬戌学制的失败不仅在社会层面上造成阶级分化,还制造了大量的都市失业者。

2. 壬戌学制下的师资状况

另一方面,缺乏合格师资的情况却仍未改变。由于毕业后并无当教师的义务,大多数中学毕业生都试图升学,因为大学生毕竟既好听挣钱又多,不论在政府部门还是在商业公司都容易找到工作,社会地位要高得多。所以造成小学教师普遍缺乏,尤其在乡村地区,而且教师资格难以保证。本来师范学校出身的教师就比较缺乏,在1922年之后,任何中学毕业生,不论有无职业训练和经验,都可以申请到小学教书。根据曹诗弟的考察,当时许多教师并没有什么专业训练,也不懂任何教育理论,只不过模仿他们自己的老师而已。他的研究显示,1930年邹平县940名教师只有1/3有师范学历。[37]

这种现象并非绝无仅有,1931年一个调查报告显示,湖北52县7 119名小学教师,仅有2 339名有师范学历,3 900名毕业于其他种类学校,880名没有任何现代学校的学历。[38]缺乏合格教师也是江苏省许多县份的问题。根据1928年的调查,江苏有20 600名小学教师,只有8 927被确认合格,占43.33%。而1931年的调查显示,安徽省有11 245名小学教师,其中受过师范教育者仅占27.7%,一般学校毕业者占

---

[35] 见 Ling Xiao, "Printing, Reading, and Revolution: Kaiming Press and the Cultural Transformation of Republican China, 1920s-1940s." (Ph. D. Dissertation, Brown University, 2008.) Chapter 5: Middle-School Students and the Political Economy of "Youth Anxiety"。

[36] 《教育界消息:亟待解决之青年问题》,JYZZ,第22卷第9号(1930),页119。

[37] Thøgersen, "Learning in Lijiazhuang: Education, Skills, and Careers in Twentieth-Century Rural China," in Education, Culture, and Identity in Twentieth-Century China, pp. 241—246. 亦见其 A County of Culture, p. 85。

[38] 李瑞安:《乡村教育辅导之行政组织问题》,《乡村教育》,第29期(1935年7月),页1—13。

59.4%,没有接受过现代学校教育者占到 12.9%。㊴同一年,浙江省的 39 945 小学教师中只有 5 166 符合资格。㊵虽然缺乏合格教师在全国都是一个长期存在的问题,但是在明知大多数学生都不愿意从教的情况下,新学制依然削弱师范教育体系,这种做法绝对不能称为是一个明智的政策,除了其政治目的外,看不出合理性。缺乏合格的小学教师更多地会影响乡村教育,因为都市地区绝对不会缺乏教师。而且,如果经济文化发达地区如江苏浙江都会出现合格师资缺乏的问题,可想而知,其他落后地区境况如何。1933 年,教育史家罗廷光叹息道,1922 年新学制施行后出现了这种情况真正是始料未及。㊶

乡村和落后地区缺乏教师的状况不仅因 1922 年的教育改革而加剧,乡村教育的落后还源于其他各种长期存在的严重问题,其中最主要的是小学教师的低薪和与世隔绝。1920 年,当时毕业于北京高师,后成为著名教育家的余家菊在《中华教育界》上发文,哀叹小学教师们的悲惨境遇。㊷根据一份 1933 年的数据,小学教师的平均月薪从首都南京的 42 元,到云南的 4 元 5 角,全国平均为 11 元 3 角。当时全国工人的平均月薪 12 元 7 角,而每个家庭每人每月所需的基本花费大约是 7 元 7 角。㊸为了引起全国各界人士对小学教师低薪状况的注意,一些教育杂志相继发表文章和调查,报告小学教师,尤其是乡村教师的状况。1924 年,当时在浙江地方教育机构任职的钱义璋主持了一个问卷调查,对象是绍兴、余姚一带 5 个县的小学教师。在收回的 95 份问卷中,83 人为男性,12 人为女性。年薪从 40 元到 360 元不等,年薪平均数是

㊴ 程曦明:《中国小学师资问题》,《教育新潮》(安徽大学教育学社),第 3 卷第 4 期 (1934 年 10 月),页 1—5。民初以来,一直都有教师资格考试,只是由于地区差异,城乡区别,各地进展不一。一般情况下,师范学校毕业可以免试,或其他学校毕业须通过教师资格考试即可认为合格。教师资格问题会在下一章进行讨论。

㊵ 李瑞安:《乡村教育辅导之行政组织问题》(上),《乡村教育(半月刊)》,第 29 期 (1935 年 7 月),页 1—13。

㊶ 罗廷光:《师范教育新论》,页 37—38。

㊷ 余家菊:《乡村教育的危机》,《中华教育界》,第 10 卷第 1 期(1920 年 7 月),页 83—86。

㊸ 《二十二年度全国高等教育统计》,引自刘来泉、管培俊、蓝士斌:《我国教师工资待遇的历史考察》,《教育研究》,1993 年第 4 期,页 30—35。

200元,那么月薪平均就是16元左右。按当地生活水平,钱义璋估计每个家庭每年基本需要为350元,但只有两人的薪水超过300元。[44] 1927年另一教育工作者李楚才对江苏省九个县的小学教师做了一份调查,情况也基本相似,月薪从11元到22元不等,平均17元3角。根据李楚才的估计,每个教师每月需要43元养家糊口,所以他们的薪水普遍偏低。[45]所有统计以城镇小学为主,尚未涉及乡村小学。而且这些都是江南富庶地区的状况,如果他们的收入如此之低,那么其他经济文化落后地区的情况就可想而知了。一份福建省的调查显示,1931年,小学教师的月薪从2元8角到28元不等,平均为12元。[46]近现代小学教师的低薪状况并非建立现代教育后才产生出来的问题,实际上他们的状况比17—18世纪的乡村塾师并没有多少改善。

师范毕业生不愿下乡的原因除了薪俸太薄外,社交、学术生活贫乏、与世隔绝、缺少进修机会以提高业务水平、职务上无法晋升等等都是重要原因。小学教师与世隔绝的孤立感是近代性的另一种吊诡。现代师范学校的建立标志着教师成为一个专业化的群体,师范毕业生在学校接受新式教育,作为现代性的代表进入乡村。然而,由于城市与乡村的巨大反差,城市中的现代知识日新月异,教师在乡村社会中与现代知识基本绝缘。若干年后,从现代城市角度看,他们就成了"落后"乡村的一部分。甚至在余家菊的文章中,"十五年前的师范生"现在任乡村教师的,在他看来已经是落后乡村教育的一部分了。[47]可是由于他们的基本教育与乡村社会生活无关,再加上他们上学期间在城市享受了都市现代文明的便利,在生活习惯上也无法融入乡村社会。[48]为了解决

---

[44] 钱义璋:《小学教师实际生活调查》,《中华教育界》,第13卷第12期(1924年6月),页1—13。

[45] 李楚才:《小学教师的生活问题》,《中华教育界》,第17卷第6期(1928年6月),页1—12。

[46] 李锡珍:《啼饥号寒之生活》,《中华教育界》,第20卷第8期(1933年2月),页13—28。

[47] 余家菊:《乡村教育的危机》,《中华教育界》,第10卷第1期(1920年7月),页83—86。

[48] 杨效春:《乡村小学教师问题》,《教育汇刊》,第2卷(1921年),页1—8。

乡村教师"脑筋陈腐",与都市知识界的先进文化隔阂,有人建议举行定期学术讲演团,巡回图书馆,巡回报社,鼓励从教师中征文发表,以及建立教员补习学校等等方法补救。[49]但是这些临时性的、短期的活动会使这些小学教师进一步疏离(alienate)他们所在的乡村社区,更增加他们对周遭状况的不满心理,难融入地方社区。然而,从乡村角度看,他们仍然代表外来文化。托马斯·卡伦(Thomas Curran)比较了接受现代学校训练的教师与旧式塾师,观察到在农民眼里,那些私塾先生比较年长,也显得有学问。而新式学校的毕业的教师年轻,难得乡民们的信任,而且他们古怪的知识和教学经验都让乡民们满腹狐疑。[50]于是,乡村教师成为处于现代都市和传统乡村之间的"夹缝人",这正是他们孤立处境的深层原因。从社会流动角度来说,近现代小学教师比起他们17—18世纪的前任们并无改善,甚至更差。在前近代社会,读书人虽任教职,身处下层,却有机会因考试而一鸣惊人。近代小学教师因职业的专业化而无晋升机会,因为一旦接受教职,待完成规定的义务教学年限后,一般教师就已经有了家室拖累。尤其是他们所教的都是基本的识字算术和自然常识,长此以往,他们所学的"先进"知识也离他们远去。远离现代性之源的都市和政治权力圈,他们也难得以进修、升迁的机会离开乡村,就此受困乡间,与都市近代文化隔绝。[51]

尽管现代学校体系建立以来,这些问题就一直存在,甚至有些问题在新式学校建立以前就已经存在了。但1922年的教育改革却使这种城市与乡村,发达地区与落后地区的鸿沟更加扩大,矛盾更加尖锐。这些问题和矛盾的尖锐化导致一部分民粹主义知识分子开始积极投身于乡村教育和乡村改造运动。同时,这种落后乡村与发展中的都市对立,小学教师的低薪和与世隔绝都造成了乡村教师的极大不满,成为下一阶段乡村革命的基础(见本书第七章)。

---

[49] 田广生:《小学教育之危机》,《新教育》,第3卷第1期(1921),页110—115。

[50] Thomas Curran, "Educational Reform and the Paradigm of State-Society Conflict in Republican China," *Republican China* (Min kuo), vol. 18, no. 2 (April 1993), pp. 42—43.

[51] 余家菊:《乡村教育的危机》,《中华教育界》,第10卷第1期(1920年7月),页83—86。

女子高等教育的发展与女子中等师范的衰落

这一时期女子教育发展的方向也受到壬戌学制改革的影响。1920年后女子教育最大的进步是女子师范学院升格为女子师范大学。然而由于1922年的改革,中等女子师范却显示出衰落的趋势。

1. 新精神的指引:北京女子师范大学

1924年5月,壬戌学制颁布后两年不到,北京女子师范学院升格为北京女子师范大学,相应地学制有所延长,增加了一年的预科,并且将原来的三年的学院制改为四年的大学制。当然,为了符合大学的程度,学校相继增加了一些科系,如教育系和心理系,其他部分基本没有变化。从1922年到1925年之间,大学有了超过200名学生。[52]

受到五四新文化运动的影响,这所大学在1923年到1924年之间的变化最为激烈,在壬戌学制"发展个性"和男女平等的思想指导下,学校宣布了女子教育的新目标。与原来女子师范学院的目标不同,女子师范大学现在宣布女子教育要达到更高的水平,即"提供深度学术研究","发展女子独特才能"。[53]在女子师范大学建立学术研究机构的确属于首创,因为自清末以来,女子教育的目标一直是训练"国民之母",成为"国民教师",并就此决定了女子教育的内容、方式和程度。现在女师大将学术研究包括进女子教育的内容,打破了原有的格式和禁锢,让有才能的女性可以进一步发展,成为学者和研究者,不仅仅限于教师,从此她们的职业与其性别再无关联,的确是一大进步。但是,在任何社会,不论男女,从事学术研究的学者仍属于少数。而且,其教育目标中"发展女子独特才能"到底意味什么,却无具体内容,也让人不解。

---

[52] Sarah McElroy, "Forging a New Role for Women," p. 367; Sun, "Chinese National Higher Education for Women," p. 128.

[53] Sun, "Chinese National Higher Education for Women," pp. 119—120.

与此同时,其他方面的改革也在进行,以便消弭男女教育的差别。例如,原来师范学院时期的一些女性家事教育课程像家政、绘画、育儿等课程被取消了,音乐与体育保留了下来。(54)这种变化是为了取消性别差异还是由于财政困难,目前因缺乏资料不得而知。这也许出于新文化运动精神而鼓励女学生能够在传统男性领域里一争高下,假如是这样,其精神可嘉,但是在现实中却会导致女学生在寻求中学教职时遭遇困难。在1920年代,多数女子学校仍然主要雇佣男教师,几乎没有男校会雇用女教师教授那些“刚性”课程,如国语、历史、数学、物理、化学、地理等。同时,家事、手工课程依然是女子中学规定的科目,即使男女同校也需要女教师教授家事和手工课。(55)北京女子师范大学取消这些家事课程尽管立意良好,但却脱离了当时的现实,将进步的成本转嫁到女学生个人身上,造成女性教师在中学就业困难。

在中等教育方面,1925年之前,女子师范学校组成女子教育的主要部分。在五四运动的影响下,在学生自治的理念推动下,学校的女学生也积极参与学生运动,当时,反对政府权威,反对政府委派校长的运动此起彼伏,女师学生掀动学潮以各种理由来维护学生的自治权。1924年前后,有几所女子师范的学潮引起社会的注意。其中河北保定女子师范、湖北女子师范、山东女子师范的学生都组织抗议,驱赶省政府任命的校长。江西第二女子师范的学生发动学潮,反对政府任命的男校长,要求派遣女校长。(56)在这种氛围下,1922年发生在北京女子师范大学的驱逐校长的学潮也正符合了五四之后的社会思潮脉动,显示女学生们在社会运动上决不甘落男子之后。

当时还是北京女子师范学院的学生们错过了参与1919年的五四

---

(54) Sun, “Chinese National Higher Education for Women,” pp. 119—120.

(55)《教育界消息:教部对于女子教育之通令》,JYZZ, 第17卷第11期(1925),页6。

(56)《妇女周报》,第35期(1924年4月23日),第40期(1924年5月28日),第50期(1924年8月13日),第52期(1924年8月27日),第53期(1924年9月3日)。

运动的第一波。[57]但是已经成为北京女子师范大学的女学生们却表现出反对校方专制,反对中央政府权威的勇气。1924年秋季开学时,有三名学生延迟两月到校,辩称因军阀开战,道路阻隔而耽搁。[58]女校长杨荫榆(1884—1938)不肯接受三名学生的辩解,坚持要开除她们。学生会与校长协商不果,遂向教育部递交请愿书,要求罢免杨荫榆的校长职务。[59]杨荫榆曾留学日本和美国,是当时少有的女性教育家和惟一的女性高师校长。但是也许她与学生之间存在较大的代沟,也许是其教育理念不合五四时代的社会思潮。学生们对这位女校长的怨怼由来已久,尤其对校长不尊重学生自治组织不满,再加上因学校计划改为女子大学而收学杂费,改为师大后并未退还,未缴者仍继续征收。[60]因此这场对立成为各种不满因素的总爆发,包括鄙视校长的一对小脚和她的"寡妇主义"式的管理方法。[61]

当冲突愈演愈烈,1925年春,当时的教育部长章士钊(1882—1973)表态支持杨荫榆,不接受学生们的请求。于是教员们开始介入,周树人、周作人、钱玄同以及其他3名教授站在学生一边。学生们开始占领校园,封锁杨荫榆的办公室,阻止其进入。这种局面僵持了6个月之久。最终教育部决定免去杨的校长职务并关闭了大学。8月初这个消息宣布之后,学生们拒绝离校。于是章士钊部长招来警察,雇用仆妇

---

[57] 根据萨丽·鲍斯威克的说法,北京女子师范学院的女学生未能参加五四运动,是因为家长将她们关在家中,不许她们外出"闯祸"。见 Sally Borthwick, "Changing Concepts of the Role of Women from the Late Qing to the May Fourth Period," in *Ideal and Reality: Social and Political Change in Modern China*, 1860—1949, ed. David Pong and Edmund S. K. Fung (New York: University Press of America, 1985), p. 85。

[58] 这是三名学生自己的辩解,见《教育界消息:北京女子师范大学》,JYZZ,第17卷第3期(1925),页9。

[59] 见《教育界消息:北京女子师范大学》。

[60] 同上。

[61] 鲁迅对此曾有所评论,他站在学生一边,批评杨的教育理念和管理方法。见鲁迅:《坟·寡妇主义》,《鲁迅全集》,第1卷,北京:人民文学出版社,1981,页266。亦见 Sun, "Chinese National Higher Education for Women," pp. 126—127。

将学生们一个个地拖出了校园。[62]

当学校于 1925 年 8 月中旬重新开张,已经悄然改名为北京女子大学。教育部任命了新校长,以前北京女子师范大学的学生可以重新申请入学。这个改名字的安排决非教育部临时起意,而是一种与壬戌学制精神一致的举动,表示取消了高等女子师范。[63]这与取消其他高师的趋势一致,只不过取消女高师是在一场激烈的冲突之后发生的。由于学生和教员们的不懈努力,女高师于 1925 年底恢复。但这场胜利并未维持很久,而随后女师的命运极为坎坷动荡:一年后女高师被并入国立京师大学,成为女子文学院。1930 年又被并入北平大学,成为北平大学的女子师范学院,紧接着与北平师范大学合并,独立的女子高等师范遂到此终结。[64]

女高师的命运应该从壬戌学制的理念以及社会思潮的脉络中去理解,取消女高师并非因为学潮,而是贯彻壬戌学制的必然。当壬戌学制颁布伊始,教育部就制定了将女高师改为普通女子大学的计划,只是由于学生和教职员们的激烈反对未能进行。反对的理由在于一旦改为普通女子大学,学生必须缴纳学费,因此在折衷方案下改为女子师范大学。[65]这个方案其实已经为取消女高师做好了铺垫,因为取消了女子师范特有的家事专业,其内部科系设置改革已经完成,女高师与其他大学已无区别。而 1924 年到 1925 年女师的学潮成为一个极好的借口,将女师关闭以便开设女子大学。

2. 壬戌学制下的中等女子师范教育

这一时期的中等女子师范教育受壬戌学制影响最大。为了实现男女平等的新文化运动精神,教育部计划在中等教育中推行男女同校。

---

[62]《教育界消息:北京女子师范大学之解散与停办》,JYZZ,第 17 卷第 9 期(1925),页 1—3;《教育界消息:东大与女师大风潮之尾声》,JYZZ,第 17 卷第 10 期(1925),页 10。

[63]《教育界消息:东大与女师大风潮之尾声》

[64]《北京师范大学校史,1902—1982》,页 74—84。

[65] 同上;亦见《教育界消息:北京女子师范大学》。

但是各地军阀政府当然坚持文化保守主义,不希望新文化运动的浪潮席卷自己统治的地盘。于是这项计划搁浅直到 30 年代才得以实行。[66]于是,教育部转而推行建立女子中学的计划,并将女子中师或改制为普通中学,或与其他女中合并,这都是在壬戌学制"发展个性"的原则下进行的。与男子师范学校的命运相同,女子师范也成为女子中学高中部的一个职业训练科目。这一政策在地方得到执行,例如 1926 年湖北教育厅将一所女子师范与另外两所女子职业学校合并,成为湖北第一女子中学。[67]湖南政府就做出计划,将省立女师改为中学,兼办职业科及师范科。这种改制是在"使男女受教育之机会得以均等"的名义下,[68]贯彻的正是壬戌学制的精神。但是我们可以想象,在女子尚未能和男子有一样求学机会的情况下,取消对女学生的特殊照顾政策和特别渠道,这种表面上的平等掩盖了多少实际上的不平等。

女子中学与师范学校的目的完全不同,其课程设置是为学生考大学做准备。而当时,只有极少数富裕家庭女孩有条件上大学,普通中等家庭的女子比较愿意上师范,因为毕业后可以养家糊口,也能获得经济独立。将女子师范改为中学,并且取消免学费政策让中等教育变得没有实际意义。而女子中学师范科设在高中部,取消了普通中等家庭女孩上完初中即可当小学教师的机会,缴纳学费的负担也让大多数家庭都难以支持女子们继续求学。中学毕业之后的工作机会又非常渺茫,更降低了众多普通家庭让女孩升学的意愿。当时社会为女性开放的就业机会并不多,女子没有出路,就只能嫁人。于是 1920 年代女学生的代名词就是"女结婚员"。[69]刘薰宇是立达学园的一位教师,他用自己妻子的镜匣来说明女子教育在方向上的错误,他说,妻子带着外形如同两本精装书的镜匣嫁过来,里面却放着梳子、篦子、发簪,实在很像当下的

---

[66]《教育界消息:江南教育之反动的倾向》,JYZZ,第 18 卷第 10 期(1926),页 3—4;《教育界消息:山西男女同学请愿之结果》,JYZZ,第 17 卷第 11 期(1925),页 6。

[67]《教育界消息:国民政府下之鄂省教育》,JYZZ,第 18 卷第 12 期(1926),页 3—4。

[68]《教育界消息:国民政府下之湖南全省教育计划》,JYZZ,第 18 卷第 10 期(1926),页 2—3。

[69] 罗苏文:《女性与中国近代社会》,上海:上海人民出版社,1996,页 249。

女子教育,即书籍做外壳包装,显示很进步,内里仍是女子传统的用品。他自问自答道:女子受教育目的何在？曰:"正如母亲要眼睛里饱装了眼泪替女儿缠脚一样。不缠脚的女儿不容易嫁人,到了现在变成了不读书的女儿不容易嫁人了。"女学生毕业了嫁了人,天经地义当太太。[70]当女子教育失去了为社会服务的目标,许多富裕的家长让女孩读书的理由就是显示自己的财富与开明。为了让她们在婚姻市场上具有竞争力,能找到一个匹配的如意郎君,文明嫁妆中应该少不了一张中学毕业证书。[71]这样的女子教育的确与晚清士大夫精英家庭的女子教育有着历史的连续性,但却失去了现代教育普及大众教育的目的,成为富裕家庭的专利,成为制造都市中产阶级家庭主妇的场所,且不说当时的都市中产阶级人数有多么的少。

1922年以后,女子教育的重要性和紧迫性显得越来越微弱。从教育部到地方都在执行壬戌学制,女子教育关注度降低,1925年在长沙举行的第十一届全国教育会联合会年会,在全国40多名代表提出的84项提案中,没有一项与女子教育有关。[72]也许有人会说,这是消除男女教育差别的结果,表现了男女平等,男女教育目标的一致,就无所谓女子教育。然而这种高调听上去很华丽,却不能对女子教育有任何实际的帮助,反而缩小了女性受教育、追求独立的空间。相比之下,在1930年代,正是师范学校在内陆地区的县城的兴起,为当地的女子教育提供了发展途径,促进女性职业独立和经济独立,也促进了地方的教育发展。

---

[70] 刘薰宇:《闽漆镜匣与女子教育》,JYZZ,第18卷第12期(1928),页1—8。
[71] 张爱玲在其短篇小说《琉璃瓦》中就讽刺了这种父母。见《张爱玲文集》,合肥:安徽文艺出版社,1992,页111—123。
[72] 《教育界消息:第十一届全国省教育会联合会之梗概》,JYZZ,第17卷第12期(1925),页4—8。

第五章

现代性与中国农村：乡村师范的兴起，1922—1930

在壬戌学制颁布前后，[1]有些人虽然对原有的壬子癸丑学制极度不满，但是对壬戌学制可能产生的后果也有质疑。当时五四新文化运动的反传统精神以及一战后"威尔逊主义"盛行，建立"普世的"民主制度成为当时西化知识分子的重要考量，这也是壬戌学制模仿美式学制的政治理论前提。但是，他们都面对一个普遍难题，即现代国家的建设，民主制度的建立，地方自治与民主政治的实施均有赖于广大民众受教育的程度。而中国当时的社会状况，众多的乡村文盲成为近代民主政治的一大障碍。于是，以教育达成民主政治成为当时知识分子、学界和教育界的普遍共识。但是对于如何以何种教育方式达成，达成什么样的民主制度的问题却导致了学界和教育界在教育理念和实践上的分歧，显示了不同背景的中国知识分子群体对于"中国现代性"的不同理解与想象。主导制定壬戌学制的一部分知识分子试图以教育分权、地方自治的方式，让各地自己解决落实下层社会的教育问题，但却有意无意地忽视地区之间、城乡之间在文化和经济资源上的不平等。因此，另一部分对上层政治和新式教育不满的教育家则转向乡村广大民众，希望以个人和团体努力的方式发起乡村教育运动，唤起民众，传达民主和科学的精神，建立起基层社会民主自治的基石，通过基层民主政治达到上层民主。这种争论不仅是不同知识分子之间的学术争论，而且更是

---

[1] 壬戌学制虽然在1922年颁布，但其酝酿的时间前后长达一年多，而且是以全国教育会联合会为主导进行的。见第三章。

对现代化的途径,社会发展不同模式之间的争论,是对不同形式"现代性"的探讨。

因此,19世纪二三十年代的乡村教育运动带有强烈的政治动机,它的发展必然延伸到乡村社区的日常生活、地方事务,以及乡村社会的组织结构形式。在这场重建乡村学校、重建乡村社区的运动中,乡村师范学校成为一种新的形式,成为一部分试图改造乡村的民粹主义知识分子进入乡村社区的入口处,成为他们参与乡村生活的立足点。在重建乡村学校的过程中,他们又必须面对乡村社会的现实,使学校成为广大村民们可以接受的社区机构,成为乡村改造的组织者、推动者,成为乡村社区的中心。其中最为突出的例子是陶行知等人于1927年在南京附近所办的晓庄实验乡村师范学校,这所学校试图通过师范学校的实践,将乡村社区文化与西方教育形式和理念相结合,将地方知识与西方课程结合,形成一种杂交式的教育形式。而且,晓庄师范的实验不仅仅限制在教育领域,它试图为当时社会的政治混乱,乡村贫困以及村社解体提出一个解决方案。晓庄师范发展出一种以学校为乡村中心,教师为社区领袖的社会组织模式。

艰难的近代乡村教育

1920年,《中华教育界》杂志刊登了北京高等师范学校毕业生余家菊的"乡村教育的危机"一文。他指出当时乡村教育的危机在于一是乡村教育已经破产,二是乡村教育事业大家都不愿意干。他认为,乡村教育破产的一个现象就是大量乡村小学生进城读书,不再返回乡村。另外,受过新式教育的师范学校毕业生都不愿到乡村教书,结果,在乡村教育中,旧式私塾仍占统治地位,旧式文人仍然主导了乡村教育。[②]在同一期上还发表了金海观的一篇介绍丹麦乡村教育的文章,试图以介绍外国经验来引起国内教育界注意本国的乡村教育问题。第二年,

---

② 余家菊:《乡村教育的危机》,《中华教育界》,第10卷第1期(1920年7月),页83—86。

余家菊再次发文,谈到对现代教育制度的都市化倾向的担忧,认为现代新式学校进一步增加了乡村的衰败,学校将乡村优秀青年吸引到城市,把贫困留在了乡村。余指出,改善乡村学校不仅是一个教育问题,而更重要的是挽救乡村危机。余在文章中建议建立一种乡民们拥护、适合乡村生活的新型乡村学校。学校里应该教授适合农村生活的知识。[3]这几篇文章表达了部分知识界人士对乡村教育问题以及乡村社会状况的担忧。

当时知识界批评都市化教育的结构产生了一个类似旧式士大夫的新精英阶级。1931年,当时的国联教育考察代表团的专家们也认为,中国1904年建立近现代教育体系以来,从中央到省、市、县的各级政府只对中、高级教育投入注意力和资金,而把初等教育放任给乡村社区甚至私人,使公立教育在制度上不能衔接。而且,新式教育机构十分有利于中等以上阶层的子弟,由于他们接受了新式教育,在现代化的语境中遂成为新的精英阶级。[4]于是,新式教育制度的建立实际上完成了一个上层精英阶级的转化,利用新式教育体制将原有的上层阶级转化为新的都市精英,使精英文化对大众文化的统治关系通过教育现代化再次确立。

其次,这种都市化教育的另一个结果是抽空乡村社会的人才。1904年中国所建立的金字塔式的学校系统,将大学建在京城和沿海都市,中等以上学校建在省会和大县城,高等小学建在县城和大城镇。学生在接受完初等小学教育后,必须到城镇或县城去完成高等小学教育,并进入城市继续接受中高等教育。这对大多数农村人口来说是完全没有可能的。大部分乡村学生到城市后,习惯了城市生活的方便,接触了新式思想,再也不愿回到乡村社区去。而且学生在接受了以西方知识为主的现代教育以后,再也回不到农村去了,因为他们的知识在农村实

---

[3] 余家菊:《乡村教育运动底涵义和方向》,《中华教育界》,第10卷第10期(1921),页11—25。

[4] C. H. Becker, et al., *The Reorganization of Education in China: Report of the League of Nations' Mission of Educational Experts*, Paris: League of Nations' Institute of Intellectual Co-operation, 1932, pp. 65—67, 98—138.

在鲜有用处。这样,近现代学校把受过教育的青年人逐步而有系统地吸引到城市,抽空了乡村社会的潜在人才。由于现代产业不发达,毕业生难以找到工作,因此,现代教育在都市制造了一个失业群体。余家菊指出,由于受过新式教育的人才缺乏,乡村社会和乡村教育就落入了一帮旧式文人和劣绅手中,致使新式教育名声更加败坏。⑤现代化过程所产生的乡村社区组织权力的真空,是现代国家政权建设过程中国家权力向地方社会渗透所造成的后果,这种过程消解破坏了村社的原有组织结构,却未能建立起对原有组织及其领袖的替代形式。近现代学校体系的建立是国家政权建设的一个重要方面,但是,由于近现代学校的性质和形式,不仅未能使乡村社区的权力真空状况得到改善,充实乡村的组织,以受过近代教育的新领袖取代旧式乡绅,反而抽空了人才,加剧了城乡差距,加速了乡村社会的破产。承认并反思乡村教育失败的问题终于在1920年代民粹主义思潮流行中被提出来了。

除了都市化性质外,新式教育未能深入农村社会还与其进入乡村社区的方式有关。由于新式学校的建立常常与农民必须缴纳额外赋税有关,而且学校的经营常常为地方恶绅所把持。建设新式学校的花费昂贵,对教师有严格要求,西化的教学内容与地方社会生活无关等等,都使西式学校在组织上和文化上进入乡村社区时不被乡村民众所认同,以至于遭遇反抗。对西式学校的反抗包括清末各地的毁学暴动,不送子弟去西式学校,以及私塾大量长期地存在。目前大多数教育史回避了这一方面,从而将现代化过程简单化、片面化。

日本学者阿部洋对清末的毁学暴动做了详细研究。在他收集的辛亥革命前八年间的120件毁学事例中,有由于加征新税、学堂捐及其他税,官绅从中榨取所引起的,也有由于没收寺庙为学校,户口调查,借口米价上涨等原因引起的,有的是为了反洋教,反对禁止迎神赛会,还有禁烟造成学生与乡民冲突等其他种种原因。在清末新政实施中,办新式学堂的经费全由地方官员与当地士绅协商筹措,其结果就是增加学

---

⑤ 余家菊:《乡村教育运动底涵义和方向》,《中华教育界》,第10卷第10期(1921),页11—25。

捐。本来由于赔款及其他新政措施所增的新税捐已使百姓承担不起,新学捐更使农民不堪负荷。⑥不仅如此,作为劝学员的当地乡绅,更是倚仗官府势力,强迫民众缴纳学捐。《东方杂志》于 1907 年登载的《学务调查报告》指出:"乃此次据调查所闻见,则未免强迫过度。闻劝学员及学董所至之处,亟于求效,有请县官差提者,有自写拘票请地方官用印提严比者,有乡人违犯禁令,由学董令罚兴学经费者。……此不尽由提学使之任人未当与学董之有心武断,实缘学务骤兴,安能遽得许多道德知识兼优之董事?而劝学员之强迫过度殆亦因热望兴学而昧于阅历所致。无论官绅,凡办理地方之事,第一不可伤害感情,感情伤害,危机百出。且中国乡愚向昧于分别之知识。若十人劝学中有一人武断,则乡里对此十人未必能知所分别。万一因一人之故而迁怒于多人,致滋生事端,则不能不加惩治。以后感情伤害愈甚,将来绅民界之冲突,恐视民教之争为尤烈。此种情形,恐不仅直隶一省为然。"⑦尽管调查员尽量开脱办学过程中乡绅对农民的暴力行为,但从字里行间可清楚看到,在兴学中,农民未受其利,先蒙其害,自然对新式学堂没有好感。

地方士绅在办学中不仅从附加的学捐中牟利,而且往往假公济私,侵吞教育经费。恶绅把持校务,以学校名义欺压村民者也常有发生。杜赞奇的研究显示,在 20 世纪前二十年的变迁中,乡村地方社会的分化往往由于士绅借办学之名,将原属于村庄公产的寺庙、祠堂、田产等等变成校产,以校董名义任意支配。然而,学校的受益者却与大多数村民无关,学童多为村中富裕家庭子弟。⑧据载,1909 年,安徽宣城县知县命乡绅姚延烜、胡省身于洪林地方开办初等小学堂,并拨捐税 300 元用以购置仪器教材。师范学校毕业生李逢春指责他们侵吞公款,引起乡

---

⑥ 阿部洋:《清末の毁学暴动》,收入多贺秋五郎编:《近代アジア教育史研究》(下),东京:岩崎学术出版社,1975,页 69—141。

⑦ 《学部奏派调查直隶学员报告书》,《东方杂志》,光绪三十三年(1907),第 11 期。

⑧ Prasenjit Duara, *Culture, Power, and the State: Rural North China*, pp. 148—157.

民们极大愤怒,遂聚众 200 余人,围殴姚胡 2 人。[9] 1924 年王晋三为金坛县视学,发现一些地方劣绅把持校长职务,任用私人,于是教师坐领干薪,致使校务日益废弛,学校形同虚设。[10]何有文在 1928 年作文感叹乡村学校的败坏,他说:"好好的乡村小学校,给几个混账少爷公子老爷阔客把持着,以致一般学识新颖的师范生踏不进他们的门,由他们五花八门的闹翻了天,乡下人还说他们是洋学堂的先生啊!"[11]于是,新式学校之名由旧式乡绅败坏。

新式学校遭到反抗的原因还在于新式学校的性质。首先,新式学校从形式到内容对地方乡民来说都是陌生的,它以传教士所办的学校为模式,扮演着传授知识的角色。学校常常采取与周围社区隔离的方式,无论在小镇上或城市中的西式学校,往往门禁森严,外人不得一窥其究竟。许多小学生身穿校服,演练兵式操,与周围的社区形成鲜明反差。而且,新式学堂所学的内容与教学活动,与农村生活毫无联系。教育家古楳指出这种新式小学的几大问题是:学费昂贵,门禁森严,学校设施堂皇糜费,课程内容脱离实际,浪费学生时间与精力。[12]梁漱溟也批评这种学校培养出来的学生脱离了乡村环境,亦无任何农家应有的知识能力,"代以学校里半生不熟绝不相干的英文、理化等学科知识;乡间的劳作一切不能作,代以(西式的)体操、打球运动与手足不勤的游惰习惯;在小学亦如此。再进一步而入中学,再进一步入大学,则其濡染一级高一级,其所学之无裨实际,不合于社会需要,亦弥以愈远"[13]。这种都市导向的教育也表现在教科书中。新式中小学均采用上海各书局发行的教材。这些教材多以城市生活为场景,且富于南方色彩,与乡

---

[9] 《南皖宣城客民毁学》,原载《盛京时报》,1908 年 9 月 15 日,转引自阿部洋:《清末の毀学暴動》,页 106。
[10] 王晋三:《乡村教育漫谈》,《新教育》,第 9 卷第 4 期 (1924 年 11 月),页 803—822。
[11] 何有文:《关于乡村小学几个特殊问题之商榷》,《中华教育界》,第 17 卷第 4 期 (1928 年 4 月),页 1—13。
[12] 古楳:《发展乡村教育的中心问题》,《教育研究》,第 13 期 (1929 年 9 月),页 695—703。
[13] 梁漱溟:《抱歉——苦痛——一件有兴味的事》,《梁漱溟教育论著选》,北京:人民教育出版社,1994,页 16—27。

村地方生活毫无相干。⑭

同时,无论是小学还是中学,新式学校的经费远大于旧式书院或私塾。1909 年,庄俞在一篇文章中指出,新式小学的收费要比私塾高:"学生入私塾,每季纳脩数角耳。……学部定章,初等小学月收 3 角,高等小学,月收 6 角。而各地学务经费,大抵亏绌,不能遵行。"⑮如此算来,即使是按学部规定,小学收费已高出私塾 2 到 3 倍,且不说增加的收费。加上新式小学必备的游戏器材、体育器械、实验设备、手工模型,以及音乐课所必须的风琴等等,学校基本设施和成本要高出一般私塾的几倍甚至十几倍。这些都要从学费和地方捐税中抽取。学校与社区的隔离,所学知识与社会的需要的隔离,以及学校的贵族化倾向增加了新式学校的疏离感。

另外,新式学校不仅被看成是与社区不相干的机构,甚至常常被怀疑与外来势力勾结,伤害本地民众。1910 年《教育杂志》报道了一则毁学事件,据称:"常(州)属宜兴县和桥一带,于正月抄忽起谣言,以清查户口,谓将人名造册,售与外人,作海中造铁轨三千里下桩之用。以至扰动乡民。以清查造册诸人,大半为学堂教习。正月二十七日,群集学堂,将书籍仪器等务,聚而焚之。教习学生,同被殴辱。地方绅士,遭其毒者,共五十七家。同时高塍、方桥、蜀山、连树港数处,闻风响应。高塍学堂顿成瓦砾。二十八日官村、杨巷、张渚、徐舍等镇相率效尤。地方绅士乃将学堂匾额,尽行除下,改悬书院匾额。户口册尽行交出……"⑯值得注意的是,地方绅士为了避祸,将学堂匾额换成书院匾额,说明当地乡民可以认同书院,但不认同学堂。甚至到了 1928 年,当晓庄师范学校打算在附近村庄建立小学时,仍然遇到村民们的反对。学校教师杨效春指出,当时办小学的困难诸多,"如经济的穷绌,人才的缺乏,绅豪的阻难,农民的怀疑,以及儿童父母的漠视教育。他们说:

---

⑭《乡教研究会第一届年会纪录》,《乡村教育》,第 26—27 期合刊(1935 年 6 月),页 33—35。

⑮ 庄俞:《论小学教育》,《教育杂志》,1909 年第 2 期,页 19—26。

⑯《学界风潮汇志·常州毁学》,《教育杂志》,第 2 年第 3 期(1910 年),页 21—22。

'你们要办的是洋学堂,不是私塾;是要小孩识洋字,读洋书,做洋人的奴才的;你们不知道教小孩读本国的文字.'他们说:'你们是要来和我们本地人作对的,你们要拆我们的庙宇,打坏我们的神佛.'他们说:'洋学堂收学费太贵了,读圣经,念耶稣,我们更是不赞成.'"[17]

这种对西式学堂的敌意和冷淡在1930年代依然存在。一些从事乡村教育的人士认为,究其原因:"(1)因乡民急于救生,目前乡村学校不能供其所求,遂认为学校为无用;(2)因过去办学者多依势恐吓,使乡民望之生畏,不乐送子去就学校。甘于自设私塾,行政者尤多逞势查封,遂演成人民怨恨学校之风,老不可破矣;(3)因乡村教师习惯与乡村生活不一致,学校活动不能与乡民活动相调适;如农忙时学校上课,农闲时学校放假。最无道理者,既不信宗教,而必过星期;倘谓恪遵工作心理,何必七日一询,致使乡民讨厌;(4)农民经济能力根本不够。促成可望不可及之势。"[18]如此说来,新式学校进入乡村社会时造成的伤痛到30年代尚未平复。正是西式学校这种与农村社会的不相干性质使得其难以进入乡村社区。

再者,反抗新式学堂的另一个侧面就是私塾的大量存在。从新式学堂建立初始,就存在着私塾与新式学校争夺生源的问题。为支持新式学校,国家权力介入,不断展开对私塾取缔、改良的运动。但是,取缔私塾也遭遇反抗。据1919年浙江缙云县报告,"查全境私塾共29所,曾将小章、白严、半岭各村之私塾距离国民学校较近者勒令关闭,其余各塾师有能担任修身、国文、算术各科并管教勤敏者,当以语言嘉奖,其管教不得法或懒惰者分别指导。至课本一节,杂沓离奇,有千字文、百家姓、三字经、四字经、五字经、六字经、四言杂字、五言杂字、六言杂字等属,劝其改换,各学生父兄或多方强辩,或面从心违,视该书为秘宝。"[19]根据教育部对24个省市的调查,到1935年,私塾在全国的初等

---

[17] 杨效春:《行将一岁的南京试验乡村师范》,《中华教育界》,第17卷第5期(1928年5月),页1—20。

[18] 李瑞安:《乡村教育辅导之行政组织问题》(上),《乡村教育(半月刊)》,第29期(1935年7月),页1—13。亦见何有文:《关于乡村小学几个特殊问题之商榷》。

[19] 转引自张彬:《从浙江看中国教育近代化》,广州:广东教育出版社,1996,页310。

教育中仍占 1/3，其中，未改良之私塾竟占到全部私塾的 60% 以上。[20]考虑到相当数量的西式小学都建在城市、城镇，那么，私塾在乡村社会的实际比例应该是相当大的。

乡村教育运动的兴起

1920 年代初，乡村教育运动兴起，同样在思考如何推进民主制度，一部分知识分子将注意力转向乡村，看到那里的贫困与落后。出于对现行教育制度解决乡村教育问题的失望，他们开始相信中国的学校需要从民粹主义和社会主义的角度来思考。这一时期的乡村教育运动涉及各种形态、观念、实践，但是最重要的是师范学校形式的重现以及内容上的改革，成为乡村教育和乡村改造运动的关键。

余家菊和其同时代知识分子对乡村教育问题的关切与五四新文化运动中流行的民粹主义和马克思主义思潮有关。1919 年 2 月，时为北大教授的李大钊指出要把现代文明贯彻到社会中去，就要使"知识阶级与劳工阶级打成一气"。中国社会的底层，即农村的状况十分黑暗，乡村人民在贪官、污吏、恶绅、劣董压榨下痛苦不堪。同时，他指出，乡村中的教育机关落后、不完备。这些都成为乡村社会落后的原因。中国乡村社会的状况会成为中国民主制度的极大障碍。他号召知识青年们向俄国青年知识分子们学习，"到农村去"，教育农民，开放农村，为民主政治寻求更广泛的社会基础。他写道："青年呵！速向农村去吧！日出而作，日入而息，耕田而食，凿井而饮。那些终年在田野工作的父老妇孺，都是你们的同心伴侣，那炊烟锄影，鸡犬相闻的境界，才是你们安身立命的地方呵！"[21] 这种激情召唤反映出激进知识分子对上层政治的幻灭，与南方知识精英的以教育分散主义方法实现政治自治的诉求不同，民粹主义者转向下层民众并且参与下层生活。五四运动后，"走向民间"的口号颇为流行。学生们从教育入手，深入乡村工矿，创办民

---

[20] 教育部统计室编印:《二十四年度全国私塾统计》,（图一）。
[21] 李大钊:《青年与农村》,《李大钊选集》,北京:人民出版社,1962,页 146—150。

众夜校,做起发动群众的工作,正是这种民粹主义思想的展开。[22]

余家菊文章的出现正是对这种思潮的呼应。他批评当时的新文化运动是片面的,局部的,呼吁新文化运动的方向应转向乡村教育。同时他对都市文化和都市教育有着强烈的批评,他说,当时的教育是"都市的出卖品,也是特别阶级的专利物"。"教育集中于都市的现象确实是一种社会的病象,是制造特别阶级的机器。"他呼吁,"从事新文化运动的人,嗜爱平民精神的人,应该关心这种情形。"[23]在他看来,转向农村正是新文化运动深入广大平民和下层社会的契机。于是,乡村教育问题同时也是一个文化问题,它对都市化的精英教育提出批评,关注并同情乡村社会的苦难,这才有可能在教育实践中注重与满足乡村社会的需要。

1. 转向乡村

当一部分教育家集中于正规教育体制的改革时,另一部分知识分子则转向寻求体制外的教育手段,以达到普及和改善农村教育的目的。这包括20年代初兴起的以北京学生为主的平民教育宣讲运动、晏阳初的平民教育运动以及湖南、浙江、江苏等地的乡村教育实验。

运动之初,晏阳初的平民教育颇有声势。1922年,平民教育家晏阳初带着自己一战时期在法国教授中国劳工的经验,开创了"平民教育运动"。他首先在长沙推行平民教育,1922年2月,晏阳初抵达长沙,掀起声势浩大的平教运动。在基督教青年会的帮助下,3天之内招生1 400人,聘请教师80人,在城内各处设教室60余处,学生包括劳工、学徒、车夫、轿夫、手艺人、警察、草药商甚至乞丐,运动开展得轰轰烈烈,9月间,又招生1 000多人,并陆续建立平民学校和平民读书处

---

[22] 杜元载:《五四以后中国平民教育运动》,《平民教育》第68—69期(1923年10月),页34—47。See also Pepper, *Radicalism and Education Reform*, p. 96。
[23] 余家菊:《乡村教育的危机》,《中华教育界》,第10卷第1期(1920年7月),页83—86。

1 700多所,共有学生 57 600 多人。[24]接着,晏将运动推向烟台和嘉兴,亦取得一定成功。但在嘉兴,晏遭遇困难,在此,没有青年会的帮助,教师严重不足,于是试用幻灯教学,开大课。[25]但这种大课很难达到理想效果。因此仅开两所平民学校,想来与资金、教师以及教具的缺乏有关。1923 年 8 月,中华平民教育促进会在北京成立。随着乡村教育呼声日高,平教会开始注意农村平民教育问题,并将农村平民定为平教会工作的主要目标。1924 年,平教会在河北定县翟村设立实验点,开展乡村教育的调查。1929 年正式开始农村平民教育的实验。[26]在 20 年代后期,除了平教会,一些个人和社会团体亦从事乡村建设运动,如中华职业教育社的乡村教育活动、梁漱溟等人在地方政府支持下的乡村建设实验等等。在乡村建设中运动,乡村教育是一项重要内容。但本书将局限在乡村师范的社会改造活动。

这次运动的几个方面值得注意,一是运动带有明显的政治意图,即强调民主政治的基础在于普及教育,所以他们在教民众识字的同时注重国民意识教育。二是运动突破了正规教育体制在普及教育方面的局限性,开创了体制外的教育方式。例如平民学校开办在不同地方,动员社会各方面力量促进识字运动,组织教师学生义务或半义务教学。三是运动从城市转向农村,说明了农村问题日益受到社会的重视。而且,在农村进行识字教育时,平民教育家们开始意识到乡村教育并不单纯是教育问题,而与农民的生活有关。但同时,这个运动的可推广性受到质疑。首先,尽管这个运动有政治目的,但在运动早期,完全是一个识字运动,并无社会改造的目标。只是到了 1930 年代以后,才开始着手乡村社会的组织与管理问题。其次,教师人手缺乏,即使有青年会的帮助,运动仍受到人手不足的限制。吴相湘指出,平教会在定县时,由于

---

[24] 吴相湘:《晏阳初传:为全球乡村改造奋斗六十年》,台北:时报出版公司,1969,页 59—61。

[25] 同上书,页 63—64。

[26] 同上书,页 73—84,200—202。

生活困难,约有 1/3 的教员与工作人员离开,使他们难以展开工作。㉗第三,即资金来源问题。在平教运动中晏及其领导人动辄发放上万册课本,又有多台幻灯机,并给部分教师发放交通费。由于平教会资金大多源于上层社会、教会以及海外捐赠,但这并非每个地区和组织都能够做到的。这个运动的特点限制了它的推广。

在晏阳初于城市推广平民教育的同时,1922 年,曹典琦在长沙成立农村补习教育社,侧重于乡村成年人的教育,其宗旨在于"增进农村人民常识,改进农村生活"。㉘他说:"广义的农村补习教育是包括图书馆、阅报所、讲演会、新剧团、博物馆等等而言;狭义的农村补习讲演是专指农村补习学校而言。此项补习学校,除补习公民常识外,还补习职业知识。不仅教男子以农业,还教女子以缝纫等职业。其程度自初级小学延至高级中学。我们认定的农村补习教育是广义的,所以现在不仅办了学校,还办了阅报所、讲演会等等。"㉙他们采取办夜校、暑期班和寒假班、纳凉时讲演、挨家挨户动员或在集会上讲演、在阅报处讲课等多种方式。其他办法还有在回乡学生家中办读书处,读书处一般设在教师住处,布置得与私塾相似,由教师尽义务。他们认为,这种读书处的办法可使一些不愿或不能离开家的人受教育,尤其是妇女,可随时随地就近认字,比较能为村民们接受。教育社并无固定教师,以动员城镇中小学教师、乡村学校教师和学生义务教学,同时鼓励在校学生寒暑假时回乡办学。在经费方面,他们采取社员缴纳会费、特别捐助,以及地方行政补助金的方法集资。在推广方式上,考虑到乡村社会的保守现实,他们要求教育社成员尽量取得农民的信任,为此,他们脱下长袍,换上短衫,以便接近农民。另一方面,他们在进行民主思想教育时,省略那些与农村习俗尖锐冲突的内容,如男女平等、婚姻自由等等。曹希

㉗ 吴相湘:《晏阳初传:为全球乡村改造奋斗六十年》,台北:时报出版公司,1969,页 70,179—181;亦见 Charles Hayford, *To the People: James Yen and Village China* (New York: Columbia University Press, 1990)。

㉘ 曹典琦:《长沙之乡村补习教育运动》,《中华教育界》,第 13 卷第 12 期(1924 年 6 月),页 1—20。

㉙ 同上。

望进行逐步改革,避免与农村社会习俗的直接冲突。㉚长沙农村补习教育社试图创造多种方法教学,并注意到了识字教育与农村社区对新思想的接受程度问题,但他们的教学活动仍然停留在基本识字和文化宣传上。

从1922年到1926年前后,这些早期的乡村教育取得了一定的成功,但本身却面临不少困难。首先是难以找到教师愿意长期从事乡村教育。当曹典琦试图说服都市教师和学生下乡从教,但却无人响应。最终还是不得不依赖乡村原有的教师。㉛晏阳初决定从基督教青年会中招收教师,但却仍不顺利,致使其定县的活动到1929年训练出当地的青年,运动才渐入轨道。㉜第二个问题是资金来源。为了减少成本,乡村教育推动者试图以夜校、秋学、冬学、识字班、阅览室等各种不同的非正规教育方式展开活动。但是这种活动难以持久。由此可见,20世纪20年代乡村教育的状况与18—19世纪地方社区教育的情况的确一脉相承。

最终的结果是运动侧重于识字教育的短期行为,回避平民识字以后又如何的问题,并对乡村社会的实际生活并无涉及。这种仅就教育论教育的运动受到质疑。黄炎培指出:"教育是一种的方法,把乡村做对象,不应该单从教育着手。即如农村经济,在……农友眼里怕要占第一位,他们总想学堂是有了饭吃的人才进得去。要是我们没有法子在他们的生活上,尤其是生产上,增加些利益——至少减少些损害,随你讲多么好听的话,全不中用。所以想把全部农村改进的事务,统统包在我们的责任范围以内,而不愿限于教育,就是这个意思。"㉝1920年代和1930年代,大部分乡村民众对新学校均持有怀疑态度。根据曹诗弟的说法,邹平当地民众对新教育体制的态度比较实用,且花费完全基于

㉚ 曹典琦:《长沙之乡村补习教育运动》,《中华教育界》,第13卷第12期(1924年6月),页1—20。

㉛ 同上。

㉜ 吴相湘:《晏阳初传:为全球乡村改造奋斗六十年》,台北:时报出版公司,1969,页70,179—181。

㉝ 黄炎培:《与安亭青年合作社谈乡村事业》(1928),《黄炎培教育论著选》,北京:人民教育出版社,1994,页216—218。

是否有利于他们孩子向上的社会流动。如果新式教育不能达成这种目的,他们宁愿让孩子去私塾学一点与当地社会礼仪或生意有关的实用知识。㉞如果不能"光宗耀祖",一般农民不会舍得花钱让孩子上新式学校。为了说服农村民众接受他们的教育计划,乡村改革者们必须得找到一种能够与农民生活息息相关,为农村所需要的教育方式与内容,让教育为农村服务。

2. 师范学校的新方向:为乡村教育培养教师

在民粹主义思潮的影响下,关于改进乡村教育成为了教育界的热点话题。如何以制度的方式,建立起农村学校,寻求一个稳定的组织以便进入农村社会便成为这一时期讨论的议题。1924年,《新教育》杂志发表了唐珏的文章,"想象中的乡村中学",主张在建立农村中学,为乡村社区培养人才。他建议设立乡村中学,既解决了农村子弟无力入学的问题,又解决了农村子弟进城后不归的问题。唐珏提出:在农村办中学,要注意汲取传统农村学校的优点。他说:"在未兴学校以前,我国本有书院、有私塾、有义塾、有所谓大书房。书院多有公款补助。大书房则多由一村或数村共同建筑书房,而由各村大学生……共同延请师长,也有由某老师在某书房开馆任学生来就学的。但无论哪一种情形,饮食膏火书籍桌椅都由学生自备的,束脩则视各生的家境分别奉送。"因此,他建议,新式的农村中学应以此为参考,教师不用官厅委任,由学生及其家长们共同延聘。招收12岁以上学生,校舍可借用庙宇、祠堂或私人书房,资金由学生们学费缴纳,学生自带桌椅,自理膳食,学校事务由学生和老师共同管理。㉟无论是晏阳初和曹典琦的实践,还是唐珏的建议,都旨在克服新式学校在内容与形式上与乡村的隔绝,寻求一种立足乡村生活,能为乡村子弟提供教育,并为乡村所接受的教育机构,稳定和改善乡村的教育和文化环境,进而稳定和改善乡村生活。

1922年,江苏义务教育期成会发表了一系列文章,极力鼓吹省立

㉞ Thøgersen, *A County of Culture*, pp. 36—37.
㉟ 唐珏:《想象中的农村中学》,《新教育》,第9卷第4期(1924),页733—739。

师范学校建立农村分校,使学生与农村环境接触,养成农村生活习惯,以便将来能服务乡村。从 1923 年到 1924 年,在江苏,五所省立师范学校分别在吴江、黄渡、洛社、栖霞山、界首建立了农村分校。这些农村分校的宗旨大致相同,即"养成适于农村生活之小学教师,指导农村教育,改进农村社会之人才"。其他各省如山东、河南师范学校也有相同举动。[36]但是,这些省立师范的农村分校很快受到来自各方面的批评。因为他们虽落脚在农村,却仍然是一种分离于社区之外的组织,与当地的农村并无关系。相反,他们与自己在城市的母校联系更密切。他们只不过是把城市学校搬到了农村。尽管他们的宗旨是为乡村培养教师,但是这些学校的课程,除了增加一两门农业知识外,其余仍然是从城市学校照抄过来,与乡村生活并无关系。故此,陶行知批评说,把师范学校搬到农村并不等于就是农村师范。[37]但是,这些学校的行动却为将中等教育建立在农村开出了新思路,被一些学者视为乡村师范学校运动的开端。早在 1919 年山西省就建立了国民师范学校,为国民小学培训教师,这些学校也被某些教育家视为乡村师范的先声。[38]建立乡村师范的主要想法就是所办学校要在乡村,让学生们习惯乡村的简朴生活并拥抱他们未来的生活环境。[39]但是以上这些所谓乡村师范多数位于城市,学生来自城市,完全接触不到乡村生活和社区。其次,即使有的学校在乡村社区办起了分校,但其课程和教学内容都按照其城市的母校制订。[40]结果只不过是现代都市学校在乡村的一块"飞地",学生们从未想到要真正融入乡村生活。从 1925 年到 1926 年间,乡村教育与乡村社区生活的结合仍然停留在计划层面上。直到 1927 年,晓庄实验乡村师范学校建立,乡村学校与乡村建设结合的实践开始浮现。

---

[36] 古楳:《乡村师范概要》,上海:商务印书馆,1936,页 29—30。
[37] 陶行知:《师范教育下乡运动》,《陶行知文集》,江苏省陶行知教育思想研究会、南京晓庄师范陶行知研究室编,南京:江苏人民出版社,1981,页 91—92。
[38] 同上。亦见金海观:《论吾国之乡村师范》,载孙铭勋、戴自俺编:《晓庄批判》,上海:儿童书局,1934,页 139—158。
[39] 古楳:《乡村师范概要》,上海:商务印书馆,1936,页 32—33。
[40] 同上。

改造乡村社会的实验:晓庄乡村师范学校,1927—1930

20年代后期,当都市师范学校在城市沿海发达地区经历着衰落,一种新型的乡村师范学校开始兴起。陶行知于1927年在南京附近建立的晓庄实验乡村师范学校(1927—1930)标志着师范学校发展进入了一个新阶段。晓庄师范既非传统式书院,又非西式学校,它从形式和内容都挑战了1922年新学制中的现代性观念。学校拒绝死啃书本,侧重实践性和本地化知识。当新的西式学校自外于乡村社区,晓庄学校却深入乡村,承担起领导乡村改造的责任。他们积极地参与社区事务和乡民们的日常生活,试图通过重建社区的方式,达到改造整个社会的目的。其中不乏地方自治的理想,但是与精英模式不同,他们强调的是地方精英领导,乡民参与的模式,倾向于一种由下而上的民主模式。学校的目的是培养乡村教师深入乡村,成为领导者、改革者和传达民意的中介者,最终引导乡村进入现代世界。

不论在20世纪20年代还是后来的50年代,陶行知和晓庄师范一直是中西方教育界的一个研究话题。一些研究者强调陶行知和杜威教育哲学之间的关联,例如孔飞力(Philip Kuhn)认为陶行知接受了杜威的思想,只不过更为激进,以适应20年代中国社会的状况。[41]秦伯理并未超出孔飞力的观点,认为陶行知的实验学校只是一种实现美式民主原则的努力,即使杜威的教学方法的理念没有逐字逐句地得到执行,只是因为需要某些调整以适应20年代的中国社会。尽管他承认陶行知对于杜威思想的态度不同于其他一批教育家,如蒋梦麟和胡适。但是,由于他忽视了陶行知思想中的本土来源,仍然认为陶的实践只是杜威思想的延伸和修正。[42]姚渝生(Yusheng Yao,音)将陶放入20年代的思

---

[41] Philip Kuhn, "T'ao Hsing-chih, 1981—1946, An Educational Reformer," *Harvard Papers on China*, vol. 13 (1959), pp. 163—195.

[42] Keenan, *Dewey Experiment in China*, pp. 82—109.

想环境中,强调了马克思主义和无政府主义对陶的教育实践的影响。[43]但是,当时作为无政府主义中心的国立上海劳动大学却并不接受晓庄师范为志同道合者,二者也极少往来。[44]苏志新(Zhixin Su,音)仍不能摆脱"中国教育家在中国的教育实践中努力实施西方教育理念"的看法。[45]这些研究都试图将陶行知和晓庄师范塞进中国教育现代化是施行西式教育模式与政治理念的过程这样一个大框架中。当然,国外学者也有例外,例如休伯特·布朗(Hubert Brown)则注意到了陶行知对中国哲学的偏爱,认为这影响了他对杜威社会理论的选择和对杜威思想的偏离。[46]

本节对晓庄师范的考察不仅将其放入1920年代的社会思想脉络中,显示其受到当时各种西式思潮影响,而且从一个更长更深层的历史脉络中重新解释晓庄师范如何体现了历史的连续性并如何创造了一个杂交式的模式,试图指出中西教育理念、本土与外来教育资源在陶行知和晓庄学校实践上的结合点。由于强调了本地特色,陶行知认为自己找到了传统教育长期存在的问题,又解决了西式学制与中国社会特殊需要之间的冲突,这种冲突在1922年学制改革后尤为突出。尽管陶行知像他的同侪学者们一样,对杜威的教育哲学感到颇有启发,但陶行知自身已经形成的思想底蕴不应该被忽视。当西方学者倾向于关注陶的教育思想和教育实践,中国学者的确关注到晓庄师范的社会实践。但是这种社会实践常常被放在共产党领导的革命话语中去理解,结果消

---

[43] Yusheng Yao, "National Salvation Through Education: Tao Xingzhi's Educational Radicalism"(博士论文:明尼苏达大学1999), pp. 11—12。

[44] 上海劳动大学的师生们1929年曾在晓庄做过短期访问,但是他们并不认可晓庄师范的做法。见 Ming K. Chan and Arif Dirlik, *Schools into Fields and Factories: Anarchist, the Guomindang, and the National Labor University in Shanghai, 1927—1932*, (Durham: Duke University Press, 1991), p. 101。因此说陶受无政府主义思想影响似无根据。

[45] Zhixin Su, "Teaching, Learning, and Reflective Acting: A Dewey Experiment in Chinese Teacher Education," *Teachers College Record*, vol. 98, no. 1 (Fall 1996), pp. 126—152。

[46] Hubert Brown, "American Progressivism in Chinese Education," in Ruth Hayhoe and Mariannne Bastid (eds.), *China's Education and the Industrialized World: Studies in Cultural Transfer* (New York: M. E. Sharpe, Inc., 1987), pp. 120—138。

解了中国革命中的社会实践与陶行知的乡村改造工程之间的区别。[47]

1. 晓庄乡村师范的诞生及其目标

1926年,中华教育改进社设立了一个乡村教育部,陶行知被任命为负责人。在着手制订计划之前,陶研究了浙江、江苏、安徽的一些地方小学和师范,然后提出建立一所新型的实验乡村师范学校。[48]

陶行知(1891—1946)1917年毕业于哥伦比亚大学教师学院,归国后于南京高师任教务主任。根据布朗的研究,陶在哥伦比亚大学时并未接触到杜威的理论,也从未上过杜威的课,只是在1920年,杜威中国之行时,陶行知担任了杜威的翻译,方才了解到其哲学和教育思想。[49]在杜威离开后,陶也离开了南京高师,开始为中华教育改进社服务。[50]虽然未见到材料说他也参与了壬戌学制的制定,然而陶行知属于哥伦比亚大学海归派,是壬戌学制的圈内人。但是1922年以后,他却明显与哥大海归友人们分道扬镳。他在给友人的信中说:"我所说的话,好像是在责人,其实是在责己。我也是师范教育罪案中之一人,纵有孙悟空的本领也是脱不掉的。如今只有戴罪立功。"[51]这种带有自责的说法实际上表明要与壬戌学制和哥大海归精英划清界限。

在从事教育事业以来,陶行知逐渐发展出对当时教育体制的两点批评。第一,现代教育制度不仅没有缩小社会分化,反而扩大了社会对立,制造了一个新的城市精英。[52]第二,现行的教育制度注重书本知识,引导学生鄙视劳动阶级。[53]陶引用杜威的名言"教育即生活",认为教育要更为注重实践。他认为教育应该消除学习与实践的鸿沟,这一点就

---

[47] 辛元、谢放编:《陶行知与晓庄师范》,南京:江苏教育出版社,1986,页68—70。
[48] 同上,页4—6。
[49] Brown, "American Progressivism in Chinese Education: The Case of Tao Xingzhi".
[50] 《陶行知先生年谱》,《陶行知文集》,江苏省陶行知教育思想研究会、南京晓庄师范陶行知研究室编,南京:江苏人民出版社,1981,页879—881。
[51] 陶行知:《师范教育之彻底改革:答石民佣等的信》,《陶行知文集》,页167—168。
[52] 陶行知:《"伪知识"阶级》,《陶行知文集》,页191—201。
[53] 陶行知:《师范教育的彻底改造》,《陶行知文集》,页167—168。

体现在他要将师范学校建在乡村,[54]并且说他是将杜威的渐进主义思想翻了个个,[55]将杜威的"教育即生活"改为"生活即教育",杜威的"学校即社会",改为"社会即学校"。[56]这种改变看上去只是一种词语上的变化。我们不得不承认,在 1920 年代的环境下,当西方思想由一部分上层知识分子和海归派精英传播,以期解决中国社会问题,就造成一种强势话语。尤其是在一战后威尔逊主义盛行,杜威罗素等西方哲学家著名学者相继访问中国的情势下,当时的学者教育家如果不说几句杜威罗素,不仅会被视为落伍,赶不上潮流,而且在新文化运动反传统的氛围中,很有可能被扣上保守分子的帽子。虽然的确有人属于真心相信这些西方思想能解决中国的问题,也可能有一些人只是在口头上追随潮流,炫耀学问。还有的人可能会自觉或不自觉地将自己的想法附会于强势语言,借社会潮流之势为自己的想法取得合法性。但是一旦深入到实践层面,我们就不得不承认,西方思想在中国的流行已经不是其在母国的翻版。对于那些真心想要移植西方思想的人,他们必须面对具体实践环境以及与既有社会历史文化衔接的问题。对于那些将自己的想法附会于强势语言的人,我们看的不是他的语言,而是他的实践。陶行知应该属于后者,因此我们不仅要考察陶行知对杜威思想的态度,还要从更为广阔的历史文化背景中、从他的实践中分析晓庄师范的社会政治意义,找到他的思想中传统资源与西式理念的结合点,理解他对传统的创造性转化。

1927 年 3 月,晓庄师范正式成立,陶行知希望借其推行自己"生活为教育中心"的理念,并以"教学做合一"的方法来达成。[57]他在"我们的信条"说:"我们深信教师应当做人民的朋友。我们深信乡村学校应当

---

[54] 陶行知:《中华教育改进社改造全国乡村教育宣言》,《陶行知文集》,页 142。

[55] 陶行知:《生活即教育》,《陶行知文集》,页 243—250。1929 年,在一个教师培训座谈会上,陶行知在其讲话中重申了"生活即教育"的理念,他说,"教育即生活"出自杜威先生,我们过去说得很多。但是我们想过这句话的真正含义。现在,我将它翻了半个筋斗,改为"生活即教育"。

[56] 陶行知:《生活即教育》,《陶行知文集》,页 244—245。

[57] 陶行知:《教学做合一》,《陶行知文集》,页 184—186。

做改造乡村生活的中心。我们深信乡村教师应当做改造乡村生活的灵魂。我们深信乡村教师必须有农夫的身手,科学的头脑,改造社会的精神。"[58]

陶行知与同伴们第一步办起一所以培养小学教师为主的中等师范,并建起小学以供学生实习。他们自己动手,建起各种设施,还发行了校刊《乡教丛讯》,报告并记录学校的各项活动与进展。学校采取民主治校的原则,教师以身作则和学生一起参加全校每日每周的例会。[59]为了贯彻学生自治的原则,并建立师生的密切关系,学校为每10名学生配备1名教师,同吃同住同学习。[60]教师负责指导学生的学习计划,批阅学生的读书笔记、心得和日记,学校也鼓励学生与教师之间进行讨论。[61]这种形式实际上承袭了清末改良式书院的传统。尽管在管理方面学校试图尽可能让每个教师学生表达意见,但晓庄师范学生的生活却非常的军事化,带有斯巴达式的简洁与明快。每日清晨6点起床,40分钟例会之后是早操,早饭之后半小时清扫学校教室宿舍。所有这些在8点之前完毕。8—10点是学习工作时间,10—12点学生完成自己的管理职责。大多数讨论和其他课程如音乐、体育、手工、军训安排在下午。从下午4—5点是师生们在农场耕作,7—9点为自习时间。10点全体学生就寝。[62]

2. "教学做合一":新式教学方法

清末教育改革家建立新式学校体系的目的之一就是要克服以科举为中心的教育,消除重视书本知识,轻视实践的倾向。19世纪后期一些书院针对上述问题进行了改革,但大多数依然如故。当书院为新式

---

[58] 陶行知:《我们的信条》,《中国教育改造》,北京:东方出版社,1996,页73—74。
[59] 辛元、谢放:《陶行知与晓庄师范》,南京:江苏教育出版社,1986,页61—63。
[60] 陶行知:《实验乡村师范学校答客问》,《陶行知文集》,页149—154。
[61] 杨效春:《行将一岁的南京实验乡村师范》,《中华教育界》,第17卷第5期(1928年5月),页1—20。
[62] 《中华教育改进社晓庄学校报告》,《乡教丛讯》,第2卷第11期(1928年6月16日),页1—2。

学校取代,旧的教学方法保留下来。而且,一些旧式文人虽然在短期师范讲习所中学了一些新法教学,但如国联专家所指出,他们积习难改。⑬梁漱溟于1932年批评说,新式学校原来的目标是为了培养人才从事实际工作,但却事与愿违,新的学校培养出来的精英却产生了一个寄生阶级。⑭另一方面,有的人认为是因为中国工业化的失败导致西方科技与中国人的生活无关,西式教育无用武之地。⑮于是一个循环论的结论出现了:中国工业化失败导致教育失败,教育失败又使工业不能发展。

陶行知对书本至上的教育方法的批评实际上在某种程度上继承了中国思想界在知识起源上的长期争论。据余英时的看法,近代的这种争论可以追溯到宋明两大学派,陆王认为知识源自内在心性,认为道德修养与日常行为即可达至对终极知识的理解,程朱则强调格物致知,认为古典文献中有着关于现世的一切知识。⑯在青年时代,陶行知景仰王阳明(1472—1528)的"知行合一"故而改名为"陶知行"。⑰直到1927年陶开始修正自己的哲学理念,相信"行是知之始",方才改名为陶行知。因此对知行命题的思考是陶行知思想的底色,它源于中国传统哲学的命题。⑱而杜威哲学的影响只是在语言层面上留下了印记,并没有改变陶行知基本的思维方式。因此陶的思想与实践都有着历史的延续性。从这个知行命题出发,陶认为西方科学知识都是由经验获得。⑲在他的讨论中,陶将西方实验科学中的"实验"转移为中国思想中的"亲历亲为"式的个人体验和经历,认为古代的学者都有科学精神,他们的

---

⑬ Becker et al., *Reorganization of Education in China*, pp. 95—96.

⑭ 梁漱溟:《丹麦的教育与我们的教育》,《梁漱溟教育论著选》,北京:人民出版社,1994,页56—84。

⑮ David Buck, "Educational Modernization in Tsinan, 1899—1937," in *The Chinese City Between Two Worlds*, pp. 197—198. 亦见 Thøgersen, *A County of Culture*, p. 90.

⑯ Ying-shih Yu, "Some Preliminary Observations on the Rise of Ch'ing Confucian Intellectualism," *Tsing Hua Journal of Chinese Studies* (December 1975).

⑰ 《陶行知先生年谱》,《陶行知文集》,页879—881。

⑱ 陶行知:《行是知之始》,《陶行知文集》,页182—183。

⑲ 陶行知:《生活工具主义教育》,《陶行知文集》,页172—173;《行是知之始》,《陶行知文集》,页182—183。

知识都来自个人实践和亲历亲为,孔子、墨子和荀子均是如此。[70]虽然这种解释是广义上的实践,偏离了严格的实验科学定义,但是这是一个很好的"嫁接"与"转移"。借此嫁接和转移,王阳明式的道德修养和对日常生活的体验都可归于"科学实验"范围,于是陶式的教育实践就有了科学基础,具有了"现代"的合法性。另一方面,陶行知也接过了程朱学派的"在即物而穷其理",将其中的"物"赋予"科学"定义,摈弃原有的书本知识的内容,将其定义为具体的事务和活动。[71]陶认为书本至上的教育为历代统治阶级推崇,目的就是引诱文人们为其统治服务。清末所建立的西式学制在西式教育的外衣下保存了旧式书本至上的弊病。[72]当梁漱溟宣称中国大多数西式学堂学到了现代学校和传统旧学堂的最坏的方面,他极有可能受到陶行知言论的启发。[73]陶行知与梁漱溟这两位学者教育家的教育背景完全不同,文化观点也不一致,但是他们对于当时教育体制和弊病的看法却完全相同。

从陶行知的逻辑来看,如果教育的问题新旧弊病交织,那么解决的办法也应该创新并援引既有的资源。晓庄师范区别于其他师范学校的最大特色就是"教学做合一",学生们在做中学习,矫正中国传统教育只重书本的弊病。[74]学校的课程都标以"数学教学做"、"自然教学做"等等。陶行知的支持者,教师杨效春说,"我们不甚信任书本,我们不甚信任讲解,我们亦不甚需要普通适于讲授的教室"。[75]当他们学习关于鱼的知识,他们就在池塘里养鱼。学习农业和园艺,就邀请经验丰富的老农当老师。这种在做中学的方法也落实在教学中。如同其他师范学校,晓庄师范的毕业生将要成为小学老师。因此晓庄师范有一项重要课程叫做"中心学校活动教学做",要求学生不仅要掌握如何教小学的

---

[70] 陶行知:《答朱端琰之问》,《陶行知文集》,页226—231。
[71] 陶行知:《在劳力上劳心》,《陶行知文集》,页187—188。
[72] 陶行知:《"伪知识"阶级》,《陶行知文集》,页191—201。
[73] 梁漱溟:《抱歉—痛苦:一件有兴味的事》,《梁漱溟教育论著选》,北京:人民出版社,1994,页21—27。
[74] 陶行知:《教学做合一》,《陶行知文集》,页184—186。
[75] 杨效春:《行将一岁的南京实验乡村师范》,《中华教育界》,第17卷第5期(1928年5月),页8。

课程,还要学会如何设计校园,管理学校设备和卫生状况,教务管理、集资、做预算、会计等等实用技能。为了让学生能更好运用这些知识,他们让学生自己去建立掌管新的小学,从中学会教学与管理。⑯陶行知甚至激进到说即使再来一次焚书运动也不是件坏事。⑰这种极端的反智主义倾向烙着王阳明思想的印记,⑱但是应该放在20年代的大背景下去理解,因为它针对的是现代教育制度的精英化。

3. "生活即教育":新型教师的培养

胡青通过对历史文献的梳理指出,在从汉到宋的乡村书院文化中一直存在着边学习边劳作的传统,这种方式可以让一部分家境贫寒的学子能够读书。元明学者也都不同程度地继承了这种传统。⑲晚明学者孙奇峰、张履祥、颜元等,都与弟子们在乡村中边读书边耕作。胡青认为那些遵循"耕读传统"的学者大多家境贫寒,耕作田间可以使他们接近普通民众,了解下层文化。⑳虽然"耕读传统"并非前近代教育文化的主流,但是却提供了一个哲学和道德上的基础,让那些被边缘化的下层学者能够找到批判精英文化的立场,并据此针砭时弊。

晓庄师范也重新发现了这一传统并将其发扬光大,为的是消除有文化阶级的优越感。当晓庄师范师生宣称"生活即教育",他们所说的生活是平民生活,普通人的生活。学校鼓励学生们参与劳动,在行为上,衣着上甚至说话上都要像普通人。㉑陶行知认为这种做法对孟子所说的"劳心者治人,劳力者治于人"是一种强烈的批判。学校大礼堂命

---

⑯ 陶行知:《中国乡村教育运动之一斑》,《陶行知文集》,页203—213。
⑰ 陶行知:《教学做合一下之教科书》,《陶行知文集》,页294—305。
⑱ Hubert Brown 也在杜威思想中发现反智主义的倾向。见 Brown, "American Progressivism in Chinese Education," p. 129. 但是我认为,陶行知对杜威的了解并未深入到足以理解并吸收其反智主义倾向。关于王阳明的反智主义,请见 Yu, "Some Preliminary Observations," pp. 105—143.
⑲ 胡青:《书院的社会功能及其文化特色》,武汉:湖北教育出版社,1996,页166—172;亦见高时良(编),《明代教育论著选》,北京:人民出版社,1990,页90—91。
⑳ 同上,页166—172。
㉑ 辛元、谢放:《陶行知与晓庄师范》,南京:江苏教育出版社,1986,页43。

名为"犁宫",悬挂对联为"和马牛羊鸡犬猪做朋友,对稻粱菽麦黍稷下功夫",时时提醒学生必须以农村生活为己任。[82]学生们自己动手,建起学校、宿舍、会议厅、图书馆、展览馆、办公室、伙房、实验室等,还在农场种地,将收成出售后以交纳学费。参与工读的学生们还会做木匠活、织布、做饭、印刷、管理学校商店和饭厅。[83]

虽然杜威哲学和陶行知都强调实践知识的重要,但是杜威的"教育即生活"与陶行知的"生活即教育"仍有一定差别。秦伯理对比了二者,指出杜威所谓的"教育即生活"是指学校所学的知识应该反映社会的实际生活,学校校园应该是外面社会的一个缩影。而陶则"将杜威的理论从教室里拽到了社会上",让教育成了乡村生活的一部分。[84]但实际上,陶行知所做的远远超出了这些。晓庄学校要求学生完全消除教育和普通民众的生活差别,说他们的语言,为他们服务。在现代的外衣下,我们看到的是一个学者和实践者在王阳明"知行"问题上的纠结。陶行知喜欢"知行"论题人尽皆知,而且他更喜欢用"知行"来解释自己的思想。[85]当然,陶对王阳明和知行问题的讨论也有利于更多的人接受他的乡村教育理念。

对陶来说,提倡消除生活与教育、社会与学校的界限并不意味着消解教育。乡村师范的根本目的就是以教师为领袖,通过教育改造乡村。为了达成这个目的,学校鼓励学生通过参加农业生产和乡村生活,在和农民的交往中,获得实践知识。为了让学生能扎根农村,在一般学校的课程之外,学校还开设了不少与乡村生活有关的课程,如自治、民众教

---

[82] 陶行知:《中国乡村教育之根本改造》,《陶行知文集》。

[83] 陶行知:《实验乡村师范学校答客问》,《陶行知文集》,页 149—154;杨效春:《行将一岁的南京实验乡村师范》,《中华教育界》,第 17 卷第 5 期(1928 年 5 月),页 1—20。

[84] Keenan, *Dewey Experiment in China*, pp. 89—99. Hubert Brown 有见地地指出陶行知感到杜威思想与陆王学派有着某种相似性。见 Brown, "American Progressivism in Chinese Education," pp. 120—138。但是布朗并未进一步在哲学传统之外寻找陶行知思想的丰富来源。

[85] 陶行知喜欢"知行"论题尽人皆知,而且他更喜欢用"知行"来解释自己的思想。陶行知:《知是行之始》,《陶行知文集》,页 182—183。

育、组织合作社、农村娱乐等。[86]为了让学生能够在乡村独立生活,学校还设一门烹饪课,让学生学会为自己煮饭。陶说:"乡村里当教师,不会烹饪,就要吃苦。我们晓得师范生初到乡间去充当教师,有的时候,不免饿得肚皮叫,就是因为他们不会炊事。从前科举时代文人因过考需要,大多数都会烹饪。现在讲究洋八股反把这些实用的本领挥之门外,简直比科举还坏。所以我们这里的口号是'不会种菜,不算学生','不会烧饭,不得毕业'。"[87]

为了让学生能扎根乡村,学校鼓励学生和教师们动员自己的妻子和未婚妻到乡村生活。办学者认为这是教师能够融入乡村社区重要的一个举措,而且对于带动妇女教育有极大推动,因为教师的妻子可以参与教育乡村妇女。[88]为此,学校决定招收一批女学生,办起女子师范班,培训幼教师资。[89]在招生中,学校给予师生的妻子、未婚妻以及女性亲属以优先入学权。[90]学校鼓励男女同学之间的恋爱婚姻。陶行知相信,同学之间的婚姻可以让他们以后的乡村教育活动更愉快,也增加了家庭收入,减少了离开教职的可能,有助于带动乡村妇女朝向男女平等。教师家庭还会为乡村社区提供模范家庭的榜样。[91]为此,陶写下一首小小打油诗赞赏这种婚姻,曰:

男学生,女学生,
结了婚,作先生。
哪儿作先生?
东村或西村,
同去改旧村,

---

[86] 陶行知:《实验乡村师范第一院简章草案》,《陶行知文集》,页145—147和《中国乡村教育运动之一斑》,《陶行知文集》,页203—213。

[87] 陶行知:《实验乡村师范学校答客问》,《陶行知文集》,页152。

[88] 白启祥:《关于乡村单级小学教师的一个问题》,《乡教丛讯》,第2卷第9期(1928年5月15日),页1—2。

[89] 杨效春:《行将一岁的南京实验乡村师范》,《中华教育界》,第17卷第5期(1928年5月),页1—20。

[90] 陶行知:《中国乡村教育运动之一斑》,《陶行知文集》,页203—213。

[91] 同上。

>同去造新村，
>
>旧村魂，新村魂，
>
>一对夫妻一个魂。㉒

学校领导希望将女学生培养成"乡村妇女运动的领袖"。㉓尽管有此设想，可惜的是，学校历史很短，这方面具体实践状况的资料尚不清楚。

晓庄师范期待其毕业生在乡村小学当教师，不仅要传授知识，而且还要扮演原来旧式乡绅的角色，成为乡村社区的组织者，乡村改造工程的推动者，向外介绍乡村生活的媒介。晓庄学校早期毕业生程本海，也是陶行知教育思想的积极传播者，曾列出表来，认为乡村教师应该具有七个方面的本领：

第一类为"改造社会"，包括：（1）会开茶馆；（2）会办民众学校；（3）会医小病，懂得卫生医药常识；（4）会做账房先生，懂得当地的应酬习俗；（5）会算钱粮，会算利息，并且会量地算地价过户等；（6）会看当票发票钱粮票捐票契据公文等俗体字；（7）会写对联婚帖会单契据信件等；（8）会说笑话，说书，通俗演讲等；（9）会做和事佬，遇不得已时会写公文状子；（10）会编贴壁报；（11）会几套武术，并能联合民众办自卫团；（12）会变戏法，做通俗戏、口技、双簧等；（13）会指导组织合作社；（14）会布置学校，变为民众的公园；（15）会主持民众集会；（16）明了世界大势；（17）明了本国现状；（18）熟识本地社会经济现状；（19）熟识本地故事与大事；（20）懂得当地礼节；（21）有当地职业的常识并能相机介绍改良的方法。

第二类为"教育儿童"，包括了儿童教育的基本技能，如与儿童交谈，讲故事，指导儿童学习，启发儿童的问题，等等。其中"熟悉当地儿歌"以及"会做当地儿童游戏"条，要求教师注重本地的文化资源。

第三类是"干农事"，要求教师除了具备最起码的农业技能，如锄地、浇水、做畦、做苗圃、种蔬菜、果木、花卉等，还应会养蚕、养蜂、养鸡

㉒ 陶行知：《村魂歌》，《陶行知文集》，页 265。

㉓ 杨效春：《行将一岁的南京实验乡村师范》，《中华教育界》，第 17 卷第 5 期（1928 年 5 月），页 1—20。

鸭牛羊猪、养鱼等。还应懂得土壤性质,会看农业报告书,并与当地农业研究机关和老农有联系,熟悉当地风俗气候及农产品,知道当地重要农谚。

第四类为"科学的常识常能",要求乡村教师具有捕捉当地昆虫及小动物,制成标本的能力,了解当地虫害、鸟类、地矿、气候变化,认识普通星座,了解日常食物用品的性质、构成与制造,了解一般机械原理与小机械的维修,能制造幻灯并做粗浅的科学报告。

第五类为"医药卫生",同样要求乡村教师不仅懂得人体构造,会做身体检查,懂得一般医药卫生常识和营养知识,而且要能够进行急救、治疗小的常见多发性疾病,并参与预防疾病工作。

第六类为"艺术",要求乡村教师会一两种乐曲,既懂得欣赏世界名曲,又会儿童歌曲。教师的艺术才能还应包括绘画,布置学校和教室,出壁报,修理、清洁、制衣编结,制表书法印刷,并指导儿童和他人欣赏艺术作品和表演。这些技能中还包括烹饪。

第七类"杂务"是指一般学校的事务,包括学校内部杂物管理,计划报表,应用公文,主持会议,编辑刊物,图书管理,校工训练等,还包括与校外交流事宜如联络邻校公办事业,招待客人和指导人员,以及与教育行政人员磋商校事等等。⑭(详见本章附录)

这些要求有些属于现代教师所必备的资格,如教育指导儿童学习和生活,但是另外部分是与乡村社区生活有关。这已经超出了现代教师专业的范围了,所以晓庄师范的教育目的的确是将乡村教师职务"去专业化"了。20世纪中国的"去专业化"(deprofessionalization)有不同的形式。在曹诗弟对邹平县的研究中,他也使用了"去专业化"一词来说明那种有些没有受过专业教育的人也进入了教师队伍的现象,主要是在文化大革命时期。⑮实际上这种现象也发生在1920年代师范学校减少后的地方学校。在本项研究中,我从一种功能主义角度使用了"去专业化"一词,与曹诗弟的意思不同。我认为"去专业化"是要求教师

---

⑭ 程本海:《乡村师范经验谈》,昆明:中华书局,1939,页29—40。
⑮ 见 Thøgersen, "Learning in Lijiazhuang," p. 244.

们不仅从事教学工作,而且还要教师们从事和承担许多与教学专业无关的事务和责任,使其职责"泛社会化"。程本海所列的要求就是非常典型的将教师"去专业化"。但是我对这种"去专业化"并无价值判断,只将这种"去专业化"视为在20世纪20年代,一些乡村改革者对社会现实的回应。尽管晓庄师范有着现代教育的课程,但是他们的实践却让乡村教师超出了专业教师的角色,消解了教师作为纯粹专业人士的形象。这些要求是要使乡村教师成为全能式的人才,以便能够担当社区领袖的角色。首先,他们识字,又具备各种有用的知识、技能,受到乡民们的尊重,在乡村中享有特殊的地位。这是他们成为乡村社区领袖的前提条件。其次,他们熟悉当地社会生活和风俗,掌握农业知识,与西式学校毕业生不同,他们不排斥本土性知识,并能将其纳入自己的知识结构中去。他们不与社会隔绝,了解当地社会状况,能与乡民们沟通,理解乡民们的疾苦,容易受到乡民们的信任。第三,他们主持当地重要的机构——学校。学校使他们具有与外部世界联系的渠道和能力,可以把农村的状况,农民的疾苦和问题公之于世,成为乡村社会的代言人。第四,他们受过现代教育,并经常阅读书报杂志,了解世界局势和科学知识,能够成为先进知识和技术进入乡村社会的渠道。当然,这是一种理想化的要求,却反映出乡村师范学校对于乡村社区中缺乏领导力量的认识,以及试图填补基层社会权力真空的努力。乡村教师的角色非常类似传统"私塾"先生的角色和旧式乡绅的混合,却又有现代意识,能够带领"落后"的乡村进入现代社会。这种人的确是当时乡村社区所需要的,但是相对地又弱化了教师的角色,增加了教师的责任和职责。

4."社会即学校":晓庄师范的社会实践

晓庄师范的最终目标是为乡村社区建立乡村学校,使之成为村庄社会的一部分,成为地方的文化、政治的纽带。同时,乡村学校还应该是改造乡村的工具。正是在这一点上,陶行知与杜威的"进步主义"分道扬镳。当杜威说"学校即社会"时,他是说学校应该成为一个"小宇宙",在教学内容上体现社会所需,但学校本身与社会是分离的。[96]当陶行知说"社会即学校"时,他认为学校应该是开放的,融入到社会中去。他将学校比作"鸟笼",应该打开"鸟笼",让学生到社会上去学所需要的知识。[97]所以,陶行知试图打破学校与社会的界限,让学校成为周围社区的有机部分,这正是中国前近代乡村学校的特色。

讨论陶行知的思想如果不讨论前近代中国乡村学校的角色,就不能完全理解晓庄师范的社会实践意义。不论中外,一般来说学校是社会化的工具,让儿童青年更好地适应本社会的文化传统,融入社会。鲍丝维克比较了现代学校与传统私塾,指出现代学校"虽然其课程与外部世界有关,但学校本身是一个封闭的机构,与外界切断联系"。另一方面,中式私塾虽然所学内容与日常生活无关,但是学校本身"却是一个与周围环境打成一片的机构"。[98]鲍丝维克对现代学校和传统私塾特点的区分,也说明了为什么20世纪当现代学校进入乡村社区时遭遇地方社会的抗拒。尽管传统私塾只教授基本读写,但是却强调儒家道德和礼仪规范,要求学生融入社区,做道德楷模,所以其社会化的功能不仅在于读写,更在于对行为规范,道德礼仪的灌输。所以,前近代的学校都有教化地方的责任,即"化民易俗"。康熙(1661—1722在位)也明确地宣称学校的双重目的是"兴行教化,作育人才"[99]。芮玛丽(Mary Clabaugh Wright)也注意到了这一点,她指出在平定太平天国之后,同治中兴实施了许多重建地方的举措,当时朝廷非常注重地方学校和书院的重建,因为这是选拔人才,稳定地方社会的重要一环。[100]当现代学

---

[96] 秦伯理指出杜威后来修改了自己关于"学校即社会"的想法,认为学校应该对社会更为开放。在此杜威思想的确与陶行知思想有所相通。但秦伯理也承认,陶行知直到1929年才得知杜威思想的变化(见 Keenan, *The Dewey Experiment in China*, p. 106)。但此时陶行知的晓庄实践已经接近尾声,因此很难说是杜威影响了陶行知。

[97] 陶行知:《生活即教育》,《陶行知文集》,江苏省陶行知教育思想研究会、南京晓庄师范陶行知研究室编,南京:江苏人民出版社,1981,页244—245。

[98] Sally Borthwick, *Education and Social Change in China*, p. 31.

[99] 康熙:《康熙四十一年御士子文》,YZSJ,页120。

[100] 见 Mary Clabaugh Wright, *The Last Stand of Chinese Conservatism: The T'ung-Chih Restoration, 1862—1874* (Stanford: Stanford University Press, 1975), p. 130。

校在各地建立时都模仿西式学校,有意识地与社区分离。同时,现代学校所学的内容也与当地社会的经济文化生活毫无关联,于是学生们自然也是学校周围环境的"陌生人"。

晓庄师范的最终目的是改造社会。一旦学校学生进入社区,他们就是通过新式教育改造乡村的先锋。晓庄师范有"交朋友"的活动,还有"平民学校"、"乡村幼稚园"的设施,并且开办"中心茶馆"、"商店"、乡村医院、帮助农民建立合作社等等活动。陶行知及其合作者们明白,为了让学校成为社会改造的中心,第一步就是要克服当地农民对现代学校的抗拒,减少现代化过程的暴力。这也是为什么即使晓庄师范的师生都来自外面,却没有引起地方上的反抗,因为在办学过程中,学校有意识地避免骚扰地方,试图融入地方,以化解这种抗拒。刚一开始,晓庄建立小学时,遭到某些村庄农民反对和敌视。学校师生们试图说服农民送孩子上学,但是农民完全不理会。当学校想要找一处校址,当地农民害怕学校要毁坏他们的庙宇。[101]这种反应与毛泽东当年在湖南所做的调查报告中,当地农民对新式学校的反应如出一辙。[102]

学校领导相信赢得当地农民的信任,方法之一就是请他们到学校参观,让学校成为社区的一部分,让所有的孩子都上得起学。城市学校往往用围墙把学校圈起来,晓庄学校则相反,不建围墙,校舍与农舍在外观上也并无二致。[103]所有校园对外开放,当地人可随时到学校参观,或只是进来歇脚喝茶,与师生们聊天都受欢迎。[104]校舍在不上课的时候,可以借给村子里举办各种活动。[105]这与旧式官学学府的概念和做法一致。新式学校的学费高昂,一向是村民们拒绝新式学堂的原因。所以晓庄学校决定自己消化建校费用,以便把学费压到最低。每所新小

---

[101] 杨效春:《行将一岁的南京实验乡村师范》,《中华教育界》,第 17 卷第 5 期(1928 年 5 月),页 1—20。

[102] 毛泽东:《湖南农民运动考察报告》,《毛泽东选集》第 1 卷,北京:人民出版社,1968,页 39—40。

[103] 编者:《这一期》,《乡教丛讯》,第 2 卷第 22 期(1928 年 11 月 30 日),页 1。

[104] 陆静山:《给小学教师的一封信》,《乡教丛讯》,第 2 卷第 17 期(1928 年 9 月 15 日),页 2—4。

[105] 陶行知:《中国乡村教育运动之一斑》,《陶行知文集》,页 207—208。

学开办费用是40元,每月以6元作为日常开销,以这种低廉方式,晓庄师范在一年半内成功地开办了8所小学。[106]

每个星期四下午是晓庄师范学校的"交朋友"时间,师生们3个5个一组,到村子去拜访村民,和他们聊天。通过这个活动,学生们对农民生活有了了解,知道他们的喜乐悲欢,学会了用他们的语言理解生活。[107]春节时,学校让学生们到村民家中帮他们写对联,平时帮助村民们写信、读报。[108]学校还邀请村民们参加学校的运动会、周末联欢会,学生们帮村民们组织合作社,帮他们灭蝗虫。[109]当然,由于有关文献都出自晓庄师范方面,在村民方面并无任何记录可考,我们不知道他们到底对于晓庄师范的这些做法有何意见和反应。但是1930年一位记者访问晓庄时得知,村民们将师生们看作自己的家人。同一年,当南京国民政府要查封学校时,当地村民们自愿组织护校队,并临时收留了不少不肯离校的师生。[110]从此可以看出晓庄学校融入社区的目的基本达到。而且,他们对农民的态度不是把自己当成高高在上的读书人,而是平等地对待农民,尊重他们,向他们学习。以这种方式生存的学校很难不受当地人的欢迎。

晓庄师范的社会实践活动还涉及乡村政治组织的改造,其设想就是以小学为社区组织中心,所以晓庄师范所办的小学都称为"中心小学"。陶行知解释说:

> 这个运动的出发点是开办中心小学,我们所以叫他为中心小学的意义有三:第一以乡村生活为学校生活的中心;第二以学校为改造社会的中心;第三在这所学校本身已办得有成

---

[106] 杨效春:《行将一岁的南京实验乡村师范》,《中华教育界》,第17卷第5期(1928年5月),页1—20。

[107] 李楚材:《破晓》,上海:儿童书局,1932,页55—58。

[108] 程本海:《在晓庄》,上海:中华书局,1930,页37—39。

[109] 李楚材:《破晓》,页102;编者:《校闻一束》,《乡教丛讯》,第2卷第18期(1928年10月1日),页4。

[110] 薛豹:《论晓庄师范被封事》,载孙铭勋、戴自俺编:《晓庄批判》,页137。

绩了,可以训练师资的中心。[111]

在晓庄师范有一个称为"改造社会教学做"的课程,包括乡村自治、民众教育、组织合作社、乡村调查、民众娱乐等内容。当课程需要活动时,都是在中心小学举行。后期晓庄师范设立了社会改造部,由陶行知自己担任部长,下属十二个分部,有总务部、教育部、公共卫生部、农业林业部、交通部、水源控制部、自卫队、经济部、赈灾部、妇女部、出版社和调查部。[112]这是一个完整的社会组织结构。

晓庄师范的第二个社会改造活动是注重改善人民生活,并提倡新知识新观念。当学校新建时,正值北伐军兵临城下,晓庄学校为当地妇女儿童提供避难场所。[113]学校所在的乡村卫生条件非常差,村民们缺医少药。学校建立了乡村医院,学生们在医生指导下进行卫生知识实践,并为村民们免费治病,仅第一年学校医院就诊治了上千名病人。1927年一场霍乱袭击南京,学生们在茶馆中宣讲卫生知识,教农民们如何预防,并劝他们从学校购买成本价格的药。在学校一带的乡村,天花流行,多数婴儿过早夭折,于是学生们学会注射天花疫苗,为附近儿童注射。[114]

晓庄师范还建立起民众学校,招收男女学生。学校以教成人识字为主,并教一些生活技能。师范学校还在附近村庄建立了阅览室,送学生去做指导,学生们以农民的生活和语言,编了识字课本,让农民们认识一些与他们生活有关的基本字。为了不脱离村民们的基本观念,学校从《三字经》《百家姓》和《论语》选取一些内容,编入识字课本。成人学校教授一些使用算盘、记账、读契书、写信,这些都是乡村生活中的基本知识。[115]当时乡村运动中的许多成人学校很少能招收到妇女学生,但

---

[111] 陶行知:《中国乡村教育运动之一斑》,《陶行知文集》,页204。
[112] 张宗麟:《满了一岁半以后的晓庄》,《乡教丛讯》,第2卷第20期(1928年10月30日),页1—3;辛元、谢放:《陶行知与晓庄师范》,南京:江苏教育出版社,1986,页39—40。
[113] 辛元、谢放:《陶行知与晓庄师范》,南京:江苏教育出版社,1986,页15—16。
[114] 杨效春:《行将一岁的南京实验乡村师范》,《中华教育界》,第17卷第5期(1928年5月),页1—20。
[115] 辛元、谢放:《陶行知与晓庄师范》,页45—46。

是晓庄的一所学校招收了 11 名妇女,这在当时的确很不容易。⑯

晓庄师范的改造社会活动也针对许多社会陋俗,如赌博和吸毒。于是学校设立了几所茶馆,希望将村民们从赌博猖獗的旧茶馆吸引到学校办的新茶馆。⑰每天下午和晚上,晓庄师范的学生们轮流在茶馆里讲故事讲笑话,教唱歌,宣讲卫生常识,并且随时报告国内外大事。在茶馆中还设置了乒乓球台、围棋、象棋、小人书,还有笛子等乐器,免费供大家使用。⑱

对于陶行知及其同志来说,这些社会活动的最重要目标是组织民众,鼓励他们参与民主实践,从现代政治活动中受益。为了达成这一目标,晓庄师范积极推行村庄自治,让村民们都有机会参与社区事务,第一步就是组织自卫队。晓庄位于当时的南京郊区,时值战乱刚刚平息,临近村庄常常受到小股土匪的烧杀抢掠。1928 年的一天,土匪们骚扰了晓庄学校,抢劫了附属的商店,师生和村民们都受到不小的惊吓。⑲陶行知立即写信给支持晓庄学校的冯玉祥将军(1882—1948),得到一二十支枪支和一些子弹。于是联村自卫队成立了,以保护学校和附近村庄。自卫队由 100 名学生和附近村庄的年轻村民们组成,不仅保护地方安全,而且还维持社会秩序,取缔赌博和吸鸦片。有一晚自卫队袭击了 30 个鸦片馆,收缴不少鸦片和烟枪,同时押送那些烟鬼们去学校医院,在医生的帮助下戒毒。⑳

村庄自治的第二步就是教育村民们,帮助他们实践自己的"民主权利"。陶行知认为农民们需要乡村教师的引导,才能了解自己的权利所

---

⑯ 白启祥:《初创的神策门民众学校》,《乡教丛讯》,第 2 卷第 11 期(1928 年 6 月 16 日),页 2。

⑰ 邵冲香:《黑墨园中心茶园》,《乡教丛讯》,第 2 卷第 9 期,(1928 年 5 月 15 日),页 3—4;李楚材:《破晓》,页 58。

⑱ 杨效春:《行将一岁的南京实验乡村师范》;闵克勤:《中央大学第一实验民众学校报告书》,《乡教丛讯》,第 2 卷第 10 期(1928 年 5 月 30 日),页 1—2。

⑲ 程本海:《在晓庄》,上海:中华书局,1930,页 32—36。

⑳ 陶行知:《给冯焕章先生的信》《晓庄联村自卫信条》《晓庄联村自卫团组织大纲》《联村自卫团第一次布告》《联村禁烟委员会章程》《拒毒运动大纲》均见《乡教丛讯》,第 2 卷第 22 期(1928 年 11 月 30 日),页 1—4。

在。他解释说:

> 如何教农民出头? 农民……不知民权为何物,固然要靠舆论来鼓吹与启迪,但最要紧的还是重在培植小农民的乡村教师。……至于如何训练农民执民权,如何教他们运用选举权,罢官权,创制权,复决权,也要靠乡村教师为之教导。[121]

为了推行乡村自治,学校组织了联村教育先锋团,与已经建立了中心小学的村庄村长会面,说服他们合作推行自治。学校制定自治大纲和村自治的试行条例,准备在晓庄周围的9个村子逐步推行。他们指出,"我们晓庄现在是社会化的组织了。村自治的试行那是必行的事。"首先,条例规定了村民的资格:"凡住宿于本村年16岁以上者得为本村村民,年在16岁以下者为幼年村民,但有建议权而无表决权选举权被选举权。"条例还规定村中组织由村长村副组成,村长村副和其他职员由全体村民共同选举,任期两月。村中有村民大会和其他组织。村长主持村务,村副辅之,每星期开一次村务会。村中应订立村约。村民两人以上可提议增修条例,等等。村庄还设立了消防队,修建村庄道路,种树,组织信用社,安排农民手工业展览会等等事务。[122]

学校也通过具体事件来"训练"村民们运用自己的权利,熟悉民主操作程序。由于当地吃水困难,晓庄师范打了一口井,并允许当地村民使用。当井的出水量不够时,学校成员与村民发生了争执。学校并未强调拥有水井的所有权而简单地对冲突做出判决,而是将学校看作社区的一员,建议以村民大会方式来解决纠纷。开会时,约有70位村民参加,从十几岁的孩子到老太太。会议先选出一位十五六岁的在校学生为主席,陶和其他学校师生为顾问团。会上许多村民积极发言,最后达成决议。陶事后指出,民众运动要以民众的切身利益为中心,要由学校来推进和引导。[123]但是村庄自治计划的执行似乎遇到了困难,其中原

---

[121] 陶行知:《如何教农民出头》,《陶行知文集》,页177。
[122] 张宗麟:《满了一岁半以后的晓庄》,《乡教丛讯》,第2卷第20期(1928年10月30日),页1—3。
[123] 陶行知:《生活即教育》,《陶行知文集》,页248—249。

因难以得知。一方面可能因为计划刚刚展开,晓庄师范就被封闭。另一方面,可以想象,原有地方社会的上层势力一定不会欢迎这种民主式的自治方案,于是学校的计划最终流产。

5. 对晓庄师范的教育和社会实践活动的评价

晓庄实验乡村师范是一所结合传统与现代学校的某些特点的混合式学校,是现代教育史上的一个独特例子。对于什么是现代教育,这正是1920年代许多学者教育家争论的焦点。某些人认为,现代教育尤其对城市新式学校来说,就是机械地学习数理化,不管对社会是否有用。批评的人则认为这种学习只是对传统教育弊端的继承,只不过内容不同罢了。而对陶行知来说,接受现代教育需要的是理解其精神,就是要传授实用的知识。而对于广大乡村民众来说,最重要的就是农业生产的知识和技能,学生只有掌握这种知识和技能,才能促进乡村发展。同时传统教育的某些模式和融入社区的观念在现代学校中仍至关重要,因为这些观念教导学生融入社区、领导社区,而不是逃离社区。

尽管陶行知给学校投入了大量的精力和金钱,但是晓庄师范却仍然属于少数人的运动。大多数教育家,包括那些从海外归来的精英们到了1930年前后才开始批评1922年学制,认为执行中全面抄袭国外制度造成弊病。但是他们的成长环境,地理渊源以及教育背景都让他们与那种仿照国外制度建立的现代体制不可分割,因此他们实在难以提出任何超越性的改革方案。而且作为新文化运动中的现代化派和反传统派,他们的思想倾向和政治立场都使他们不得不拥抱当时最为"现代"的美式经验。而陶行知却全然不同,他希望抛弃西式教育的外在形式,在实践中把握现代教育的精神,并让本地资源和传统文化也渗透进现代教育,创造一个混合杂交式的教育模式。胡素珊也觉得,陶行知和晏阳初在20年代中国知识分子圈中颇为独特:"他们不得不在海归精英们制造的正规教育体制之外,以自己的方式进行实验,因为当时的正规教育体系容不下他们的这种创造性。"[24] 正因为陶行知的实验是在体制之外,代表着对现代性替代模式的探索,因此格外艰难。

除此之外,对于晓庄师范的研究还有不少盲点。例如尽管学校是为改造乡村而设,并组织村民们参与活动,但是我们听不到村民们的声音,乡村社区的主体完全失语。没有资料显示他们对这种改革,对乡村社区的重建,以及"被赋予"的权利和知识做何想法。我们也不知道原有的乡村精英们对学校在地方管理上指手画脚有何反应,只能推测他们不甚欢迎。似乎也没有文献显示学校在地方自治中与原有的政府管理体系如何相处,因为学校改造社会的活动立意良好,但是否能取代地方管理体制的功能?即便学校没有在1930年被关闭,学校的社会改造活动也势必与开始走向正轨的地方政府产生矛盾与冲突。

晓庄学校的实验是在革命和战乱的夹缝中产生的,1927年学校建立时,国民政府的北伐军尚未到达南京。南京政府成立后,前几年忙于对外平定军阀势力和清除共产党,对内摆脱分裂和权力之争造成派系掣肘。尽管晓庄学校近在咫尺,南京政府却无暇顾及。陶行知及其同志正是利用了这种权力的真空,实现自己的理想方案。当晓庄学校的保护人冯玉祥于1930年在蒋冯阎大战中失败下野,南京政府就再也容不下学校的激进实验。从某种角度来说,学校的失败也可看作是政治斗争的牺牲品,但是事情远不是这么简单。

晓庄学校对学生们作为未来乡村教师提出了许多要求,让他们承担了许多社会责任。这正是因为当时的现代都市教育将乡村的年轻精英"吸出"村庄,社区因缺乏年轻一代领袖而渐趋瓦解。晓庄师范试图打破城乡的障碍,但却不能解决许多基本问题:即乡村师范学校的学生来自村庄以外,毕业后在其他乡村学校教书。一个外来者仍然要面对原来乡村小学教师所面对的问题,如孤立无援、低收入、教学环境和生活环境都不尽如人意。晓庄学校的实验解决不了这些问题,只能从精神上对毕业生进行鼓励,要求他们维护自己的道德责任。这种要求在

---

[24] Pepper, *Radicalism and Education Reform*, pp. 110—111.

一个运动处于小规模时,在一群理想主义者中尚可通行。一旦运动推广展开,就会遭遇道德下滑的问题,于是原有的方法和目标就再难维持。相比之下,晏阳初在定县的实验活动中吸收本地青年加以训练,作为地方社区领袖也许是一个长久之计。

晓庄学校更为深层的悲剧性在于,社会整体环境和思想潮流都不利于进行更为深入的思考、实践和创造,因为这种思考和实践需要足够长的时间显示效果。近代以来,中国知识分子在民族危亡、政治动乱的时刻,整个社会都存在着"赶超"的急躁心理,都急于寻求快速解决方案,好让中国强大,赶上"先进"的西方国家。在病急乱投医的心理下,整个知识界教育界都希望借用别人现成的药方来医自己的病痛,对于这些药方可能引起的不适并无预见,也无对策。而且他们没有耐心探索适合自己的药方,也不耐烦等待长期效果。在这种大环境下,陶行知的实践和思想声音极其微弱,他想要探索出的"济世良药"在五四之后反传统文化的背景下、在威尔逊主义流行之际,显得与当时主流思潮格格不入。当然,在1920年代国家混乱的情况下,尽速结束战乱,实现国家强大,这种心情可以理解。但是对于知识界和教育界的精英来说,寻求现成的方案解决中国社会问题的这种思路难免坠于懒惰,这种思路在教育上就导致了对美式教育制度和理念的依赖,试图以"普世性"原则忽视以至消解具体性和多样性,结果在实践层面上却造成了中国社会的问题。

晓庄学校的关闭意味着社会团体和少数知识精英想要通过改造教育模式来重建乡村社区努力的失败,但是却成为教育的一个转折,为下一阶段的国民政府的乡村改造计划提供了灵感。陶行知等人教育理念以及晓庄的教育模式,包括他们为解决现代性问题所做的探索在后一阶段的延安时期和中华人民共和国时期也得到了回响,例如1958年的教育改革,而影响最大的是在文化大革命时期,70年代教育革命中的许多措施都可以从晓庄师范学校的实践中找到原型。这种现象不能不让我们思考:一方面中国教育制度的许多问题成为众所周知的顽疾,外国的药方不少,改革也不断,但却难有效果。另一方面,具有晓庄特色的实践、它所代表的教育理念和社会发展模式在后来的社会运动中一再地浮现。这种现象表明,近代以来教育与社会需要之间的根本性问题并未解决,乡村社会需要转型方案。当历史曲折回荡之后到了21世纪,我们仍然要面对乡村社会转型的问题,从这一角度看,晓庄师范给我们的启示具有重要意义。

附录：
程本海:《乡村小学教师应有的本领》①

第一类："改造社会"占全部课程时值百分之二十

（一）会开茶馆。

（二）会办民众学校。

（三）会医小病，懂得卫生医药常识。

（四）会做账房先生，懂得当地的应酬习俗。

（五）会算钱粮，会算利息等，并且会量地算地价过户等。

（六）会看当票发票钱粮票捐票契据公文等俗体字。

（七）会写对联婚帖会单契据信件等。

（八）会说笑话，说书，通俗演义等。

（九）会做和事老（佬），遇不得已时会写公文状子。

（十）会编贴壁报。

（十一）会几套武术，并能联合民众办自卫团。

（十二）会变戏法，做通俗戏、口技、双簧等。

（十三）会指导组织合作社。

（十四）会布置学校，变为民众的公园。

（十五）会主持民众的集会。

（十六）明了世界大势。

（十七）明了本国现状。

（十八）熟识本地社会经济情况。

（十九）熟识本地故事与大事。

（二十）懂得当地礼节。

---

① 程本海:《乡村师范经验谈》，昆明：中华书局，1939，页28—40。程本海是晓庄师范的第一批学生，也是陶行知的挚友。1930年他受广东龙川县教育局之邀任龙川县立乡村师范校长。他在龙川师范的做法完全仿照晓庄师范。本书记载了程本海1930年代初期在龙川师范的教育实践和他的教育理念，是集晓庄经验和他自己的实践之大成。

(二十一)有当地职业的常识并能相机介绍改良的方法。

第二类:"教育儿童"占全部课程时值百分之三十

(一)会和儿童做朋友。

(二)会用国语对儿童讲故事,报告时事。

(三)会听懂儿童的话。

(四)会回答儿童的问话,还能引出儿童更深切的问题。

(五)会指导儿童阅读,找各种参考材料。

(六)会主持学校纪念周,指导儿童一切的集会。

(七)会指导儿童发表意见,如写文、说话、书画、做工艺品等。

(八)会发现儿童许多不良习惯,设法改善。

(九)会领导儿童做劳动工作,如扫地整理房间等。

(十)悉熟当地儿歌的一部分。

(十一)会做当地儿童游戏的一部分。

(十二)懂得六岁以上儿童的心理。

(十三)懂得几种教育实验的方法,会几种教育实验的技能,如测验统计图表等。

(十四)会运用教育书报所介绍的新教育的原理和方法。

第三类:"干农事"占全部课程时值百分之十

(一)会锄地。(倘能耕地更佳,因耕地不但是技术问题还有体力问题。)

(二)会浇水加粪。

(三)会除菜地豆地的草。

(四)会戽水开沟做畦。

(五)会整理农具,如上耡(锄)头把子,粪桶柄,镰刀柄,打草绳等。

(六)会做苗圃(菜秧圃与果木苗圃。)

(七)会种蔬菜(以当地的菜蔬为准。)

(八)会艺果木竹林(以当地的果木为准。)

(九)会种普通花卉、篱灌木。

(十)会养蚕。

(十一)会养蜂。

(十二)会养鸡鸭鸽子等。

(十三)会养羊猪牛等。

(十四)会砍柴、掘笋、采野果等。

(十五)会养鱼(缸鱼和池鱼,在海边还应该拾贝类等。)

(十六)懂得土壤性质。

(十七)会看农业书报。

(十八)结交农业研究机关和当地老农。

(十九)熟悉当地风俗气候及农产品。

(二十)知道当地重要农谚。

第四类:"科学的常识常能",占全部课程时值百分之十三

(一)会采集当地著名的植物做成标本。

(二)会捕捉当地著名的昆虫做成标本,如捉蛇和做蝴蝶标本等。

(三)会打鸟。

(四)会做鸟兽标本。

(五)会做简单的解剖,做成标本。

(六)认识当地最普通的害虫,明了它的生活史。

(七)认识当地候鸟,明了它的生活状况。

(八)会用做简单的标本的药品、用具,知道它的来源并会修理或制造。

(九)认识当地的矿物,明了本地的地质。

(十)会测量气候与雨量,明了气候变化与节气的意义。

(十一)认识普通的星座。

(十二)明了日常食物的成分如米麦蔬菜盐等。

(十三)明了日常食料的制造,如酱油豆油茶盐等。

(十四)明了日常用品的化学作用。

(十五)明了日常用品的物理作用。

(十六)明了最浅近的机器。

(十七)会修理日常的机械用品,如钟表等件。

(十八)会利用最普通电机,如无线电收音机等。

(十九)会利用科学的方法做幻术。

(二十)能阅读粗浅的科学书报。

第五类:"医药卫生"的本领占全部课程时值百分之七点五

(一)明了人体的构造。

(二)有卫生的习惯,如注意吐痰、喷嚏、食物用具等。

(三)会检查体格。

(四)会种牛痘。

(五)会医沙眼、疥疮、秃头疮。

(六)会医疟疾、伤风、便闭、肠寄生虫病。

(七)会包扎伤口、止血。

(八)会治小疮、热疖。

(九)知道最常用的药品的性质与用法,如金鸡纳霜,阿斯匹林,蓖麻油,碘酒,硼酸膏,硼酸水,枸杞酸,铜软膏等。

(十)会施用急救法,如闭气、火灼、水淹、中暑等。

(十一)知道公共卫生的要点。

(十二)明了儿童发育状态。

(十三)明了食物的营养成分,衣食住的卫生要点。

(十四)熟练童子军的教练方法。

(十五)会几套中国拳术。

(十六)会几种健身操或球类。

(十七)会游泳、爬山、上树。

(十八)会阅读浅近医药书。

第六类:"艺术"占全部课程时值百分之七点五

(一)会唱和谐的歌曲——注重儿童的。

(二)会奏演一二种乐器,而且会开留声机。

(三)会欣赏世界名曲,懂得音韵节奏。

(四)会做最普通的舞蹈。

(五)会简单的写生画。

(六)会临简单的画。

(七)会欣赏名画,领略画的意义。

(八)会装饰一间房屋,布置一个会场。

(九)会用纸、麦秆、豆、野菜、红叶等做装饰品或日用品。

(十)会修理桌椅门窗等。

(十一)会扫地、抹桌、擦窗等整洁工作。

(十二)会做袜底,或做衣服,或用绒线做衣服帽子。

(十三)会装订书籍,画应用图表。

(十四)会油漆门窗用具,并且会粉饰墙壁。

(十五)会设计壁画,如壁上图案、壁上挂画等事。

(十六)会布置小花园,利用天然物点缀园景。

(十七)会写一体或二体的字,写得不讨厌。

(十八)会做简单的印刷工作。

(十九)会烧小锅饭、小锅粥。

(二十)会烧菜,烧得合味。

(二十一)会烧点心,做得合味。

(二十二)会整理厨房用具。

(二十三)会整洁自己的用具,毫无名士派及纨绔的习气。

(二十四)会训练一般儿童知道整洁自己的身体与用具。

(二十五)会欣赏有艺术意味的作品,如文艺、雕刻、照相、刺绣、瓷器、电影戏等。

(二十六)会指导或表演戏剧,并且能欣赏别人的表演。

第七类:"杂务"占全部课程时值百分之十

(一)会新式簿记。

(二)会造预算决算,并且会做经费报告书。

(三)会购置日常用品并熟悉市情。

(四)会保管学校用品。

(五)会登记物件,并能办极清楚的移交。

(六)会监督校工,训练新来的工人。

(七)会购置图书,管理图书。

(八)会寄发信件。

(九)会编辑报告书或其他刊物。

(十)会招待参观客人和指导员等。

(十一)会做儿童成绩报告书。

(十二)会主持展览会、庆祝会、恳亲会等。

(十三)会拟全年计划、每月计划。

(十四)会主持研究会、讨论会。

(十五)会联络邻校共同兴办事业。

(十六)会拟学校应用公文。

(十七)知道最近教育法令。

(十八)会与教育行政人员磋商校事。

第六章

国家权力渗入地方社会：乡村建设中的师范学校，1930—1937

在国民党主政的十年中(1927—1937)，国民政府实行了一系列政策，扩大对县级以下政权的控制，力图将国家权力渗入下层社会，重整地方政权，①这是晚清以来民族国家政权建设的延续。但是，处于建设中的国家政权不得不与当时存在的各种势力竞争乡村地方社会，这些势力包括了自1920年代以来的各种社会团体，它们在不同地方推行其乡村教育和乡村改造事业。还有一些省级的政府在前军阀的管治下，也在推行自己的乡村建设事业，并结合教育体系来进行改造工程。②在所有这些乡村改造工程中，乡村教育被认为是乡村复兴的中心。

本章主要讨论1920年代末到1937年抗战爆发前夕，新的南京政府为控制乡村社会和稳固政权的目的，推行了相应的国家地方政权建设的工程，其中也包括重建乡村教育体系。在重建乡村教育体系的计划中，恢复和扩大地方师范学校成为重建的重心。所谓地方师范学校主要是指那些省立师范、县立师范、乡村师范、简易师范，以及短期的师范讲习所。在1920年代末政府教育重组中，师范学校恢复了其独立地

---

① Robert Bedeski, *State-Building in Modern China*: *The Kuomintang in the Prewar Period* (Berkeley: UC Berkeley Institute of East Asian Studies, 1981); Philip Kuhn, "Local Self-Government under the Republic: Problems of Control, Autonomy, and Mobilization," in *Conflict and Control In Late Imperial China*, ed. Frederic Wakeman and Carolyn Grant (Berkeley: University of California Press, 1975), pp. 257—299.

② 阎锡山在山西统治时期的乡建运动就是一例，还有韩复榘在山东支持的梁漱溟的乡建试验。

位,并在 1930 年代初获得了较快发展。国民政府部分地认可了晓庄乡村师范学校在乡村教育和改造方面的经验,并肯定了乡村师范学校在正规教育体系中的地位。地方师范学校因此又重新统一起来,进行标准化,并置于省和县政府的直接管辖之下。为了在乡村建设中与其他社会组织以及地方势力竞争,中央政府利用这些地方师范学校作为渗透乡村社会的有利工具。这些地方师范学校被赋予指导乡村建设的重任,作为一种教育机构,他们在乡村底层社会的活动"柔化"了国家强制性权力渗透地方社会的残酷过程,在国家与社会之间架起某种桥梁。

教育部着手统一标准的学校课程和社会活动课程,并加强了教师资格认证的要求,使之成为强化地方教育体系的内容之一。20 年代末到 30 年代初,一些原来由社会团体指导的乡村师范仍然继续其乡建活动,但是随着国民党组织在地方机构以及地方政府机构的完善,原来社会团体和教育活动家们所开辟的乡村建设空间逐渐被官方机构挤压占领。通过标准化和正规化,乡村师范学校逐渐从一种由民间团体或省级地方政府办理的、具有实验性质的以及非正式的教育机构转化为公立的、正规的学校,即使有个别学校和教育家试图坚持晓庄师范的办学理念和实践,也因大势所趋而渐渐地被改造,在社会和教育实践上原有的理想主义和激进色彩也渐渐退化。

这一时期的女子师范学校也经历了一个较大的转变。在平民教育和乡村建设运动的潮流中,一部分教育家和学者们开始重新审视 1922 年教育改革中所提出的女子教育方针,质疑当时的女子教育过分都市化,中产阶级化,完全忽视了乡村妇女和劳动阶级妇女。在南京政府扩大师范学校的规划中也包括了在内陆城市和乡村地区恢复和建立女子师范计划,因此在 30 年代,接受中等教育的女性在地理分布上和社会阶层上都有所扩展。女子师范学校不仅为地方培养了教师,而且还为受过中等教育的女子开辟了更为广阔的社会地平线,为她们选择更广阔的社会职业铺平了道路。

重建国家控制的统一师范学校体系

不少学者认为,在南京政府主政的十年中,国家教育体系有三方面明显的成功:一是教育行政扩展到县级单位,二是教育行政机构的全面重组,三是建立教育行政监督体系。③ 1927 年之前,国家对乡村教育的管理基本上是间接地透过地方精英和教育会进行的。④ 1927 年之后,国民政府寻求更加深入地渗透地方社会,于是,扩大由各级政府管理和监督的地方师范学校就成为国民政府深入地方社会的重要渠道。

1. 恢复国家指导下的乡村教育:重组乡村师范学校

在 1928 年举行的国民政府第一次全国教育会议上,师范学校成为一个重要议题。会议通过了地方教育会提出的恢复独立设置的全国性师范教育体系的议案,还认可了此前由社会团体或地方政府所办,带有实验性质的乡村师范学校,承认其在国家正规教育体系中的位置。⑤ 由此时起乡村师范学校的数目开始增加,但在其他政治因素的影响下,直到 1930 年之后,师范学校才得到发展,全面的师范教育体系才得以形成。

1930 年 4 月,南京政府教育部召集了全国各省市地区甚至县级的教育负责人,国立大学和学院的校长院长,全国著名的教育专家,在南京举行了第二次全国教育会议。此次会议上,陶行知作为全国知名的教育家名列被邀请专家的名单。但是吊诡的是,由于晓庄师范学校受

---

③ Chen,"Education in China," pp. 289—314; Kuhn,"Local Self‐Government under the Republic" pp. 257—299; Culp,"Elite Association and Local Politics in Republican China,"*Modern China* 20, no. 4(October 1994), pp. 446—477.

④ Culp,"Elite Association and Local Politics," pp. 446—477; Chauncey, *Schoolhouse Politicians*,pp. 19—20;Curran,"Educational Reform and the Paradigm of State‐Society Conflict in Republican China," pp. 26—63.

⑤ 大学院:《整顿师范教育制度案》,载《全国教育会议报告,1928》,台北:文海出版社,1977 年重印,页 139—50;古楳:《乡村师范概要》,上海:商务印书馆,1936,页 35—39;李华兴(编):《民国教育史》,上海:上海教育出版社,1997,页 659—662;熊明安:《中华民国教育史》,重庆:重庆出版社,1990,页 119—120。

到冯玉祥的支持而获罪,学校遭到查封,陶行知因此还被列入了全国通缉要犯的名单。所以陶行知肯定不能与会,不得不由人代理出席。⑥这种戏剧性的冲突显示国民政府一方面将陶行知的晓庄师范学校的实验看作在政治上有威胁性的激进活动,另一方面,学校的实验又为国民政府以教育手段进入乡村社会提供了启示。国民政府不能忽视陶行知教育实践所提出的问题,即中国乡村经济萧条,村庄面临瓦解,因此急需重建底层的社会组织。这种重建需要落实到保障农村社会的基本生活和教育上,而且要求有足够的人力去完成。因为一个稳定繁荣的乡村社会才是中国良好前景的基础。所以即使陶行知不能与会,但在会议上他的影响仍然巨大。从1930年开始,以前实验性的乡村师范学校成为正规教育体系的一部分。

这次会议达成两个重要决策,对于地方师范的发展有重大影响,一是到1935年,全国要建立1 500所乡村师范学校,主要设在县一级。当时中国有1 915个县,因此这个计划雄心勃勃,要将中国绝大多数县份涵盖其中,包括那些从未有过中等学校的地方。第二个决定是恢复1922年教育改革中废除的师范生免学费的政策。在会议上,大多数人还提出在省一级建立更多的师范学院,为地方乡村师范学校培养师资。会议还建议,建立更多的女子师范学校,为广大地区的女学生提供教育机会。⑦ 从此次会议开始,中国教育渐渐摆脱自1922年以来对美国模式的依赖,试图探索一种适合中国社会需要,并且在中国环境下,尤其是在乡村社会状况下,具有可行性的模式和教育体系。尽管这次会议关于新建1 500所师范学校的计划最终成为纸上谈兵,但是在中央政府的推动下,一些以前改为中学的师范学校现在又恢复为师范学校,甚至有些地方政府为了政绩,将部分中学改为师范。同时,师范生免学费的政策在全国范围内基本得到落实。

作为中央政府对1930年教育会议的认可,1932年,国民政府颁发

---

⑥ 吴相湘、刘绍棠:《第二次全国教育会议始末记,1930》,台北:传记文学出版社,1971年重印,页25。

⑦ 同上书,页143—147。

了《师范学校法》和《师范学校规程》。⑧ 这个法令和规程正式承认了师范学校和普通中等学校的区别,师范学校由各级政府建立并提供经费。《师范学校规程》规定在乡村地区要优先建立乡村师范学校,并建议在那些急需师资的地区成立短期师范讲习所。这种体系的架构与晚清民初的师范体系极为相似,而且中等教育更向乡村和内陆地区延伸了。值得注意的是,《规程》规定各省划分师范区:"各省教育厅得依各该省情形,将全省划分为若干师范区,每一师范区内得设师范学校及女子师范学校各一所……前项师范学校招收学生,应先就区内各县招收。"师范学校的生源应来自本区,毕业生将来回到本师范区任教。这与民初的师范区划分又有类似之处。但是根据教育家边理庭的描述,直到1937年3月边理庭的文章发表前后,各省对师范区的划分并不热衷,因此进行地并不顺利。使得教育部不断安排计划,敦促各省施行。对于各省并不积极推行师范区的原因,边理庭认为是由于师范区制为中国所特有,而欧美各国从未施行,所以大家的实践兴趣不高。⑨ 这种解释未免过于简单牵强。从边理庭所描述的划分师范区的意义以及师范区的责任来看,师范区只负责辅导地方教育,充实师范教育内容,指导师范生就业,并未涉及经费分配。边理庭也承认,师范区划分是为了均衡教育,因此有必要按《规程》规定在每一区设立一个师范。但是,与民初的师范区相比,1930年代的师范区已经沦为形式。因为从1918年到1920年代,各省地方教育会势力强大,在地方教育会的支持下,教育厅有能力按师范区来规划运作师范学校,并支配教育资源。但在1930年代,最有可能的情况是,在国家完善地方教育行政机构时,原有地方教育精英被收编到国家权力机构。根据教育部对组织法的解释,地方教育会归教育局统辖。⑩ 教育会成为地方政府的附属,活动渐消,则师

---

⑧ 教育部:《师范学校法》、《师范学校规程》,ZJSJZ,第 2 册,页 322—347。

⑨ 边理庭:《对于各省划分师范区的几点意见》,《中华教育界》,第 24 卷第 9 期(1937 年 3 月),页 41—50。

⑩ 1930 年吉林省厅长代呈方正县教育局的公函,要求教育部解释地方教育会的统辖归属。教育部解释为应归教育局统辖。见《指令第九〇二号》,JYBGB,第 2 卷第 18 期(1930 年),"本部公牍栏",页 22—23。

范区难以运作。

但是在建设地方师范学校的过程中,教育部借用了晓庄师范学校的经验,规定乡村师范学校的学生必须参与乡村建设的活动,如修路、建设水利、推广公共卫生、民众识字运动等等。[11] 在乡村建设运动呼声甚高的气氛中,国民政府计划借用师范学校作为参与乡村建设活动的入口,以此获得更为广泛的社会支持。

2. 师范学校的发展:中等教育扩展到乡村地区

由于国民政府正式认可了师范学校的独立性,同时作为正规教育体系的一部分,地方政府开始着手将师范教育部分从普通中学分开,并且恢复在 20 年代"中师合并"中被并入中学的中等师范学校。从 1931 年开始,教育部命令冻结在县级建立新的普通中学,以便将教育资源用于师范和职业教育。[12] 1931 年江苏教育厅决定"逆转""中师合并"的过程,将原来的师范学校,后改为普通中学的 8 所学校恢复为师范学校,并计划在乡村地区另建五所乡村师范,作为省立师范的分校。教育厅计划这一过程将在 3 年内完成。[13] 同一时期,县一级亦有不少师范学校建立,尤其是在内陆省份。

到 1930 年大多数普通中学建在省城,大中型城市以及一部分位于枢纽地区的县城。而中等师范在乡村和内陆地区的发展使得中等教育扩展到以前未曾到达的地区。在一些农业省份以及内陆省份,师范学校成为本省中等教育的主要部分。例如 1934 年,河南省教育视学们跑遍全省,考察了全省 110 个县的教育状况。他们考察的内容包括了解各县学校数量,各校沿革,评价教育人员的资格,观摩教师的教学,描述学校设施,观察学校管理和运作状况等等。回到省里,他们对每个县都

---

[11] 教育部:《师范学校法》,《师范学校规程》,ZJSJZ,页 322—347。

[12] 教育部:《为通令限制设立普通中学增设职业学校在普通中学添设职业科目县立初中应附设或改设乡村师范及职业科》,JYBGB,第 3 卷第 13 期(1931 年),命令栏,页 7—10。

[13] 江苏省教育厅编审室:《江苏教育概览:民国二十一年》,台北:传记文学出版社,1971 年重印,页 82。

做出详细报告,这些报告汇集成册,成为了解河南省 19 世纪二三年代各县教育状况的基本资料。⑭ 在河南教育厅的报告中,大多数县份至少有一所中等师范学校,其中多数县份师范学校成为惟一的中等学校。在有的县份中,普通中学有附属师范科。在省内有些较为发达的县份中既有普通中学,也有中师,但这些普通中学都设有附属师范科。这种情况显示了 1922 年教育改革中造成的复杂现象,但是师范学校毫无疑义地成为当地中等教育的主要力量(见本书第 240 页表 6.1.1)。这种情况也出现在内陆省份,例如 1936 年甘肃省仅有 11 所普通中学,其中 1 所为高校的附属中学,4 所为省立中学,6 所为县立中学,共有 1 570 名学生。同时甘肃省有 10 所省立师范,2 所县立师范,共有超过 1 571 名学生。⑮ 另外省内还有 4 所职业学校,337 名学生。因此,相比职业教育和普通中等教育,师范学校在甘肃形成中等教育的重要部分。⑯

师范学校在教育发达的农业省份也同样成为中等教育的主力,如河北省。1933 年河北省共有 21 所省立中学,其中 7 所为有初高中部的完全中学,其他为初中和高中分立的中学。另外还有 9 所为县立,都是初中程度。相比之下,河北省有 14 所省立师范,包括初中高中部,还有全省的 116 县均有县立的初中师范,有几个县还有男子和女子师范各 1 所。⑰ 于是中等师范在数量上就大大超出了普通中学。1930 年代中期,山东省有 6 所省立师范学校,8 所省立乡村师范,17 所县立简易师范,40 多所短期师范讲习所。同时,山东省普通中学有高中 1 所,4 所有初中高中的完全中学,9 所初中,还有 21 所县级初级中学。31 所师范学校(不包

---

⑭ 河南省教育厅:《河南地方教育视察报告》,上卷,河南省政府教育厅印,1934。可惜的是,笔者只收集到了上卷,其中包括了 45 个县份的报告。

⑮ 庄泽宣:《甘肃教育现状一瞥》,《中华教育界》,第 24 卷第 7 期(1937 年 1 月),页 157—163。此文作者没有收到省立天水师范学校关于学生数目的报告。因此,加上天水师范的数字,师范生的数量应该超过 1571 名。

⑯ 庄泽宣:《甘肃教育现状一瞥》,《中华教育界》,第 24 卷第 7 期(1937 年 1 月),页 157—163;亦见 Hayhoe,"Cultural Tradition and Educational Modernization: Lessons from the Republican Era," p. 66。

⑰ 教育部:《河北省教育视察报告》,《教育部视察员视察各省市教育报告汇编》,教育部印,1933,页 1—35。

括短期的师范讲习所)在山东省的中等教育中几乎与普通中学平分秋色。[18] 在下一章中,我们会讨论在中国当时的情况下,师范学校占有中等教育较大比例时会在社会发展上和政治上造成什么样的影响。

师范学校的快速增长从1930年开始,但是到1933年,正规师范和六年制师范数量突然下降,而简易师范和简易乡师的数量则相应上升。1932年的《师范学校规程》鼓励各级政府多办简易师范。表6.1.2显示了从1928年到1936年不同类型师范的变化状况。

表6.1.2　师范学校统计:1928—1936 *

年份	师范学校总数	师范生总数	正规师范/乡村师范(六年制)	学生数	简易师范/简易乡村师范(四年制)	学生数
1928	236	29 470				
1929	667	65 695				
1930	846	82 809				
1931	867	94 683	584	73 808	283	20 875
1932	864	99 606	518	66 477	346	33 129
1933	893	100 840	245	41 834	648	59 006
1934	876	93 675	186	30 825	690	62 850
1935	862	84 512	190	33 946	672	50 566
1936	814	87 902	198	37 785	616	50 117

一般来说,正规师范和乡师多为省立师范,位于省会或中小城市,也有位于大县城者。但简易师范与简易乡师既有省立,亦有县立,即使为省立乡村师范,也只能设于县城,也有设于乡、镇或某一大村庄。有些县连简易师范也办不起,只能办学制更短的师范讲习所。表6.1.2显示,从1933年开始,简易师范和简易乡师已构成师范学校的主要部分。简易师范/乡师是为乡村设计,主要招收小学毕业或同等学力的当

---

[18] 张书丰:《山东教育通史:近现代卷》,济南:山东人民出版社,2001,页199—208。
　* DECZJNJ,页1428—1429,1433。

地乡村子弟。简易师范或乡师、简易乡师的增长说明师范学校正向乡村的发展。相应的趋势是正规师范的减少。这种现象有多种原因。其一,当时亦有许多正规师范改为乡村师范,并搬到乡村。[19] 其二,一些正规师范压缩了初中部分(也称前期师范),将重点放在高中部分(后期师范),招收初中毕业或前期师范毕业生,专为初中或地方初级师范培养教师,所以,其学生数量也相应下降。通过发展地方师范学校,中国教育政策有了结构性调整,即更加重视乡村教育,发展方针从完全抄袭、移植美国模式的正规教育转向适合乡村的简易或乡村师范。此时中等师范体系也渐次完善,它以数目众多、位于县城乡镇的简易或乡村师范为基础,用以培养初小教师,并有一定数量的、位于省会和大县城的正规省立师范,用以培养高小和初中教师。于是,一个以普及与提高相结合、以简易/乡村师范与正规师范相结合、初中程度的县立简易师范与高中程度的省立正规师范相结合的结构合理的师范体系逐渐显现。后面我们还会看到,这种改变在女子教育上亦有所体现。

胡素珊也注意到在 30 年代,国民政府支持针对 1922 年教育改革后所建立的教育体系进行的批判,而且在建立新的教育体系时,较少地依赖外国模式。[20] 简易师范和乡村师范数量的增加就体现了与 1922 年模式的不同,新学制倾向于建立更为独立的,适合中国社会的教育体系,因为简易师范和乡村师范能够尽快地为广大乡村地区的初小学校提供教师。通过这样的结构性调整,一个从省到县的等级化的教育结构出现。胡素珊的确指出了国民政府鼓励批评 1922 年教育体系的事实,但是她却忽略了这种鼓励批评的背后还隐藏着更深的政治含义。笔者在前面指出清末民初的国家建立了统一教育体系,其目的是为统一的国家和政治体制服务。30 年代初在国家社会经历分裂的动荡之后,教育体系重归统一,而且仍然扮演着为国家统一服务的政治角色。只不过这一次,国家统一的领导集团是江南和南方地区政治、经济、文

---

[19] 例如河南的百泉师范、江西九江师范,原均为省立正规师范,位于省会,后改为乡师并迁往乡村。

[20] Pepper, *Radicalism and Education Reform*, p. 64.

化实力的体现,因此也可以解释为什么 1922 年壬戌教育改革中高唱分散主义和地方自主的教育家们和知识精英集团迅速接受了国民政府领导下的集中统一的教育体系,团结在国民政府周围,不再强调分散主义和个性发展了。具有讽刺意味的是那些当年极力主张美式教育模式的精英如今又来批评 1922 年的壬戌学制。如此一来,他们当时对美式分散主义教育模式的借鉴更像是一种政治策略,是为了保护地方的政治利益,并针对军阀政府借大一统教育维持其政治体制。

国家权力的延伸:规范师范学校与教师

对南京政府在十年主政期间不断强化对学校的政治控制这一点上,中外学者意见都比较一致。[21] 但是本节并不准备对此议题进行全面讨论,而是主要集中在政府对师范学校的教育政策和政治控制上。承认乡村师范的合法性并扩展各种地方师范学校的另一个隐藏的目的是国家需要对这些以前处于放任性的学校进行规范和控制。这些规范性措施包括规定学校的规模、资金来源、课程内容,并要求学校进行道德教育,开设党义课程,设施要符合国家规定等等。国家对教育统一的要求不仅表现在课程内容上,还表现在教育质量的统一上。为此教育部规定全国中等教育实行统一会考。同时,教师资格考试以及暑期在职培训体系重新建立并强制推行。

1. 师范学校的合法化与标准化

南京政府在统一教育体系上的努力表现在意识形态方面的控制,教学内容的改革,重新规划学校课程设置,要求各级教育和各学校均添设"党化教育""三民主义教育",或"党义""训育"课程等等。军训也

---

[21] 陈青之:《中国教育史》,上海:商务印书馆,1936(《民国丛书》第一编,第 48 卷,1989 年重印),页 792—793;亦见叶健馨:《抗战前中国中等教育之研究(民国十七年至二十六年)》,台北:文史哲出版社,1982;熊明安:《中华民国教育史》,页 106—111;李华兴编:《民国教育史》,页 316—320;Yeh, *The Alienated Academy*; Chen, "Education in China," pp. 289—314;Chauncey, *Schoolhouse Politicians*, pp. 20—21。

成为中学各校学生必修课,学生不许参加未经许可的政治活动。[22] 国民党地方党部均参与设计和教授这些"党义"课程,甚至有权决定教员人选。[23] 因为根据教育部的规定,只有国民党员才有资格教授此类课程。[24]

师范学校也同样在政府的严密监控之下。1932年国民党中央执行委员会议决定师范学校完全由政府设立,政府委任校长进行管理,并禁止由私人或社会团体设立私立师范学校,也禁止外国教会开办师范学校。[25] 这一点与清末以来的制度有所不同。尽管清末民初国家规定师范学校主要由各级政府设立,私立或社会团体办师范学校必须由地方政府或教育部特批,但是无论在清末还是在民国时期始终有一小部分私立师范学校存在。这是1920年代一些社会团体设立实验性乡村师范学校,推行乡村建设运动的前提条件。但是在1930年代,国民政府完全杜绝了私立和民办师范学校,剥夺了社会团体和个人进行类似晓庄师范实验的可能性,大大地压缩了教育体制的自由度。在这种统一严密的制度控制下,任何个人或社会团体都不能再从事实验性的教育实践了。

学校经费也成为政府控制师范学校的重要方式。1932年《师范学校规程》规定各级地方政府必须为本地师范学校提供经费。如果某县无力自办师范,则由省政府出资。[26]《规程》规定师范学校实行免学费政策,而且还鼓励各学校为学生提供免费住宿膳食、课本、制服,免除申请费和杂费等等。[27]

这种慷慨的政策同时伴随着师范毕业生必须从教的服务规定。一般来说,师范毕业生的教职由地方政府教育当局指派,服务年限通常是

---

[22] 熊明安:《中华民国教育史》,页157—161。
[23] 教育部:《教育部法规:审查党义教师资格条例》,JYZZ,第23卷第2期(1931),页119;亦见陈青之:《中国教育史》,页792—793。
[24] 教育部:《教育部法规:审查党义教师资格条例》。
[25] 熊明安:《中华民国教育史》,页101;亦见教育部:《师范学校法》,ZJSJZ,页324—326。
[26] 教育部:《师范学校规程》,ZJSJZ,页326—348。
[27] 同上。

就学年限的一倍。为避免师范毕业生利用师范学校作为台阶,在完成教育服务年限之前升学或从事其他行业,教育部授权学校当局只有在毕业生完成服务年限后才颁发毕业证书。㉘ 假如没有毕业证书,师范毕业生很难找到工作或继续升学。

教育部还为师范学校制定了标准化的课程、科目和内容。在1922年的壬戌学制中,师范学校的统一课程与同级普通中学的课程相差无几,所不同的只有几门教育选修课程。这些课程强调一般性数理化知识,没有包含任何与乡村生活有关的内容(见表6.2.1)。1920年代后期一些乡村师范学校开始制定自己的课程表,开设一些适应乡村生活和社会需要的课程。例如晓庄师范学校的课程中不仅有农业知识,而且创设了像是乡村改造、创办小学,甚至烹饪这样的课程,以方便学生参与并指导乡村建设,适应乡村生活。还有的学校,如下面将要讨论的浙江的湘湖乡师、江苏的黄渡乡师以及河南的百泉乡师也在19世纪20年代末30年代初创设了一些自己的课程,教授学生从事农耕的知识,培养学生社会改造的能力。

在1935年教育部公布的乡村师范学校标准课程中,很明显地纳入了那些早期乡村师范学校所创造的课程,如农事、乡村经济、水利等等(见本书第244页表6.2.2—6.2.4)。教育部公布的标准课程规定了学时、教学大纲、每门课基本教学内容等。与1922年壬戌学制中六年制师范课程相比,1935年的课程标准相对地减弱了对数学和自然科学课程的要求,取消了英语课,加入了军训、卫生、劳动课。㉙ 从这些课程中我们都看到晓庄师范的影响,尤其是劳动课,要求学生从事一定的农业劳动、工厂实习,或校内劳动。由此师范学校的课程内容与普通中学的课程有了较大的区别,似乎又回到了1922年以前的体制。然而当时正是这种师范与普通中学的差别受到了强烈的批判,被指为师范生质量低下的根源,因此才在1922年壬戌学制的改革中消弭了二者的差别。在1930年代,教育改革的钟摆又荡了回来,师范与中学之间的差

㉘ 教育部:《师范学校规程》,ZJSJZ,页326—348。
㉙ 教育部:《乡村师范学校课程标准》,上海:中华书局,1935。

别重新被确认。

　　为了进一步强调标准化、统一教育质量,教育部决定要求所有中等学校毕业生必须进行由国家统一举办的毕业会考。[30] 任何学生未能通过毕业会考不发给毕业证书。[31] 这种规定在普通中学和师范学校中引发了不少学潮,成为 1930 年代学生运动反抗政府的理由之一。1936 年所进行的一个调查显示,54% 的初中毕业生,62% 的高中毕业生反对会考。[32] 反对会考的理由各异,教师方面认为是对学校教职员的不信任,让教职员及学生以应付会考为目的,而且有损学生健康。学生方面更多地认为考试弊端太多,包括影响高考准备、不合教育原理、考试过多、学校为名誉而牺牲学生、损害身体、减少课外活动等等。家长则主要担心学生身体健康。[33] 除了以上原因,师范学生还有其他担心。罗毅1935 年在山西省立第一师范学校学习期间,曾积极参加了反对会考的学潮,当笔者在访谈中询问他为什么反对会考,这位前学潮积极分子答曰,会考题目都很难,政府当局要求学生参加会考,其真正意图是想用艰难的会考将学生束缚在校园内埋头读书,防止他们参与政治和社会运动,反抗国民党政府的权威。[34] 对于一个当时已经受到共产主义思潮影响的学生运动积极分子,后来又成为中共地方重要领导人的罗毅来说,这种对国民政府持有强烈反对态度的政治性回答是不言而喻、理所当然的。但是,他提到会考题目很难这一点却值得注意,因为这并非罗毅个人的托故之辞,而是当时许多师范生的感觉。[35] 在下一节和第七章中我们会讨论为何师范生们会觉得会考题目太难,并且反对会考。

---

[30] 熊明安:《中华民国教育史》,页 161—162。
[31] Chen, "Education in China, 1927—1937," p. 295.
[32] 李建勋:《总论》,JYZZ,第 26 卷第 4 期(1936 年 4 月),页 93—104。这一期《教育杂志》是"毕业会考问题研究专号"。
[33] 李建勋:《总论》,JYZZ,第 26 卷第 4 期(1936 年 4 月),页 93—104。
[34] 罗毅,1960 年代任华东局宣传部长,70 年代中期任浙江省委第一书记。访问时间地点:1998 年 1 月 1 日,上海,罗毅家中。
[35] 茜:《女学生谈片:座谈会纪录》,《妇女生活》,第 1 卷第 4 期(1935 年 10 月),页 68—79。

2. 小学教师的资格测试和学校改造

由于在乡村教育中,小学教师的角色十分重要,国民政府开始强化教师资格考试以规范乡村学校。教师资格考试在 1904 年新式教育体制建立伊始就有所规定,但是由于教师普遍缺乏,1930 年代之前各地情况不一,只有少数地区断断续续地实行过考试。1928 年当时中国教育制度学习法国,实行中央大学区制。中央大学区再次颁行教师资格考试的条例,并选派人力着手进行。㊱ 1934 年教育部又重新颁发规定,强调推行资格考试。1934 年之前,师范学校毕业生不需要资格考试,而且也只有小学教师才须考试。当时由于缺乏教师,对于普通中学和师范学校教师的资格认证并无规定,许多情况下教师任用全凭校长的决定。㊲ 但是,在 1934 年的新规定中,教育部要求师范学校毕业生和中等学校的教师都必须通过考试,至少每三年参加一次考试。只有那些多年从事教育的资深教师才得以免试。㊳

在实际运作层面上,各省执行的情况不一。例如江苏对小学教师的资格考试在 1928 年就开始举行,到 1932 年已经举行了三次。㊴ 到 1933 年,山东省举行过两次,1931 年和 1932 年各一次,超过半数的小学教员通过了考试。㊵ 1937 年河南省教育厅副厅长报告说在 34004 名私立初小教师中,超过 20 000 名是师范学校毕业生,或者已经通过了资格考试。㊶ 其他省份相对滞后,湖南在 1935 年才开始准备其首次考试。㊷

为了乡村小学达到全国统一的水平,教育部还积极地促成各种短

㊱ 《中央大学区鉴定小学教员暂行规程》,DXYGB,1928 年第 9 期,页 122—126。
㊲ 《中华民国政府公告·小学法》,KJKHJ(民国时期),第 3 卷,页 182。
㊳ 教育部:《小学教员鉴定暂行规程》(1934 年 5 月 21 日),ZJSJZ,页 376—379;教育部:《中学及师范学校教员鉴定暂行规程》(1934 年 5 月 21 日),ZJSJZ,页 371—374。
㊴ 江苏省教育厅编审室:《江苏教育概览》,台北:传记文学出版社,1971 年重印,页 30—31。
㊵ 教育部:《山东省教育视察报告》,《教育部视察员视察各省教育》。
㊶ 叶宗林:《由本省小学教师上来透视〈河南教育〉》,《乡村改造》,第 6 卷第 6 期(1937 年 9 月),页 3。
㊷ 角今:《湖南省政府近年的教育设施》,JYZZ,第 25 卷第 2 期(1935 年 2 月),页 5—16。

期和暑期培训项目。从民初到 1920 年代,一些地方教育会一直积极开展小学教师短期培训的活动,在经济和文化教育发达地区如江苏和浙江,这种活动较为频繁。[43] 在 1930 年代,教育部着手掌控这些短期培训活动,积极地在全国范围内推广乡村小学教师的在职培训,并利用既有的教育机构,主要是地方师范学校来负责推行和办理。[44] 教育部这一举措实际上最终承认了乡村小学教师在文化上的孤立隔绝以及教育水平上的相对落后,并旨在积极解决这一问题。根据教育部规划,暑期训练班须在各级各地,主要是在省会县城设立机构,并且为教师培训编印特别教科书。[45] 教育部并且规定,那些在暑期培训班完成规定课程的小学教师可以免除资格鉴定考试。[46] 到 1930 年代中期,一些省份已展开此项工作,而在建立这些暑期短训班的活动中,县一级师范学校成为了主力,负责主办地方小学教师的培训。[47] 乡村小学的教师参加此类培训有助于改进他们孤立无援的处境,在地方教师之间建立起专业群体的联系,同时提高他们的知识水平和教学质量,让乡村地区教育落后的状况得到改善。另一方面,从国家权力的角度来说,这些遍布全国,由国家资助的教师培训项目同时也将国家权力的触角伸向底层乡村,使得政权运作的有效性大大提高。更为重要的是,国家对小学教师的资助、培训并纳入体系体现了明清以来国家介入地方初级教育的持续努力,这种发展有着重要的历史连续性。但是在 1930 年代,这种对小学教师的培训依然十分有限,从教育部不断地发出要求各地方办理暑期师资培训的训令来看,一定是此前各地办理不尽如人意,才得不断督促。即使在人民共和国的前四十年中,国家对小学教师的培养和规范的过程仍未完成,一直到近些年,全国实行九年义务教育,尽管仍有少

---

[43] 《举办小学教授法讲习会及小学教员暑期讲习会》,JXJJT,页 289;《宝山县教育会》,JXJJT,页 346。
[44] 《筹设各级各种师资训练机关计划》,JYBGB,第 2 卷第 12 期(1930 年),专载栏,页 45—60。
[45] 同上。
[46] 教育部:《小学教员鉴定暂行规程》。
[47] 《河南省立乡村师范学校暑期乡村教育讲习会简章》,《乡村改造》,第 1 卷第 6 期(1932 年 9 月),页 1—2。

数偏远地区小学教师的资格依然成疑,但是大多数小学教师质量已经有所保障。如此说来,仅从国家保障小学教育的过程来说,教育现代化经历了百年多的历史。

乡村建设运动中的乡村师范:三个案例

1930年代民国政府有意利用新兴的乡村师范作为深入广大农村地区的渠道,一方面,国家以扩展乡村师范介入地方乡村教育和社区有助于其权力伸展到乡村。另一方面,政府主导的乡村师范的社会改造工程却在目的上、内容上和性质上都背离了原来那些倡导乡村师范的教育活动家们的初衷。1920年代那些教育活动家们从事乡村教育的原意在于,以建立乡村师范实行教育改革和社会改革的实验,为中国社会的发展寻求一条能够让乡村大多数人口受惠的现代化途径。在国家开始主导和规范乡村师范的活动和发展时,一批坚持原来乡村师范理想的教育活动家不得不与政府妥协,以求得生存。在政府主导的乡村师范中,有些学校积极地协助政府推动乡村建设项目,但大多数则流为形式。一些学校虽然改名为乡村师范,但其性质和教学内容,活动范围与以往的师范学校并无二致。

1. 30年代的乡村教育与乡村建设运动:简略回顾

20世纪20年代后期和30年代初的乡村教育和乡村建设运动的项目大都是由一批社会团体推动的。除了中华教育促进社1927年建立了晓庄师范学校以外,还有中华全国平民教育会1926年在定县展开活动(本书第五章中提到)。在此前后,中华职业教育社还在江苏昆山县的几个镇上进行了乡村教育实验,另外还有湖南长沙曹典琦等人所办长沙职业教育社所进行的活动(见本书第五章)。其中大多数的乡村教育实验项目的过程基本上都是从教农民识字入手,然后逐渐深入乡村社区生活,展开农村改造项目,但是每个地区和团体的做法各有不同。在晓庄师范的经验中,学校本身是运动的中心,由学校推动各项活动,指导社区,并训练学生成为社区领袖来领导乡村改造。定县的经验则与晓庄师范不同,他们从办理民众学校开始,吸收当地农民为学生,然后委任民众学校的毕业生为当地社区的领袖,尽量使乡村改造运动本地化。[48] 昆山的做法与定县类似,也试图从教育入手,训练当地农民参加并领导改革活动。为此,当地小学校长往往被赋予推广和指导乡村改造活动的任务,实验区也设立在小学校周围。[49] 长沙职业教育社则因为不能解决乡村教师问题,其乡村改造实验难以推广。因此在乡建运动早期,定县、昆山、晓庄代表着以学校为中心进行乡村改造活动的不同模式。

当时还一部分地区的乡村建设活动是由地方军阀政府支持赞助的。如前所述,晓庄师范的最大保护人就是军阀冯玉祥,晓庄师范也因此遭到查封。1927年国民政府成立以后,中央政府仍无力立即铲除这些前军阀势力,往往承认他们对地方的合法统治,只要他们在名义上承认中央政府的权威。例如阎锡山在山西由省政府推广了一系列乡村教育项目,结合其省政府对乡村治理的需要。[50] 前军阀韩复榘任山东省主席期间支持了梁漱溟在邹平县的乡村改造实验活动。梁漱溟在研究了晓庄师范经验的基础上发展出自己的模式,即主张"政(府)教(育)合一",由学校代办地方政府的职责。[51] 在山西和山东的例子中,师范学校并没有像晓庄的例子一样扮演重要角色,而是本地小学成为乡村活动中心。

在20年代末30年代初,晓庄师范的经验受到乡建运动的广泛认可,晓庄经验也因晓庄学校被查封后,其学生和教师四散到各地得以推广。例如,程本海是陶行知的学生和追随者,他在广东建立了龙山乡村

---

[48] 晏阳初:《中华平民教育促进会定县工作大概》,章元善、许仕廉编:《乡村建设实验》,第一卷,上海:中华书局,1934,(重印:《民国丛书》第四编第16册),页53—61。
[49] 江恒源:《中华职业教育社之农村工作》,《乡村建设实验》,第1卷,页39—51。
[50] Kuhn, "Local Self-Government under the Republic."
[51] 梁漱溟:《抱歉——苦痛——一件有兴味的事》,《梁漱溟教育论著选》,北京:人民教育出版社,1994,页16—27;梁漱溟:《山东乡村建设研究院工作布告》,《山东乡村建设研究院及邹平实验县工作报告》,章元善、许仕廉编:《乡村建设实验》,第1卷,页31—38,177—178。

师范,推广晓庄经验,并发展摸索出自己对训练乡村学校教师的独特实践。㊷ 陶行知的另一个学生操震球于 1928 年从晓庄毕业后,在浙江以晓庄为榜样建立了湘湖乡村师范。㊳ 有些晓庄师范的教师如杨效春和张宗祥,后来在梁漱溟的山东乡村建设研究院工作。还有些新建的师范学校,甚至一些主张推广乡村建设的中学也积极从事乡村教育和建设运动,这些学校有福建的集美乡村师范、广东的百候中学、广西的邕宁乡村师范、山东邹平简易乡村师范等等。㊴ 但是这些学校的乡村建设实验往往被南京政府视为一种威胁,因此迫使国民政府不得不着手整改规范这些学校的活动,展开由政府主导的乡村重建运动。

2. 浙江的湘湖乡村师范:从激进到平和

当陶行知听说浙江省即将在萧山县建立一所乡村师范,立即推荐自己最好的学生操震球任校长,同时分派几名毕业生与操震球一同前往湘湖师范任教。1928 年当湘湖师范成立一个月后,陶行知亲自前往学校访问并指导其"教学做合一"的实践。从课程和课外活动,以及社会实践来看,湘湖师范的基本上是晓庄师范学校的复制品,湘湖师范也因此被称为"浙江的晓庄"。㊶ 1930 年当晓庄师范被查封后,与晓庄师范有关的教师和学校都受到相当大的政治压力,湘湖师范作为"浙江的晓庄"也面临何去何从的境地。当时又正巧校长操震球生病离校休养,此后两年内湘湖师范校长连换了三任,均未能让学校的状况稳定下来。1932 年金海观出任校长,让学校摆脱激进的实践,终于避免了与政府的正面冲突。㊻

金海观本人是一位较为理性的教育家,持中道立场,尊重现有正规

㊷ 方与严:《序言》,载程本海:《乡村师范经验谈》。
㊳ 操震球:《出发后》,《乡教丛讯》,第 2 卷第 15 期(1928 年 8 月 16 日),页 2—4。
㊴ 张宗霖:《学园制的乡村师范》,《中华教育界》,第 23 卷第 11 期(1936 年 5 月),页 25—32。
㊶ 吴光松:《湘湖师范学校:浙江的晓庄》,SQGZ,第 18 卷,页 255—262;汪春才:《操震球:霜重叶更红,黄花晚节香》,SQGZ,第 4 卷,页 100—109;张彬:《从浙江看中国教育近代化》,广州教育出版社,1996,页 293—299。
㊻ 张彬:《从浙江看中国教育近代化》,页 293—299。

体制。1918年他有过在南京高师教育系短期学习经历,当时陶行知任系主任。在1918年前后,陶行知的激进教育理念似乎尚在形成过程中。从金海观后来的言论看来,他似乎并未受到陶行知的影响。在金海观任湘湖师范校长期间,他尊重体制的平和治校方针部分地反映了他的教育理念,部分地出于不能让湘湖师范重蹈晓庄师范覆辙的策略。在就职演说中,他宣布教育应该符合社会需求,学校的课程应该反映这种需求。从这样的言论来看,金海观的确是一位杜威教育哲学的追随者。他强调湘湖师范与晓庄师范不同,是一所政府办的学校,因此必须执行政府为乡村师范设定的标准课程,而且湘湖师范必须从晓庄师范的例子中学到教训,避免被查禁的命运。[57]

在具体做法上,金海观提出了"做学教工学制"。从表面上看,学校的课程与晓庄师范仍有相当程度的相似性,但是所有这些课程都被限制在校园之内。农业知识和技能的学习包括课堂讲授,学生也要求从事体力劳动,这些课程都要求学生学习了解乡村生活,而不是像晓庄师范那样去在实践中体会。[58]比起晓庄师范,湘湖师范的社会改造活动非常有限。学校意识到像晓庄师范那样要求学生像真正的农民一样生活在乡村,以便成为乡村的领袖,这种要求并不现实。因此金海观改变了学校的政策,不是让学生去到乡村社区中去,而是从附近村庄中选拔一些青年农民,对他们进行一些特别训练,希望他们能够成为乡村社区的领袖,由他们领导乡村改造。[59]同时,湘湖师范的社会改造活动注重于教育,扩大当地乡村小学,开办平民学校,向农民介绍新的耕作技术,帮助农民组织合作社,改进卫生状况。没有文献显示学校参与了任何地方社区的管理事务、自治团体或自卫队等等。[60]

---

[57] 张彬:《从浙江看中国教育近代化》,页293—299。

[58] 同上。

[59] 浙江省:《浙江省立湘湖师范的乡村推广教育》,载章元善、许仕廉编:《乡村建设实验》,第3卷,页491—512。

[60] 同上,页491—512。吴光松:《湘湖师范学校:浙江的晓庄》,SQGZ,第18卷,页255—262。

3. 江苏的黄渡乡村师范：与政府合作

黄渡乡村师范原来是江苏省立师范的一个分校，1930年以后独立成为乡村师范。开始学校也以晓庄为榜样，设立了一系列社会改造的实验项目，并制定了为乡村小学培养教师，为乡村社区培养改革领袖的目标。[61]

为此目标，学校开设了"组织合作社"、"乡村教育"、"乡村社会"、农业知识、手工艺制作等等课程。乡村教育包括了如何建立乡村小学校，农民教育、平民学校。农业课向学生介绍农业知识和先进的农业技术。其他课程训练学生如何组织合作社、组织自卫队、乡村卫生所、村庄自治团体，如何改良种子、维修道路、推广卫生。为了赢得当地农民的支持，学校还发动了上千村民修了20里长的道路和7座桥。在学校的指导下，一些村民们办起合作社，让村民们可以存钱，借钱，合作买种子肥料和大型农具。学校老师训练学生帮助并指导这些合作社的运作。学校还和金陵农学院合作，向农民推广良种和先进耕作技术，学生们分头到田间和农户家中去进行指导。学校还设立了一个卫生所和药房，为村民们提供一些基本的医药需求。同时在学校指导下，村庄也成立了自治会，由当地小学教师任会长。

所有这些活动都被地方政府看在眼里。1930年代初，黄渡师范的活动搞得有声有色，但是不久之后就遇到麻烦，因为教育厅要求学校执行教育部设立的标准课程并完成相应课时。作为一个省立师范学校，黄渡师范似乎并没有多少选择。因为要执行学校自己的社会改造活动需要占用学生不少时间，就不能完成教育部标准课程所要求的课时。在二者之间挣扎良久，学校领导不得不放弃理想，接受教育部所规定的课时和课程标准。

在学校收缩其在当地的社会改造活动的同时，国民党地方党部也在扩大自己的权力和影响，地方党部也有乡村建设的任务，并设立了

---

[61] 江苏黄渡乡村师范学校编：《一个新兴的师范学校》，黄渡乡村师范学校印，1936。所有未特别注明的黄渡学校的信息都来自这本小册子。

"农民教育中心"。这个中心的任务与黄渡学校社会改造项目基本一致,包括推广识字教育,介绍先进农业技术和良种,帮助农民组织合作社,改进乡村卫生状况,发展自治组织等等。在这个中心的协调下,黄渡学校成为了从属角色,学校不时会派一些学生去协助地方党部举办这些活动。当学生们不断被要求完成教育部规定的课程,把学生们圈在学校里,校园外面的社会空间当然就被政府机构所占领。

4. 河南百泉乡村师范学校:省政府直接指导的项目

1931年一所位于当时河南省会开封的省立师范学校,在省政府的指示下,迁往辉县的百泉乡,成为省立百泉乡村师范。学校改制是因应了省政府建立乡村建设实验区的计划。在百泉乡,学校开始建立了一个成人学校,一个实验小学,一个教学农场,一个医院。随着学校发展,以及地方县政府的支持,1933年实验区扩大到7个乡,正式成立了"乡村建设实验区"。[62]

这个实验区是一个"政(府)教(校)合一"的模式,因此百泉乡师的校长李振云同时还兼任乡村建设实验区的行政区长。实验区的规划是以师范学校为中心向周围社区辐射,每一乡选择或设立一所小学,负责本乡的行政事务,全实验区以乡镇小学为联结,形成一个网状结构,管理日常事务和推行乡村改造。为此目的,李振云重组了乡镇小学,使之成为中心小学,并委派了新的校长。这些小学校长的职责是协助李振云并指导百泉学校的学生深入乡村,进行改造社会活动。这些新任命的小学校长既负责地方的初级教育,又有管理本乡的行政职责。当地小学就成为各种改造乡村实验的中心。通过重组乡镇小学,百泉乡师形成了一种新型的以学校为中心的行政体制,它同时训练学生成为乡村教师,又管理地方事务。根据百泉乡师的计划,实验区所有的儿童都须接受四年义务教育,2/3的成年男子也要接受四年基本教育,每5个受四年制教育的儿童中,应有1个接受六年制教育。对于成年女性,

---

[62] 仝菊圃、尚振声:《河南省立师范实验推广区概况及计划草案》,《乡村改造》,第2卷第11期(1933年7月),页17—24。

3/5应该接受四年基本教育,并接受家事训练。[63]

百泉乡师领导希望改革内容能够触及政治、经济、社会习俗各个方面。为了让改革能够顺利进行,他们计划先做一个广泛的调查,细节包括地方人口、土地占有状况、现存各种社会组织的情况、社会风俗等等。他们希望教育当地人民,让他们知道自己的权利义务和国家的政治制度,他们还规划了在每一乡大多数人自愿的基础上建立起地方自治机构。经济发展的目标包括让80%以上的家庭使用改进的农业技术,参与手工生产,动员60%的家庭参加合作社,以减少并消灭高利贷,让村民们能够在经济上自立。同时,他们还计划各村村长应该接受训练,必须消灭鸦片,废除缠脚陋习,改造游手好闲者,发展健康的娱乐生活,以代替赌博和浪费。[64] 不幸的是,有限的资料限制了我们对此计划是否实施,结果如何,因此计划的有效性仍然需要进一步验证。但是对于计划本身的涵义和价值在后面有所评价。

除河南省政府利用百泉师范作为其重建乡村的实验,其他省的政府如山东、江西、湖南都展开了类似的活动,即通过乡村师范来指导运作乡村建设实验区。1933年江西省立第四中学由省政府下令改为九江乡村师范,并迁至九江县的一个镇上,与省政府指定的行政区结合,在其范围内设立了谭家畈乡村建设实验区。九江乡师根据"政(府)教(育)合一"的模式,校长也同时兼任区长,管理学校教育和地方行政事务。区的行政功能与学校的活动相结合,以教师和学生为工作人员,推动乡建计划。学校还组织了"乡村建设促进委员会",吸收地方精英参与乡建实验。[65] 学校领导宣称师范学校将把在实验区获得的经验在更广泛的地区推广。[66] 学校的乡建项目集中在"管、教、养、卫"四个方面,

---

[63] 仝菊圃、尚振声:《河南省立师范实验推广区概况及计划草案》,《乡村改造》,第2卷第11期(1933年7月),页17—24。

[64] 同上。

[65] 姜和:《省立九江乡村师范实验区一个半月状况》,《乡校季刊》(创刊号),第1卷第1期(1934年10月),页63—83。

[66] 缪正:《我们的实验区》,《乡校季刊》,第1卷第4期(1935年7月),页55—60。

即地方行政管理、教育、经济发展、卫生改善。⑥ 这个实验表明,政府主导下的乡村师范参与乡村建设实验,使得乡村师范成为政府权力的延伸和具体化。

政府指导下的乡村建设实验中,将乡村师范同时作为地方行政中心的做法比较通行。1936年湖南省当局邀请晏阳初主管的定县乡建项目的师生到湖南访问,并请他们协助,以衡山乡村师范为中心,开展乡村建设实验活动。⑥⑧ 1935年,位于安徽巢县黄麓乡的省立黄麓乡村师范也开始推行其乡建计划。学校建立了黄麓农村建设实验区,分为11个分区,每一分区指派当地小学教师作为乡村改革的指导员。而师范学校则为实验区的领导机构,全盘负责乡建实验。黄麓乡师提出一系列乡建计划,包括植树、推广农业技术、修建水利、进行国民教育、改善卫生状况、组织合作社、设立平民学校、禁止鸦片和赌博等等。为了使改革计划顺利进行,学校试图邀请当地头面人物参加乡村活动,帮助乡民。当年6月,一场旱灾发生时,学校动员学生参加抗旱,帮助乡民挖井、修建池塘,缓和旱象。旱灾过后,学校利用当地小学开会,邀请乡民参加,讲解抗旱知识,并训练当地青年帮助乡村改造活动。⑥⑨ 国民政府通过动员乡村师范参加乡村建设运动,试图重建地方社会并将国家权力延伸到地方村落。

5. 1930年代乡村师范学校活动的评价

根据孔飞力的说法,在1930年代国家建设地方政权的过程中,最常见的问题就是如何有效地控制县级以下的行政单位以及限制地方精英的特权。⑦⓪ 海伦·乔瑟则把1930年代民国政府在地方的政权建设视为一种具有侵入性和掠夺性的权力,对地方教育组织造成伤害,对地

---

⑥⑦ 缪正:《我们的实验区》,《乡校季刊》,第1卷第4期(1935年7月),页55—60。
⑥⑧ 高奇(编):《中国教育史研究·现代分卷》,上海:华东师范大学出版社,1994,页214。
⑥⑨ 杨效春:《黄麓师范与黄麓旱灾抗战》,《中华教育界》,第23卷第10期(1936年4月),页69—73。
⑦⓪ Kuhn, "Local Self-Government under the Republic," p. 283.

方精英形成一种深远的威胁。[71] 的确在现代化过程的国家暴力行为非常普遍,但是乔瑟的这种观点是基于"国家对决社会"的理论,假定地方精英和社会组织是独立地处于国家政权之外的社会领域中。但是,在第三章中,作者已经证明地方教育精英和社会组织与国家基层政权有着千丝万缕的联系,并非独立的社会组织。因此,讨论他们对于国家权力渗透的态度必须以一种动态观察的方法进行。而汤马斯·卡伦在对几乎同一地区(江浙)进行的研究中则认为,国家的活动往往对地方社区和精英有利,如果有助于地方精英扩大自己的影响,则国家权力的渗透就会受到欢迎。[72] 高哲一的研究则显示在国家和地方精英之间有着某种互动,常常取决于当地的社会经济状况,地方领袖在对待国家权力时,如果有着某种"新刺激",他们往往会很灵活地改变自己的角色,以配合国家权力。[73] 所以,"地方社会"对"国家"的渗透情况复杂,不能一概而论。

即使如此,在以上对国家权力渗透地方社区的研究中,讨论往往集中在乡村小学的办学过程。小学一般是在地区教育会和地方精英的掌控之中,因此似乎最能反映国家权力与地方社会的关系。而且这种角度也更适合放进"国家对决社会"的理论模式中去,显示出民国政府如何通过国家行政机构的渗透,从地方社会攫取权力。与地方小学校的例子相比,乡村师范作为中等学校在省政府和县政府的支配下,又是乡村社区的外来者,与国家权力和它们要改造的乡村地方社区有着更为复杂的关系,因此应该以另一种角度去讨论,不能简单地放入"国家对决社会"的模式中。

乡村师范能够在30年代的乡村建设运动中扮演重要角色的重要原因在于他们自身的性质和学校所在的地点。1930年以前,大多数省立师范学校或位于省会,或位于省内较大的城市,这些地方往往是前清府治所在。因此,现代中等学校包括师范基本上是一种都市教育机构。

---

[71] Chauncey, *Schoolhouse Politicians*, pp. 3—6, 146—154.
[72] Curran, "Educational Reform," pp. 28—29.
[73] Culp, "Elite Association," p. 472.

1930年代初民国政府关于建立师范学校的决定不仅出于平衡全国性教育资源的考虑,亦有利于促进乡村教育,更重要是,此举有利于国家权力在乡村地区的延伸。许多省立乡村师范学校,例如浙江的湘湖师范,江苏的黄渡师范、界首师范、栖霞山乡师、吴江乡师,安徽的黄麓乡师,河南的百泉乡师,江西的九江和南昌乡师等等,原来都是位于省会和大城市的省立师范,改为乡师后都迁到乡下,位于县城之外的乡镇。这样做的原因一是便于学校在附近村庄展开乡村建设实验。另外还出于一些难以明言的规则。在许多省份,只有省立第一师范或第一乡师有权利位于省城,而第三、第四以及数字排列其后的师范则分布在省内其他地区,或坐落在以前的府治,或坐落较大县城,这似乎成为通则。对于那些已有县立师范的地方来说,本县师范自然有权占据县城位置,一旦省立师范下放为乡村师范,则不得不在县城之外另觅校址。这样就使得这些乡村师范脱离了城市,深入到了乡村的环境中,更为接近它们所要改造的村落。

杜赞奇(Prasenjit Duara)认为,20世纪以来,中国乡村面临国家权力的渗透,而乡村社会的"文化纽带(cultural nexus)"在国家一系列政权建设的压力下逐渐瓦解。[74] 在乡村设立小学的过程的确对本地的文化纽带造成冲击,因为村内精英借助国家政权建设的措施而改变既有的权力态势和财产关系,最终造成村庄结构瓦解,正如杜赞奇的研究所显示的那样。[75] 前面提到海伦·乔瑟,汤马斯·卡伦,以及高哲一的研究都显示了基本相同状况。但是,师范学校的身份和处境却与当地的小学有所不同。除了20年代后期的一些社会团体建立的乡村师范,30年代大多数参与乡村建设的师范学校多是省立师范,由省政府委派参与本省的乡村建设实验。因此对师范学校来说,它们的教职员都是外来者,并不是与村庄利益攸关的本地精英。省立师范的大多数学生来自省内不同地区,与师范学校所在地亦无联系。而且省立师范学校的校长是由省政府任命,这些人一般都是省内有名的教育家,与村庄社区

---

[74] Prasenjit Duara, *Culture, Power, and the State*: *Rural North China*, pp. 15—41.
[75] 同上书,pp. 245—251。

并无历史渊源,没有经济利益冲突,没有复杂家族关系纠缠,也与当地精英的权力争夺无关。这与杜赞奇讨论的村庄内和村庄之间的文化纽带不同,也与海伦·乔瑟和高哲一的研究中所显示的办学过程不同。[76] 地方精英办小学时常常涉及本地资源的重新配置,因此利益各方会争执不休,而且不同地方势力会根据资源分配中所得到的利益而决定对国家权力的渗透是抵抗拒绝,还是顺从配合。而省立师范学校在资源分配上与地方社区亦无冲突,因为学校直接从省政府获得经费,与地方资源无关。他们的运作更大程度上是在配合省政府的计划,听从省政府的安排。

另一方面,当师范学校位于村落之中,师生们与村民天天面对面地接触,他们必须在改造乡村的宏伟理想与实际生活之间找到平衡。学校校长们在乡村实验区所在地也必须谨慎行事,他们必须在省政府的意图和当地精英中寻求协调和平衡。而且,为了推行改造计划,师生们必需赢得村民们的信任,满足他们的基本需要,这些都可以从那些推广农业技术,建立合作社,发放小额贷款,以及设立卫生所之类的造福地方的改造项目上看出。如果我们用村庄的"文化纽带"理论来衡量这些师范学校的位置,很有可能在开始时村庄的乡民对学校冷淡怀疑,但通过学校的社会活动,一定程度上打开村庄文化纽带。学校也可能加入或利用地方村落的文化纽带,以实现它们的改造村落的目的。如果是这样的话,就会在国家权力与地方社会之间产生一个非常复杂的关系,它们的出现与活动很难用"国家对决社会"的理论模式来解释和规范,因此对乡村师范在1930年代的活动需要一个更为深入的研究。

如果我们把国民政府建设完善地方社会的行政体制,加强警察保安税收体系等等措施看作是国家政权建设中带有掠夺性、强制性,或者说是其"刚性"的一面的话,那么,在乡村教育和乡村建设运动中,师范

---

[76] 在 Chauncey 的研究中,常常出现小学办学过程中陷入与地方不同势力之间的经济和财务纠纷。见 Chauncey, *Schoolhouse Politicians*, pp.128—137。高哲一的研究显示地方精英在办学过程中,或配合县行政官员,或配合本乡本族。见 Culp, "Elite Association"。

学校在地方的活动则表现了国家政权延伸到地方过程中"柔性"的和具有建设性的一面。这种"柔性"表现在国家试图利用乡民们对"文化人"和"学生"身份的尊重,由他们去引导乡民们改变社区面貌和自身行为,而不是用国家强制性权力"硬性"地强迫他们改变。这种方法在中华人民共和国时期也同样为共产党政府所用,在后来包括土改、四清、知青上山下乡等一系列改造乡村的过程中,国家都利用了文化人的身份,将其权力和影响伸向底层社会和乡村。

师范学校改造乡村的建设性表现在试图解决乡村经济衰退、社区瓦解、缺乏领袖、文化落后、卫生条件差,以及其他陋习如吸食鸦片、赌博、斗殴、匪患、缠足等长期困扰乡村的问题。国家通过师范学校在地方的活动试图以现代社会的想象重新塑造乡村社区,由此将自己的权力和影响渗透乡村,于是师范学校被赋予一种具有官方色彩的任务。另一方面,师范学校也因此充当了国家与社会之间的桥梁,拉紧了二者的关系,却又减弱了二者之间的紧张和冲突。但是由于资料的缺乏,我们很难对这些学校社会改造活动做一效果评估,它们的活动与乡村社会结构变化的关系也难以了解。因此笔者期待有心人对于师范学校在乡村社会的活动做出更为深入细致的研究,了解这些学校如何贯彻国家意图,推动乡村建设项目以及这些项目的有效性,还有学校师生如何处理与所在村落民众的关系,地方民众如何回应国家对乡村建设的项目,希望证明笔者以上的推论。

国家通过师范学校推行乡村建设的计划并未带来乡村社会的显著变化,原因是多方面的。首先是这些改造工程推行的时间很短,尽管利用师范学校推行国家渗入乡村社会的想法始于1930年,但是大多数师范学校的重建和重组是在30年代初期,而其乡建活动则启动于30年代中期。1937年抗日战争爆发时,大多数学校的乡建实验刚刚进行了一到两年,在如此短的时间内很难看到实际成效。

其次,通过乡村师范推行乡村建设的工程存在着一系列问题。除非是陶行知或梁漱溟等具有理想主义色彩的社会活动家和思想家,或者是他们忠实的追随者,许多省立乡村师范都在执行乡村建设活动中持被动态度。有的省立师范只改了名称,加了几门与乡村社会有关的课程。一些从普通中学改为乡村师范的学校,完全没有领会晓庄师范实践活动的精髓,只是从乡师的课程表上照抄一些,就算作乡师了。而且这种状况实际上受到教育部标准化规定的鼓励,因为像黄渡师范这样的学校,想要从事乡村建设并且完成教育部规定的课程和学时,师生们必须付出额外的努力。于是发生应付省政府要求的事情绝对存在。1931 年四川省政府扩大了乡师,将几所都市师范学校迁往乡村,成为乡村师范。但是省政府对这些学校的要求却是:除每周加授"党义"课程一至二学分外,乡村师范应该维持其原来一般师范的课程。[77] 这些乡村师范与其他位于城市的一般师范并无二致,也就失去了乡村师范的意义。

第三,建立全国范围的乡村师范也遇到许多持续存在的问题,当时许多人都有所评论。1936 年,一位乡村教育家陈友端调查了 6 个省(江苏、江西、山东、福建、浙江、湖北)的 14 所省立乡村师范,但是大多数乡师的课程并未显示出它们在训练学生面对乡村社会,为成为乡村学校的教师做准备。学校的课程包括语文、国民教育、党义、社会分析、自然、数学、体育和军训、音乐、绘画等等,这些已经占据了课程的 83%。而那些训练乡村教师的课程如乡村组织、乡村经济、农业等等,只占课程的 8%—12%。有些学校甚至根本没有这些课程。在他调查的这些学校中,黄渡乡师是最好的,有关乡村社会的课程占到 34%。[78] 在另一篇文章中,金志文指出,教育部为乡师设计的农业课程非常不够,乡村教师应该具有推广先进农业技术的知识,但是目前的课程中完全没有提供这种需要。而且大多数农业课程的课本只停留在理论上,完全没有涉及如何操作。[79]

第四,经费短缺始终困扰着乡村师范学校。1930 年全国有师范生

---

[77] 《四川省扩充乡村师范学校办法》(1931 年 3 月),DYCZJNJ,乙编,页 177。

[78] 陈友端:《我国现行乡村师范课程的检讨》,《中华教育界》,第 24 卷第 2 期(1936 年 8 月),页 47—54。

[79] 金志文:《乡师农业教学问题之检讨》,《中华教育界》,第 24 卷第 3 期(1936 年 9 月),页 25—31。

82 809 名,一年经费共 8 419 140 元,平均每生 102 元。同一时期,普通中学生有 396 948 名,一年经费 35 331 921 元,平均每生 89 元。⑧ 从表面上看,师范生人均占有经费超过了普通中学生。但是要考虑到由于师范生是免学费和食宿费的,甚至提供课本,因此师范学校经费中相当大的部分是用于这种开支。由于师范生免学费,学校没有任何收入,完全靠教育部和省政府拨款。相较之下,中学生虽然人均经费稍低,但是学校是收学费的,又不包食宿,因此教育部的经费平均在中学生身上的要高于师范生。虽然大部分中学位于城市,消费较高,但这部分完全由学生自己消化,不用学校支付,因此普通中学可以有较为充裕的经费购买设备,装修校舍,并支付教师不错的薪水,甚至可以有钱聘请优秀教师,开设多种选修课。而对于师范学校来说,所有经费基本只够支付学生膳食,校舍维护和购买书籍和基本设备,甚至教师的薪水也只能维持在基本水平。教育家们常常会听到师范学校校舍破败、设备简陋、待遇低下的抱怨。黄渡乡师的校长抱怨说由于经费紧张,学校一系列活动被迫取消。⑧ 百泉乡师作为河南省政府的重点,校长仍然抱怨说学校最大的问题是经费不足。⑧ 河南省的教育厅视学报告说,由于经费短缺,不少师范学校不得不栖身于简陋昏暗,快要倒塌的寺庙中。⑧ 河北省教育厅视学在巡视中,对乡村师范的狼狈处境深感震惊。⑧ 他指出由于有些地方乡师学生质量不高,学校不得不降低升学标准。虽然学校数量增加了,但是学校的设备以及教师学生却难以达到教育部的标准。河北省视学叹息道,如果他们要强制执行教育部的标准,那么大多数乡师就得关门了。⑧ 师范学校教学质量低于普通中学是公认的事实,而且从民国初年一直存在。这就可以理解为什么师范学校的学生

---

⑧ 教育部:《民元以来全国中等教育各类学校校数学生及经费比较表》,DYCZJNJ, vol. 4, p. 133。

⑧ 江苏黄渡乡村师范学校编:《一个新兴的师范学校》,页 48—166。

⑧ 李振云:《省立百泉乡村师范工作报告》,载章元善、许仕廉编:《乡村建设实验》,页 387—392。

⑧ 河南省教育厅:《河南地方教育视察报告》,卷 1,页 1。

⑧ 教育部:《河北省教育视察报告》。

⑧ 同上。

认为中学会考的题目很难,是因为他们无可奈何地接受了次等的教育。下一章将讨论这种次等教育会引起什么样的社会和政治反应。

最后,当时还有一种状况困扰着乡村教育家们,就是乡师成为不少乡村学生的升学敲门砖。设立乡师的目的本来是为乡村教育提供师资,但是,到1930年代中期,教育家们发现许多学生上乡师的目的是为了离开农村。在济南召开的第二届山东省乡村教育年会上,与会者纷纷质疑乡师是否能够真正解决乡村中教师的不足。他们问道:1930年以前,都市学校吸引了乡村中的青年精英离开农村,他们接受教育后并未返回村庄。那么乡师是否能说服受过教育的青年人留在村中?[86] 一位乡村教育家林仲达对这个问题的回答非常悲观,他说,没有任何现有的教育机构,包括乡师能够完成改善乡村教育并进一步改造乡村社会的任务。因为农村青年申请乡师的原因是基于他们的经济状况,并不是因为受到改造乡村理想的吸引,一旦他们离开学校,马上就想要去大城市。[87] 尽管这种说法可能有些夸张,但是这些学校改造乡村社区的成果的确微乎其微。在下一章中,我们会看到1930年代的乡师发展的另一个社会后果,即制造了一批受过现代中等教育的乡村青年,他们的出现改变了1930年代的社会政治版图,并且对社会发展的走向重新定位。从这一点上说,1930年代乡村师范的发展具有某种历史意义,显示出中国现代社会发展的独特性。

内陆地区教育发展的亮点:1930年代的女子师范

1930年代的女子教育也有所发展,尤其是女子师范。1932年教育部关于师范学校规程中规定每省至少建立一所女子师范。[88] 正是在1930年代,都市新一代知识分子开始反思前一阶段女子教育的问题。

---

[86]《乡教研究会第一届年会记录》,《乡村教育》,第26—27期合刊(1935年6月),页49。

[87] 林仲达:《乡村教育能改造中国吗?》,《中华教育界》,第23卷第9期(1936年3月),页1—8。

[88] 教育部:《师范学校规程》。

虽然"贤母良妻"的保守教育理念仍然有相当大的市场,但是新的妇女形象如"新女性"、"知识妇女"更受都市女性的欢迎。许多人相信,女教师的职业代表着"知识妇女"的形象,女子不再仅仅只是母亲和妻子,而可以成为具有独立性的职业妇女。她们有的可以从沿海城市独自旅行到内陆城市接受教职,也可以超越教师职业,为女性开拓更多专业领域。

1. 反思女子教育

在 1922 年的教育方针下,女子教育被定位为"发展个性",的确非常具有启蒙性质,其课程也类似于美式教育中的"人文主义"教育(liberal arts)。但是,由于女子教育的大方针并无实用性目的作为指导,也不考虑具体社会需求,于是各个学校把重点放在"家事"、"家政"等"女性"化的课程上。这种都市化的女子中学往往成为培养中产阶级家庭主妇的场所,与前近代士绅家庭的女性接受教育,成为贤妻良母有着历史的连续性。

对于这种女子教育,1930 年代的一些激进教育家开始质疑其教育目的,1934 年 1 月出版的《女子月刊》特别号集中讨论女子教育存在的问题。在这一期中首先刊登了魏锡勋的文章,魏文认为尽管女子教育取得了进展,女子中受教育者人数有所增加,而且也实行了男女同校,但是教育目标中最大的错误在于封建主义的贤妻良母主义依然流行,女性对男子的依赖依然存在。当前教育的缺点就是将女子变成消费者,而非生产者。女子学校集中在都市,完全游离于社会运动之外。女子教育中错误观点流行,女学生认为受教育是用以提高婚嫁资本的,并醉心于奢侈生活,"极力趋上摩登,尊崇洋化,画眉涂粉,耸肩烫发",以博"交际花之美名"。而女学生毕业后的出路只有两条,一是嫁人,二是到机关任职,成为"花瓶"。因此女学生毕业无出路要归咎于消费化的教育,导致女子不具备与男子竞争的生产技能。[89] 在同一期,李耐的文章回顾了女子教育的历史,将近代女子教育分为三个阶段:五四之前

---

[89] 魏锡勋:《中国女子教育之根本改造》,《女子月刊》,第 2 卷第 1 期(1934 年 1 月),页 1739—1748。

的附庸主义、五四时代的自由主义,以及现阶段的女子教育作为装饰品。五四之前的教育要将妇女训练成为"贤妻良母",依附于家庭和丈夫。在五四时期的"自由主义"阶段,"女子教育是树着反贤妻良母的狭隘主义的旗帜",女子积极参与社会活动,争取自由与平等。而五四之后的现阶段,女子教育为"浪漫地无目的主义",失去了目标,"悲惨地像无舵之舟样的颠簸在矛盾的漩涡里"。那些受教育的女子往往沉溺于物质上的"竟侈斗妍,而忽略了人格的修养"。李耐将这重状况归咎于现行的教育体制,他说:"在现行的学制上,自小学至大学,全部教育的历程,男女得受着同等的机会,但,不幸反促成女子教育的破产。"因此女子教育的改革要有为社会服务的目标,注重养成女子自立的人格,减少对男子的依赖,"要从分利的深渊中,挽救她们到生利的大道上"。[90]

另一篇文章登载在《妇女生活》上,强烈地回应了上述文章的观点。作者碧瑶将近代中国女子教育的历史划分为四个阶段。作者认为第一阶段是从 1844 年到 1911 年,可以称为"尼姑教育",即早期传教士建立的女子学校以训练传教助手为目的。第二个阶段从 1911 年到 1919 年,可称为"妻子教育",即以训练"贤妻良母"为主。第三个阶段从 1919 年到 1927 年,可称为"女士教育",满足那些资产阶级妇女对教育平等、政治平等和社会平等的要求,她们走出家庭,寻求职业和经济独立,要求社会尊重,因此她们不仅是"资产阶级的小姐,而要成为上层社会能干的'女士'"。第四个阶段即现在,是一种"侍姬教育",女子教育失去为社会服务的目标,注重养成家政人才。但是社会上并无很多富家子弟可嫁,于是女学生都成了"歌舞征逐的摩登人物,由校花而舞星,影星,交际明星",被人痛斥为"姨太太教育"、"妓女教育"。碧瑶和魏锡勋一样,指责现代学校培养的女生追求高物质享受,沉溺于舞艺交际等媚术之研究。碧瑶痛心疾首地说,这种教育只会培养出侍姬和小

---

[90] 李耐:《中国女子教育的失败及其补救》,《女子月刊》,第 2 卷第 1 期(1934 年 1 月),页 1758—1761。

妾,应该受到大众的唾弃。[91]

在民粹主义和社会主义思潮影响下,不少作者提出新的教育目标和方法,倡导女性的独立,提高其生产能力,促进她们参与社会工作。最为重要的是,许多作者感到女子教育应该扩大到都市和乡村的广大劳动妇女。[92] 开办妇女农校、妇女工校、妇女医学校、妇女补习学校和夜校,让社会各个阶层各种年龄的妇女都能学习。同时,普通小学应设妇女训练班,侧重妇女工作技能培训;女子教育应该与社会改造项目结合,如收容失业女工、拯救妇女乞丐、女佣、妾婢、童养媳,组织妇女俱乐部,帮助受压迫的妇女等等。[93]

乡村建设运动兴起也吸引了部分知识分子和教育家对乡村妇女命运的关注。越来越多的文章出现在女性杂志上,乡村妇女教育的问题不断出现。一位作者指出教育平等不仅是男女受教育机会平等,而且应该是阶级意义上的平等,"教育就应该平民化、乡村化,不应城市化及资本主义化",因为资本主义化的教育是少数资产阶级子弟的特权。提倡女子教育亦当顾及乡村的工农妇女,使她们成为具有独立人格的劳动者。[94] 从 1934 年 1—7 月,《女子月刊》发表了一系列文章,报道内陆城镇和乡村妇女的生活。记者访问了四川、云南、安徽等地城乡,北平、甘肃兰州以及江苏的常熟和苏州,广东的北江和连县,河北的磁县,浙江的平湖。文章报告了各个阶层妇女的生活状况,包括那些少数有产有闲阶级妇女醉生梦死的生活,也有妾妓与婢的生活。但是报告将重点放在知识妇女和劳动妇女身上,讲述了那些女教师、女学生、女秘书等等的工作状况及社会境遇,尽管他们受了教育,有一份工作,但生活压力很大,社会环境不利于她们的上进。报告中也描述了下层劳动阶

---

[91] 碧遥:《略谈女子中国教育史》,《妇女生活》,第 3 卷第 7 期(1936 年 10 月),页 25—29。

[92] 李耐:《中国女子教育的失败及其补救》;魏锡勋:《中国女子教育之根本改造》;梁绂生:《女子教育之训练化》,《女子月刊》,第 2 卷第 1 期(1934 年 1 月),页 1748—1750;黎正甫:《女子教育之平民化》,《女子月刊》;第 2 卷第 1 期(1934 年 1 月),页 1750—1754。

[93] 曹云蛟:《中国妇女教育的重要及其实施》,第 2 卷第 1 期(1934 年 1 月),页 1762—1766。

[94] 黎正甫:《女子教育之平民化》。

级妇女包括女工、女佣、乡村妇女以及她们的悲惨生活,无休止的劳作,家族压迫,沉重的赋税和政府压榨。[95] 其中一篇文章提到教育乡村妇女的理论与实践问题。作者指出乡村妇女失去了受教育和工作的机会,缺乏娱乐和科学常识、缺乏团体性和进取心,没有卫生知识等等。但是作者同时赞扬乡村妇女的传统美德,如勤俭耐劳、诚恳忠实、尊重道德、朴素敦厚,且具有服从精神。作者建议实施一系列措施包括职业教育,灌输科学常识,实施公民训练,提倡正当娱乐,同时发扬农村妇女的传统美德。[96]《妇女生活》也刊登了文章,建议乡村妇女的教育应从基本识字教育开始,然后应用于社会改造项目。这些项目应该有助于提高妇女组织的合作,同时地方教育行政机构和民众学校应予以配合,而且应该雇佣女教师以达到最好效果。[97] 这些文章的作者都是都市知识分子,读者也大都是都市中产阶级知识妇女,尽管他(她)们对于女子教育问题的诊断和结论并不一致,但是这些文章却反映了社会舆论对女子教育的观念开始发生变化,注重教育的扩大化、平民化,注重教育向乡村地区发展。当南京国民政府着手进行乡村教育时,这些声音有助于社会的认同和运动的扩大。

2. 内陆省份的女子师范和乡村建设运动

1930 年政府宣布了关于妇女教育的新计划,中等女子师范开始在乡村地区出现。那一年河南建立了 1 所省立女子师范,在全省的 45 县中有 7 所县立女子师范,这 7 所县立女子师范共有 345 名学生。还有两所县立师范学校实行男女同校,其中有一些女学生。河南没有普通女子中学,只有 1 所女子职业学校,43 名学生。[98] 这意味着女子师范承担着省内中等女子教育的任务。

---

[95] 见《女子月刊》第 1 卷第 4 期(1933 年 4 月)、第 7 期(1933 年 7 月)、第 10 期(1933 年 10 月);第 2 卷第 1 期(1934 年 1 月),第 4 期(1934 年 4 月),第 7 期(1934 年 7 月)。
[96] 韦瑞墀、马振幅:《农村妇女教育的理论与实施》,《女子月刊》,第 2 卷第 7 期(1934 年 7 月),页 2509—2516。
[97] 史生:《怎样实施农村妇女教育》,《妇女生活》,第 3 卷第 5 期(1936 年 9 月),页 3—5。
[98] 河南省教育厅:《河南地方教育视察报告》,上卷(1934)。

河北的女子教育也相对先进,1933 年河北有 14 所省立师范,其中有 1 所女子师范和 4 所男女同校的师范。在全省 130 个县中,共有 99 县设有师范学校,其中 17 县有男子师范和女子师范。[99] 根据许美德的统计,1934 年在广东,师范学校的女学生数占全省师范学校学生数的 35％,省立普通中学女生占学生总数的 16.9％,其他普通中学则为 14％,职业学校是 27％,女学生在师范学校的比例远高于其他中学。1931 年,女生占福建全省 8 所师范学校的 82％。[100] 这说明,女子师范成为青年妇女接受中等教育的重要途径。

在 30 年代,男女同校开始从大城市推广到内陆一些地区的县城,在师范学校中男女同校更为普遍。江苏有 1 所省立女子师范,另外有 6 所省立师范和 6 所省立乡村师范,其中至少 10 所是男女同校。江苏省还有 43 所县立师范和一些数目不详的县立乡村师范。[101] 在江苏的 61 县中,3 个县有女子师范,一些县的中学有女子师范科,至少 10 所县立师范为男女同校。[102] 在山东,1936 年前后,至少有 3 所乡村师范(郯城、莱阳、寿张)为男女同校,尽管女学生只占少数。[103]

在西北的甘肃省,女子师范学校也成为当地主要的女子中等教育机构。到 1936 年,甘肃一直没有普通女子中学,没有男女同校的中学,但却有 4 所女子师范和 1 所女子职业学校。另外,还有几所男子师范也设立了女子师范班。在 4 所女子师范学校中,1 所是省立师范,其他 3 所是县立,全省共有 334 名女学生。[104] 尽管学生人数不多,但是在甘肃这种偏远地区,女子中等教育的主要形式是师范学校,而且通过设立女子师范,中等女子教育已经逐步深入到了县一级。

在民众教育和乡村建设运动中,各种省立县立师范都同样动员了

---

[99] 教育部:《河北省教育视察报告》。
[100] Hayhoe, "Cultural Tradition and Educational Modernization," pp. 62—63.
[101] 江苏省教育厅编审室:《江苏教育概览》,页 150,316—444。另外两所学校没有提到。
[102] 江苏省教育厅编审室:《江苏教育概览》,页 617—939。没有提到其他县立师范学校是否男女同校。
[103] 这三个乡师的状况来自山东省档案馆,档案号:J101-12-0296,J101-12-431,J101-12-0435。
[104] 庄则宣:《甘肃教育现状》。

女师范生和女教师参加运动,并且在运动中积极发挥作用,例如山东省立第一女子师范学校。学校位于首府济南,源于清末民初的女子师范,民国二年(1913)更名为第一师范,民国六年(1917)与第二师范合并,成为山东省女子教育的最高学府。1922年因曹州南华女子学校改名为省立第二女子师范,于是学校始用第一女子师范之名。第一女师是一所有初中和高中部的完全师范,1931年学校有一个附属小学和附属幼稚园,还有一个附属民众学校。[105] 在30年代初,初中部仍然沿袭1922年壬戌学制的规定,属于普通中等教育,高中部则全为师范部。学校还开设了多种师范科,如体育科、音乐科、艺术科等等,以适应中小学的要求。

1931年本科有316名住宿生,其中164名为初中生,152名上(高中)师范部。这300多名中仅有30名来自外省,其他都来自本省73个县。校长王葆廉在学校手册前言中说,自民初建立以来,第一女师已经有了数百名的毕业生,大多数在山东省内任教。基于学校的不完全统计,从1914年到1930年毕业的601名学生中,180名在本省教育机构工作,其中143名任小学教员,9名小学校长,25名中学教员,3名中学校长。此外,在政府机构工作的有19名,4名成为医生,1名经商。还有27名毕业生升学,5名海外留学,5名成为大学教授。其余学生中有170名失去联系,51名已故,139名居家赋闲。这个数字仅仅反映的是1930年收集数据时学校毕业生的状况,那些失去联系、已故,甚至赋闲的毕业生也有可能曾在某段时间从事教学。这些数据显示,女子师范为地方各界培养了人才,但更主要的是,毕业生中大部分就业者成为了中小学教师。而且一部分毕业生也可以借此机会升学,甚至出国留学。在30年代,师范学校仍然是女性接受中等教育,并进一步发展自己才能,走向社会的主要途径。

山东第一女子师范为省立师范学校,其经费全部来自政府,并在政治上向政府和执政党输诚。在北洋军阀统治时期,学校极其有限的经

---

[105] 王葆廉:《山东省立第一女子师范学校一览》,藏山东省档案馆:J101-14-30。王葆廉当时是该校的校长。所有关于山东第一女师的信息均来自这一小册子。

费来自省政府,直到 1929 年,一直维持在每年 4 万元以下。1931 年省政府大规模增加了经费,年预算达到近 7 万元。同时,政府的慷慨也收到了回报:学校报告说将近 3/4 的学生为国民党注册党员,这种说法似有夸大之处。1931 年学校共有学生 316 人,3/4 就是 237 人。考虑到学生的年龄从 13 岁到 24 岁不等,假定国民党的入党年龄为 18 岁,学校 18 岁(含 18 岁)以上的学生只有 211 人。如果国民党员占 3/4 的话,那必须是所有 18 岁以上的学生都入了国民党,而且还有一部分 17 岁的学生也是国民党员。学校这种夸大学生国民党员人数的做法似乎更像是女师领导当局对政府的一种政治表态,以换取省政府对学校的财政资助。山东女师学校的这种政治结构与下一章要讨论的其他男子师范似乎大不相同,不仅更为倾向政府,而且与 1920 年代的女师相比也更为保守。在后面的分析中,我们可以看到,山东女师这种与男师在政治倾向上的区别也许与女师和男师的学生来自不同的社会阶层,拥有不同的家庭背景有关。

1931 年,为了响应省政府关于推广民众教育的号召,山东第一女师设立了附属民众学校,招收贫寒家庭学生。学校本部号召师生捐钱为民众学校的学生提供课本、教材和设备,女师的学生利用业余时间轮流到民众学校教书,参与管理。女师学生还参加了乡建训练,为了支持梁漱溟的乡村改造活动,山东省政府要求各男师学生参加梁漱溟在邹平县举办的乡村建设研究院的特别训练,并协助地方的乡村建设运动。省政府并未要求女子师范参与,但是 1935 年山东省立两所女师的学生们向省政府请愿成功,被允许参与梁漱溟举办的乡村建设训练。她们从省会来到邹平乡下,居于农民的村舍之中,教授妇女识字,并组织她们参加社会活动。乡村简陋贫苦的生活状况让这些都市女学生们震惊不已,深感不适。于是在两个月之后,出于各种原因,有因家庭关系者,有因经济考虑者,有人担心工作无着,有人身体不适,一半女生提前离开乡村返回城市,但仍有 50 多名女学生坚持了下来,完成了为期 5 个月的训练。[⑩] 可

[⑩] 岫生:《女同学受训略述:山东通讯》,《妇女生活》,第 3 卷第 2 期(1936 年 1 月),页 22—24。

惜的是，我们没有找到足够的资料来了解这些女生在乡村建设中的后续活动。

3. 女师学生和女教师：机会和压力

尽管在上海这样的大城市，女性在1930年代初的确有从事白领职业的机会，但是在内陆的城市和乡村地区，这种机会基本上不存在。对于受过教育的女性来说，最好的现代职业就是当教师。甚至在苏州这样富庶的南方城市，受过教育的妇女仍将小学教师作为职业首选，充当医院看护为次，而为商行职员者寥若星辰。[107] 根据女子月刊记者对浙江平湖的考察，当地大多数人认为当小学教员对知识女性来说是一种比较高尚的职业。[108]

在1920年代和1930年代，大多数女子中学的学生和女子师范的学生来自中产阶级和富裕家庭。这种情况不仅在东部沿海都市地区很常见，而且在内陆省份，甚至四川和云南亦是如此。[109] 1931年在山东第一女师的在校学生中，72名来自农村家庭，71名来自教师家庭，53名来自政法、军警、邮税家庭，属于政府雇员，37名来自父亲"赋闲"的家庭，其他55名学生来自商人家庭（见表6.4）。

表6.4 山东第一女师学生家庭背景，1931年*

家庭	农	教	政治	法	赋闲	宗教	慈善	邮税	警军	商	交通	医	总计
人数	72	71	40	8	37	2	1	3	2	55	20	5	316

---

[107] 高雪辉：《苏州城市妇女概况》，《女子月刊》，第2卷第2期（1934年2月），页1995—2010。

[108] 高月心：《平湖的妇女状况》，《女子月刊》，第1卷第7期（1934年7月），页2579—2583。

[109] 杨珈娱：《四川妇女生活概观》，《女子月刊》，第2卷第1期（1934），页1819—1826；宗舜华：《常熟妇女的危机》，《女子月刊》，第2卷第1期（1934），页1829—1831；高雪辉：《苏州城市妇女概况》；高月心：《平湖的妇女状况》；新武：《云南妇女概观》，《女子月刊》，第1卷第10期（1933），页1537—1540。

* 王葆廉：《山东省立第一女子师范学校一览》。

其他家庭背景不用细说,那些父亲"赋闲"在家和慈善、宗教家庭的,自然也不属于下层阶级。而那些来自农村家庭的学生值得注意,她们的家庭最有可能属于乡村中的地主和富农。下一章中我们会看到,在1930年代乡村经济萧条的情况下,一般农民家庭连供养男孩子上学都有困难,更不用说送女孩子到大城市读书了。

这些年轻女性来到城市,接受了现代教育,意识到都市生活带给她们的自由和独立,也意识到她们的愿望和家庭束缚之间的冲突,这成为她们对生活不满的主要根源。[110] 因此,成为教师可以让这些女性逃脱家庭的压力,开始建立自己向往的生活。[111] 在临近上海的一所女师读书的一位女学生在一次访谈中提到,她的家庭是内陆地区的小地主,而且是大家庭,父母想要她留在家中当富家小姐。但是她不愿过那样的生活,就跑到了上海,上了这所师范。在上学期间,她靠当家庭教师养活自己。[112] 这听上去很像巴金小说《家》中琴的故事。尽管在访谈中,学生对学校管理、社会风气和教育内容抱怨不少,[113]但是毕竟学校为这些逃离旧家庭,向往新生活的女性提供了过渡性场所,在这里,她们学习生存技能,然后走向社会,为自己拓展生活空间和职业生涯,在经济上能够靠自己的收入获得独立。

在20世纪二三十年代,教书不仅为这些女性提供了经济上和社会上的独立,而且还成为开辟女性新职业的起点,卢隐(1895—1934)的经历就是一例。卢隐来自一个破落官员的家庭,父亲死后,家道中落。因为母亲不喜欢她,在家中很不愉快,学校生活则让她有了逃避之处。从女师毕业后,卢隐曾在一所女子中学短期任教。为了能攒够继续求学的费用,她独自从北京到安徽的学校求职就业,后来又在河南的学校中教书。1919年她终于如愿以偿地上了大学。在新文化运动的激励下,

---

[110] 杨珈娱:《四川妇女生活概观》;宗舜华:《长沙妇女的危机》;高雪辉:《苏州城市妇女概况》;高月心:《平湖的妇女状况》;新武:《云南妇女概观》。
[111] 如巴金的《家》中所描写的那样。
[112] 茜:《女学生谈片:座谈会纪录》。
[113] 茜:《女学生谈片:座谈会纪录》。亦见卢隐:《中学时代生活的回忆》,《女声》半月刊(上海),第1卷第24期(1933年9月),页21—23。

她开始写作。直到1934年病逝之前,她一边当教师,一边写散文和小说,并且还为一家文学杂志当编辑。[114] 她的职业范围已经超越了单纯的教师。

但是,1930年代女教师的生活并不轻松,尤其是大多数女教师为小学教师,她们和男教师一样,面临相同的问题,如收入低、工作繁重、随时可能被解聘、还有肺结核职业病的危险。[115] 除此之外,她们还有男教师所没有的问题,如照顾孩子,做家务等等。而且,她们的收入普遍低于男教师,也最容易被解聘。由于1930年代中等教育和高等教育的扩大和失业青年增加,大中城市和大县城中的教师职务有不少人在竞争。根据1933年来自四川的报道,一些县份由于有女子中学和女师,大多数毕业生很难在城内找到小学教师职务。[116] 而那些有工作的女教师也生怕随时被解雇。[117] 小学女教师生活的压力与艰难成为一些都市小说的题材,她们害怕收不到聘书,害怕在学校受到骚扰,害怕在粉笔灰飞扬的环境中得肺痨。[118] 当女性仍然主要依靠教书的职业达到经济和社会的独立,女子师范就成为她们在家庭和社会之间的坚固桥梁,从这里出发,她们才逐渐获得立足之地,然后将自己的才能发展到其他职业领域,如作家、编辑、记者、律师等等,为下一代职业妇女开拓更广阔的社会空间。

---

[114] 卢隐:《卢隐自传》,上海:第一出版社,1934。卢隐是30年代女作家黄英的笔名。

[115] 徐冰:《一个小学教师的呼声》,《妇女生活》,第3卷第4期(1936年9月)。当时人们普遍相信长期接触粉笔灰会导致肺结核,30年代肺结核被认为是教师的职业病。

[116] 王季良:《四川的妇女》,《女子月刊》,第1卷第4期(1933年6月),页46—52。

[117] 杨珈娱:《四川妇女生活概观》

[118] 徐冰:《一个小学教师的呼声》,《女子月刊》,第2卷第12期(1934),页3289—3295;翘翘:《女教员》,《女子月刊》,第2卷第12期(1934),页3289—3295;江苹:《女教员的悲哀》,《女子月刊》,第2卷第2期(1934),页2001—2002;志先:《女教师》,《教师之友》,第1卷第10期(1935),页612—614。

表 6.1.1　河南 45 县中等教育状况,1934 *

| | 县名 | 中等教育机构(1) ||||| 女子教育(2) || 备注 |
| | | 中学 || 师范 || 职业学校 | | 师范 || |
		学校/班	学生	学校/班	学生	学校/班	学生	学校/班	学生	
1	广武	[1](3)		1	103					
2	南阳	3(i)		1	275	1				
3	灵宝			1	132					
4	巩县			1		1				
5	商丘	[1]		1	119					
6	扶沟	2(ii)+[1]		1	104(iii)			1	21	
7	镇平	1	199(iii)	[1]+1		[1]		1	28	
8	宜阳			1	21					
9	堰师	1	227(iii)	[1]		[1]		[1]		
10	登丰			1						
11	邓县	1	320(iii)	[1]				1	54	
12	嵩县	1(ii)	50	1	90					
13	汝南			1	49	1	53	1	87	
14	氾水	[2]	64	1	183					
15	孟津	[1]	43		79					
16	信阳	1	149		{66}(iv)	1	98	1(v)		
17	武安	1	127		122					
18	临漳			1	74					
19	淮阳	1(vi)	147	2	439			1	86	
20	息县			1	50					
21	潢川	1(i)						1	15	

表注:

(1)所有中等学校,包括中学、师范、女师都只是初级中等教育,45 县中并无高中。

(2)45 县中并无女子中学,女子中等教育包括一所职业学校,其他均为女子师范。

(3)在方括号[ ]内的数字表示既有可能是普通中学的师范班,或师范学校的普通中学班。

---

* 河南省教育厅:《河南地方教育视察报告》(1934),上卷,1934。表中前十个县资料为手书摘要,信息不完全。

（续表）

	县名	中等教育机构						女子教育		备注
		中学		师范		职业学校		师范		
		学校/班	学生	学校/班	学生	学校/班	学生	学校/班	学生	
22	鲁山	1(ii)	133	1	125					
23	唐河	[1]		1	338(vii)	1	64	[1]		
24	郏县	1(ii)	91	1	134					
25	宝丰			1	89					
26	内黄	1(ii)	115	1	70					
27	遂平	1	153	1+[1]	52	1(viii)	68			
28	泌阳	[1]		1	104					
29	确山	[1]		1	158					
30	浚县			1	148	1	120			
31	伊阳									(ix)
32	延津			1	32					
33	罗山									(x)
34	光山									
35	原武			1	67					
36	洛阳			1	123	1(xi)	43			
37	新野	1	190(iii)	[1]						
38	长葛	1	177	1	104(iii)					
39	阳武			1	84					
40	伊川			1	50					
41	洧川	1	98							
42	西华	[2]	63	2	235					(xii)
43	商水	1(vi)+[1]	147+30	1	40					
44	汲县			1	287			1	54	(xiii)
45	封丘	[2]		1	172(xiv)					

表注：

(i) 校数包括一所省立中学，位于县城。

(ⅱ)中学为私立者。

(ⅲ)学生数包括普通中学的师范班和师范学校学生。

(ⅳ)县立师范建于1908年,1931年关闭。在关闭前三年有66名学生毕业。

(ⅴ)此校为省立女子师范,因此视察员并未做出详尽报告。

(ⅵ)此校为两县联立,学生来自两县。

(ⅶ)学生数包括中学班、师范生、女子师范班以及附属小学。

(ⅷ)此职业学校也有一个师范班,有43名学生。

(ⅳ)此县曾有过一个师范学校,但由于战乱和经费缺乏而关闭。在视察当时此县并无中等教育,但报告说县政府已经筹措资金,准备开办一所师范。

(ⅹ)此县曾有一所师范,作为惟一的中等学校。由于在1934—1935年考察期间此县为中共势力占领,师范学校关闭,因此并无中等教育。

(ⅺ)此校为女子职业学校。

(ⅻ)西华县有两所师范,一所为县立师范,位于县城。另一所为县立乡村师范,位于县城之外的一个小镇上。县立师范有学生165名,乡村师范及其附属小学有学生322名。根据省视学对于学生上课情况的描述,笔者估计乡村师范的学生大约超过70名。

(ⅹⅲ)尽管报告列出三所中等教育机构,但是视学仅仅提到一所女子师范和一所师范。所有中等学校的学生数为341名,但似乎与女子师范学生数不符。

(ⅹⅳ)学生数包括一班小学生。

表6.2.1 1922年学制关于六年制师范课程表[*]

科 目	课 程	学 分
社会科	公民	6
	历史	14
	地理	14
	人生哲学	4
	社会问题	6
语文科	国语	54
	外国语	52

---

[*] 转引自刘问岫:《中国师范教育简史》,页49—51。

（续表）

科 目	课 程	学 分
算学科	算术	12
	珠算	
	代数	8
	几何	5
	几何（立体）	2
	三角（平面）	3
自然科	混合科学	12
	生物学	6
	化学	6
	物理	6
艺术科	手工	8
	图画	8
	音乐	8
体育科	体育	22
	生理卫生	4
教育科	教育入门	4
	心理学入门	2
	教育心理学	3
	教学法	8
	小学校行政	3
	教育测验及统计	3
	小学各科教材研究	6
	职业教育概论	3
	教育原理	3
	教育实习	20
必修学分		319
选修学分		11
共计		330

表 6.2.2　1932 年师范学校规程规定的课程表*

	课程	时数						总计
		第一学年		第二学年		第三学年		
		第一学期	第二学期	第一学期	第二学期	第一学期	第二学期	
1	公民	2	2	2	2			8
2	体育	2	2	2	2	2	2	12
3	军事训练	3	3					6
4	（军事看护）	(3)	(3)					(6)
5	卫生		2					2
6	国文	4	4	5	5	3	3	24
7	算学	3	3	4	4	2		16
8	地理	3	3					6
9	历史			4	4			8
10	生物学	5	4					9
11	化学			4	4			8
12	物理					4	4	8
13	伦理学					2		2
14	劳作（农业）	3	3	2	2	2		12
15	劳作（工艺）	3	3	2	2	2		12
16	劳作（家事）	(3)	(3)	(2)	(2)	(2)		12
17	美术	2	2	2	2			8
18	音乐	2	2	2	2	1	1	10
19	教育概论	4	3					7
20	教育心理			3	3			6
21	小学教材及教学法			3	3	3	3	12
22	小学行政					4		4
23	教育测验及统计						4	4
24	实习					9	12	21
	每周教学总时数	36	36	35	35	34	29	205

表注：

军事训练为男生学习；军事看护及家事为女生学习。

---

* 以下表格均转引自刘问岫：《中国师范教育简史》，页 66—73。

表 6.2.3　乡村师范学校课程表

	课　程	时　数						总计
		第一学年		第二学年		第三学年		
		第一学期	第二学期	第一学期	第二学期	第一学期	第二学期	
1	公民	2	2	2	2			8
2	体育	2	2	2	2	2		10
3	军事训练	3	3					6
4	（军事看护）	(3)	(3)					(6)
5	（家事）			(3)	(3)			(6)
6	卫生			1	1			2
7	国文	5	5	5	5	5	3	26
8	算学	3	3	3	3			12
9	地理	3	3					6
10	历史			4	4			8
11	生物	3	4					9
12	化学			3	4			6
13	物理					6		6
14	论理学	2						2
15	劳作（工艺）	2	2	2	2	2	2	12
16	美术	2	2	2	2	2		10
17	音乐	2	2	2	2	2		10
18	农业及实习	4	4	4	4	3	3	22
19	农村经济及合作					3		3
20	水利概要					3		3
21	教育概论	3	4					7
22	小学教材及教学法			3	3	3	3	12
23	教育心理			3	3			6
24	小学行政						4	4
25	教育测验及统计					4		4
26	乡村教育						3	3
27	实习					3	18	21
	每周教学总时数	36	36	35	35	34	29	205

表注：

军事训练为男生学习；军事看护及家事为女生学习。

表 6.2.4　简易师范课程表

	科　目	第一学年 第一学期	第一学年 第二学期	第二学年 第一学期	第二学年 第二学期	第三学年 第一学期	第三学年 第二学期	第四学年 第一学期	第四学年 第二学期	总计
1	公民	2	2	2	2	2	2	2	2	16
2	体育	2	2	2	2	2	2	2	2	16
3	卫生	2	2	1	1	1	1			8
4	国文	6	6	6	6	5	5	5	3	42
5	算学	4	4	4	4	3	3			22
6	地理	3	3	3	3					12
7	历史			3	3	3	3			12
8	植物	4	4							8
9	动物	4	4							8
10	化学			4	4					8
11	物理					4	4			8
12	劳作（农艺）					3	3	3	3	12
13	劳作（家事）							3	3	6
14	劳作（工艺）	2	2	2	2	2	2	2	2	16
15	美术	2	2	2	2	2	2			12
16	音乐	2	2	2	2	2	2	2	2	16
17	教育概论			3	3					6
18	教育心理					3	3			6
19	乡村教育及民众教育				3					3
20	教育测验及统计								3	3
21	小学教材及教学法							6	6	12
22	小学行政							3		3
23	实习						3	9	12	24
	每周教学总时数	33	33	34	37	32	35	35	36	275
	每周在校自习及课外运动总时数	21	21	20	20	19	19	19	18	157

表注：

公民科内包括乡村自治及乡村问题。

表 6.2.5　简易乡村师范课程表

	科　目	第一学年 第一学期	第一学年 第二学期	第二学年 第一学期	第二学年 第二学期	第三学年 第一学期	第三学年 第二学期	第四学年 第一学期	第四学年 第二学期	总计
1	公民	2	2	2	2	2	2	2	2	16
2	体育	2	2	2	2	2	2	2		14
3	卫生	2	2	1	1	1	1			8
4	国文	6	6	6	6	6	6	4	3	43
5	算学	4	4	3	3	2	2	2		20
6	地理	3	3	3	3					12
7	历史	3	3	3	3					12
8	植物	2	2							4
9	动物	2	2							4
10	化学			3	3					6
11	物理					3	3			6
12	劳作(工艺)	2	2	2	2	2	2	1		13
13	美术	2	2	2	2	2	2	1		13
14	音乐	2	2	2	2	2	2	1		13
15	农业及实习	5	5	5	5	5	5	5	3	38
16	水利概要					2				2
17	农村经济及合作							4		4
18	教育概论			3	3					6
19	教育心理					3	3			6
20	小学教材及教学法					3	3	4		10
21	教育测验及统计								3	3
22	乡村教育							3		3
23	小学行政							3		3
24	实习							3	24	27
	每周教学总时数	37	37	37	37	35	33	35	35	286
	每周在校自习及课外运动总时数	17	17	17	17	19	21	19	21	148

表注：

公民科内包括乡村自治及乡村问题。

第七章

通向乡村革命的桥梁:师范学校与1930年代的社会政治变革,1930—1937

南京政府在战前十年的成就之一就是教育的扩展。从1927年到1937年,高等和中等教育的校数均有成倍增长,学生数量亦翻了一番。其中,师范学校数量增加最快,几乎是1927年前的三倍。高等院校从1927年的44所增加到1930年的85所,再到1936年的108所。① 高等院校学生从1928年的25 198人增加到1936年的41 922人。中等教育也以同样速度发展。普通中等学校从1928年的954所发展到1936年的1956所,在校生人数也从1928年的188 700人增加到1936年的482 522人。师范学校发展更快,校数从1928年的236所增加到1936年的814所,在校生人数也从1928年的29 470人增加到1936年的87 902人。② 值得注意的是,国民党鼓励发展地方师范学校的政策,使得相当数量的优秀农村青年得以接受中等教育,而师范学校的免学费政策则吸引了大批家境贫寒的学生。大量乡村青年进入中等学校在相当程度上改变了中国政治生态的版图,给政治生活和社会发展图景都带来了深远的影响。

现代教育的发展对社会阶层的构成、政治生态的变化、社会思潮都有相当的影响。但是在以往对20世纪社会变革的研究中,极少人注意

---

① 大学生数字与易社强(John Israel)使用的1931年的数字稍有不同(见后面注释),可能与不同来源有关。以上数字出于官方数据。由于某些私立院校反对政府的注册政策,官方统计可能与实际数字稍有出入。

② 以上数字均见 DECZJNJ,页1400,1429;DYCZJNJ,卷4,页133。

到教育快速发展,尤其是百万下层青年接受了现代教育以后,对政治层面造成的冲击。在现代性话语影响下,教育机构要么被看作一种培养专业人才的场所,要么是产生中产阶级、都市精英的温床。对教育的研究常常停留在机构沿革、课程演变、政策法令的变化、以及个体教育家的活动等内容上,未能从教育的发展延伸到对社会革命的理解。在20世纪中,中国共产主义革命是一个席卷全社会的重大历史事件。不论如何评判这场革命,20世纪的教育和社会趋势与这一重大事件必定有着某种相关性,对此历史学家就必须做出解释。另一方面,以往对中国共产主义革命的研究多集中于意识形态、政治冲突、权力斗争、阶级对立、政策纷争、军事行动以及国共双方政治人物的起伏兴衰、高层决策等等。这种研究深受历史大叙事的影响,偏好重大事件和上层精英,极少注意到教育的发展,受教育人群的变化对社会政治结构的关联,以及在社会革命中,下层力量的组成及其变化与运动的关联。[3]在中国革命的权威话语主导下,即使某些研究注意到了学校与革命的关系,但这种关系常常被表述为个别的、独立的,焦点集中于少数精英人物身上,忽视了现代教育在整体上对政治趋势的影响。[4]对学生运动的研究也同样受到权威革命话语的影响,尽管共产主义革命与学生运动息息相关,但在解释中国革命转型上同样不尽如人意。[5]

本章通过分析教育对社会政治层面的影响,考察1930年代共产党兴起过程中一个相当重要却被忽视的因素——地方师范学校。研究地方师范学校有助理解共产主义革命的中国化以及共产党兴起的深层社

---

[3] 对下层革命力量的研究往往集中于农民本身或其对革命的反应,而对于基层运动的组织者往往语焉不详,笼而统之称为共产党员或基层干部。

[4] 北京大学也许是个例外,新文化运动和1919年前后的学生运动的确对当时中国的政治趋势和社会思潮有相当大的影响。但对于30年代共产党的乡村革命来说目前的研究却不足以说明教育机构所扮演的角色。另一个例子是湖南第一师范,但对湖南一师的研究仍然集中在以毛泽东为首的一批中共领袖身上,这仍然只是对上层精英的研究。

[5] 见上海市青运史研究会、共青团上海市委青运史研究室编:《上海学生运动史》,上海:学林出版社,1995;另外,关于共产党官方对城市学生运动的论述,参见张继和编:《丹心碧血:旧中国历次学潮实录》,保定:河北大学出版社,1996;孙思白主编:《北京大学一二·九运动回忆录》,北京:北京大学出版社,1988;清华大学:《战斗在一二·九运动的前列》,北京:清华大学出版社,1985。

会原因,并从新的角度考察 20 世纪的变革。这种研究不仅可以丰富我们对当时历史的理解,而且对于思考当代中国现代化过程中的一些类似的问题也不无帮助。

本书第六章讨论了抗战前国民党鼓励地方师范的特殊政策,使得以前位于城市或县城的中等教育(主要是师范)扩展并延伸到了乡镇,这些地方师范学校为家境贫寒的乡村青少年提供了升学机会。乡村青年进入现代教育机构使得小知识分子(petty-intellectuals)阶层人数增加,为政治版图带来了新的力量对比。他们出身乡村社会底层,代表不同的社会阶层利益。由于对自身出路的挫折感、对社会现实的不满,加之 1930 年代全国性民族主义情绪的高涨、共产党势力的渗透与动员等种种因素,这群青少年在寻求解决社会问题的方案时,更易于接受共产主义——社会主义理论,倾向于激进的社会变革。本章以抗战前数年山东、河北两省师范学校为例,对师范学生的政治倾向进行分析。笔者选择山东与河北是因为这两省为中国共产党 20 世纪三四十年代重要的革命根据地,且师范学校的数量多,活动影响大。数据显示,这些地方师范学校成为共产党吸收基层干部,训练地方革命领袖的温床。许多乡村青年在师范学校接受激进思想后,成为三四十年代共产党基层工作的骨干分子,从而在组织与人力上奠定了 1949 年全国胜利的基础。

对现代教育与共产党乡村革命的重新思考

华志坚(Jeffrey Wasserstrom)在研究 20 世纪中国的学生运动时注意到,1930 年代学生运动风起云涌,学生们的社会活动和街头抗议经常是新闻追踪的热点。他们利用街头作为舞台,表达他们的要求和对国家命运的关切。学生们的活动强烈地影响了大众,在都市赢得了广大市民的支持,左右舆论的目的取得相当的成功。[6]在中国现代历史叙

---

[6] Jeffrey Wasserstrom, *Student Protest in Twentieth-Century China: the View From Shanghai* (Stanford: Stanford University Press, 1991), pp. 1—5.

述中,发动并主导学生运动一向是中国共产党引以为傲的功绩。⑦这一点也为海外学术界所承认,美国学者易社强(John Israel)指出,反帝民族主义是这些学生运动背后的动力。中共的激进政策在1920年代末遭遇重大挫折,1930年代则调整了政策,以民族主义为诉求,争取广泛的同情,他们利用了民众的反帝爱国情绪,左右了广大青年学生的政治倾向,成功地引导了1930年代学生运动向左转,并将一部分学生吸收为成员。⑧尽管易社强的研究详尽分析了学生运动及其参与者的活动,显示了学生运动与共产党的密切关系,但是美国学界对学生运动的研究(包括华志坚和易社强的研究)都存在着几个问题。第一,大多数研究学生运动者,其对象均为位于都市地区的大学生群体。据统计,1932年,30%的大学生集中于北京,24%在上海,9%在广州。⑨所以他们的研究的范围只是几个大学较为集中的主要城市。⑩第二,研究的关注点在于运动本身,忽视了学生运动积极分子的社会和家庭背景,以及家庭背景与其政治倾向是否有关的问题。

研究以大学生为主的城市学生运动在视角有相当的局限性,因为这些研究并未涉及人数众多的中学生。首先,在1930年代,中学生人数为大学生的十多倍。1930年,大学生人数,包括综合性大学、专门性大学以及专科学院,总共有37 566人。而中学生人数,包括普通中学、中等师范、中等专科学校等等,共达514 609人。⑪其次,中学生和大学生的家庭背景也不尽相同,绝大多数大学生来自都市精英家庭。据统计,1931年,大学生人数为44 167人,虽比前一年有所增加,但仍然只

---

⑦ 许多学生运动史被当成党史的一部分来论述。如《上海学生运动大事记,1919—1949》,上海:学林出版社,1985;张继和(编):《丹心碧血:旧中国历次学潮实录》,保定:河北大学出版社,1996;孙思白主编:《北京大学一二·九运动回忆录》,北京:北京大学出版社,1988;清华大学编:《战斗在一二·九运动的前列》,北京:清华大学出版社,1985。

⑧ John Israel, *Student Nationalism in China*, 1927—1937 (Stanford: Stanford University Press, 1966), pp. 89, 85—86。

⑨ 同上书,pp. 6—7。

⑩ 如华志坚(Jeff Wasserstrom)就专注于上海的学生运动。见 *Student Protest in Twentieth-Century China*。

⑪ DECZJNJ,页1400,及DYCZJNJ,卷4,页132。

占全国总人口的 0.01%。其中 80% 来自城市,20% 来自农村。[12] 相比之下,约 50% 的普通中学学生来自乡村。而在中等师范学校中,来自乡村的学生至少在 70% 以上,有的学校竟达 90%(详见下一节)。对 1930 年代城市学生运动的研究,有助于厘清中国共产党影响学生运动的事实,但是,这些研究并未指明城市中以大学生为主体的学生运动与下一阶段大规模农村革命之间有什么必然联系。

1960 年代美国学术界对中国共产党的详尽研究受到冷战问题的驱使。当时美国政界不断追问"谁丢了中国",在这一政治问题的驱动下,美国对华政策的失败演变成学术问题就成为"共产党如何兴起"或"共产党如何赢得中国"。[13]美国学者查默斯·约翰逊(Chalmers Johnson)提出了"农民民族主义"的观点,认为共产党在 1937 年后重振政治和军事力量是由于成功地利用了日本的入侵,激发了农民的民族主义情绪,共产党因此发展壮大。[14]赛尔登(Mark Selden)则反驳说,这种观点过分注重了民族主义问题和时机因素,抹杀了共产党作为革命政党的性质。他对陕北地区的研究显示,共产党的兴起不仅是时机和意识形态的问题,而是革命政策响应了农民的要求,主要是土地政策成为赢得农民支持的关键。[15]陈永发却持不同意见,认为共产党激进的经济政策并不一定为农民所接受,而是靠组织阶级斗争。例如在江南地区,共产党的成功有赖于组织贫农,斗争地主,重新安排原有的乡村秩序。[16]从 1970 年代开始,对这一问题的讨论延伸到更广阔的领域,众多

---

[12] Israel, *Student Nationalism in China*, pp. 5—7.

[13] 胡素珊对这一讨论进行了历史性回顾,见 Suzanne Pepper, "The Political Odyssey of an Intellectual Construct: Peasant Nationalism and the Study of China's Revolutionary History—A Review Essay," *The Journal of Asian Studies*, 63, no. 1 (February 2004), pp. 105—125.

[14] Chalmers Johnson, *Peasant Nationalism and Communist Power* (Stanford: Stanford University Press, 1962),见第一章。

[15] Mark Selden, *The Yenan Way in Revolutionary China* (Cambridge Mass.: Harvard University Press, 1971). 在赛尔登之前,唐纳德-吉林(Donald Gillin)于 1960 年代研究阎锡山治下的山西,指出抗战前共产党的激进政策在当地就很受欢迎。见 *Warlord: Yen His-shan in Shansi Province, 1911—1949* (Princeton: Princeton University Press, 1967)。

[16] Yung-fa Chen, *Making Revolution: The Communist Movement in Eastern and Central China, 1937—1945* (Berkeley: University of California Press, 1986), pp. 3—16.

学者摒弃以单一因素解释这一历史现象的方法，试图引入多元因素。于是，他们的研究从"农民民族主义"，根据地开创与建设，军事行动，不同地区共产主义运动的不同模式，发展到对农民和乡村社会的研究等等。⑰

共产主义在中国经历了从早期城市知识分子的运动到农村革命的转变，这一点已为中外学术界认同。1920年代后期国共分裂，这些激进主义者受到国民党的镇压，被迫由城市转向农村，党史权威论述也一直将1927年毛泽东的秋收起义作为从城市到农村的转折点。但是，假如没有后来抗战中中共的再起，秋收起义转向农村的运动就无以为继，共产主义革命就谈不上转折而是夭折。党史学者难以解释的是，在经历长征等重大挫折之后，中共何以能够迅速扩大其势力，动员广大农民。的确，日本侵略带来了共产党东山再起的契机，中共领导人也并不否认这一点，但若无潜在的力量，契机也会失去。官方历史学者尽可以解释说这是由于共产党正确政策的引导，但在受国民党和日本控制绝的大多数地区，这些正确的政策是需要有人去执行的。仅从数量上说，1936年延安革命根据地的力量是不足以完成如此重要的战略布局的。

众所周知，中国共产党在长征之后，红区力量损失了90%，白区损失100%。1935年到达陕北时，红军只剩约2.5万人。以如此微弱的力量，如何能在短期内成功地动员千百万农民，投身抗日战争、进行游击战？共产党东山再起，速度之快，规模之大，并非这2.5万人所能，也非那些惯于在城市中搞地下工作或学生运动的人所能做到。例如在孙思白主编的《北京大学"一二·九"运动回忆录》中提到，城市大学生组织下乡宣传抗日，即使他们已有思想准备，丢掉学生的优越感，改变穿着，使自己尽量靠近农民，但农民仍然不懂他们的语言，认为他们的宣传与自己切身生活无关，对他们非常冷淡。而且这种短期下乡宣传对

---

⑰ 胡素珊指出，约翰逊的单一因素观点不能解释抗战以后共产党继续的发展，也难以解释为何在1945年抗战胜利，激发民族主义的因素消失之后，共产党仍然能取得全国胜利。但胡素珊认为，对约翰逊的批评和后续研究发展出多元解释，极大地丰富了我们对这一历史时期的知识。她也指出以目前的研究来看，任何认为可以对这一问题做出结论的想法都还言之过早。见"The Political Odyssey of an Intellectual Construct"。

农民的鼓动作用究竟如何,不得而知,反倒是农民的生活状况对他们有相当大的震动,使他们意识到与农民之间似乎不可逾越的鸿沟。[18]

对于共产党在 1930 年代的东山再起,近年来海外中国研究的学者试图从乡村变革来理解。戴瑞福(Ralph Thaxton)认为,共产党在抗战中的成就并非动员农民,响应抗战,而是认同农民的利益,并没有将革命化的政策或民族主义意识形态强加于乡村社会,反而需要适应、认同乡村的风俗文化。[19]胡素珊评论道,戴瑞福的观点实际上是约翰逊关于共产党靠抗战兴起论点的"反题"(antithesis),即共产党在乡村的活动不仅未能受益于日本侵略,反而受乡村落后意识的阻碍。[20]纪保宁(Pauline Keating)和周锡瑞(Joseph Esherick)的研究显示共产党在乡村的成功需要赢得农民的支持,因此必须使其政策符合地方的实际情况,符合地方人民的需要。由于各个地方的情况不同,执行政策的过程相当程度上依赖于基层干部的灵活掌握。[21]

然而,上述观点都未指明,谁是共产党在乡村地区的组织者和动员者。[22]因为这些人才是共产党革命理想与农民现实主义之间的桥梁。无论吸引农民的是民族主义意识,还是共产党的革命政策,都需要有具体执行者,要有基层的领导者。这些基层领导者必须具备一定素质,即理解共产党的目的和政策,接受民族主义思想,并具有与农民沟通的能

---

[18] 孙思白主编:《北京大学一二·九运动回忆录》,北京:北京大学出版社,1988,页 28—31。

[19] 见 Ralph Thaxton, *China Turned Rightside Up: Revolutionary Legitimacy in the Peasant World* (New Haven: Yale University Press, 1983)。

[20] 见 Pepper, "The Political Odyssey of an Intellectual Construct"。

[21] 见 Keating, "The Yan'an Way of Co-operation," *The China Quarterly*, no. 140, (1994), pp. 1025—1051 以及 Esherick, "Deconstructing the Construction of the Party-State: Gulin County in the Shaan-Gan-Ning Border Region," *The China Quarterly*, no. 140, (1994), pp. 1052—1079。周锡瑞对陕甘宁边区固林县乡村基层干部的研究指出超过百分之五十的当地各级干部是在 1934—1936 年共产党实行激进政策时参加革命的,实际上否定了 Johnson 的观点,肯定了赛尔登的研究。见"Deconstructing the Construction of the Party-State"。

[22] Thaxton 认为共产党的基层领导来自本地一些与外界有联系的人,如季节工、曾在城市打工者。他也注意到了村中的师范生成为当地基层领导,但是,他并未深究这些师范生如何成为地方基层领导的。

力,了解农村状况,理解农民处境,只有如此,才能将散漫的小农组织成为支持共产党的力量。那么,谁是这样的基层组织者和领导者?是谁将一种源于西方的乌托邦理想、或是城市知识分子对公正社会的憧憬、或是一种抽象的现代民族主义观念转化为农民理解的语言,转化为他们对现实和自身利益的关切?是谁扮演了共产党与农民之间桥梁的角色?假如城市学生运动为共产党的兴起提供了这样的基层领导者,[23]那么问题是:城市出身的学生是否具有这种素质?即使他们具有这种愿望,但他们如何与农民沟通,如何取得信任,如何成为基层领导者,这个过程似乎并不清楚。目前并无数据显示大量城市学生在抗战前接受农村生活、动员农民的训练。有的国内学者认为学生运动从城市到乡村的转变是在1937年抗战后共产党兴起,吸引了城市青年奔赴延安,参加共产党革命,接受共产党改造,与工农结合。[24]这种观点是典型的中共官方历史叙述,仍然不能回答本章所提出的问题。尽管历史资料显示,的确有少数城市学生在抗战前成为农村革命的基层领导者。但这是要经历一个脱胎换骨的转变,而且从数量上,也不能说明大规模的乡村革命对基层领袖的需求。历史的因果链条在这一点上似乎缺了一环。

1930年代地方师范学校与社会流动

1930年代师范教育的扩展导致了中等教育向乡村延伸,成为广大乡村贫寒青年接受中等教育的重要途径。在此之前,中学多位于省会、

---

[23] 斯蒂夫·列文(Steven Levine)通过对东北根据地发展过程的研究认为,共产党人是寄寓乡间的"城市分子"(urban nucleus),只不过学会了说农民的语言。见 *Anvil of Victory: The Communist Revolution in Manchuria, 1945—1948* (Cambridge: Columbia University Press, 1987), pp. 13, 243。但是,周锡瑞对共产党基层干部的研究("Deconstructing the Construction of the Party-State")以及本文对30年代共产党基层、中层干部来源的分析均与此观点有冲突。而Levine的研究局限于东北地区,与陕北、华北、中原、江南以及其他地区根据地情况完全不同,更说明中国乡村革命的多样性和复杂性,不可以一种模式论定。

[24] 于学仁:见《中国现代学生运动史长编》,长春:东北师范大学出版社,1988,页522—550。

城市或大县城,远离人口众多的农村地区,因此,大多数农民家庭无力供养子弟去城里上学。1936年的一份调查报告对全国的中等教育进行了考察,报告显示,在1930年前后,8个大城市(上海、南京、北平、天津、武汉、广州、福州、厦门)的居民占全国总人口的2%,而中学生却占全国中学生人数的20%。8个大城市拥有全国中学校数的1/7,占国家中等教育经费的1/4。同一份调查还列出了浙江、广东、江苏、河北四省的中学校数及经费数目。1930年在这四省中,有92%的普通中学位于城市,其学生占四省中学生总数的95%,其经费占4省中等教育经费的96%。[25](见表7.2.1)

表 7.2.1 八个城市和全国的中等学校、中学生数和资金分配 (1930—1931)＊

	8个城市	全国	比例
学校数	411	2 615	1:7.36
学生数	104 426	432 422	1:5.14
经费(元)	13 142 318	40 913 624	1:4.11

同时多数中学位于城市,位于乡村的中等学校绝大多数是职业学校或师范学校。[26]这些数据显示了当时的中等教育严重向城市倾斜,乡村青年在当地接受中等教育的机会非常小。(见表7.2.2)

表 7.2.2 16省市中210所中等学校在乡村的比例 (1936)＊＊

省市	中学校数	位于乡村地区的校数	比例(%)
江苏	55	13	23.63
浙江	24	1	4.16
安徽	19	1	5.26

---

[25] 童润之:《提倡乡村中等教育的八大理由》,《中华教育界》,第24卷第2期(1936年8月),页1—10。

＊ 同上。

[26] 同上。

＊＊ 同上。

(续表)

省市	中学校数	位于乡村地区的校数	比例(%)
河北	19	4	21.05
山东	9	0	0
四川	3	0	0
江西	9	3	33.30
湖南	7	1	13.40
湖北	3	0	0
广西	3	1	33.33
广东	8	1	12.50
福建	3	0	0
南京	12	0	0
上海	25	1	4.00
北平	9	0	0
青岛	2	0	0
总计	210	26	12.38

由于上述现象,有能力的乡村子弟不得不到城市上中学。于是,中等教育在1930年代中期出现了一个新趋势,即城市中学中农村学生的数量有相当幅度增加。上述同一调查考察了16个省市中学的农村学生人数,发现其中12个省市的中学有50%以上的学生来自乡村。在某些省份,这一比例超过80%。例如,四川和山东。(见表7.2.3)

表7.2.3 16省市中210所中学农村学生人数比例(1936)[*]

省市	所调查校数	学生数	农村学生数	农村学生比例(%)
江苏	55	15 762	7 270	46.00
浙江	24	7 581	3 845	50.71
安徽	19	4 447	3 093	69.50

---

[*] 童润之:《提倡乡村中等教育的八大理由》,《中华教育界》,第24卷第2期(1936年8月),页1—10。

（续表）

省市	所调查校数	学生数	农村学生数	农村学生比例（%）
河北	19	5 233	3 597	68.70
山东	9	2 678	2 314	86.40
四川	3	762	611	80.20
江西	9	2 000	1 385	69.25
湖南	7	2 594	1948	75.09
湖北	3	978	591	60.43
广西	3	933	634	67.52
广东	8	3 866	2 375	61.17
福建	3	1 629	267	22.53
南京	12	5 038	1 587	31.50
上海	25	9 211	2 853	30.97
北平	9	3 147	1 647	52.36
青岛	2	623	152	24.40
总计	210	66 488	34 269	51.54

由于调查报告的作者并未言明城市名称，因此，考虑到地理和经济因素，笔者认为所谓城市，大约是指省会和一般中等城市（当时著名大城市如上海、北平、南京、青岛 4 市已单独列出），这些地方的农村学生比大城市和沿海地区占有更高的比例。而在四个大城市，农村学生仅占 20%—30%。另外一些大城市也有相同情况，同一时期（1936 年）的另一调查报告也证实，杭州的五所高中里只有 11.8% 的学生来自农村，而 55.4% 的学生来自商人和政府官员家庭。㉗当时，城市消费高昂，中学学费也不低。根据教育部 1935 年颁布的《修正中学学校规程》，初中的学杂费每学期从 7 元到 10 元不等，高中 10 元到 16 元不等。私立

㉗ 张文昌:《青年问题研究:杭市 577 高中学生调查统计结果》,《教育杂志》,卷 26, 第 1 期(1936 年 1 月),页 94。

中学的费用要高出几倍。㉘虽说有少量的奖学金,但城市贫民子弟也不少,竞争一定非常激烈,并无多余均给农村学生,普通农民子弟绝不可能进城读书,甚至都不可能是乡村教师的子弟。正如第五章中讨论过,乡村教师平均工资低于工人工资。大多数教师的月薪尚不足养家糊口,绝养不起一个中学生在城市读书。中学生的教育很大程度上取决于家庭经济状况,例如前国家人大常委会委员长万里的经历成为这一现象的绝妙注脚。万里来自一个城镇富裕家庭,1931年他入普通初中,准备升学。但此后因家庭经济破产,他不得不改变人生期待,转入师范学校。㉙可以想象,省会和中小城市的中学尚有多数学生来自乡村,而乡村师范学校位于县城、乡镇,农村学生的比例也就相当高。1933年,河南省立师范招生,在804名考生中,有52%来自农民家庭。在招收的92人中,54%注明来自乡村。除此之外,还有约20%的新生来自"学界"。㉚这一类学生很可能属于乡村教师子弟,因为申请表上的地址均为家住乡村。这样,那么河南省立师范的新生中就有70%以上农村学生。在河北,来自乡村的学生比例更高。1934年,河北省立第七师范(原著名的大名师范)有92%的学生来自农村。㉛江苏省各个乡村师范中,农村学生的比例也都在70%以上。㉜

　　1930年代的师范学校实行免学费政策,并提供膳食住宿。而且,学校位于附近县城、乡镇,可以大大减少路费和其他生活费用,因此成为乡村贫寒学生的首选。1930年代,中国农村经历了许多天灾人祸,普通农民家庭没有能力支付子弟学费和其他费用。1931年的长江洪

　　㉘ 教育部:《修正中学学校规程》,《教育杂志》,卷25,第8期(1935年8月),页128—134。

　　㉙ 刘振佳:《万里:擎二师之旗帜,掀革命之大波》,载《师范群英,光耀中华》(以下在正文中简称《师范群英》,在脚注中仍缩写为SQGZ),陕西人民教育出版社,1992—1994,卷7(上),页1—12。

　　㉚ 培芝:《本校二十二年度入学试验的研究》,载《乡村改造旬刊》,卷2,第13—14期合刊(1933年8月),页4—9。

　　㉛ 河北大名师范:《河北省立大名师范一览》之《学生家庭职业统计图》,河北省档案馆,卷号:645-1-36。

　　㉜ 江苏省教育厅编审室:《江苏教育概览(民国十一年)》,页368—422。

水,使许多家庭遭灾,迫使一些学生辍学。这一年,在平津一带,有2万多学生受到九一八事变的影响而辍学。[33] 1934年与1935年,除了长江和黄河的洪水造成大面积灾害以外,北方另有13个省份遭遇旱灾。[34] 每一次天灾都会给许多农村家庭已经脆弱的经济状况沉重打击。[35] 即使没有大规模的天灾,在30年代乡村整体凋敝情况下,常有学生因家庭经济困难而辍学,仅1935年就有上千学生因这种情况而退学。[36]

造成农民经济困难的另一原因是人祸,主要是国民党政府的重税。尽管当时法定土地税并无明显增加,但各级地方政府名目繁多的苛捐杂税使农民不堪负荷。[37]国民党政府并未彻底推行土地整顿、减少田租的改革政策,因为这两项政策均受到大土地所有者的反对,而地方政府权力往往受到这些大土地所有者的削弱。另一方面,面对共产党的挑战,国民党政府急于稳定政权,更倾向于依靠原有地方保守力量,于是将以前当地势力囊括进新的地方政权。20世纪二三十年代乡村社会由于长期动荡不安,使得原有的地方乡绅早早离开,成为不在村地主,许多乡村地方权力落入地方恶霸手中。国民党重建地方政权的做法则是将原有的地方势力合法化,赋予他们国家权力。[38]

在这种情况下,仍然有农家子弟接受中等教育,的确有赖于不断扩大的地方师范学校为他们提供了难得的机会。1929年,杨琪良家中境况尚可,送他进入保定的私立培德中学,每学期学费30元。但是只上了一个学期,其父就觉得难以承受,要他退学务农。幸运的是,杨琪良

---

[33] Israel, *Student Nationalism in China*, pp. 87—88.

[34] Lloyd Eastman, *Abortive Revolution: China Under Nationalist Rule, 1927—1937* (Cambridge Mass.: Harvard University Press, 1970 [1990 reprint]), pp. 188—190.

[35] 关于民国时期的天灾对农村经济的影响,参见夏明方:《民国时期的自然灾害与乡村社会》,中华书局,2000;以及李文海:《中国近代十大灾荒》,上海人民出版社,1994。

[36] Israel, *Student Nationalism in China*, pp. 87—88.

[37] Eastman, *Abortive Revolution*, pp. 195—212. 关于国民党时期的税收,又见 Kathryn Bernhardt, *Rents, Taxes, and Peasant Resistance: The Lower Yangzi Region, 1840—1950*, (Stanford, CA: Stanford University Press, 1992)。

[38] 黄宗智:《华北的小农经济与社会变迁》,北京:中华书局,1986,页229—243;张益民:《现代化变迁中的土地改革》,载许纪霖、陈达凯:《中国现代化史》,上海:上海三联书店,1995,页447—452。

找到了免费的师范学校,才得以继续升学。㊴当时社会的普遍看法也认为,师范学校学生多来自社会下层,以乡村贫寒子弟为主。江苏栖霞山乡村师范学校的校长说他们学校的学生都是穷人家的子弟,学生中没有奢华之风,多数人生活清贫。㊵在1933年河南省立师范的入学考试中,来自省立和县立师范的学生考试成绩均好于普通省立中学和县立中学的学生。主考教师解释这一现象时说:"入中学者,率多少爷小姐——至少家境是宽裕的,在家庭受些浮华享乐的教育,入学校除'华其发,泽其容,直其腰,广其膈'外,谁肯刻苦用功?况大学可议买文凭,出洋可以买博士,入社会钱能通神,可以为官为绅,斯又根本无须乎用功。……学职业师范者,穷小子居多数,一个钱字注定了命运,非有一技之长,在社会上便无地位,无饭碗,而生活起恐慌矣!谁又敢不刻苦勤奋?此师范学校与职业学校学生之程度所以较优于中学也。"㊶虽然只是在解释现象,但主考教师对师范生多来自贫困家庭的事实表现出无奈与愤然。

在1930年代,虽然中等教育的发展为乡村青少年提供了更多的机会,但大多数乡村青年想要进入城市中学,除了经济方面的原因外,仍面对许多教育方面的不利因素。自1904年新学制建立,到1930年代,教育制度发展出与行政区划、等级相关的教育体系。大多数高小(5—6年级)位于乡镇、县城,而初小(1—4年级)多位于乡村。初小重点在于识字和简单算术,而高小开始学习一些所谓"现代—西式科目"如自然知识、社会常识、唱歌、体育、公民教育以及高级算术。地方政府往往对高小关怀有加,而对初小放任自流,并允许私塾存在。许多乡村孩子在本村或邻村就近读私塾,接受识字教育,主要内容是传统的四书五经。只有聪颖好学的孩子,而且家里供得起,才送去乡镇或县城读高小。只有在短短两年的高小阶段,这些孩子才接触到所谓"现代科目"。而这

㊴ 杨琪良:《向我的母校保定二师汇报》,SQGZ,卷8,页124—137。杨后加入共产党,1949年后在外交部门工作。
㊵ 江苏教育厅:《江苏教育概览》,页398。
㊶ 培芝:《本校二十二年度入学试验的研究》。

些"现代科目"常常和城市场景有关,超出农村孩子的理解。于是,和城市孩子相比,大多数农村孩子只是勉强跟上新"科目",但离上城市中学的要求还有一段距离。1930年代,尽管国民党政府试图以使用统一小学教材,以及鼓励师范毕业生在私塾教课的方法改良私塾,但毕竟成果有限。据教育部不完全统计,1935年,全国24个省份中的19个省和5个特别市(上海、南京、北平、青岛、天津)共有85 291所私塾,学生154 296 1人,约占全国小学数的1/3,学生人数占全国学生在校学生的1/8。在所有私塾中,所谓"改良私塾"占37.17%。其他60%多的私塾仍采用旧式课本和传统教学内容。㊷ 关于这一统计有两点需要说明,第一,统计数字来自官方,地方官员为显示自己的政绩,有可能夸大新式小学数字,少报私塾数量,或将改良私塾报成新式小学,将未改良私塾报为改良私塾。第二,虽然私塾占全国小学校数的1/3,但其中大多数字源于乡村,相对来说,乡村私塾的密度要大大高于城市。这一点也可以从廖泰初的研究中证实。廖对1930年代的山东汶上县和1940年代的四川成都县的私塾进行了社会学的考察和实地探访,发现各种私塾相当活跃,成为当地教育的重要部分。由于当地政府的禁令,很多私塾都秘密存在,而且与新式学校争夺生源。㊸可以想见,这些秘密私塾也许并不在政府的统计数字之内。

从清末到1930年代的教育改革的确使小学教育经历了前所未有的增长,新式小学与私塾并存使乡村青少年中识字人数增加。1930年代,乡村有相当数量的青少年具有基本识字算术能力,其中相当一部分渴望继续求学。因此,当乡村师范招生时,入学考试竞争非常激烈。1933年河南省立师范学校计划招收92名学生,但有804人报名参加考试。㊹1932年山东省立第七师范的入学考试竞争更为激烈,1300名考生中只录取80名新生。㊺江苏的情况并不见好:王若望回忆自己1932

㊷ 教育部统计室:《二十四年度全国私塾统计》,图一。

㊸ T'ai-ch'u Liao(廖泰初),"Rural Education in Transition: A Study of the Old-fashioned Chinese Schools (Szu Shu) in Shandong and Szechuan," pp. 19—67.

㊹ 培芝:《本校二十二年度入学试验的研究》。

㊺ 吕孟军:《刘国柱:倥偬平生情未了》,SQGZ,卷7(下),页67—73。

年投考南京栖霞山乡村师范学校,同时有六七百考生,但学校只招收45名学生。⑯1931年江苏省立吴江乡村师范略好一点:招收40名,投考学生有281人。⑰河北的情况也基本如此,1928年河北省立第九师范学校的入学录取率仅为2%,这种激烈竞争的入学考试一直延续到1930年代;⑱1934年,河北省立保定第二师范计划招生100名,而报考人数高达2 500人。⑲从以上情况看,入学录取率一般在2%—10%,最高也只有15%左右。这种激烈竞争的考试并非史无前例。相比之下,乡村师范的录取率虽然略高于晚清的科举中榜率,但自晚清以来,由于教育发展,识字人数也有相应增加。对于多数有抱负的乡村青少年来说,考试入学是他们惟一可以攀登的社会阶梯,但这个阶梯仍然太窄,仅有很小一部分优秀乡村青少年才得以入选。但对乡村师范学校来说,通过这样激烈竞争的入学考试,他们招收到的学生绝对是乡村青少年中的佼佼者。

师范学校主要为乡村小学培养教师,因此学生毕业后大多回到自己家乡或附近地区任教。据不同省份师范学校的资料统计,情况的确如此。在江苏省,栖霞山乡村师范有超过80%的毕业生回到乡村任教。界首乡师以及无锡乡师的毕业生均有超过70%回到乡村,成为初小教师。⑳据河南省立乡师1936年的统计,在此前五年的毕业生有81%回到乡村,在教育机构工作。㉑河北大名师范的统计显示,毕业生有80%回到乡村任教。㉒1930年代,许多城市中学毕业生面临"毕业即失业",承受"失学"和"失业"的压力时,江苏省立无锡师范学校的负责

---

⑯ 王若望:《王若望自传》,香港:明报出版社,1991,页53。王生于乡村农家,父亲曾任乡村小学教员。王本人在南京栖霞山乡村师范学习一年,接受了马克思主义的影响。后因活动激进被学校开除,到上海从事工人运动,并于1937年加入共产党。
⑰ 《江苏教育概览》,页441。
⑱ 河北泊头师范校史编写组:《任云阁:投笔从戎,血洒长空》,SQGZ,卷8,页84—88。
⑲ 铁瑛:《保定二师求学纪实》,SQGZ,卷8,页89—101。
⑳ 《江苏教育概览》,页398、419、332。
㉑ 李瑞安:《从1931年改为乡师后五年来毕业统计》,《乡村改造》,卷5,第11、12期合刊(1936年9月),页32。
㉒ 《毕业学生服务状况统计图,1934》,《河北省立大名师范一览》。

人宣称本校"从未听到有师范毕业生找不到工作的"。[53]可以看出,地方师范基本上是从当地招生,毕业生又回本地教书。乡村青少年的出路局限于师范,而绝大多数师范毕业生的出路也就局限于当乡村教师。

对于那些有志继续升学,向往进入高等学府的学生,尽管师范学校的路径极其狭窄,但毕竟还是有一线机会,因为师范学校提供了必要的(虽然不是最好的)中等教育。大多数乡村师范属于初中程度,而省立师范则拥有高中部。考入省立师范的高中部不仅意味着具有教高小甚至初中的资格,收入比初小教员高出一截,而且有可能在服务期满后报考大学。这种现象在1930年代的确存在。如前一章提到一些教育家曾抱怨说,许多青年投考乡师并不是为了服务乡村小区,而是想利用师范学校的免费教育,作为他们离开乡村进城求学的敲门砖。[54]

尽管的确有少数乡村青年通过师范学校的途径考入大学,例如,山东第一师范的学生刘震,在完成一年的服务之后,考上了山东大学。1950年代的名演员项堃,也是山东第一师范的学生,毕业后当了一年教师,然后考上南京国立戏剧专科学校。[55]但总的来说,这种例子如凤毛麟角,其原因是多方面的。首先,小学教员属于低薪阶层,他们极少有可能凑足上大学的费用。而且地方当局常常拖欠教师们的薪水,导致1930年代小学教师罢课索薪浪潮此起彼伏。[56]故师范毕业生升学的第一关就是经济问题。第二个问题依然与经济有关:大多数师范生在毕业后,均已到了成婚年龄,在乡村教书几年以后,家庭负担接踵而来,因要养家糊口,就更不可能继续求学。第三个困难在于师范学校与普通中学的课程重点不同,师范学校课程专为教小学而设置,许多课程如

---

[53]《江苏教育概览》,页332。

[54] 乡教研究会:《乡教研究会第一届年会记录》,《乡村教育》,第26—27期合刊(1935年6月),页49;林仲达:《乡村教育能改造中国乡村社会吗?》,《中华教育界》,卷23,第9期(1936年3月),页1—8。

[55] 丁更新:《刘震:齐鲁教育战线上的"老战士"》,SQGZ,卷7上,页259—268;丁涛:《项堃:誉满神州的一颗电影巨星》,SQGZ,卷7上,页347—359。

[56]《河南小学教员罢课潮》,《南北教员索薪运动之纷起》,《小学教员之索薪运动》,分别载JYZZ,卷22,第2期(1930年2月),页130;第10期(1930年10月),页125—126;卷23,第3期(1931年3月),页129。

几何、大代数、英语等等,或过于简略或根本未设,成为师范生考大学难以超越的障碍。第四,在乡村小学教过几年最基本的语文算术之后,他们和过去学过的知识已有距离,而且沉重的教学负担占去了他们的时间与精力,无法复习考试科目,日新月异的现代城市和知识已将他们抛诸身后,使他们很难与城市学生们竞争。也许有人能战胜以上困难,但他们绝对是极少数。因此,绝大多数毕业生返回他们自己的村庄。然而,即使他们自己逃脱了面朝黄土背朝天的命运,面对日益凋敝的乡村,看到乡亲们生活日益困苦,他们会产生强烈的不满,产生社会变革的要求。

社会革命的温床:山东、河北的地方师范学校

国民党政府发展地方师范学校的初衷是要扩大对地方和乡村地区的控制,但由于这些学校的位置、学生来源均不同于以前,加上1930年代的社会状况的催化,使得地方师范学校成为革命活动的温床。师范学校聚集了一大批对社会现实不满的乡村青年。1930年代地方师范学校的学生有着一些相同的特点。首先,他们大多来自贫寒家庭,不少学生家庭经济每况愈下。第二,他们都是乡村青少年中的佼佼者,通过激烈竞争的入学考试就证明了他们的能力,使这一批人有优越感。同时他们也有不平感,因为他们考入师范本身就体现了社会的不公:因其优秀而通过考试,本来可以有更好的前途,无奈只是由于经济困难而不得不入师范。第三,展望前途,他们已注定要困守乡间,拿着低薪,贫苦终生,与城市的知识界少有沟通,而且几乎没有改变自身状况的可能。第四,进入师范学校后,他们接触到了一些现代思想,一些激进的社会理论,使他们开始对乡村社会进行反思。师范学校是他们接触外部的窗口,给他们一个机会了解自己村庄以外的世界。1930年代国民党的现代化政策注重城市发展,虽然在城市中取得了一些重要成果,但他们在重建乡村中却遇到困难,尤其是乡村经济凋敝、社区瓦解等问题难以解决。这些青年们从自身处境出发,感到国民党的现代化和乡村政策

并未改善其自身和家人的状况,反而使其日益困顿,于是他们要求变革,一种不同于国民党政府注重都市现代化政策的变革。第五,由于国民党政府对日政策的软弱,使得共产党激进的革命政策与民族主义更有吸引力,因而他们也更易接受共产党对乡村问题的解决办法。另一方面,1920年代末大革命失败后,一批左翼知识分子逃离城市,隐匿于乡村学校,将激进社会思潮带入乡村并组织各种社会活动。马克思主义的社会思想似乎对这群不满现状的学生更具有吸引力,共产党组织注意到了这个群体,将其发展为中共的基层力量。

这部分考察山东河北地区师范学生在1930年代的激进活动,主要资料来源于《师范群英,光耀中华》。这是一部关于师范学校及学生的事迹报告暨传记汇编,共有21卷。关于河北山东的师范事迹集中在7—8卷。山东河北在1930年代均为人口大省,以农业为主,又面临日寇侵略压力,九一八后目睹东北难民的流离失所,成为抗日的前沿。七七事变后又立刻沦陷。抗战时期,共产党成功地将两省相当大一部分地区打造成敌后根据地或游击区。内战时期,这两省是全国的老根据地,为共产党夺取全国胜利打下了基础。在山东,师范学校几乎占到中等教育的一半,在河北,师范学校占中等教育近2/3。因此,师范学生的活动就成为我们理解这一历史时期的关键。

《师范群英》中的报告和传记均收集于1990年代初,许多篇章或是基于原始资料,或是经过对当事人采访后撰写,属于授权传记,有的是本人的回忆录,属自传性质。这些传记、自传和回忆录的形成有其历史资料的基础。根据本书编纂人的说明,传记写作是由当地师范学校教师、地方史资料馆、档案馆人员在参考地方志、当时报刊资料、地方档案、校史、个人回忆录的基础上写成的。自传和回忆录的部分大多是受邀写成。因此,在大部分史实方面,应当具有可靠性。当然,此书亦有其缺点,第一,正如本书书名所指——"群英"——已经说明这部书集的基调,即歌颂革命英雄,其史料的观点和叙述方式已受到革命话语的主导,所以,我们可以想象,大部分人的事迹均是革命胜利的赞歌。因此我在鉴别数据时,舍弃了相当部分内容,以期减少共产主义革命话语的影响。其次,在既定的历史环境下,叙述人有可能重塑其记忆的现象。因此,我在选择数据时,尽量侧重事实,减少叙述和对事件的定性。尽管有以上种种问题,此书仍有重大价值,尤其在个人家庭出身、经历、社会活动方面为我们提供了有用的信息。[57]它讲述了山东、河北1930年代一群师范学校出身的共产党基层干部的经历,从他们为何进入师范,如何接受革命影响,到何时何地加入共产党,进行过什么样的活动,等等,这些信息本身提供了我们了解1930年代共产党在乡村师范学校活动的线索。但是本文并不能提供一个数字性的统计数据,确切地说明有多少共产党干部来自师范生,更为准确的数据也许有待于共产党内人事档案的公开。

1. 地方师范:心怀愤懑的乡村青年聚集之所

叶文心(Wenhsin Yeh)在研究五四运动在杭州地区引发的反应时指出,师范学校的学生对五四运动的反应与普通中学学生不同。她认为这种不同是由于这两个群体有不同的社会背景,而且学校宗旨、目的、课程以及职业前景也不同。普通中学学生多来自都市精英家庭,他们上中学的目的是为了继续升学,以便毕业后在政府或商界工作。而师范学校学生大多来自本省偏远地区小城镇中的旧式乡绅家庭,他们的前途已基本决定:升学无望,毕业后只能回到家乡村镇去教书。省内偏远城镇的保守气氛、封闭的社会环境以及落后的经济状况使他们感到窒息,[58]在杭州这样的大城市,他们感受到了进步与开放的现代气息,与自己家乡的情况形成鲜明对照。于是这些师范生对五四运动的反应要比那些普通中学学生激进得多,他们积极响应五四文化激进主

---

[57] 我认为这些前师范生们在讲个人家庭出身,接受教育,加入革命,与进步教师的接触联系,入党时间地点,在共产党内从事的工作、职务等等,应该有很高的可信度。因为从20世纪40年代的整风,50年代的职务评级,60、70年代的文革,一系列的政治运动,历史审查迫使中共干部们一次次回忆并证明他们的经历,尤其是在文革中,他们多次被迫交待个人历史细节,其经历都被红卫兵调查得清清楚楚,任何不实细节或含糊其辞都可能成为致命的错误。到80年代,这些人必须证明自己早年的经历,提供证明人,以获得按不同年资规定的退休福利。所以这些信息应该可以引用。

[58] 1960年代的电影《早春二月》就反映了这种内陆偏远小城镇的保守与封闭。

义,激烈地攻击家族制度和孔家店。[59]台湾学者吕芳上在研究1920年代的学生运动时,也注意到了师范学校的学潮多于一般学校,并将其解释为师范生大多出身贫寒,出路有限,对现状不满,在社会运动中比普通学校学生更为激进。[60]

1930年代师范学生与五四时期师范生的不同之处在于1930年代的师范生来自更低的社会阶层。如果说五四时期的师范生来自内陆小城镇的旧式乡绅家庭,那么,1930年代的师范生则来自乡村的小农家庭。他们受到当时农村经济状况的拖累,生活比五四时期的师范生更为窘迫。另一方面,五四时期,大多数师范学校位于省会和大中城市,而1930年代的师范和乡村师范,尤其是简易(乡村)师范位于县城、乡镇。面对乡村社会的具体问题,面对日益贫困的父老乡亲,这些来自农家的青年更直接地感受到自己和将来要服务的乡村被日益发展的都市地区所抛弃。他们从自己的切身体会中发展出一种不同的社会观念,也在寻求一种不同的社会解决方案。

在《师范群英》第7—8卷中,河北山东两省的人物大多来自乡村。从他们的传记中,我们可以看出大多数人来自中等甚至中等以下的小农家庭(见表7.3.1[上])。[61]在20世纪20年代末和30年代初,这些人多处于青少年阶段,而且许多人都遇到家庭经济困难以及其他问题,受教育经历甚为坎坷。许多人小小年纪就得从事农作,例如1931年入读山东平原乡师的高峻岳,少年时代大部分时间在田间干活,到19岁才读完高小。[62]在同一卷中,许多人都讲述着同样的故事:一边上学,一边

---

[59] 叶文心:《保守与激进:试论五四运动在杭州》,载汪熙、魏斐德(Frederick Wakeman)编:《中国现代化问题:一个多方位的历史探索》,上海:复旦大学出版社,1994,页200—215。又见 Wenhsin Yeh, *Provincial Passages: Cultural, Space, and the Origins of Chinese Communism* (Berkeley: University of California Press, 1996)。

[60] 吕芳上:《从学生运动到运动学生:民国八年至十八年》,台北:"中央研究院"近代史所出版,1994,页75—89。

[61] 这些前师范生们对自己家庭状况的描述有可能与事实有出入,但应该不会太大,因为报告、传记和回忆录均完成于1990年代初,那时家庭成分政策撤销已有十余年,承认家庭富裕并不会带来麻烦,夸耀家庭贫困也不会带来好处。

[62] 王朝玺:《高峻岳:为了大地的明天》,SQGZ,卷7下,页44—58。

在田间耕作。高峻岳也许是其中比较极端的例子,但从表 7.3.1［上］所列来看,不少人都有因家庭经济困难而中断学业的经历,可见大多数人的家境并不富裕。

　　河北的师范生也有同样经历。铁瑛的回忆录所讲的故事可能对 1930 年代的师范学生有普遍意义。铁瑛在改良私塾完成了早期教育,以优异成绩初小毕业,因家中经济拮据而辍学。但铁瑛以性命相争,才得父母允许进入高小。他虽然以第一名毕业,却再次面临失学。其时附近村庄有简易乡村师范招生,不收学费,才为他继续求学提供了机会。在简易师范,他得知河北省立师范学校(高中部)招生,只要交小额注册费和保金(毕业时可退还),学校不仅免学费,还包吃住。铁瑛通过了激烈竞争的入学考试,在亲戚资助下凑足了注册费并得以学校免除其保证金,进了河北保定第二师范学校。㉝在《师范群英》卷 7—卷 8 中所包括的山东河北两省的前师范生中,来自赤贫家庭和十分富裕家庭的人都是少数,绝大多数人都是因为家庭经济困难,上不起普通中学,不得不进入师范的。师范学校帮助这些有才华的乡村青少年解决困难,使他们能够接受中等教育。

　　相同的家庭背景和艰苦的求学经历使得学校的农家子弟有着共同语言,形成了无形的交往圈子,激发了其阶级意识。杨琪良回忆自己在保定二师的经历时说:"在二师,同班同学大多家境比较困难,穷人的子弟共同语言就多,许多人为了升学差不多都有一段心酸的奋斗史"。㉞在师范学校,相同的家庭背景和经历使得在学生中以阶级来划分交往圈成为自然现象。一个极端的例子就是在山东滋阳乡师的一次学生罢课。学校里有为数不多的学生来自地主和地方官员家庭。农家贫寒子弟和这些学生之间的关系一直比较紧张。有一次,以秦和珍为首的贫寒学生利用一个很小的冲突,发动了全校罢课,要求校方开除这些富家子弟,他们认为这些人在校园中表现张扬,欺负穷学生。由于贫寒学生

　　㉝　铁瑛:《保定二师求学记》。1964 年铁瑛授少将衔,20 世纪 60、70 年代为中共中央委员,曾任浙江省委第一书记,90 年代为中顾委委员。
　　㉞　杨琪良:《向我的母校保定二师汇报》。

人数众多,校方不得不将那些富家学生开除了事。⑥

一方面他们对自己贫寒的家庭背景十分敏感,另一方面这些师范生们还有强烈的优越感,因为他们毕竟是从激烈的竞争中脱颖而出的。而且,他们从小就以聪敏好学闻名乡里,许多人在县城高小读书时总是名列前茅,家庭及乡亲对他们寄予厚望,也培养出他们不甘命运的精神和对家乡社区的使命感。秦和珍原名"令璞",他伯父曾赠他一首藏头诗,将他比喻为"藏于深山"之"璞",四句诗头和起来就是"令璞改良",可以看出家人对他有很高的期待。⑥铁瑛回忆说,当他以全县会考第一名的成绩高小毕业时,"红榜贴到了元集村大街,街坊邻居都向我爹娘竖大拇指:你家三儿有出息"⑥。但是,这些志向远大,聪敏好学的青少年却不得不面对阶级分化的现实,在求学路上不断受到家庭经济的困扰。这种挫折感会常常表现出来,铁瑛在读书时,从开始作文抨击社会的不公,谴责阶级压迫,表达出对平等美好社会的向往,到最后发展为积极从事激进的社会活动。⑥

2. 地方师范:逃亡共产党人的再生之地

这些乡村青年积累的挫折感和对社会的不满需要某种引导方能成为社会力量,而 1930 年代,正是在地方师范学校里,他们遇到了引导他们的人。第一代的共产党员经历了 1910 年代的新文化运动、五四运动和 1920 年代的反帝爱国运动、反对军阀政府以及北伐革命的洗礼,在 1927 年国、共分裂后,以不同方式流向农村。一部分人参加了毛泽东的农民起义,从事建立农村革命根据地的工作,但也有一部分人或不能去根据地,或失去联系,或其他原因,也不得不逃离受到严格控制的城市,躲在偏僻的乡镇或农村。另外,在国民党"清共"扩大化的情况下,

---

⑥ 李茂如:《秦和珍:滋阳乡师走出的革命家》,SQGZ,卷 7 下,页 98—108。
⑥ 同上书,页 98—108。
⑥ 铁瑛:《保定二师求学记》,页 92。
⑥ 同上书,页 97。

一些受到马克思主义和社会主义影响的进步知识分子[69]也被迫离开城市,逃往乡村。这些共产党员和进步知识分子们来到乡村,以教书谋生,在学校藏身。此时正逢国民党在乡村扩大师范教育,招募教师,于是师范学校成为这些逃亡知识分子理想的避难所。中央政府对大城市以外地区控制松懈、地方官僚的无能怠懈、乡村缺乏教师以及地方人情关系网,诸多因素都有利于这些逃亡者在学校里藏身。

近年来,学术界对于中国共产主义革命在地方社会的传播过程有了一些了解,刘昶利用地方档案所进行的研究证实,正是这些藏身于乡间学校的教师们成为乡村革命的"播火者"。[70]共产党员和进步知识分子藏身学校的情况在当时的新闻报道中可见一斑,其时常有报刊报道某些学校教师被指控为共产党,[71]这些指控既有"清共"扩大化造成的冤案,但许多案件也是确有其事。例如,王哲于1919年在北大读书,后又去苏联学习教育学,1927年加入共产党。国共分裂后,城市政治形势紧张,迫使他流亡乡村。1931年,他到了位于莱阳的山东省立第二乡村师范,任教导主任。在他的主持下,学校形成了一个激进的小环境,而且他还根据考生对共产党的态度来录取新生,并以学校名义,从北平等地购回大量的马、恩、列、社会主义、共产主义理论书籍及左翼作家的文学作品,充实学校图书馆。在他的指导下,学生中成立了读书小组,阅读马克思主义理论书籍。他鼓励激进学生的活动,并保护学生党员不受当地县政府和国民党党部的骚扰。[72]

在山东、河北的师范教师中,有很多类似王哲的例子。例如李竹如,1927年在南京上中学时加入了共产党,并在南京大学从事地下活动。随着政治形势越来越紧张,他离开南京,在山东济南第一师范找到

---

[69] 我将进步知识分子定义为受左翼思潮影响的学者、作家、文化人、教育家、教师等等。他们未必加入共产党的组织,但却是共产党人的坚定同情者。

[70] 刘昶:《革命的普罗米修斯:民国时期的乡村教师》,《中国乡村研究》第6辑。福州:福建教育出版社,2008,页42—71。

[71] 据1930年代的《教育杂志》,有不少学校教师被指控为共产党而遭到逮捕的报导,如1930年10月号的《教育界党狱之蔓延》;同年11、12月号的《学校党狱之蔓延》;以及1931年2、3月号的《教育界党狱之余波》。

[72] 贾学春:《王哲在莱阳乡师的革命活动》,SQGZ,卷7上,页99—115。

教职,并继续从事革命活动。⑬山东第四师范教员马石安1926年加入共产党,并在1928参加了鄂北武装暴动,失败后逃亡,在青州省立第四师范学校找到教职,并在学校内组织了一个学生活动小组,发展出共产党支部。⑭山东第五师范的教师马霄腾也是一位共产党员,1927年后逃脱国民党在南京和上海的追捕,回到山东,先在第一师范任教,后被党组织派往第五师范。⑮山东第一师范聚集着一大批这样的进步知识分子,如国文教师徐步云(陶纯)、袁和清,数学教师王俊千,博物教师韩琴南,史地教师祁蕴朴、石逸民,理化教师王丹忱、李清泉,美术教师周爱舟、吴天墀,等等。⑯

河北的情形也如此:第一次国共合作期间,冯品毅曾为第三国际代表鲍罗廷的翻译,1926年,冯从事地下工作的河南省政治形势恶化,便受邀到河北(大名)第七师范任教。在此期间,他发展了校长、教务主任、训育主任、几名教师和学生成为党员,并建立了学校党支部,从此河北七师成为当地共产党活动的中心。⑰河北保定的第二师范聘任共产党员赵瑞五在本校任教,他曾以共党嫌疑被县当局逮捕,但在校长、教师和学生的营救下,终因证据不足获释。⑱王志之是一位左翼作家,共青团员,1927年参加了南昌起义。之后,他与组织失去联系,逃到河北,在位于泊头的河北省立第九师范教授文学,并继续从事左翼文学创作,支持学生的激进活动。⑲

与此同时,地方上有一批受过新文化运动和五四运动熏陶的进步知识分子和地方精英,因不满国民党政府1927年后突然向右转,也成为共产党的同情者和支持者。例如山东第二师范校长范明枢,济南乡

---

⑬ 王朝玺:《李竹如:涓涓碧血写春秋》,SQGZ,卷7上,页170—182。
⑭ 马树德:《张北华:益都师范的革命先驱》,SQGZ,卷7上,页269—284。马石安1952—1954年任北京农大、北京大学副校长,1958年出访国外时因飞机失事遇难。
⑮ 王朝玺:《马霄腾:慷慨悲歌忠贞魂》,SQGZ,卷7上,页142—153。
⑯ 丁更新:《刘震:齐鲁教育战线上的"老战士"》,页260。
⑰ 李建中、刘品一、李广:《谢台臣:一位革命教育家》,SQGZ,卷8,页10—20;呼中汉:《冯品毅:闪光的青春》,SQGZ,卷8,页34—41。
⑱ 铁瑛:《保定二师求学记》,页99—100。
⑲ 河北泊头师范校史编写组:《曹中南:投身革命即为家》,SQGZ,卷8,页138—141。

村师范校长鞠思敏,山东第三师范校长及六县联立乡师校长孙东阁,文登乡师校长于云亭,山东省立第一师范校长兼教务长王祝晨,河北第七师范校长谢台臣,教务长晁哲甫,第二师范校长张霄腾,第四师范校长孟宪祝,等等。这些同情共产党的校长、教务长们都是地方名人,他们利用自己的权力和影响,聘用共产党员和左翼知识分子,在教师或学生遇到地方政府骚扰或逮捕时,想方设法地保护、营救他们。[80]

这些逃亡乡村的共产党员和左翼知识分子将学校作为他们继续从事革命活动的新战场,并且积极地利用各种方式吸引学生参与。从《师范群英》的大多数篇章来看,这些共产党员教师在学校的活动有着共同的特征。首先,他们利用师范学校的正式课程,传授马克思主义政治经济学和社会理论,把马克思主义关于阶级和阶级斗争的理论介绍给学生,并对当下农村经济状况和社会阶级状况进行分析,然后鼓励学生在假期回乡时做社会调查,以马克思主义理论进行分析。1930年代在课程设置上,中等师范学校与普通中学在主要科目上差别不大,只是一些数理英文等高深科目比普通中学更为简略,课时更少,甚至省略。但师范学校有一些专门课程是普通中学没有的,如教育学、教育心理、教学法、教育测量与调查、教学实习等等。乡村(简易)师范或为初中程度,或四年制高、初中合并,其课程设置更倾向于减少数理化英科目,侧重小学教育。而乡村师范则有一些课程专为训练学生服务乡村而设,如"农业知识与实践"、"乡村经济与合作社"、"水利"、"乡村教育与民众教育"、"乡村小学管理"等等。在这些科目下,教师可灵活讲授如"社会研究"、"乡村社会"、"乡村经济分析"等课程(见表6.2.3,6.2.4)。在山东第二乡师,王哲不仅自己教授这些理论,作为教导主任,也要求别的教师教授同样的内容。[81]其次,他们组织读书会、文学社团,吸引爱好文学的青少年。通过读书会,他们将一些左翼作家的作品介绍给学生,指导、鼓励学生思考社会问题。在这个过程中,他们甄选出一些领悟力强、有强烈社会责任感、思想激进、活动力强、人品可靠的学生,先

---

[80] 见《师范群英》卷7—8有关篇章。
[81] 贾学春:《王哲在莱阳乡师的革命活动》,SQGZ,卷7上,页99—115。

介绍他们参加共产党外围组织如"民族解放先锋队"(简称"民先")、"抗日救国会","反帝大同盟"等等,然后发展他们入党并建立地方支部。一个学校只要有一两位这样的教师和一群追随他们的学生,一个共产党的地方组织就建立起来了。

3. 培养学生活动分子的温床

在共产党员和进步教师的引导下,在同情共产党的校长保护下,地方师范学校成为酝酿和滋生激进思想的温床,社会活动的中心。在这种氛围中,许多学生思想激进,以共产党的同情者和支持者为傲,在学校里公开赞扬共产党的政策,抨击国民党的腐败无能。相形之下,如果有学生或教师赞扬国民党政府,则受到激进学生的抵制。山东莱阳乡师的一位教师上课时以"剿匪"指称国民党政府对共产党苏区的军事围剿,这本是当时的官方说辞,于教师并无不妥,但马上有学生发动抗议,直到教师道歉为止。[82]同情共产党的情形在其他地区的乡村师范中也很普遍。王若望回忆他在师范学校时道:

> 栖霞山乡村师范中的学生都是贫苦出身,他们很自然地倾向革命,所以在高两班的学生中间,有进行共产党地下活动的,也有宣传无政府主义的,各种政治色彩的秘密组织都很活跃。信仰国民党的大概一个也没有,如果谁是国民党的话,他在这里肯定站不住。[83]

王若望当时在乡师接受了共产主义影响,成为学生运动积极分子,因为组织学生与学校对抗被乡师开除。后在共产党组织的安排下去了上海,从事工人运动和地下活动,并加入了共产党。这一时期,他开始进行文艺写作。1949年后王若望历任《文艺月报》《上海文学》副主编,1957年被打成右派。1980年代又被指为"资产阶级自由化"的代表之一,被开除出党。王在人生晚年写作自传时,对自己参加共产党的事业有深刻的反省。

---

[82] 贾学春:《王哲在莱阳乡师的革命活动》,SQGZ,卷7上,页107。
[83] 王若望:《王若望自传》,页60—61。

因此,他对学校中共产党影响的说法不大可能有夸大的成分。

从《师范群英》中的篇章,我们可以了解他们所受到的影响。表7.3.2 列出了 1930 年代流传于山东、河北师范学生中的一批书籍杂志,都是《师范群英》中的人物在他们的传记或自传中提到的。五十年之后他们仍记得当年读过什么书籍杂志,应该说,这些书籍杂志对他们政治观点的形成具有重要意义。[84]从这些流传的书刊中,我们可以看到 30 年代共产党和左翼文化人在师范学生中的影响力。这些书刊包括马克思、恩格斯、列宁、斯大林的著作,中国和日本学者写的关于马克思主义理论入门书如艾思奇、河上肇的著作。文学方面有五四作家和左翼作家,包括鲁迅、郭沫若、曹禺、巴金、茅盾、萧军、萧红,以及苏联左翼文学家如高尔基、绥拉菲莫维支的作品等等。杂志方面以左翼和倾向左翼的文人所办的杂志,如邹韬奋主编的《社会周刊》、蒋光慈主编的《拓荒者》、丁玲主编的《北斗》最受欢迎。山东的共产党员知识分子利用同情者的掩护,建立了"书刊介绍社",专门购入上海、北平出版的左翼书刊,再转输山东各地的学校,将当时左翼文学作品和共产主义理论书籍介绍给当地学生。1930 年代的文献也证实,在《师范群英》中提到的这些革命、左翼书刊当时的确流传于不少师范学校。每年国民党政府给地方邮局和警察局下达一个禁书单,其中不仅禁止以上书刊,而且甚至包括除共产党的其他政治组织的书籍刊物,国民党左翼人物和社会改良人物的书籍也在禁止之列。[85]表 7.3.3 列出了1931—1932 年间河北保定警察局在一次检查几个师范学校的邮件时搜查到的违禁刊物,均属共产党刊物。可见共产党组织在当地师范学校中十分活跃。

---

[84] 左翼书刊对师范生们的影响也有重塑记忆的问题,考虑到他们对这些书籍刊物的理解可能是随着他们在共产党内的经历而逐步加深的,所以,我列出了这些书刊,试图说明当时这些书刊流行的状况,有助于我们理解这些书刊可能对他们发生的影响,而不偏重讨论如何发生影响,或发生多大的影响,更不采用作者或传主本人的说法。

[85] 河北当局每年都下发禁书名单给各个学校,督促他们帮助查禁违禁书刊,每份禁书单都长达几十页,文件标题宗旨明确,如《严禁反动宣传(1930)》,《严禁反动刊物(1932)》,《查禁反动宣传(1933)》。文件见河北省档案馆,卷号 645 - 1 - 7, 645 - 1 - 2, 645 - 1 - 3。

表 7.3.3　保定市警察局查抄师范学校邮件所发现的地下刊物 *

发现地下刊物的学校	刊物名称
第二女子师范	北方红旗
	中国共产党中央委员会告民众书
第二师范	北方红旗
	中国共产党中央委员会告民众书
	反对白色恐怖
	东方日报
	全国苏维埃区域代表大会宣言
	全国苏维埃区域代表大会目前时局宣言
	全国苏维埃区域代表大会劳动保护法
第七师范	红旗日报
	直南红旗
	三份共产党传单

表注：
以上几个师范学校是当时共产党学生最为活跃的地方，也是国民党政府检查的重点。

《师范群英》第 7 卷中对不少学生积极分子参加革命的历程给予较为详细的记载，但是传记人物并未囊括山东省师范学校中所有参加革命的进步师范生，许多学生积极分子，甚至后来成为共产党高级官员的人物都没有给予单独的章节，而只提到其姓名和在 1949 年以后的职务。例如，前山东省省长赵健民、前七机部部长景晓村、前中央纪委第一书记于毅全、前河南及黑龙江省省委书记潘复生、前山东省省委书记高奇云、前上海市市委书记王一平、原黑龙江省政府机关党委专职副书记邵汝群、北京军事博物馆馆长刘汉、前昆明军区副司令员刘春山、原商业部副部长任泉生、原总后勤部副部长白相国、原营口市委书记宫霞光等等。第 7 卷还提到另外近 100 名学生积极分子，但并未提供有关他们参加革命的经历以及现况的具体细节。[86] 可见当时由师范生而参

---

* 见河北省档案馆：卷号 645 - 1 - 1, 645 - 1 - 7, 645 - 1 - 2。
[86] 见 SQGZ，卷 7（上下册）。

加革命的为数不少。

　　当然,《师范群英》中所提到的人物与这一时期全体的师范生相比仍是少数,就是包括没有列入记录的学生党员和积极分子,在整体学生和在大多数学校中也是少数。可是,这并不影响他们对学校政治文化具有主导作用。易社强在研究 1930 年代学校政治活动中发现,一个学校只要有 10% 的学生积极参加政治活动,就能主导这个学校的政治气氛。在一个地区,只要有少于 1% 的学生积极分子,就能左右这个地区的学生组织和学生运动。[87]拿山东、河北地区师范学校的活动的例子来看,大部分地方师范学校中学生活跃分子都超过了易社强所说的比例,例如,山东第三乡师学生总数不过 160—170 人,但受学校中共党组织吸引的积极分子学生就有 60—70 人。1933 年,文登第七乡师有 30 多名学生党员,占学生总数的 1/5,还不包括参加共产党外围组织的进步学生。[88]在河北第七师范,据说当时有 80% 的学生都多少卷入了共产党领导的政治活动。[89]

　　《师范群英》中所记载的人物,在成为革命者的过程中都经历了如下几个步骤:首先,他们在学习中一般性地了解社会主义和马克思主义理论,表现出极大兴趣,并积极地参与社会调查,利用这些理论分析乡村社会。在此过程中,他们也许表现出比一般学生更强烈地表达对社会不公的愤慨,受到共产党员教师或同学的注意。其次,他们被邀请参加学习小组、读书会、文学社团以及社会活动团体,如"民先"等团体,这些团体往往是由共产党员教师或学生指导或领导。在这些组织内,他们进一步了解共产党的主张、社会革命的必要性、共产党组织和最终理想,以及被认为是中国前景的、被理想化的苏联社会状况。然后,他们卷入具体的政治行动,组织罢课、示威游行。最后,在一系列活动中表现积极的学生被吸收加入共产党。[90]

---

[87] Israel, *Student Nationalism in China*, p. 7.
[88] 杨英煦、李天星、宋林海:《赵昭:银雀山下的火炬》,SQGZ,卷 7 上,页 309—322;黄淑和、吕孟军:《谷牧:为了新中国的诞生与繁荣》,SQGZ,卷 7 上,页 328—346。
[89] 李进法:《王振华:兢兢业业为教育》,SQGZ,卷 8,页 27—33。
[90] 在大多数人的回忆或传记中,个人经历和参加共产党的过程都非常相似。

表 7.3.1[下]记录了师范生们参加共产党组织的时间、地点,以及他们在 1930 年代的社会政治活动。这些活动的目标和范围有可能是全国性的、政治性的,如抗日游行请愿、抵制日货、抗议国民政府的不抵抗政策等等,这些活动往往是校际间的联合行动,响应全国运动。地方性的跨校活动也可能是非政治性的,如反对会考、反对军训等等。相当部分抗议活动是在校内进行的,如某些活动针对校领导贪污腐败、校方雇用无能教师、学校伙食恶劣、教师保守歧视、学校无故开除学生、学生之间的冲突等等。当然,也有地方性的政治活动,如组织附近工人罢工,要求增加工资,暑期回乡动员乡民抗捐,等等。但这种激进的政策随着共产党提出联合阵线后有所缓和。1930 年代,大多数政治活动属于校际之间的联合行动,并多以抗日为主题。九一八后,这些活动使民族主义情绪走向高潮,将众多原本政治意识不强的学生卷入其中。而校内的非政治性活动也常常有团结学生,动员群众,给保守校方找麻烦的意味。易社强认为学生的活动有两种不同性质,即政治性的和非政治性的。"学运"是"全国性的,对国内外重大事件的反应",这种运动带有政治色彩;而"学潮"则是"地方学校中由于不满当局处理教育或人事而引发的混乱",这种活动常常是非政治性的。某些团体的地方组织常常利用非政治性学潮以表达对政治政策的不满,因此两者有相关之处,但许多时候区分不太明显。[91] 1930 年代师范学校学生的活动也显示了这二者之间的区别与关联。

这些活动和学潮在政治实践上的意义不容忽视,因为这种政治实践在建立现代民族国家(nation-state)意识的过程中,在训练学生作为地方领袖的过程中有着重要作用。通过这些活动,一部分来自穷乡僻壤的"乡下小子"们将自己的活动与国家的事业和民族的命运联系在一起。发动支持全国性的运动,如一二·九运动、抗日宣传、组织请愿团去南京,都让他们觉得自己的行动与全国学生紧密相连,个人对国家有着重大责任,从而帮助他们克服地方的局限,融入统一的民族国家。

---

[91] 见 Israel, *Student Nationalism in China*, pp. 89, 85—86。

而且,参加一些全国性的组织,如"民先"、"左联"、"反帝大同盟",都把学生活动积极分子从地方性的存在连接到一个全国性的网络中,强化了他们想象中的国家意识。通过这个过程,小村庄走出的农家子弟就变成了国家事务的参与者,对他们在精神上和自我身份认同上进一步升华具有重要意义。在这一过程中,学生活动家们学会了如何组织群众、传递信息、表达诉求、制造舆论、互相联络、动员力量。这种训练最终成为他们下一阶段组织抗日游击队的宝贵经验,让他们具有了成为基层领袖的能力。在这一系列的活动中,一部分学生参加了共产党和共青团,大部分学生积极分子参加了共产党的外围组织如"民族解放先锋队"、"抗日救国会"、"反帝大同盟"、"左联"等等。这部分人中的大多数在抗战爆发后也加入了共产党。这些活动为共产党在抗战中崛起训练了骨干力量。从以上山东河北的例子中,我们可以看到1930年代共产党如何渗透地方师范学校,如何引导和组织学生,将其塑造为革命的温床。我们也可以想象,其他地方的师范学校也有相似的经历,但由于篇幅、资料等因素的局限,本书未能涉及。

4. 从学生活动家到乡村抗日组织的领袖

师范学生成为地方革命领导人的另一个重要步骤是回乡。在本文第三部分中提到,绝大多数师范生毕业后,回到自己家乡或附近村镇教书。表7.3.1[下]所用的资料证实了这一点。他们成为地方领袖并非偶然,首先,因为他们出身于当地农家,了解地方风俗语言,可以用同一种语言和农民沟通,知道怎么将民族主义理论和共产主义革命的大目标翻译成农民理解的语言。其次,他们从自己的经历中,体会到乡村生活的艰辛,懂得农民的疾苦,知道他们想要的是什么,知道什么政策能吸引更多的农民参加抗日。第三,他们从小读书就是同类中的佼佼者,被家庭、村民寄予厚望,代表着家族和村庄的荣耀,使他们在乡亲们中有声望,有号召力。第四,他们回乡后,被看成是读过书、见过世面的人。作为地方教师和文化人,他们受到尊重,教师身份也利于他们和学生家长们交流。这些都是他们成为地方领袖的必要条件。而且,如上文提到,在乡村中存在着一大批青年,他们虽然接受过几年基本教育,但未能接受高小或中等教育,属于在投考师范学校考试中被淘汰的大多数。他们所受的教育使他们有能力与地方教师沟通,理解一些基本的社会概念,同时,在1930年代乡村经济整体衰落的情况下,他们也对生活现状不满。这批人既是地方教师的同龄人,又可能是家人、亲戚、同乡、儿时玩伴、小学同学,因而最可能成为地方教师进行动员的主要对象。当然,对这批人的动向有待进一步研究,也许能帮助我们了解除师范毕业生以外的中共基层干部。

表7.3.1[下]中所列43名学生中,有24人回到乡村,成为小学教师,28名先后组织或加入了地方游击队。除此外,师范学校的党组织也特别送学生到地方乡村去组织群众,参加游击队。例如,七七事变后,山东惠民第六乡师送出十几名共产党员学生到附近村庄去发动群众,准备游击战。[82]另外的人以不同方式参加抗战,例如抗日宣传队。七七事变后不久,山东大部分地区沦陷,所有学校或停办或搬迁到大后方。有些师范生回到家乡组织抗战,有些去了延安,有些跟随学校撤退往后方,但中途也转而参加了抗战。1937年11月,山东平原第五乡村师范和惠民第六乡师曾送出90多名学生去了延安。[83]表7.3.1[下]中,14位人物先后去了延安,其他人物有的进入共产党在山西等地举办的训练班或学校。在延安,他们或在抗大接受政治军事训练,成为军事指挥员,或进中央党校、马列主义学院进一步学习理论。然后被派往敌后,或派回家乡从事组织动员群众的工作。1930年代后期,他们中多数为县区领导,1940年代成为县级以上及地区领导。前山东平原乡师学生王克寇的经历有助于我们了解这批地方领袖的成长:王于1933年入乡师学习,1936年在乡师入党,1937年夏毕业后回到本县任教,同时进行抗日动员和组织活动。1937年底日军占领其家乡时,王已经拥有一支很小的游击队,后来又兼并了其他各种地方武装和民间抗日力量,

---

[82] 王朝玺:《马霄腾:慷慨悲歌忠贞魂》,页148。

[83] 根据王朝玺:《马霄腾:慷慨悲歌忠贞魂》,山东平原乡师自开办以来共有400名学生,其中四分之一在此期间参加了共产党革命,SQGZ,卷7上,页148—149。

包括改造一支土匪队伍。1938年初当共产党中央派代表进入该地区开辟敌后根据地时,王领导的游击队已经成为当地重要的抗日力量,因此被任命为家乡(禹城)的县委书记,后为鲁西北特委武装部长,1939年为鲁西北游击大队政委,1940年在此基础上成立了八路军冀鲁豫四分区基干二团,为地方主力,王任团政委。[94] 王克寇是山东师范学校抗战前最后一批毕业生,在他之前的党员学生已回乡任教并从事动员群众的工作,在他之后的学生活动分子抗战爆发时仍然在校。这些人或直接投入游击战,或投奔延安,然后再回乡从事抗日活动。

周锡瑞利用1940年代后期的资料(1948—1951)研究了陕甘宁边区延长县乡村基层干部的家庭出身,试图了解共产党基层政权的结构。他认为,陕甘宁根据地的干部有不同背景:上层阶级和知识分子出身的干部处于中央和省级领导地位,贫农出身的干部在县级,中农出身的干部在区乡村各级。[95]《师范群英》的数据显示,1930年代后期,大部分师范学生出身的共产党干部任区、县、地区级领导,到1940年代中后期,这批干部多数已经成为县以上或地区以上的领导了。很有可能他们所动员的乡村青年接替了他们在村乡各级的职务,成为基层领导,然后在1940年代后期根据地扩大后有的晋升为县级领导。若是这样,就与周锡瑞所说的结构有一致性和连续性。而且,从1930年代后期到1940年代后期干部的结构变化,我们可以看到共产党组织基于年资的分层现象(layers)。表7.3.1[上下]中所列的人物,少数人在战场上牺牲了,多数人经历了抗战和内战,1949年后成为共产党重要干部,许多人不是部局首长、院校校长,就是将校军官、省市领导。

5. 评论:乡师与社会变革

本章讨论了1930年代教育扩展与政治势力的微妙变化。在国民党政府的发展乡村师范、扩展乡村教育的政策下,一大批贫寒乡村青少年得以接受中等教育。但是,这些青少年个人和其家庭处于不利的整

---

[94] 王朝玺:《王克寇:烈火青春》,SQGZ,卷7上,页380—391。
[95] Esheric, "Deconstructing the Construction of the Party-State".

体大环境。天灾、乡村经济的凋敝,民族主义的兴起,以及国民党政府失败的乡村政策,这一切都使得这些优秀的乡村青年不满。从个人角度来说,他们自觉优秀,却不得不接受次一等教育,将来出路极其有限,而且作为乡村小学教师,待遇极差。他们并未感受到国民党政府的现代化政策的好处,反而觉得被困乡里。另一方面,进入地方师范把他们带出原有的乡村山沟,使他们视野开阔,通过师范学校这个窗口,他们接触到了现代知识和各种社会理论,了解到了不同的解决方案和社会前景。

其次,共产主义革命在中国的发展是有阶段性的,而且经历了从城市到乡村的转变。这种转变是需要有具体人群去实现的。如果要为共产党人排列谱系的话,笔者则将1930年代的激进青年学生归于第二代共产党人,他们与第一代共产党人有着显著的区别。第一代都市共产党人大多出生在19世纪末以及20世纪初的旧乡绅家庭,受过良好的传统教育,又有机会在大城市接触现代生活和新式教育,在20世纪前三十年中,他们不断汲取了陆续传入的各种西方思潮,又经历了新文化运动和五四激进主义的洗礼。因此他们的共产主义知识更为直接和全面,对共产主义的理解更倾向于将其作为一种社会理论,他们的行动更多的是书写、呼吁、传播,的确是一种城市知识分子的运动。而第二代共产党人多出生于1910年代的乡村一般小农家庭,他们所受的教育颇为杂芜,也不完全,既有私塾教育,也有新式教育,且教育过程时断时续。由于地理环境和家庭背景的局限,他们的文化程度大多限于中等教育,甚至更少。他们更多的是通过左翼文学作品和社会主义入门书籍了解马克思主义,而且,他们了解的社会主义、马克思主义更多的是列宁主义式的,是经过第一代共产党人选择、消化的理论。这就注定了他们对马克思主义和社会主义的理解是间接的、片断的、零碎的。导致他们激进的动力并非出于理论的极端化,而更多的是出于他们自身的社会背景和亲身经历。在1930年代的危急形势下,他们已经不可能对西方理论做更多的学理上的探讨,社会和时代要求他们有所行动,抗日救亡刻不容缓。所以,第二代共产党人更多是"行动的一代"。也正因为如此,他们才不可能把某种理论视为教条,而是更多地从实践中去理解理论，修正理论。同样的，他们也最有可能以实践行动背离抽象理论，这样就促成了共产主义的中国化。第二代共产党人的领导人毛泽东虽然属于第一代共产党人，但他却是第一代共产党人中的一个异数。而第二代共产党人在家庭背景、教育程度以及早期经历方面都与他有相似之处，所以，毛在20世纪30、40年代成为中共真正的领袖不能说仅是一种偶然。

再次，师范学生和乡村教师群体卷入乡村革命实际上与都市化过程有关。周锡瑞指出，自18世纪以来乡村士绅受到都市的吸引和乡村的外推逐渐都市化，而且在19—20世纪有所加速。[96]而现代教育制度加速了将乡村受过教育的青年抽离乡村的过程，使得乡村社区瓦解加速。然而当一群小农家庭出身的青年受过中等教育，却又无法离开乡村，他们自然而然地成为了乡村社区领袖。这正是陶行知等人建立乡村师范想要达到的目的，即为乡村社区提供具有现代意识的领袖，带领乡村社会转型。国民政府也想以办乡村师范方式将国家权力深入乡村，整合地方社区。但是这些努力都失败了，扩大乡村师范的确为乡村学校提供了教师，他们没有像陶行知期待的那样带领乡村完成现代转型，也没有像国民政府期待的那样帮助政府控制乡村，但却成就了一场乡村革命。因为在1930年代的情况下，这群以乡村学生和教师为主的小知识分子群体填补了乡村领袖的真空，成为了共产党进行基层动员的主要力量。

然而，从更广阔的层面上，我们可以将这种政治变化看成是不同的社会力量寻求社会转型的不同解决方案。从晚清到民国，无论改良还是革命，我们看到的都是上层知识精英主导的社会改革方案，这种方案往往注重城市的现代化建设，加速了乡村经济的衰落和村社的瓦解，加大了社会分化与贫富不均，让农村和农民为现代化付出代价。但是这种现象在1990年代以来中国的改革中又重新出现。而1930年代的乡村青年通过参与现代教育，使得小知识分子（petty-intellectual）阶层壮

---

[96] 周锡瑞：《改良与革命：辛亥革命在两湖》，页77—81。

大,他们的出身与利益有利于与农民结成同盟,并成为下层利益的代言人,抗衡以国民党为代表的上层精英。在 1930 年代的危急形势下,南京国民政府的现代化过程被迫中止,但是这种对立未能得到化解,也未能达成折衷的方案来缓和,于是最终导致社会革命。在此过程中,日本侵略带来了时机问题,并导致民族主义情绪高涨。但只有在共产党培养了相当数量的基层力量可作为革命运动的桥梁,使革命目标和政策、民族主义意识能够达到下层广大农民,同时又能将下层利益诉求实时传达到上层,修正上层政策,以利于团结最广泛的社会阶层,日本侵略和民族主义高涨造成的机会才可能被充分利用。

江西苏区时期的师范学校:1929—1934

共产党人在 1927 年"清共"中被驱逐出城市,在江西、福建、安徽、河南一带建立起苏维埃革命根据地。这些地区的苏维埃政权一旦稳定,就开始着手恢复教育。苏维埃地区的学制与国民党区有一致性,但是根据地亦实行了对"工农兵"及其子弟开放、男女教育平等的政策。由于根据地不时地处于战争状态,后又经历了长征,尽管有一些书面资料保存下来,但局限于政策层面,这一时期的师范教育的实际状况尚有待更深一步研究。

1. 平民教育与短期师范学校

民众教育是苏维埃政府教育政策的基石,在 1931 年 11 月举行的江西苏维埃共和国第一次代表大会上,宣布了为工农民众提供免费教育的计划,并承诺男女都有平等的受教育机会。[97] 其后,其他根据地亦建立各种小学、半日学校、夜校、成人学校,进行识字教育和宣传革命思想。[98] 从 1929 年到 1933 年之间,苏维埃政府急需人手,许多培训班的目

---

[97] 皇甫束玉、宋荐戈、龚守静编:《中国革命根据地教育记事》,北京:教育科学出版社,1989,页 50;高奇:《中国教育史研究·现代分卷》,页 176。
[98] 同上书,页 26—83。

的在于训练地方干部。虽然政府承诺普及教育,但是由于缺乏合格的教师,不少地方学校在苏维埃政权接手之后就关闭了。[99]有的地方苏维埃政权办起了短训班,试图培训师资,为苏维埃政权所办的小学服务。福建的苏维埃政权雄心勃勃,计划在全省各县办起师范学校,为省内的列宁小学输送师资。在此期间,这些地区的师范短训班往往从几个星期到六个月不等,很难保障师资的水平。[100]

为了缓和缺乏教师的问题,地方苏维埃政府也采取措施,试图吸引教师。福建苏维埃政府规定初级小学教师的工资为每月6—8元,高于政府工作人员。[101]另外,上杭县以谷物支付的教师工资,也比政府工作人员高。[102]同时,鄂豫皖苏区的六安县苏维埃政府安排了考试,试图招收教师,大约50人参加了考试,通过考试的教师被分配到地方小学。[103]

很快,苏维埃地方政府发现,在教育上,他们也面临着许多国民政府面对的问题。列宁小学是按照国民党地区的现代小学建立起来的,也受到乡民们和私塾教师们的反对。在闽皖苏维埃地区,学生的旷课率非常之高,苏维埃政府不得不强迫学生上学,惩罚旷课学生的父母。湘鄂赣苏维埃地区的万载县政府也遇到同样的问题,他们实行了义务教育,但是却不得不惩罚那些不送子女上学的父母。[104]同时旧式私塾也和现代学校争夺学生。1933年在福建汀州有31所私塾,373名学生,但只有1所列宁小学,两三名学生。[105]所以地方苏维埃政府经常指责这是因为私塾先生宣传"封建"和"反动"思想的原因,政府不得不解雇那些"饭桶教师"和不愿为苏维埃政府服务的教师。[106]由于缺乏资金和教师,苏维埃政府不得不容忍某些旧式私塾先生。

---

[99] 皇甫束玉、宋荐戈、龚守静编:《中国革命根据地教育记事》,北京:教育科学出版社,1989,页50;高奇:《中国教育史研究·现代分卷》,页33。
[100] 同上书,页50。
[101] 同上书,页25。
[102] 同上书,页66。
[103] 同上书,页44。
[104] 同上书,页67。
[105] 同上书,页28、50—51、76。
[106] 同上书,页33、62。

随着各地苏维埃政权的稳定,根据地政府逐渐发展出雇佣和培养教师的政策,注重政治思想的正确性。1931年,福建苏维埃政府颁布了条例,规定短期师范学校的学生必须来自好的家庭,忠于革命,与前政权和反革命组织没有任何关系。[107]六安县政府特别规定,某类人如40岁以上者,劣绅,为旧政权工作过的人员,有过性犯罪前科者,或宗教人士不许成为教师。[108]这些规定后来成为一种长期政策。

2. 全面规划苏维埃师范学校体系

1932年10月,中央苏区政府决定在中央政府所在地瑞金建立中央列宁师范学校,为地方学校培训教师。[109]学生来自贫苦农民家庭,由地方苏维埃政府推荐保送,为期六个月。[110]最初学校有12名全职教师,开学之后,邀请苏区政府领导如毛泽东、张闻天、瞿秋白、周恩来等到校讲课。第一年,学校招录了400多名学生,包括100多名女学生。学校男女学生的比例超过了大部分国民政府所办的师范学校。从1932年到1934年,当红军准备撤离江西苏区,进行长征时,共有1 000多名学生从学校毕业。[111]在中央政府建立高级师范学校之前,有地方苏维埃政府建立了省级师范。1932年1月,江西苏区建立了两所短期师范学校,博生县的列宁第一师范学校和兴国县的列宁第二师范学校。[112]列宁第二师范是当时苏区最好的师范学校,为许多地方列宁小学提供了不少教师。[113]

---

[107] 皇甫束玉、宋荐戈、龚守静编:《中国革命根据地教育记事》,北京:教育科学出版社,1989,页50;高奇:《中国教育史研究·现代分卷》,页44。

[108] 同上书,页49。

[109] 朱家鼎、陈光莲:《红色土地上的报春新芽:中央苏区列宁师范》,SQGZ,5卷,页219—231。

[110] 皇甫束玉、宋荐戈、龚守静编:《中国革命根据地教育记事》,页66。但是实际学习期限只有四个月。见朱家鼎、陈光莲:《红色土地上的报春新芽:中央苏区列宁师范》,页221—222。

[111] 朱家鼎、陈光莲:《红色土地上的报春新芽:中央苏区列宁师范》,页221—222。

[112] 同上书,页221—222;皇甫束玉、宋荐戈、龚守静编:《中国革命根据地教育记事》,页93。

[113] 朱家鼎、陈光莲:《红色土地上的报春新芽:中央苏区列宁师范》,页221—222。

一些短期训练班主要进行政治思想训练,而中央列宁师范学校以及两所省级列宁师范学校则拥有全面的课程。这些正规学校也有短训班,但主要课程包括政治、文学、自然科学、数学、历史、地理、生理、教学法、教学规则、绘画、音乐、手工以及体育。这些课程与第六章中所提到的国民政府地区的师范学校课程非常相似。[114]当然,所不同的是,这些学校的政治课程与国民政府学校在内容上有所不同,并且是邀请政府领导来讲课。

值得注意的是,尽管这些学校要求学生参加体力劳动,但他们的劳动内容和目的与陶行知所办的晓庄师范却不相同,与国民政府建立的乡村师范也完全不同。晓庄师范成为一些乡村师范的榜样,并且其形式被国民政府接受。江西苏区所办的师范虽然坐落在乡村,但是并没有发展出社会改造课程,也没有这样的计划,仅仅只是训练教师。[115]在共产党领导下,江西苏区的乡村组织模式与陶行知、梁漱溟都不同,是由共产党的政府和组织来重建乡村社会结构。苏区教育体系的建设比陶行知的晓庄实验稍晚,与梁漱溟的乡校建设几乎同时,但是似乎苏区师范学校和乡村小学并未受到晓庄和邹平实验或其他乡建组织和运动的任何影响。很有可能由于苏区遭到封锁,苏区教育家并不了解当时的乡建运动和乡村师范学校的活动。

到1934年,中央苏区政府关于建设一个较为全面的师范学校体系的计划开始浮现,并制定出一系列规程简章,包括"高级师范学校简章"、"初级师范学校简章"、"短期师范学校简章"、"小学教员训练班简章"。同时,政府也颁布了"小学教员优待条例"。[116]根据这个计划,高级师范学校由中央一级政府设置,计划课程六个月到一年,训练初级师范和政府教育行政干部。初级师范学校由省级政府设立,包括短期师范班,训练小学教师和地方教育行政干部。初级师范学制六个月,小学教

---

[114] 皇甫束玉、宋荐戈、龚守静编:《中国革命根据地教育记事》,页66,93。

[115] 中央列宁师范学校位于瑞金县城之外的洋溪乡,第二师范位于兴国县的凤凰庄。见朱家鼎、陈光莲:《红色土地上的报春新芽:中央苏区列宁师范》,页221,223。

[116] ZJSJZ,页819—826。

师接受暑期和冬季训练。入学条件是具有基本识字能力,女学生甚至不要求识字。由于教师缺乏,苏维埃政府不得不吸收那些有文化,但曾为旧政权工作过的人,对他们进行短期训练,作为教师助手。尽管新政权面临资金短缺,所有师范学校都实行免学费政策,并为学生提供一切所需,除了伙食和衣服。与国民政府地区的师范学校一样,苏区的师范学校也要求学生参加自卫队,进行军事训练。[117]乡苏维埃政权组织乡民为小学教师提供耕田服务。[118]但是,1934年之后,苏区政治军事形势恶化,随后开始长征,这个计划就付诸东流了。直到红军长征到达陕北,建立陕甘宁革命根据地,并且稳定了政治军事形势之后,才重新考虑建立师范学校。尽管革命根据地的师范学校体系存在时间很短,但是在江西和延安地区的教育活动和思想却组成了1949年之后新中国教育体系的一部分,即革命传统的部分。

---

[117] ZJSJZ,页823—826。
[118] 同上。

表 7.3.1[上] 1930 年代山东师范学校部分学生（后均参加革命）家庭背景、初级教育及入师范时间*

	姓名	籍贯及家庭住址	出生年代	家庭背景	早期教育	任师范学校时间 [1]	资料出处
1	万里	东平	1916	军官破落乡绅	新式小学	(1931—1933 年东平中学，初中毕业) 1933—1936：曲阜山东第二省立师范学校	卷 7（上）页 1—12
2	林月樵	莱阳	1909	农民 [2]	私塾加新式小学	(1926—1927, 1929 莱阳中学) 1930—1933：山东莱阳第二乡师	235—251
3	刘震	莒县	1910	农民	私塾加新式小学	1927—1933：济南山东第一省立师范学校	259—268
4	张北华	商河	1911	富裕中农	不详	1927—1931：山东青州第四省立师范（益都师范）	269—284
5	李人凤	临淄	1911	下中农	新式小学；但因经济原因一度辍学	1929—1932：山东青州第四省立师范	285—295
6	盛北光	阳谷	1912	富裕中农	私塾加新式小学	1932—1937：山东聊城省立第三师范	296—308
7	赵昭	菏泽	1913	下中农	新式小学；但因经济原因一度辍学	1931—1932：山东临沂第三乡师	310—322

表注：
(1) 有少数学生入师范前曾就读普通中学，因 1930 年代大多数县中学并无高中，因此人师范时应是高级部，即后期师范。
(2) 根据描述，以共产党的标准，其父可能属于富裕中农或中农。传记中提到其大哥在灾荒之年参与饥民暴动，到地主家抢粮充饥。富农应不致到此地步。

* 表 7.3.1[上][下]资料均出自《师范群英》卷 7 上下。

（续表）

姓名	籍贯及家庭住址	出生年代	家庭背景	早期教育	在师范学校时间	资料出处
8	王若杰	邹平	1914	不详	新式小学	（1933—1936 在济南育英中学上初中）1936—1937：济南山东第一省立师范	323—327
9	谷牧	不详	1915	不详	不详	1932—1934：山东文登第七乡师	328—346
10	项崶	德县	1915	小商人	私塾（加新式小学？）	1929—1935：济南山东第一省立师范	347—359
11	刘其人	威海卫	1916	中农	新式小学	1933—1935：山东文登第七乡师 1935—1936：济南山东第一省立师范	360—366
12	马诚斋	平原	1916	农民	私塾加新式小学，但因经济原因一度辍学	1931—1936：山东平原第五乡师	367—379
13	王克寇	禹城	1916	下中农	私塾加新式小学，但因经济原因一度辍学	1933—1937：山东平原第五乡师	380—391
14	周乐亭	聊城	1917	中农	私塾加新式小学	1933—1936：山东聊城省立第三师范	392—401
15	李澄	济宁	1918	不详	新式小学	1934—1937：济南山东第一省立师范	402—408
16	贾敬芳	齐河	1918	富农(3)	私塾加新式小学	1936—1937：山东聊城省立第三师范	409—417

表注：
（3）贾父在学生时代曾与共产党早期领导人王烬美等人一起组织激进团体，参加革命。又于1920年代在本乡简易师范教书时组织本地第一个共产党支部。

(续表)

	姓名	籍贯及家庭住址	出生年代	家庭背景	早期教育	在师范学校时间	资料出处
17	李飞	惮城	1919	败落富农乡村教师	新式小学；靠打工完成小学学业	1933—1935：山东济南乡师 1935—1937：山东聊城省立第三师范	418—425
18	高锐	莱阳	1919	贫农	私塾加新式小学	1935—1937：莱阳简易乡师（省立二乡师）	426—439
19	孙衷文	牟平	不详	不详	不详	1934?—1937：济南第一师范学校	473—479
20	谭洼樵	莱阳	1920	中农	私塾加新式小学	1934—1937：山东省立莱阳第二乡师	480—492
21	高峻岳	平原	1910?	贫农	先由私塾教师的亲戚授课；后入新式小学；但因经济原因辍学	1931—1935：山东平原第五乡师	卷七（下）44—58
22	李巘晨	临淄	1912	农民/乡村医生	私塾加新式小学	1930—1933：山东第四师范（益都师范）	59—66
23	刘国柱	荣城	1912	贫农	私塾加新式小学；但因经济原因辍学	1932—?：山东第七乡师（位于文登）	67—73
24	谢落鹤	博平	1912	破落土绅	新式小学；但因经济原因一度中断学业	1930—1933：山东聊城省立第三师范	83—90
25	秦和珍	金乡	1913	富裕农民后破产	新式小学，毕业后停学务农	1929—1931：金乡县师范讲习所 1931—1935：山东滋阳乡师	98—108
26	李荆和	青州市	1913	不详	新式小学（?）	（1931—1934：青州省立十中） 1934—1937：山东青州省立第四师范	109—116

（续表）

	姓名	籍贯及家庭住址	出生年代	家庭背景	早期教育	任师范学校时间	资料出处
27	石一宸	临淄	1914	农民/私塾塾师	私塾加新式小学（？）	1930—1936：山东第四省立师范	117—123
28	王克东	平原	1915	贫农	私塾（？）加新式小学	1932—1936：山东省立第五师范（位于菏泽）	124—132
29	吕乙亭	广饶	1915	农民[(4)]	新式小学	(1931—1934)：广饶县中学 1934—1937：山东第四省立师范	139—145
30	宋秋潭	堂邑[(5)]	1915	中农	私塾加新式小学；因匪乱辍学	1930—1936：山东聊城省立第三师范	146—153
31	申云甫	阳谷	1916	贫农/小贩	新式小学	1930—1931：山东阳谷县立师范讲习所 1931—1934：山东聊城省立第三师范	161—168
32	綦湘	蓬莱	1916	店员	新式小学	1930—1933：山东省立第二乡师（位于莱阳）	169—182
33	李曼村	章丘	1917	铁匠/农民	私塾加新式小学；曾因匪乱辍学	1932—1936：山东济南乡村师范	183—189

表注：
（4）其父为1926年入党的中共党员。
（5）今属聊城市。

（续表）

	姓名	籍贯及家庭住址	出生年代	家庭背景	早期教育	在师范学校时间	资料出处
34	赵振清	清平[6]	1917	富农，后破产	私塾加新式小学；但因经济原因辍学	1933—1935：山东省立第五乡师（位于平原）	190—199
35	郗祝平	广饶	1917	下中农	新式小学；但因经济原因辍学	1934—1937：山东省立第五乡师	200—212
36	丁原	清平	1917	贫农	私塾加新式小学；因社会动乱辍学	1932—1936：山东省立第五乡师	213—224
37	徐路（女）	平原	1918	破落士绅	新式小学	1935—1937：山东省立第五乡师	225—234
38	吴凤翔	原恩[7]	1918	贫农	新式小学	1934—1937：山东省立第五乡师	235—248
39	曹宇光	泗水	1918	贫农	私塾加新式小学	1936—1937：山东省立第二乡师	249—255
40	姜林东	牟平	1918	中农	新式小学	1934—1937：山东省立第二乡师	256—272
41	张伯达	高唐	1920	下中农/小贩	新式小学	1934—1937：山东省立第五乡师	273—281
42	杨斯德	滕县	1921	中农	私塾加新式小学	1936—1938：山东省滕县县立简易乡村师范	282—289
43	阎吾	文登	1922？	中农	不详	1936—1937：山东省立第七乡师（位于文登）	290—302

表注：

(6) 今属临清市。

(7) 今属武城县。

表 7.3.1[下] 1930 年代山东师范学校部分学生（后成为共产党干部）的活动、革命经历及 1949 年以后所任职务

序号	姓名	在师范学校的主要政治、社会活动	入党时间地点	毕业一离校后去向	离校后的主要活动经历	1949 年后最后一主要职务
1	万里	组织读书会；动员学生响应一二九运动，进行罢课；反对国民党的军训	1936 年在山东二师	回乡任乡村小学教师	介绍任职小学教师加入共产党，成立党支部"民先"；在地方小学教师中成立"民先"；建立县党组织；1938 年日本占领本县后组织抗日游击队	第七届全国人大常委会委员长
2	林月樵	当选学生自治会负责人；组织学潮抗议逮捕学生；反对当地军阀强行征税；九一八后组织罢课、抗日救国委员会、要求当局抗日；赴农村进行抗日宣传、组织贫衣团、互济会；师生联合会展开抗日活动；在乡师发展学生党员、组织支部；发动学潮驱逐腐败校长	1929 年在莱阳中学由原小学教师介绍	乡村小学教师	以学校为掩护开展动员组织活动；1934 年开始建立游击队，遭镇压后从事地方工人运动；1937 年后参加抗日游击队	大校衔，莱阳军分区司令员
3	刘晨	发动学潮要求撤换不称职教师和腐败校长；九一八后组织抗日救国会，发动罢市、游行；组织领导学生抗日请愿团赴南京	不详(8)	任县师范教师一年后考入山东大学	1937 年后回乡参加抗日；动员地方游击队；从事抗日宣传工作，1940 年任鲁东南文协宣传部长	山东省委宣传教育处处长；山东师范学院副院长；山东师范学院中文系主任

表注：
(8) 其传记中只提到刘在 1940 年参加工作，但未提到入党时间。根据后来的职务，刘应该是党员。

第七章 通向乡村革命的桥梁 295

（续表）

序号	姓名	在师范学校的主要政治、社会活动	入党时间地点	毕业—离校后去向	离校后的主要活动经历	1949年后最后一主要职务
4	张北华	组织反基督教反帝爱国活动；任四师党支部书记；发展党团组织；与当地工人农民建立联系；参加山东反帝大同盟，互济会，参加山东左翼作家联盟；发动学潮，抗议校长开除进步学生	1930年在第四师范	逃亡北京，组织工人运动；回山东后成为职业革命家	1933—1937年入狱；1937年获释后回山东组织抗日游击队；1939年去延安在中央党校学习	徐州市委书记；甘肃省委常委、监察委员会书记
5	李人凤	被选为市学生会会长；参加文学社团，组织讲演会；参加并领导山东"左联"，发表左翼文学作品；开办夜校，教育工人；组织抗日请愿团	1938年在抗日游击队	逃亡避难于冀北一年；后回乡任小学教师	1937年后组织学生抗日宣传；日本占领后组织游击队	华东工业局书记兼局长；国务院轻工业部部长助理
6	盛北光	组织学生张贴反对国民党政府的标语；暑期组织农家农民，盐民成立"劳人社"；办文学墙报，发展进步学生入党；九一八后组织抗日集会抵制国民党军训	1932年在三师	回乡任小学教师；乡校教育主任	在小学教师中发展党员，建立支部；组织当地救灾；1937年日本占领后回本县组织游击队；1940年去延安马列主义学院学习	贵州省公安厅厅长，省政府副秘书长兼政法办副主任；贵州省检察院检察长；省顾委委员
7	赵昭	九一八后组织学生罢课；建立党支部和抗日群众组织；参加反帝同盟会；组织抗日集会游行；动员学生宣传抗日；发动反对国民党政府的暴动	1927年在本村；1931年在师范学校再次入党	逃亡几年；后任邻县小学教师	利用小学教师身份联系农民；1937年后组织抗日游击队，整合地方武装，加入八路军	大校衔；华东舰队政委；海军青岛基地政治部副主任

(续表)

序号	姓名	在师范学校的主要政治、社会活动	入党时间地点	毕业—离校后去向	离校后的主要活动经历	1949年后最后一主要职务
8	王若杰	动员学生参加救国联合会,声援一二·九运动;任师范学校地下党支部书记;1937年后组织抗日宣传,发展学生党员和民先队员;利用"读书会"进行抗日活动	1934年在育英中学	因日本侵华中断学业	在学校解散后加入抗日游击队	少将衔;浙江军区政治主任,驻也门、越南,毛里求斯大使;外交部副部长
9	谷牧	建立支部;组织支友会和农民俱乐部,动员学生去乡村和农民交朋友,组织军训,积累军事人才;组织反帝同盟,科学研究会,文艺研究会,史地研究会,互济会;出版激进刊物,散发反政府传单	1932年入乡师之前	职业革命家	1936年后在东北军做地下工作,动员士兵抗日;培养秘密党员,输送革命青年参加中共;帮助发展苏北、鲁南地区抗战根据地	济南市市长,市委书记;上海市委副书记;国家建委主任;国务院副总理
10	项堃	参加学校读书会,阅读大量左翼作品;九一八后参加罢课示威活动,进行街头讲演,演出街头剧,宣传抗日爱国;参加抗日请愿团赴南京请愿示威;开始发表左翼文学作品,鼓动民工罢工;因发表左翼小说入狱	不详	小学教师,县立师范讲习所教师,后考入南京国立戏剧专科学校	受邀在南洋各地以戏剧宣传抗日,为抗日募捐;演出左翼电影	上海电影制片厂著名电影演员

第七章 通向乡村革命的桥梁　297

（续表）

序号	姓名	在任师范学校的主要政治、社会活动	入党时间地点	毕业一离校后去向	离校后的主要活动经历	1949 年后最后主要职务
11	刘其人	组织并参加了共产党领导的乡村反政府抗日起义；发动罢课，驱逐反动教师	1934 年在第七乡师	流亡北京	去延安，入抗大学习；然后被派回山东，参加八路军，从事游击战；在八路军中历任多种职务	解放军总政治部组织部长，将军衔
12	马诚斋	参加读书会；发展学生党员，建立党支部；组织学生罢课反对会考	1934 年在平原乡师	返回本县乡村小学教师	发展小学青年教师入党；抗战初任本县县委书记；组织抗日游击队；创办军政干校；发展抗日力量	第一汽车制造厂负责人；航空部成都132厂厂长；南京734厂党委书记
13	王克寇	办小报宣传抗日；参加读书会；参加平原乡师党支部领导的罢课反对会考斗争	1936 年在平原乡师	返乡任乡村小学教师	组织任职小学的教师成立党小组；吸收青年学生和青年农民参加抗日救国会；发动学生罢课反对阻止抗日的校长；办小报宣传抗日；日本占领后成立县游击队，领导，整合各种抗日力量，进行敌后游击战；1942年作战牺牲	

(续表)

序号	姓名	在师范学校的主要政治、社会活动	入党时间地点	毕业—离校后去向	离校后的主要活动经历	1949年后最后一主要职务
14	周乐亭	在共产党员老师的指导下开始阅读左翼激进书刊；参加声援一二·九学生运动的游行集会；在国民党主持的集训中反驳乡建派的观点，主张以阶级斗争解决中国的社会问题	1936年在济宁聊城师范毕业集生集训班	陶县乡农学校任教	组织并参加共产党领导的游击队；深入农村宣传抗日；吸收乡村青年参加游击队；1938年后去延安，入抗大，1939年被派回山东开展敌后游击战	青岛警备区副司令员
15	李 湜	参加"民先"和"学联"；发表左翼抗日文学作品；组织"山东省各界抗敌救亡协会""山东文化界抗敌救亡协会"，联合流亡学生成立"文化友联社"出版抗日小报；曾救捕抗日学生；创作抗日歌曲	1938年在延安	回乡	在本县组织"济宁学生抗敌后援会"，宣传抗日；1938年赴延安，入鲁艺；后被派回山东从事抗日文艺宣传工作	济南军区文化部长；山东省音乐家协会主席
16	贾敦芳	积极参加支援抗战活动，宣传、募捐；反抗校当局阻止学生进行抗日活动；组织抗日游行，发表抗日演说	1937年在聊城师范	因日本侵略中断学业	离校后受中共派遣去鲁西南发动群众，发展党员，建立党组织，抗日武装，准备敌后游击战；1938年赴延安，入抗大，在中央工作	云南省纪律检查委员会副书记；云南省顾问委员

（续表）

序号	姓名	在师范学校的主要政治、社会活动	入党时间地点	毕业—离校后去向	离校后的主要活动经历	1949年后最后一主要职务
17	李飞	1935年因组织领导学生进行反会考斗争被济南乡师开除；后入在聊城师范，组织进步学生建立聊城"民先"；传播抗日宣传品，办墙报，开讲演会宣传抗日	1934年在济南乡师	因日本侵略中断学业	离校后受中共派遣进行抗日宣传工作；1938年派往冀鲁豫省委党校学习，后长期任鲁西地区党委宣传工作；1942年后任县委书记，从事敌后游击战	中国人民银行党组副书记，副行长
18	高锐	参加反对会考斗争，声援北京的一二·九学生运动；暑期回乡宣传抗日；参加学生救国会，进行抗日宣传	1938在延安人陕北公学	因日本侵略中断学业	离校赴延安人陕北公学；派回山东，任胶东抗日军政干校教育长，后并入八路军	解放军总参谋部高等军校教育长；兰州军区参谋长；兰州军区副司令员兼宁夏军区司令员；解放军军事科学院副院长；少将衔
19	孙轶文	成立学术、文学研究会；参加声援一二·九运动的活动，散发传单、街头讲演、演出街头剧；组织学生鲁迅集会；接任学校共产党支部书记；发表抗日文学作品；组织建立抗敌后援会	1936年在莱阳二乡师	因日本侵略中断学业	从事抗日活动直到1937年底日本占领济南，此后不详	山东大学学术校刊《文史哲》主编

(续表)

序号	姓名	在师范学校的主要政治、社会活动	入党时间地点	毕业一离校后去向	离校后的主要活动经历	1949年后最后一主要职务
20	谭连樵	参加抗日救亡宣传队	1938年在八路军中	因日本侵略中断学业	1937年学校解散后投奔延安不成,转赴山西,参加八路军	解放军总参谋部作战部部长;总参谋长助理;解放军军事科学院副院长
21	高峻岳	参加读书会,阅读左翼激进书刊;在学校成立党支部,组织演出左翼、抗日话剧;组织罢课反对会考	1934年在平原乡师	返乡任乡村小学教师	组织"醒民剧团"在乡村进行抗日宣传;1937年参加八路军;1938年赴延安学习;后被派回鲁西北根据地工作	北京农业机械化学院院长、党委监委书记
22	李曦晨	参加文学社团和"山东左联";组织读书会、工人夜校;发动"飞行集会",散发传单,进行街头讲演,反对内战;发起罢课,反对校当局处分学生积极分子;发动罢课参加济南下请愿,要求抗日;反对国民党军训		1931年在四师	1933年被捕入狱;1937年秋释放后赴鲁东地区组织抗日武装,任八路军三支队独立团政委;1939年作战牺牲	
23	刘国柱	参加九一八国耻纪念及宣传抗日活动;为东北义勇军募捐;参加"反帝大同盟";发动罢课反对国民党校长;暑期回乡组织"劳人会"开展抗捐活动	1937在游击队	返乡任乡村小学教师	组织地方游击队,后并入八路军	沈阳空军副司令员;少将衔

第七章 通向乡村革命的桥梁　301

（续表）

序号	姓名	在师范学校的主要政治、社会活动	入党时间地点	毕业一离校后去向	离校后的主要活动经历	1949 年后最后一主要职务
24	谢鑫鹤	参加读书会；暑期回乡宣传共产党主张；九一八后参加罢课、请愿、集会、街头游行示威，宣传抗日，抵制日货的活动；组织当地工人罢工，要求增加工资	1931年在三师人共青团；1933年在三师入党	县民众教育馆馆员；小学教师	1937年任博平县委书记，在青年教师学生工人农民中发展党组织，建立党组织	贵阳市委副书记；贵州省委副书记；第二轻工业部副部长；轻工业部副部长
25	秦和珍	参加南下请愿活动；参加读书会、"社会科学研究会"、"教育劳动者协会"；组织反对国民党特务学生的斗争；组织罢课要求全校罢课要求开除富家出身的霸道学生；发动全校罢课要求校方允许学生的抗日活动；组织游行，走上街头，动员抗日；接任学校党支部书记，组织党员和进步学生聚会	1933年在滋阳乡师	回乡任乡村小学教师	在所任教的学校组织建立秘密党组织；在师生中组织读书会；建立"民先"；宣传、发动群众，发展党员；组织抗日游击队，建立敌后根据地	山东省书记；省人大常委会主任
26	李荆和	在十中时参加抗日救国会；入四师后参加声援一二·九运动的游行、街头讲演；暑期回乡宣传抗日救亡；参加"民先"；组织街头抗日募捐；抗议国民党逮捕"七君子"	1938年在教地区从事革命活动时	在青州附近县城小学任教	组织街头演说，宣传抗日救亡；准备游击战，动员群众参加八路军游击队；1938年日本占领后领导抗日武装进行游击战，建立敌后根据地	大庆党委副书记；石油工业部劳资司司长；石油工业部地球物理勘探局副局长

（续表）

序号	姓名	在师范学校的主要政治、社会活动	入党时间、地点	毕业—离校后去向	离校后的主要活动经历	1949年后最后一主要职务
27	石一宸	从事地下宣传工作；到青州火柴厂发动工人，宣传革命；参加"中华民族解放委员会"的抗日反蒋活动	1930年在第四师范	回乡任乡村小学教师（？）	动员当地青年，组织抗日游击队；在当地进行抗击日战，建立敌后根据地；动员国民党部队起义参加抗日；后编入八路军	少将衔；福州军区参谋长、副司令员；第四届全国人大代表；解放军军事科学院顾问
28	王克东	领导罢课斗争反对实行会考	1937年在乡农学校	当地乡农学校校长	发展地方乡村青年入党；组织游击队；开辟敌后抗日根据地；建立地方政权	河北省副省长
29	吕乙亭	在广饶中学组织抗日救国会；参加抗日游行；在四乡宣传共产党主张；组织反对本县农民教育当局的斗争	1935年在第四师范	参加游击队	组织地方游击队，后编入八路军；1939年作战牺牲	
30	宋秋潭	参加读书会；九一八后参加学生请愿团，要求南下请愿；发展进步学生成为党员	1934年在第三师范	馆陶县南馆陶镇乡农校教育主任	建立地方党委；1937年受派赴延安，入马列主义学院学习；1940年随八路军进入苏北开辟根据地	中央统战部党委专职副书记

（续表）

序号	姓名	在师范学校的主要政治、社会活动	入党时间地点	毕业—离校后去向	离校后的主要活动经历	1949年后最后一主要职务
31	申云南	参加读书会；九一八后参加请愿活动、动员当地工人要求增加工资的罢工斗争	1932年在第三师范	当地小学教师	回乡组织抗日武装，准备游击战；改造土匪队伍，建立游击队；发展党员；建立根据地政权	贵州省委副书记；政协主席；贵州省副省长；省顾委副主任
32	綦湘	九一八后举行罢课游行、街头募捐，宣传愿日救亡；赴乡村进行抗日宣传；动员农民抗日；组织南下请愿团；组织罢课反对南京败校长；在地方庙会中散发抗日传单；因身份暴露被迫转学到济南正谊中学，因政治活跃又被开除	1932年在第二乡师	回本县任小学教师	在任教的学校中发展教师学生党员；成立文学团体，为文学刊物介绍左翼作品；宣传抗日主张；因身份暴露一度流亡天津，在当地小学任教，并参加"民先"和"农民救国会"；派赴山西"牺盟会"工作	少将衔；北京军区政治部主任；八一电影制片厂政委、党委书记；作家
33	李曼村	参加读书会；参加反对国民党集训班的活动	1938年在游击队	回本县任小学教师	组织抗日游击队，后编入八路军	少将衔；解放军总政治部宣传部部长；解放军国防大学副政委；中央纪律检查委员会委员

(续表)

序号	姓名	在师范学校的主要政治、社会活动	入党时间地点	毕业—离校后去向	离校后的主要活动经历	1949 年后最后一主要职务
34	赵振清	受到共产党教师的影响	1938 年在共产党办的抗日军政干训班	入乡师两年后因经济原因离校;回乡任乡村小学教师	组织当地"抗日青年救国会";散发传单,动员群众抗日;入党后发展地方党员,建立党组织,在日军占领后从事地下抗日活动	上海市委组织部长;中央组织部副部长;中共第十二次党代会代表
35	郭祝平	参加声援九一八大会;暑期回乡参加地方反对国民党当局的斗争	1937 年在游击队	因日本侵略中断学业	参加当地共产党领导的抗日游击队;收编土匪武装参加抗日	解放军外语学院党委委员,研究部政委
36	丁 原	受学校激进活动气氛感染,受共产党员教师影响;向左翼报刊投稿	1938 年在抗大	邱县北辛店乡农学校校长	1937 年日本占领山西后入山西共产党主导的"民族革命大学",1938 年 5 月抵延安,入抗大;毕业后任晋察冀通讯社记者;长期从事新闻报道工作	建材部副部长
37	徐 路（女）	参加读书会;参加共产党员教师组织的学校剧社;参加"民先"	1939 年在抗大	因日本侵略中断学业	参加山东抗日宣传队;日本占领山东后流落武汉,辗转抵达延安,入抗大;入延安中国医科大学学习	少校衔;陆军 155 医院小儿科军医

第七章 通向乡村革命的桥梁　305

（续表）

序号	姓名	在师范学校的主要政治、社会活动	入党时间地点	毕业—离校后去向	离校后的主要活动经历	1949年后最后主要职务
38	吴凤翔	参加学校共产党员教师组织的剧社，演出左翼剧作；参加读书会，参加罢课反对考学潮；创办校内文艺刊物，编辑校刊；日本侵略战争开始后随校南迁，担任流亡学生团团长，带领学生到济南，组织学生到"战时服务团"慰劳伤兵，进行募捐，宣传抗日	1938年在抗大	因日本侵略中断学业；先投考国民党军校，后逃离赴延安	1938年到达陕北，先入延安吴堡青训班，后入抗大，后在晋察冀边区领导剧社	国防科工委政治部组织部长
39	曹宇光	参加读书会，阅读共产党和左翼文学作品；发展学生入党；日本侵略战争爆发后，在街头宣传抗日；组织学生慰劳伤兵，发动募捐；发动罢课反对校长限制学生的抗日活动；因活动激进被开除学籍	1936年在曲阜二师	被开除后返回家乡	在家乡建立乡村党支部；动员群众；发展党员；建立抗日武装；后编入八路军	少将衔；中央军委人民武装部处长、总参谋部动员部部长
40	姜林东	参加学生救国会，抗日救亡宣传；在街头进行抗日宣传；参加罢课游行，要求政府抗日	1938年在陕北公学	因日本侵略中断学业	1937年赴延安，入陕北公学；后被派往豫皖苏根据地	少将衔；新疆军区副政委、广州军区副政委；五届全国人大代表

（续表）

序号	姓名	在师范学校的主要政治、社会活动	入党时间地点	毕业—离校后去向	离校后的主要活动经历	1949年后最后一主要职务
41	张伯达	参加读书会；参加反会考罢课；加入"民先"	1938年在山西"民大"	因日本侵略中断学业	1937年后参加八路军；人山西"民族革命大学"学习；1938年走延安，人抗大，在八路军总部工作	大校衔；解放军军事学院副教育长、军事学院训练部副兵团职顾问
42	杨斯德	参加抗敌救援会，进行募捐活动；参加"民先"，宣传抗日	1938年在游击队	因日本侵略中断学业，乡师停办	1938年本县被日本占领后参加游击队；从事敌后抗日根据地建设	少将衔；总政治部联络部部长；全国政协常委；前中共中央对台办主任
43	阎吾	受共产党员教师影响；参加抗日活动	不详(9)	因日本侵略中断学业，离校回乡	1937年后参加宣传抗日的活剧社；参加八路军地方武装；人鲁南抗大学习；在八路军山东纵队从事宣传新闻工作	解放军报分社副社长；解放军报总社第一副社长兼党委书记；全国十大著名记者

表注：
(9) 其传记中未提到阎的入党时间，但按其职务来说，阎一定是党员。

表 7.3.2　1930 年代对师范生有影响的书刊（在山东河北地区师范学校中流传）*

作　者	书　名	政治倾向—背景(1)
马克思	资本论	共产主义理论经典作家原著类
马克思、恩格斯	共产党宣言	
恩格斯	家庭、私有制和国家的起源、反杜林论	
列宁	国家与革命、唯物主义与经验批判主义、列宁著作选、帝国主义是资本主义的最高阶段、共产主义运动中的左派幼稚病、两种策略、作什么？	
斯大林	政治问题讲话	
河上肇(2)	资本论大纲、政治经济学	马克思主义和社会主义入门书
艾思奇	大众哲学	
不详	唯物主义入门 辩证法入门 资本主义解剖 辩证法浅说	
不详	土地农民问题指南 世界经济地理纲要 民众革命与民众政权	很可能是马克思主义性质
陈独秀	新青年、独秀文存	新文化运动作家
胡适	胡适文存	
李大钊	（未指明）(3)	
（孙福熙、潘梓年）(4)	北新月刊 小说月报 晨报副刊	

表注：

（1）许多人物在回忆中仅提到部分书刊名称，笔者利用戴知贤著《十年内战时期的革命文化运动》（北京：中国人民大学出版社，1988）作为参考，以补齐书刊名称并判定书刊性质和政治倾向。用作参考的还有 Leo Ou-fan Lee（李欧梵著）: *The Romantic Generation of Modern Chinese Writers*, (Cambridge, Mass.: Harvard University Press, 1973），唐沅等编的《中国现代文学期刊目录汇编》（天津人民出版社，1988），徐迺翔主编《中国现代文学词典》（广西人民出版社，1989），程凯华等编《中国现代文学辞典》（西安：华岳出版社，1988），北京图书馆目编辑组编《中国现代作家著译书目》（北京：书目文献出版社，1982）。

（2）河上肇（1879—1946）为日本著名的经济学家和马克思主义者。他的许多关于马克思主义政治经济学的书被翻译成中文，在 20 世纪 20、30 年代流传甚广。

（3）有时《师范群英》中的人物只提到作者，但并未指明具体作品。

（4）有时《师范群英》中的人物只记得书刊名，但未给出作者。凡括号中的作者、书名均为笔者从参考书中查出。

＊　此表所列书刊及作者均为《师范群英》7—8 卷中人物所提及。

(续表)

作　者	书　名	政治倾向—背景
郭沫若	创造月刊/季刊、凤凰涅槃	左翼作家作品、杂志
鲁迅	语丝、呐喊、彷徨、坟、阿Q正传	
萧军	八月的乡村	
萧红	生死场	
巴金	家	
丁玲		
郑振铎	（未指明）	
周扬		
柔石		
茅盾		
丁玲	北斗	
邹韬奋	生活 生活星期刊 大众生活	左倾进步性刊物
（李公朴）	读书生活	
（杜重远）	新生	
（蒋光慈）	拓荒者	
（黎烈文）	中流 申报自由谈	
	东方杂志	综合性刊物[5]
（不详）	齐鲁文化	不详，可能是地方性左翼文化刊物
（高尔基）	我的大学、母亲、在人间	苏联作家作品
（法捷耶夫）	毁灭[6]	
（绥拉菲莫维支）	铁流[7]	
（德·富尔曼诺夫）	夏伯阳（又译为：恰巴耶夫）[8]	

表注：

[5]《东方杂志》在1933年前后，曾刊登了一系列文学批评、小说、散文、诗歌，作者均为左翼作家。在当时颇有影响。参见戴知贤著《十年内战时期的革命文化运动》，北京：中国人民大学出版社，1988，页121—122。

[6] 1930年鲁迅译，大江书铺出版。

[7] 1931年曹靖华译，生活书店1937年出版。

[8] 1934年瓦西里列夫兄弟根据德·富尔曼诺夫的同名小说改编为电影，并于1935—1936期间在中国上映。小说原著由郭定一翻译，1936年现代书局出版。叙述者并未说明看到的是电影还是小说。

(续表)

作　者	书　名	政治倾向—背景
（厄普莱·辛克莱）	屠场[9]	美国左翼作家作品
（埃德加·斯诺）	西行漫记[10]	美国左派记者作品
毛泽东	毛泽东自传（出自《西行漫记》）	共产党作品
恽代英	中国青年 向导报	
（作者不详）	武装暴动 京汉工人流血记 苏维埃宪法浅说 莫斯科印象记 苏俄视察记 莫斯科日报 解放	不详,但极可能为共产党发行的作品
中共组织	十月 红旗 苏区赤卫队 六大文献	共产党刊物
中共北方局机关刊物	火线	

表注：

(9) 1929年郭沫若译,上海南强书局出版。

(10) 斯诺的书英文版最早在美国是1936年出版,中文版应在1937年,但报告片断以及部分章节,如毛泽东自传则应更早一些,因为中共可根据中文记录出版。全书传到中学生手中应是抗战开始前后的事。叙述人也可能有记忆误差,但仍能说明共产党的影响,故录于此。

结语

在 20 世纪初,清政府开始推行一个建立全国师范学校的计划,视之为现代教育体系建设的根本。在推行新学制的过程中,各种因素和社会政治势力互相作用,形成一个复杂的历史过程。当时传统科举体制依然强大,但西式学制取得了舆论上和政治上的正确性,同时地方政府与精英也在执行过程中进行博弈,而且底层社会对于新旧制度亦持有不同态度。在这一实践过程中,师范学校处于各种因素的集合点上,扮演了本地文化传统与西式教育理念的中介,体现了新与旧、中与西、传统与现代、断裂与延续、中央与地方、政府与民间、上层精英与底层小知识分子、沿海与内陆、城市与乡村各种社会和历史问题的纠结与互动。不仅如此,师范学校的变迁还显现了 20 世纪所有重大社会和政治变革的脉动,因为不论是清政府、民国政府、北洋政府还是南京政府都试图利用师范学校控制改造教育体系,并为地方社会提供教学和教育管理人才。同时,师范学校的重大社会作用是将旧式文人转化为现代教育工作者,并为乡村青年提供中等教育,成为社会流动的渠道,搭建起乡村青年通向现代世界和国家民族的桥梁。师范学校也成为女性接受中等以上教育,跨越家庭的门槛迈向社会的重要渠道,女子师范为女性提供职业培训,实现其在经济和社会上独立的理想,并成为她们在社会上和职业中开拓新领域的出发点。师范学校还是连接国家与社会的场所,当政府运作师范学校体系以帮助国家统一,借助师范学校力量将权力深入乡村时,不同社会团体也在利用师范学校以实现其社会教育改良方案。同时,也正是由于师范学校与底层社会的联系,共产党组织在师范学校中积极发展革命的基层力量,最终实现了乡村革命。

在绪论中笔者曾经提到并且在本书各章中具体论述了20世纪的两个过程,"全球化进程的本地化"和"国家对地方社会的渗透整合"。这两个过程在1937年抗日战争爆发后仍然在持续进行。"全球化进程的本地化",在1937年以后,体现在现代教育因战争而实现了地理上的转移。1937年抗战开始,大部分位于中国东南沿海地区和北方占领区的高校以及部分中学从沿海和大城市转移,在西南和西北大后方地区,主要是在云南、四川、贵州、陕西和甘肃等省建立了临时联合学校。这种大规模的迁校运动将现代教育带往了以前在文化和经济上都相当落后的内陆地区,被迫实行教育和文化资源的均衡,也因此将全球性本地化的过程在内陆省份展开。为满足广大内陆地区的需要,政府认为有必要扩大师范教育体系,恢复高等师范并扩充中等师范。1938年教育部召开全国教育会议,发布了一系列改革措施以适应战时状况,规定大学的师范学院可以与大学分离,单独设立,并鼓励各级政府多建中等师范,为流亡师生提供入学和就业机会。① 这样,继"中师分离"之后,因推行1922年学制而被取消或合并到普通大学的师范学院现在又重获独立,与中师联结,新的独立师范体系重新确立。这些新的师范学院的目的是为当地中学和中师培养合格教师,让现代教育在当地扎根。抗战结束后,这些由联合大学新设立的高师和中师绝大部分都被留给了当地省份。正是由于这些学校,陕西、甘肃、贵州和一些原来没有高等教育或高等教育极其落后的省份在教育方面得到相当的改善。当共产党在1949年接管这些省份的教育机构后,维持并强化了改善内陆地区教育的大趋势,1952年的院系调整合并不仅仅是以学习苏联为目的,而应该从抗战以来现代教育扩散到内陆地区趋势,从更为长远的国家均衡教育文化资源以及政治平衡的大趋势来看。

位于沿海和城市地区的高校搬迁到内陆地区的"大后方"不仅是一种教育的转型,而且更是一种文化冲击、文化传播和文化转型。现代

---

① 刘问岫:《中国师范教育简史》,页143—153。

高校坐落在内陆的城镇带来了新的文化景观,学生的校内外活动带来完全不同的生活方式。许多高校的学生和教师利用课余时间在当地学校兼课,这种活动不仅传播了现代知识,而且有助于当地社会开阔眼界,开放风气。但是这种文化的冲击是双向的,受惠者不仅是"落后封闭"的内陆地区,而且也是自沿海发达地区高校的师生们。他们来到内陆省份,一方面为内陆地区"贫穷落后"的经济文化生活感到震惊,另一方面,他们又为这些地区少数民族的多元性、精彩丰富的风俗文化着迷。② 这些来自大城市的师生们进行了多种社会调查,激发了他们研究中国社会的兴趣和志向。许多学者因此为自己的研究重新定向,从重西方轻中国而转向重新发现本土社群的文化价值和社会结构,实现了现代文化学术研究上的转向。

20世纪的第二个过程,"国家对地方社会的渗透整合"在战时也在持续进行。抗战开始后,国民政府在"辅导地方教育"和"社会教育"的规划下,赋予了高师和中师指导地方教育,重建地方社区,支援国家抗战的任务。自1938年教育会议之后,政府不断发布章程规定,扩展师范学校改造社会的任务。师范学校师生被要求协助各地政府建立自治机构、推广民众教育、组织乡村自卫队、动员民众支援抗战。③

八年抗战在共产党控制的陕甘宁边区,教育实践主要以培训党政干部为主。边区政府也建立了几所师范学校以推广普及教育并动员民众。由于人力物力资源的限制,边区政府的教育政策和教育实践如授课方式、课程内容、教学方法上都十分灵活。学生主要以学习识字和本地知识为主,西式科目极为有限。而且学校也经常参与社区活动和政府主导的政治运动。④ 这种教育政策和实践后来和渐进主义的教育理

---

② 云南省政协文史资料研究委员会、西南联合大学北京昆明校友会、云南师范大学编:《云南文史资料选集》第34辑《西南联合大学建校五十周年纪念专辑》,昆明:云南人民出版社,1988;西南联大:《西南联大除夕副刊:联大八年》,昆明:西南联大学生出版社,1946。

③ 教育部:《各省市师范学校辅导地方教育办法,1939年》,和《师范学校辅导地方教育办法,1943》,南京国家第二历史档案馆,全宗号:5,案卷号10844。

④ 见刘宪曾、刘端棻主编:《陕甘宁边区教育史》,西安:陕西人出版社,1994。

念以及陶行知为代表的晓庄师范创造的实践合流,成为 1949 年后共和国教育政策和体系中革命传统的部分。它在教育政策的制定、教育理论辩论以及政治意识形态的斗争中都起了不小的作用。它的许多思想和实践项目在 1970 年代的"教育革命"中又再次出现。

1949 年以后,师范学校的一部分传统保留了下来,但是有些部分则消失了。共和国的新政府迅速地扩大了教育体系。在 1950 年代初进行的教育体系的重组中,师范学校体系扩大并维持了其独立地位。师范学校根据地区重新分布,以达到教育资源的平衡。从这一点上,1950 年代的师范体系重建承袭了晚清、民初和南京政府以来的思路,师范学校作为国家统一教育体系和进行教育资源平衡、实行教育普及的工具。这种调整的结果达到几乎每个省和大行政区都有一到两所师范学院/大学。在 1949 年共和国成立之时,全国共有 205 所高等教育机构,其中仅有 12 所独立师范学院或大学。四年后,当院系调整完成时,高等教育机构减至 182 所,但高等师范学校却增加到 33 所。到 1957 年,高等师范的校数已经达到 58 所。⑤ 同时,在县一级,中师的发展延续了民国以来的趋势,而且数量上也有相当程度的增加,并且加强了幼儿师范的设立,继续清末以来国家把对教育的控制延伸到幼儿的目标。一些从未有过中等师范的县份在 1950 年代也建立了本县的师范学校。

中华人民共和国新政府延续了前政府的政策,将师范学校置于政府的直接管理之下,对校长有任免权,所有学校受教育部或省教育厅管辖,通过统一考试招生,执行统一教学大纲。师范生在国家统筹下按分配名额招生,毕业后由政府统一分配任教。地方师范学校的发展为本地培养出小学教师,有助于乡村地区教育的普及。尽管教育扩展一直在进行,但是在共和国的头四十年,由于资金和师资的缺乏,这种过程仍显缓慢,不能满足广大农村教育普及的需求。另一方面,师范学校改

---

⑤ 见中央教育科学研究所编:《中华人民共和国教育大事记,1949—1982》,北京:科学教育出版社,1983;见中国教育年鉴编辑部:《中国教育年鉴,1949—1982》,北京:中国大百科全书出版社,1984。

造社会的角色,除了在 1958 年短暂一现外,学校师生的活动大部分都被限制在校园之内。而师范学校在民国时期所进行的乡村活动,在共和国时期则为一些其他组织和团体所取代。但是此一时期师范学校的重大社会作用仍然在于促进社会流动,即将一部分优秀的乡村青年吸引到师范学校,提供免费中高等教育。共和国时期的师范学校,包括中师和高师,延续历史上师范学校的传统政策,均全额免除学费,提供住宿和膳食,并且每月有少量津贴。相比之下,同一时期,尽管所有大学生都免除学费并提供宿舍,但在普通理工科和综合性大学中,仍有百分之二十左右的学生不拿膳食补助,津贴的补助也是有限的,其生活费用得由家庭提供。这就使得师范学校仍然是乡村青年社会流动的主要渠道之一。

师范学校在"文革"之后的 1970 年代后期恢复,1980 年代仍然有着全国统一的教师培养体系,但 1990 年代以后,许多教育改革措施使师范学校的独立生存受到威胁。尤其在 90 年代院校升格的潮流中,中师体系荡然无存,师专也向大学转制,而且一度传出取消师范专业,以教师资格认证制度取代来招收教师。这种以美式体制为蓝本,完全以普通教育体系取代其他功能性和职业性学校的想法与 1920 年代壬戌学制的思路如出一辙,都是以一种"普世的现代性"来消解具体性和多样性的做法。⑥ 而且 1990 年代以来在教育转轨和产业化的过程中,教育部宣布理工科和综合性院校的大学生开始收学费并自付生活费,在各方争执中,师范学校的免学费政策延续到 2000 年。于是不少高中毕业生报考师范专业,于是师范学校为家境贫寒的学子保留一线希望。⑦ 在世纪之交,延续约一个世纪的师范生免学费政策取消,尽管国家仍对师范学生有所宽待,学费少于普通院校。但是很快,随着社会关注焦点的变化,师范教育又峰回路转,国家又开始恢复其免缴学费、以教育服

---

⑥ 郑超:《教育部酝酿取消师范生,教师资格将定期认证》,http://www.wforum.com/newspool/articles/culedu/55668.html,2005 年 4 月 26 日。

⑦ 杨开民、杨学鹏:《昔日门前冷落,今日争入教坛:江苏众多考生首选师范》,《光明日报》,1996 年 8 月 29 日;郦新:《师范院校喜收生源》,《北京青年报》,1996 年 9 月 11 日;刘关权:《山东师范院校热起来了》,《人民日报》,1996 年 8 月 13 日。

务为补偿的政策。

2005年4月,全国师范教育会议在具有百年历史的北京师范大学召开。会上,教育部师范教育司司长管培俊发言,提出师范教育发展新计划。他透露,教育部设定目标,到2020年所有中小学教师都要具有大学学历。为达此目标,教育部将扩展教师培训计划,把培训教师的功能扩大到所有高等院校。国家将通过教师资格认证来确保教师的质量。[8] 这个计划回应了1922年改革的想法,历史真的在重复吗?不过,至少我们看到,从清中后期以来,国家资助地方发展教育,并通过提供师资促进地方教育,普及教育的工程实现有期,到2020年将会圆满达成,其间历经百年以上。

与1922年学制的结果类似,1990年以来的教育政策导致了社会的分化。乡村地区的青年依然被"抽出"村庄,上完大学以后再不回乡,乡村社区后继无人,破败之象已经显现。而偏远乡村学校仍然存在着缺乏资金和教师的现象。更有甚者,将乡村少年集中上中学,缺乏家庭照顾,潜在的问题会在不远的将来爆发。目前中国教育状况也许十分接近19世纪末20世纪初那些"现代化派"的理想,但是也仍然存在本书中讨论的18世纪以来一直存在的一些问题。在过去的二百年中,面对同样的问题,清政府试图解决,而1922年壬戌学制的改革者们以及陶行知们都试图解决。南京国民政府和中华人民共和国政府都推行过一系列的改革方案,从不同方面试图解决相同的问题。历史有着惊人的重复性,回顾20世纪师范教育走过的历程,研究师范学校历史的独特性,可以让我们做一些反思,从而重新思考现代化理论,跳出以西方为摹本的现代化模式的思维方式,克服视传统为现代化之对立面,必将取而代之的观念。同时也能促使我们以中国社会现象的独特性建构中国社会发展的话语,对社会的发展、教育的建设更多一些自觉,少走一些弯路。从这个角度说,本书中所探讨的许多历史问题仍然具有现实的意义。

---

[8] 郑超:《教育部酝酿取消师范生,教师资格将定期认证》;见管培俊:《关于教师教育改革发展的十个观点》,《新华文摘》,2004年第9期,页102—105。

文献资料与书目缩写凡例

DECZJNJ 教育部教育年鉴编纂委员会编:《第二次中国教育年鉴》,上海:商务印书馆,1948。

DFZZ 《东方杂志》,商务印书馆,1904—1948。

DXYGB 中央大学院:《大学院公报》,1927—1928。

DYCZJNJ 教育部教育年鉴编纂委员会编:《第一次中国教育年鉴》,上海:开明书店,1932。

JYGB 教育部:《教育公报》(1914—1927)。

JYBGB 教育部:《教育部公报》(1928—1948)。

JYZZ 《教育杂志》,上海:商务印书馆,1909—1948。

JXJJT 朱有瓛等编:《教育行政机构及教育团体》,上海:上海教育出版社,1993,ZJJZH 系列之一。

JZJS 舒新城:《近代中国教育史料》,上海:商务印书馆,1927。

KJKHJ 多贺秋五郎编:《近代中国教育史资料》,东京:日本学术振兴会,1975。

SJSJ 琚鑫圭、童富勇、张守智编:《实业教育、师范教育》,上海:上海教育出版社,1994,ZJJZH 系列之一。

SQGZ 《师范群英光耀中华》,西安:陕西人民出版社,1992—1994(共 21 卷)。

WSJ 汤志均、陈祖恩编:《戊戌时期教育》,上海:上海教育出版社,1993,ZJJZH 系列之一。

XBGB 学部:《学部官报》(1906—1911)。

XZYB	琚鑫圭、唐良炎编:《学制演变》,上海:上海教育出版社,1991,ZJJZH 系列之一。
YYSJ	高时良编:《洋务运动时期教育》,上海:上海教育出版社,1992,ZJJZH 系列之一。
YZSJ	琚鑫圭编:《鸦片战争时期教育》,上海:上海教育出版社,1990,ZJJZH 系列之一。
ZJJSZL	舒新城:《中国近代教育史资料》,北京:人民教育出版社,1963(3卷本)。
ZJJZH	陈元晖主编:《中国近代教育资料汇编》,上海:上海教育出版社,1990—1996。
ZJSJZ	李友芝等编:《中国近现代师范教育史资料》,出版信息不详,1983(4卷本)。
ZJXS	朱有瓛编:《中国近代学制史料》,上海:华东师大出版社:1989(4卷本)。

引征文献资料与参考书目

一、文献资料

(1)文献资料

《北京师范大学校史》,北京:北京师范大学出版社,1982。

[清]陈宏谋:《五种遗规·教女遗规》,上海:经纬书局,1935。

陈东原:《中国妇女生活史》,上海:商务印书馆,1937,1998重印。

陈元晖主编:《中国近代教育资料汇编》,上海:上海教育出版社,1990—1996。

陈青之:《中国教育史》,上海:商务印书馆,1936,《民国丛书》第一编,第四十八卷,1989年重印。

程本海:《乡村师范经验谈》,昆明:中华书局,1939。

程本海:《在晓庄》,上海:中华书局,1930。

大学院:《全国教育会议报告,1928》,台北:文海出版社,1977年重印。

丁致聘编:《中国近七十年来教育纪事》(民国丛书系列之二,卷45),上海:上海书店,1933。

方还:《北京女子师范学校一览》,本校印,1918。

[明]冯梦龙:《警世通言》,沈阳:春风文艺出版社(重印),1994。

高时良编:《洋务运动时期教育》,上海:上海教育出版社,1992。

高时良编:《明代教育论著选》,北京:人民出版社,1990。

古楳:《乡村师范概要》,上海:上海商务印书馆,1936。

河北大名师范:《河北省立大名师范一览》,河北省档案馆,卷号:645-1-36。

河北省档案馆:《严禁反动刊物(1932)》,卷号645-1-2。

河北省档案馆:《严禁反动宣传(1930)》,卷号645-1-7。

河北省档案馆:《查禁反动宣传(1933)》,河北省档案馆,卷号645-1-3。

河南省教育厅:《河南地方教育视察报告》,上卷,河南省政府教育厅印,1934。

黄炎培:《黄炎培教育论著选》,北京:人民教育出版社,1994。

皇甫束玉、宋荐戈、龚守静编:《中国革命根据地教育记事》,北京:教育科学出版社,1989。

江苏省教育厅编审室:《江苏教育概览:民国二十一年》,台北:传记文学出版社,1971年重印。

江苏黄渡乡村师范学校编:《一个新兴的师范学校》,黄渡乡村师范学校印,1936。

教育部:《各省市师范学校辅导地方教育办法,1939年》,南京国家第二历史档案馆,全宗号5,案卷号10844。

教育部:《师范学校辅导地方教育办法,1943》,南京国家第二历史档案馆,全宗号5,案卷号10844。

教育部:《民国六年全国师范学校一览表》,南京第二历史档案馆,全宗号1057,案卷号68。

教育部:《乡村师范学校课程标准》,上海:中华书局,1935。

教育部:《教育公报》(1914—1927)。

教育部:《教育部公报》(1928—1948)。

教育部:《教育部视察员视察各省市教育报告汇编》,教育部印,1933。

教育部统计室编印:《二十四年度全国私塾统计》(民国二十五

年),教育部印,1936。

教育部教育年鉴编纂委员会编:《第二次中国教育年鉴》,上海:商务印书馆,1948。

教育部教育年鉴编纂委员会编:《第一次中国教育年鉴》,上海:开明书店,1932。

李大钊:《李大钊选集》,北京:人民出版社,1962。

李又宁、张玉法:《近代中国女权运动史料,1842—1911》,台北:传记文学出版社,1975。

李友芝等编:《中国近现代师范教育史资料》,出版信息不详,1983(4卷本)

李楚材:《破晓》,上海:儿童书局,1932。

黎锦熙:《国语运动史纲》,民国系列丛书二,卷52,上海:商务印书馆,1934,上海书店1990年重印。

两广优级师范学堂:《两广优级师范学堂一览》,本校印,1910,上海档案馆藏,全宗号Q0—12,案卷号1086。

梁启超:《饮冰室合集》,上海:中华书局,1932。

梁漱溟:《梁漱溟教育论著选》,北京:人民教育出版社,1994。

卢隐:《卢隐自传》,上海:第一出版社,1934。

鲁迅:《鲁迅全集》,北京:人民文学出版社,1981,第一卷。

琚鑫圭、唐良炎编:《学制演变》,上海:上海教育出版社,1991。

琚鑫圭编:《鸦片战争时期教育》,上海:上海教育出版社,1990。

琚鑫圭、童富勇、张守智编:《实业教育、师范教育》,上海:上海教育出版社,1994。

毛泽东:《毛泽东选集》,北京:人民出版社,1968。

清华大学:《战斗在"一二·九"运动的前列》,北京:清华大学出版社,1985。

上海市青运史研究会、共青团上海市委青运史研究室编:《上海学生运动史》,上海:学林出版社,1995。

孙思白主编:《北京大学"一二·九"运动回忆录》,北京:北京大学出版社,1988。

《师范群英光耀中华》,西安:陕西人民教育出版社,1992—1994(共21卷)。

舒新城:《中国近代教育史资料》,北京:人民教育出版社,1963(3卷本)。

舒新城:《近代中国教育史料》,上海:商务印书馆,1927。

孙铭勋、戴自俺编:《晓庄批判》,上海:儿童书局,1934。

汤志均、陈祖恩编:《戊戌时期教育》,上海:上海教育出版社,1993。

陶行知:《陶行知文集》,江苏省陶行知教育思想研究会、南京晓庄师范陶行知研究室编,南京:江苏人民出版社,1981。

陶行知:《中国教育改造》,北京:东方出版社,1996。

王葆廉:《山东省立第一女子师范学校一览》(1936?),山东省档案馆,卷号:J101-14-30。

王若望:《王若望自传》,香港:明报出版社,1991。

吴楚材、吴调侯:《古文观止》,北京:中华书局,1959。

吴相湘:《晏阳初传:为全球乡村改造奋斗六十年》,台北:时报出版公司,1969。

吴相湘、刘绍棠:《第二次全国教育会议始末记,1930》,台北:传记文学出版社,1971年重印。

西南联大:《西南联大除夕副刊:联大八年》,昆明:西南联大学生出版社,1946。

《师范教育学术讲座讲演集》(浙江省立杭州师范学校编辑发行),1932年6月。

学部:《学部官报》(1906—1911)。

学部总务司:《第一次教育统计图表(1907)》,台北:文海出版社,1987年重印。

云南省政协文史资料研究委员会、西南联合大学北京昆明校友会、云南师范大学编:《云南文史资料选集,第三十四辑:西南联合大学建校五十周年纪念专辑》,昆明:云南人民出版社,1988。

[清]张廷玉等撰《明史》,北京:中华书局,1974。

章元善、许仕廉编:《乡村建设实验》,第一卷,上海:中华书局,1934,(重印:《民国丛书》第四编第十六册)。

张爱玲:《张爱玲文集》,合肥:安徽文艺出版社,1992。

张继和编:《丹心碧血:旧中国历次学潮实录》,保定:河北大学出版社,1996。

赵尔巽:《清史稿》,卷十二,北京:中华书局,1977。

中国基督教教育调查会编:《中国基督教教育事业》,上海:商务印书馆,1922。

中国教育年鉴编辑部:《中国教育年鉴,1949—1982》,北京:中国大百科全书出版社,1984。

中央大学院:《大学院公报》,1927—1928。

中央教育科学研究所编:《中华人民共和国教育大事记,1949—1982》,北京:科学教育出版社,1983。

朱有瓛等编:《教育行政机构及教育团体》,上海:上海教育出版社,1993。

朱有瓛编:《中国近代学制史料》,上海:华东师大出版社:1989(4卷本)。

(2)杂志期刊报纸

《北京青年报》

《东方杂志》

《妇女生活》

《妇女杂志》

《教师之友》

《教育新潮》(安徽大学教育学社)

《教育杂志》(天津直隶学务处办)

《教育汇刊》(南京国立东南大学教育研究会出刊)

《教育潮》

《教育研究》

《女声》半月刊(上海)

《女子月刊》

《平民教育》

《人民日报》

《乡村改造》

《乡村改造旬刊》

《乡村教育》

《乡教丛讯》

《乡校季刊》

《新教育》

《新华文摘》

《中华教育界》

二、中文参考书目和文章

艾尔曼:《从理学到朴学:中华帝国晚期思想与社会变化面面观》,(赵刚译),南京:江苏人民出版社,1997。

白新良:《中国古代书院发展史》,天津:天津人民出版社,1995。

北京图书馆书目编辑组编:《中国现代作家著译书目》,北京:书目文献出版社,1982。

陈元晖、王炳照:《中国古代的书院制度》,上海:上海教育出版社,1981。

陈启天:《近代中国教育史》,台北:中华书局,1969。

陈谷嘉、邓洪波:《中国书院制度研究》,南京:浙江教育出版社,1997。

《辞海》,上海:上海辞书出版社,1979。

程凯华等编:《中国现代文学辞典》,西安:华岳出版社,1988。

戴知贤:《十年内战时期的革命文化运动》,北京:中国人民大学出版社,1988。

樊克政:《中国书院史》,台北:文津出版社,1995。

高奇(编):《中国教育史研究·现代分卷》,上海:华东师范大学出版社,1994。

高田幸男著、甘慧杰译:《清末地方社会教育行政机构的形成——苏、浙、皖三省各厅、州、县教育行政机构的状况》,《史林》,1996年第3期,页115—120。

顾长声:《传教士与近代中国》,上海:人民出版社,1981。

关晓红:《晚清学部研究》,广州:广东教育出版社,2000。

胡春惠:《民初的地方主义与联省自治》,北京:中国社会科学出版社,2001。

胡青:《书院的社会功能及其文化特色》,武汉:湖北教育出版社,1996。

黄新宪:《中国近现代女子教育》,福州:福建教育出版社,1992。

黄宗智:《华北的小农经济与社会变迁》,北京:中华书局,1986。

乔纳森·安格(Jonathan Unger):《中国的社会团体、公民社会和国家组合主义:有争议的领域》,《开放时代》,2009年第11期(http://www.opentimes.cn/to/200911/133.htm)。

李华兴:《民国教育史》,上海:上海教育出版社,1997。

李友芝:《中外师范教育辞典》,北京:中国广播电视大学出版社,1994。

李文海:《中国近代十大灾荒》,上海:上海人民出版社,1994。

李超英:《中国师范教育论》,上海:商务印书馆,1939。

刘伯骥:《广东书院制度沿革》,上海:商务印书馆,1939。

刘昶:《革命的普罗米修斯:民国时期的乡村教师》,《中国乡村研究》第6辑,福州:福建教育出版社,2008。

刘子扬:《清代地方官制考》,北京:紫禁城出版社,1988。

刘宪曾、刘端棻(主编):《陕甘宁边区教育史》,西安:陕西人民出版社,1994。

刘来泉、管培俊、蓝士斌:《我国教师工资待遇的历史考察》,《教育研究》,1993年第4期,页30—35。

刘祥光:《中国近世地方教育的发展:徽州文人、塾师与初级教育》,《中研院近代史研究所集刊》,第28期,(台北:1997),页1—45。

刘问岫:《中国师范教育简史》,北京:人民教育出版社,1985。

吕芳上:《从学生运动到运动学生:民国八年至十八年》,台北:"中央研究院"近代史所出版,1994。

罗廷光:《师范教育新论》,上海:南京书店,1933。

罗苏文:《女性与中国近代社会》,上海:上海人民出版社,1996。

钱曼倩、金林祥:《中国近代学制比较研究》,广州:广东教育出版社,1996。

桑兵:《晚清学堂学生与社会变迁》,上海:学林出版社,1995。

盛朗西:《中国书院制度》,上海:中华书局,1934。

苏云峰:《张之洞与湖北教育改革》,台北:中研院近代史所,1976。

孙石月:《中国近代女子留学史》,北京:中国和平出版社,1995。

唐沅等编:《中国现代文学期刊目录汇编》,天津:天津人民出版社,1988。

吴定初:《中国师范教育简史》,成都:四川教育出版社,1990。

吴智和:《明代的儒学教官》,台北:学生书局,1991。

吴霓、胡艳:《中国古代私学与近代私立学校研究》,济南:山东教育出版社,1997。

夏明方:《民国时期的自然灾害与乡村社会》,中华书局,2000。

夏晓虹:《晚清女性与近代中国》,北京:北京大学出版社,2004。

辛元、谢放编:《陶行知与晓庄师范》,南京:江苏教育出版社,1986。

熊明安:《中华民国教育史》,重庆:重庆出版社1990。

许纪霖、陈达凯:《中国现代化史》,上海:上海三联书店,1995。

徐迺翔主编:《中国现代文学词典》,南宁:广西人民出版社,1989。

杨荣春:《中国封建社会教育史》,广州:广州人民出版社,1985。

叶健馨:《抗战前中国中等教育之研究(民国十七年至二十六

年)》,台北:文史哲出版社,1982。

叶文心:《保守与激进:试论五四运动在杭州》,载汪熙、魏斐德(Frederick Wakeman)编:《中国现代化问题:一个多方位的历史探索》,上海:复旦大学出版社,1994。

于学仁:见《中国现代学生运动史长编》,长春:东北师范大学出版社,1988。

余家菊:《师范教育》,上海:中华书局,1926。

张书丰:《山东教育通史:近现代卷》,济南:山东人民出版社,2001。

张彬:《从浙江看中国教育近代化》,广州:广东教育出版社,1996。

周愚文:《宋代儿童的生活与教育》,台北:师大书苑,1996。

周汉光:《张之洞与广雅书院》,台北:中国文化大学出版社,1983。

周锡瑞:《改良与革命:辛亥革命在两湖》(杨慎之译),北京:中华书局,1982。

三、英文资料、参考书目和文章

Abe, Hiroshi, "Borrowing from Japan: China's First Modern Educational System," in *China's Education and the Industrialized World*, eds. Ruth Hayhoe and Marianne Bastid, New York: M. E. Sharpe, 1987, pp. 57—80.

Anderson, Benedict, *Imagined Communities: Reflections on the Origin and Spread of Nationalism*, New York: Verso, 1983.

Bailey, Paul, "Active Citizen or Efficient Housewife? The Debate over Women's Education in Early-Twentieth-Century China," *in Education, Culture, and Identity in Twentieth-Century China*, eds. Glen Peterson, Ruth Hayhoe, and Yongling Lu (Ann Arbor: University of Michigan Press, 2001), pp. 318—347.

Bailey, Paul, *Reform the People: Changing Attitudes towards Popular Education in Early Twentieth-Century China*, Vancouver: University of British Columbia Press, 1990.

Bastid, Marianne, *Educational Reform in Early Twentieth-Century China* (trans.

Paul Bailey), Ann Arbor: University of Michigan, 1988.

Becker, Carl. H. et al., *The Reorganization of Education in China*, Report of the League of Nations' Mission of Educational Experts, Paris: League of Nations' Institute of Intellectual Co-operation, 1932.

Bedeski, Robert, *State-Building in Modern China: The Kuomintang in the Prewar Period*, Berkeley: UC Berkeley Institute of East Asian Studies, 1981.

Bernhardt, Kathryn, *Rents, Taxes, and Peasant Resistance: The Lower Yangzi Region, 1840—1950*, Stanford, CA: Stanford University Press, 1992.

Bielenstein, Hans, "The Regional Provenance of Chin-shih during Ch'ing," in *Bulletin of the Museum of Far Eastern Antiquities* (Stockholm), 64 (1992): pp. 5—178.

Biggerstaff, Knight, *The Earliest Modern Government Schools in China*, New York, Cornell University Press, 1961.

Borthwick, Sally, "Changing Concepts of the Role of Women from the Late Qing to the May Fourth Period," in *Ideal and Reality: Social and Political Change in Modern China, 1860—1949*, ed. David Pong and Edmund S. K. Fung, (New York: University Press of America, 1985), pp. 81—87.

Borthwick, Sally, *Education and Social Change in China*, Stanford: Hoover Institution Press, Stanford University, 1983.

Brown, Hubert, "American Progressivism in Chinese Education," in Ruth Hayhoe and Mariannne Bastid (eds.), *China's Education and the Industrialized World: Studies in Cultural Transfer* (New York: M. E. Sharpe, Inc., 1987), pp. 120—138.

Buck, David, "Educational Modernization in Tsinan, 1899—1937," in *The Chinese City between Two Worlds*, edited by Mark Elvin and G. William Skinner (Stanford: Stanford University Press, 1974), pp. 171—212.

Buck, David, "Educational Modernization in Tsinan, 1899—1937," in *The Chinese City between Two Worlds*, ed. Mark Elvin and G. William Skinner (Stanford: Stanford University Press, 1974), pp. 171—212.

Chan Ming K. and Arif Dirlik, *Schools into Fields and Factories: Anarchist, the Guomindang, and the National Labor University in Shanghai, 1927—1932*, Durham: Duke University Press, 1991.

Chang, Chung-li, *The Chinese Gentry: Studies on Their Role in Nineteenth-Century Chinese Society* Seattle: University of Washington Press, 1955.

Chang, Chung-li, *The Income of the Chinese Gentry*, Seattle: University of Washington Press, 1962.

Chang, Hao, *Liang Ch'i-ch'ao and Intellectual Transition in China, 1890—1907*, Cambridge: Harvard University Press, 1971.

Chauncey, Helen, *Schoolhouse Politicians: Locality and State during the Chinese Republic*, Honolulu: University of Hawaii Press, 1992.

Chen, Pingyuan, "Make Gaze/Female Students: Late Qing Education for Women as Portrayed in Beijing Pictorials, 1902—1908" in *Different Worlds of Discourse: Transformations of Gender and Genre in Late Qing and Early Republican China*, eds. Nanxiu Qian, Grace Fong, and Richard Smith (Leiden: Brill Academic Publishing, 2008), pp. 315—348.

Chen, Theodore H., *Teacher Training in Communist China*, Washington, D. C.: U. S. Department of Health, Education and Welfare, 1960.

Chen, Yung-fa, *Making Revolution: The Communist Movement in Eastern and Central China, 1937—1945*, Berkeley: University of California Press, 1986.

Chou, J. P., "Normal School Education in China," in *Bulletin on Chinese Education* 2, no. 11 (1923), pp. 1—22.

Chuang, Chai-hsuan, "Tendencies toward a Democratic System of Education in China" (Shanghai: Commercial Press, 1922), pp. 91—131.

Cleverley, John, *The Schooling of China*, Winchester: George Allen & Unwin, 1985.

Culp, Robert, "Elite Association and Local Politics in Republican China: Educational Institutions in Jiashan and Lanqi Counties, Zhejiang, 1911—1937," *Modern China* 20, no. 4 (October 1994), pp. 446—77.

Curran, Thomas, "Educational Reform and the Paradigm of State-Society Conflict in Republican China," *Republican China*, vol. 18, no. 2 (1993), pp. 26—63.

Davin, Delia, "Imperialism and the Diffusion of Liberal Thought: British Influences on Chinese Education," In *China's Education and the Industrialized World: Studies in Cultural Transfer*, eds. Ruth Hayhoe and Marianne Bastid (New York: M. E. Sharpe, Inc. 1987), pp. 33—56.

Deng, Peng, *Private Education in Modern China*, Westport, Connecticut: Praeger Publishers, 1997.

Duara, Prasenjit, *Culture, Power, and the State: Rural North China, 1900—1942*, Stanford University Press, 1988.

Eastman, Lloyd, *Abortive Revolution: China Under Nationalist Rule, 1927—1937*, Cambridge Mass.: Harvard University Press, 1970 [1990 reprint].

Elman, Benjamin A. and Alexander Woodside (eds.), *Education and Society in Late Imperial China, 1600—1900*, Berkeley: University of California Press, 1994.

Elman, Benjamin A., *A Cultural History of Civil Examinations in Late Imperial China*, Berkeley: University of California Press, 2000.

Elman, Benjamin, *Classicism, Politics, and Kinship: The Ch'ang-chou School of New Text Confucianism in Late Imperial China*, Berkeley, California: University of California Press, 1990.

Elvin, Mark and G. William Skinner (eds.), *The Chinese City between Two Worlds*, Stanford: Stanford University Press, 1974.

Elvin, Mark, "The Collapse of Scriptural Confucianism," *Papers on Far Eastern History*, 14 (March 1990), pp. 45—77.

Esherick, Joseph, "Deconstructing the Construction of the Party-State: Gulin County in the Shaan-Gan-Ning Border Region," *The China Quarterly*, no. 140, (1994), pp. 1052—1079.

Fogel, Joshua and William Rowe (eds.), *Perspectives on a Changing China*, Colorado: Westview Press, 1979.

Franke, Wolfgang, *The Reform and Abolition of the Traditional Chinese Examination System*, East Asian Research Center, Cambridge, Mass.: Harvard University, 1963.

Gao Guiqiao, "Letter to Mr. Tsai Yuan-pei, Minister of the Board of Education, June 1912." 原件为英语,中文为当时的译件。中国第二历史档案馆藏(全宗号1057,案卷号584)。

Garrett, Shirley, *Social Reformers in Urban China: the Chinese Y. M. C. A., 1895—1926*, Cambridge: Harvard University Press, 1970.

Gellner, Ernest, *Nations and Nationalism*, New York: Cornell University Press,

1983.

Gillin, Donald, *Warlord: Yen His-shan in Shansi Province, 1911—1949*, Princeton: Princeton University Press, 1967.

Gilmartin, Christina et al. (eds.), *Engendering China: Women, Culture, and the State*, Cambridge: Harvard University Press, 1994.

Grimm, Tilemann, "Academies and Urban Systems in Kwangtung," in *The City in Late Imperial China*, ed. G. William Skinner (Stanford: Stanford University Press, 1977), pp. 475—498.

Habermas, Jurgen, *The structural transformation of the public sphere : an inquiry into a category of bourgeois society* (translated by Thomas Burger, with the assistance of Frederick Lawrence), Cambridge, Mass. : MIT Press, 1991.

Hayford, Charles W., *To the People: James Yen and Village China*, New York: Columbia University Press, 1990.

Hayhoe, Ruth (ed.), *Education and Modernization: The Chinese Experience*, Toronto: Ontario Institute for Studies in Education, 1992.

Hayhoe, Ruth and Marianne Bastid (eds.), *China's Education and the Industrialized World*, New York: M. E. Sharpe, 1987.

Hayhoe, Ruth *China's Universities, 1895—1995: A Century of Cultural Conflict*, New York: Garland Publishing, 1996.

Hayhoe, Ruth, "Cultural Tradition and Educational Modernization: Lessons from the Republican Era," in *Education and Modernization: The Chinese Experience*, edited by Ruth Hayhoe (Toronto: Ontario Institute for Studies in Education, 1992), pp. 47—72.

Ho, Ping-ti, *Studies on the Population of China, 1368—1953*, Cambridge, Mass. : Harvard University Press, 1959.

Ho, Ping-ti, *The Ladder of Success in Imperial China: Aspects of Social Mobility, 1368—1911*, New York: Columbia University Press, 1962.

Hsiao, Kung-chuan, *Rural China: Imperial Control in the Nineteenth Century*, Seattle: University of Washington Press, 1960.

Israel, John, *Student Nationalism in China, 1927—1937*, Stanford: Stanford University Press, 1966.

Johnson, Chalmers, *Peasant Nationalism and Communist Power*, Stanford: Stanford

University Press, 1962.

Judge, Joan, "Meng Mu Meets the Modern: Female Exemplars in Early-Twentieth-Century Textbooks for Girls and Women,"《近代中国妇女研究》第八期（台北:"中央研究院"近代史研究所, 2000）, pp. 133—177。

Judge, Joan, "Talent, Virtue, and the Nation: Chinese Nationalism and Female Subjectivities in the Early Twentieth Century," *The American Historical Review*, Vol. 106, no. 2 (June 2001), pp. 756—803.

Keating, Pauline, "The Yan'an Way of Co-operation," *The China Quarterly*, no. 140, (1994), pp. 1025—1051.

Keenan, Barry, *Imperial China's Last Classical Academies: Social Change in the Lower Yangzi, 1864—1911*, Berkeley: Institute of East Asian Studies, University of California, Berkeley, 1994.

Keenan, Barry, *The Dewey Experiment in China: Educational Reform and Political Power in the Early Republic*, Cambridge: Harvard University Press, 1977.

Ko, Dorothy, "Pursuing Talent and Virtue: Education and Women's Culture in Seventeenth- and Eighteenth-Century China," *Late Imperial China* 13, no. 1 (June 1992), pp. 9—19.

Ko, Dorothy, *Teachers of the Inner Chambers: Women and Culture in Seventeenth-Century China*, Stanford: Stanford University Press, 1994.

Kuhn, Philip, "Local Self-Government under the Republic: Problems of Control, Autonomy, and Mobilization," in *Conflict and Control In Late Imperial China*, ed. Frederic Wakeman and Carolyn Grant (Berkeley: University of California Press, 1975), pp. 257—299.

Kuhn, Philip, "T'ao Hsing-chih, 1981—1946, An Educational Reformer," *Harvard Papers on China*, vol. 13 (1959), pp. 163—195.

Lacy, Walter N., *A Hundred Years of China Methodism*, New York: Abingdon-Cokesbury Press, 1948.

Lee, Thomas Hong-chi, "The Social Significance of the Quota System in Sung Civil Service Examinations," *Journal of the Institute of Chinese Studies*, the Chinese University of Hong Kong, vol. 13 (1982): pp. 287—317.

Leung, Angela, "Elementary Education in the Lower Yangtze Region in the Seventeenth and Eighteenth Centuries," in *Education and Society in Late Imperial*

China, *1600—1900*, eds. Elman and Woodside (Berkeley: University of California Press, 1994), pp. 381—416.

Levine, Steven, *Anvil of Victory: The Communist Revolution in Manchuria, 1945—1948*, Cambridge: Columbia University Press, 1987.

Lewis, Ida Belle, *The Education of Girls in China*, New York: Teachers' College, Columbia University, 1919.

Liao, T'ai-ch'u, "Rural Education in Transition: A Study of the Old-fashioned Chinese Schools [Szu Shu] in Shantung and Szechuan," *Yanjing Journal of Social Studies* 4, no. 2 (1949), pp. 29—31.

Liu, Lydia, *Translingual Practice: Literature, National Culture, and Translated Modernity— China, 1900—1937*, Stanford: Stanford University Press, 1995.

Ma, Tai-loi, "The Local Education Officials of Ming China, 1368—1644," *Oriens Extremes*, No. 22.1 (1975), p. 11—27.

Mann, Susan, "'Fuxue' (Women's Learning) by Zhang Xuecheng (1738—1801): China's First History of Women's Culture," *Late Imperial China* 13, no. 1 (June 1992), pp. 40—62.

Mann, Susan, "Learned Women in the Eighteenth Century," in *Engendering China: Women, Culture, and the State*, ed. Christina Gilmartin et al. (Cambridge: Harvard University Press, 1994), pp. 27—46.

Mann, Susan, "The Education of Daughters in the Mid-Ch'ing Period," in *Education and Society in Late Imperial China, 1600—1900*, eds. Elman and Woodside (Berkeley: University of California Press, 1994), pp. 19—49.

Mann, Susan, *Precious Records: Women in China's Long Eighteenth Century*, Stanford: Stanford University Press, 1997.

Margadant, Jo Burr, *Madame le Professeur: Women Educators in the Third Republic*, Princeton: Princeton University Press, 1990.

McElroy, Sarah, "Forging A New Role for Women: Zhili First Women's Normal School and the Growth of Women's Education in China, 1901—1902," in *Education, Culture, and Identity in Twentieth-Century China*, eds. Peterson, Hayhoe, and Lu (Ann Arbor: University of Michigan Press, 2001), pp. 348—374.

Orb, Richard, "Chili Academies and Other Schools in the Late Ch'ing: An Institutional Survey," in *Reform in Nineteenth-Century China*, ed. Paul A. Cohen and John E. Schrecker (Cambridge: East Asian Research Center, Harvard University, distributed by Harvard University Press, 1976), pp. 231—240;

Pepper, Suzanne, "The Political Odyssey of an Intellectual Construct: Peasant Nationalism and the Study of China's Revolutionary History—A Review Essay," *The Journal of Asian Studies*, 63, no. 1 (February 2004), pp. 105—125.

Pepper, Suzanne, *Radicalism and Education Reform in Twentieth-Century China*, New York: Cambridge University Press, 1996.

Peterson, Glen, Ruth Hayhoe, and Yongling Lu (eds.), *Education, Culture, and Identity in Twentieth-Century China*, Ann Arbor: University of Michigan Press, 2001.

Pong, David and Edmund S. K. Fung (eds.), *Ideal and Reality: Social and Political Change in Modern China, 1860—1949*, New York: University Press of America, 1985.

Rankin, Mary, *Elite Activism and Political Transformation in China, Zhejiang Province, 1865—1911*, Ann Arbor: The University of Michigan Press, 1979.

Rawlinsen, Frank J., "Change and Progress in the Christian Movement in China during the Last Two Decades [1900—1920]," in *The Christian Occupation of China: A General Survey of the Christian Forces in China*, pp. 32—39.

Rawski, Evelyn Sakakida, *Education and Popular Literacy in Ch'ing China*, Ann Arbor: University of Michigan Press, 1979.

Rotberg, Robert (ed.), *When States Fail: Causes and Consequences*, Princeton: Princeton University Press, 2004.

Rotberg, Robert, "The Failure and Collapse of Nation-States: Breakdown, Prevention, and Repair," in *When States Fail: Causes and Consequences*, ed. by Robert Rotberg, pp. 1—49.

Rowe, William T., "Education and Empire in Southwest China: Ch'en Hung-mou in Yunnan, 1733—1738," in *Education and Society in Late Imperial China*, eds. Elman and Woodside (Berkeley: University of California Press, 1994), pp. 417—457

Rudolph, Lloyd and Susanne Rudolph, *The Modernity of Tradition: Political Development in India*, Chicago: University of Chicago Press, 1967.

Schneewind, Sarah, "Competing Institutions: Community Schools and 'Improper Shrines' in Sixteenth-Century China," *Late Imperial China* 20, no. 1 (June 1999), pp. 85—106.

Schoppa, Keith R., *Chinese Elites and Political Change: Zhejiang Province in the Early Twentieth Century*, Cambridge: Harvard University Press, 1982.

Schwartz, Benjamin, "The Limits of 'Tradition Versus Modernity' as Categories of Explanation: The Case of the Chinese Intellectuals," *Daedalus: Journal of the American Academy of Arts and Sciences*, spring 1972, pp. 71—88.

Schwartz, Benjamin, *In Search of Wealth and Power: Yen Fu and the West*, Cambridge: The Belknap Press of Harvard University Press, 1964.

Selden, Mark, *The Yenan Way in Revolutionary China*, Cambridge Mass.: Harvard University Press, 1971.

Seregny, Scott J., *Russian Teachers and Peasant Revolution: The Politics of Education in 1905*, Bloomington: Indiana University Press, 1989.

Skinner, G. William (ed.), *The City in Late Imperial China*, Stanford: Stanford University Press, 1977.

Stauffer, Milton T. (ed.), *The Christian Occupation of China: A General Survey of the Christian Forces in China*, Shanghai: China Continuation Committee, 1924.

Su, Zhixin, "Teaching, Learning, and Reflective Acting: A Dewey Experiment in Chinese Teacher Education," *Teachers College Record*, vol. 98, no. 1 (Fall 1996), pp. 126—152.

Sun, Yen-chu, "Chinese National Higher Education for Women in the Context of Social Reform, 1919—1929: A Case Study" (Ph. D. dissertation, New York University, 1985).

Tang, Chindon Yiu, "Women's Education in China," *Bulletins on Chinese Education*, Shanghai: The Commercial Press, 1925, vol. II, bulletin 9, pp. 15—19.

Thaxton, Ralph, *China Turned Rightside Up: Revolutionary Legitimacy in the Peasant World*, New Haven: Yale University Press, 1983.

Thøgersen, Stig, "Learning in Lijiazhuang: Education, Skills, and Careers in Twentieth-Century Rural China," in *Education, Culture, and Identity in Twentieth-Century China*, eds. Glen Peterson, Ruth Hayhoe, and Yongling Lu (Ann

Arbor: University of Michigan Press, 2001), pp. 238—264.

Thøgersen, Stig, *A County of Culture: Twentieth-Century China Seen from the Village Schools of Zouping, Shandong*, Ann Arbor: University of Michigan Press, 2002.

VanderVen, Elizabeth, "Educational Reform and Village Society in Twentieth-Century Northeast China: Haicheng, 1905—1931" (Ph. D. dissertation, University of California at Los Angeles, 2003).

VanderVen, Elizabeth, *A School in Every Village: Educational Reform in a Northeast China County, 1904—1931*, Toronto: University of British Columbia University Press, 2012.

Vaughan, Mary Kay, *Cultural Politics in Revolution: Teachers, Peasants, and Schools in Mexico, 1930—1940*, Tucson: University of Arizona Press, 1997.

Wakeman, Frederic and Carolyn Grant (eds.), *Conflict and Control In Late Imperial China*, Berkeley: University of California Press, 1975.

Wasserstrom, Jeffrey, *Student Protest in Twentieth-Century China: the View From Shanghai*, Stanford: Stanford University Press, 1991.

Weber, Eugen, *Peasants into Frenchmen: The Modernization of Rural France, 1870—1914*, Stanford: Stanford University Press, 1976.

Woodside, Alexander, "Real and Imagined Continuities in the Chinese Struggle for Literacy," in *Education and Modernization: The Chinese Experience*, ed. Ruth Hayhoe (Toronto: Ontario Institute for Studies in Education, 1992), pp. 23—45.

Woodside, Alexander, "Some Mid-Qing Theorists of Popular Schools: Their Innovations, Inhibitions, and Attitudes toward the Poor," *Modern China* 9, no. 1 (January 1983), pp. 3—35.

Woodside, Alexander, "The Divorce between the Political Center and Educational Creativity in Late Imperial China," in *Education and Society in Late Imperial China, 1600—1900*, pp. 458—492.

Wright, Mary Clabaugh, *The Last Stand of Chinese Conservatism: The T'ung-Chih Restoration, 1862—1874*, Stanford: Stanford University Press, 1975.

Xiao, Ling, "Printing, Reading, and Revolution: Kaiming Press and the Cultural Transformation of Republican China, 1920s—1940s." (Ph. D. Dissertation,

Brown University, 2008.)

Yao, Yusheng, "National Salvation through Education: Tao Xingzhi's Educational Radicalism" (Ph. D. Dissertation, University of Minnesota, 1999).

Ye, Weili, "'NüLiuxuesheng': The Story of American-Educated Chinese Women, 1880—1920s," *Modern China* 20, no. 3 (July 1994), pp. 315—346.

Yeh, Wenhsin, *Provincial Passages: Cultural, Space, and the Origins of Chinese Communism*, Berkeley: University of California Press, 1996.

Yeh, Wenhsin, *The Alienated Academy: Culture and Politics in Republican China, 1919—1937*, Cambridge: Harvard University Press, 1990.

Yip, Ka-che, "Warlordism and Educational Finances, 1916—1927" in *Perspectives on a Changing China*, eds. Joshua Fogel and William Rowe (Colorado: Westview Press, 1979), pp. 183—195.

Young, Ernest, *The Presidency of Yuan Shih-k'ai: Liberalism and Dictatorship in Early Republican China*, Ann Arbor: University of Michigan Press, 1977.

Yu, Ying-shih, "Some Preliminary Observations on the Rise of Ch'ing Confucian Intellectualism," *Tsing Hua Journal of Chinese Studies* (December 1975), pp. 105—143.

四、日文参考书目

阿部洋:《清末の毁学暴动》,收入多贺秋五郎编:《近代アジア教育史研究》(下),东京:岩崎学术出版社,1975,页69—141。

多贺秋五郎编:《近代アジア教育史研究》(第一卷),东京:日本学术振兴会,1975。

大久保英子:《明清時代書院の研究》,東京:国書刊行会,1976。

小林善文:《中國近代教員史研究序說——一九二〇年代の中國における初等教員の組合運動をめぐって》,载《東洋史研究》第44卷,第4期(1986年三月)。

五十岚正一:《清末教育制度萌芽期における教師養成機關の設定》,载多贺秋五郎编《近代アジア教育史研究》(第一卷),东京:日本学术振兴会,1975。

图书在版编目（CIP）数据

师范学校与中国的现代化：民族国家的形成与社会转型：1897～1937 / 丛小平著．－－北京：商务印书馆，2014
ISBN 978-7-100-10354-1

Ⅰ.①师… Ⅱ.①丛… Ⅲ.①师范教育－教育史－中国－1897～1937 Ⅳ.① G659.29

中国版本图书馆 CIP 数据核字（2013）第 249773 号

所有权利保留。
未经许可，不得以任何方式使用。

师范学校与中国的现代化
——民族国家的形成与社会转型：1897～1937
丛小平　著

商 务 印 书 馆 出 版
（北京王府井大街 36 号　邮政编码 100710）
商 务 印 书 馆 发 行
山东临沂新华印刷物流集团
有 限 责 任 公 司 印 刷
ISBN 978-7-100-10354-1

2014 年 3 月第 1 版　　开本 960×1300　1/32
2014 年 3 月第 1 次印刷　印张 11
定价：49.00 元